石峻
(1916-1999)

石峻文脉

中国人民大学哲学院中国哲学教研室 编

華夏出版社
HUAXIA PUBLISHING HOUSE

图书在版编目(CIP)数据

石峻文脉/中国人民大学哲学院中哲教研室编著. -北京:华夏出版社,2012.1
ISBN 978-7-5080-6647-9

Ⅰ.①石… Ⅱ.①中… Ⅲ.①石峻(1916~1999)-哲学思想
Ⅳ.①B261

中国版本图书馆 CIP 数据核字(2011)第 207335 号

石峻文脉
中国人民大学哲学院中哲教研室　编著

责任编辑:陈小兰
出版发行:华夏出版社
(北京市东直门外香河园北里 4 号　邮编:100028　电话:64663331 转)
经　　销:新华书店
印　　刷:三河市兴达印务有限公司
装　　订:三河市兴达印务有限公司
版　　次:2012 年 1 月北京第 1 版
2012 年 1 月北京第 1 次印刷
开　　本:670×970　1/16 开
印　　张:26.5
字　　数:407 千字
插　　页:4
定　　价:59.00 元

石峻(1916—1999年)

积极发扬华夏优秀文化遗产，

科学总结古代思维经验教训。

石峻 敬题

1992,10.25

于北京。

石峻先生为《周易研究》创刊五周年题词

Center for
Chinese Studies
Annex

「船山学刊」創刊紀念

研究传统文化的优秀遗产，

总结古典哲学的卓越貢献。

石峻 敬題

一九九一年于北京

序

我第一次见到石峻先生已是70年前的事。1941年，我进入西南联大附中。有一天，我父亲汤用彤对我和妹妹说，我带你们看看西南联大是什么样子。我们走进校园，看到的是一座座茅草房和铁片的土房，和我想像的大学很不一样。父亲带我们到哲学系，我看到一个戴着眼镜的年轻人坐在那儿看书，父亲向我们说："这是石峻先生。"这是我第一次见石峻先生，但并没有留下什么深刻的印象。直到1952年后，我和他接触比较多了，渐渐知道石峻先生是一位博学深思的学者，因而大家都称他为石公。

石公给我留下的有三个最深的印象。

（一）石公在1957年"中国哲学史座谈会"上的发言颇见他的为人为学。这次座谈会是新中国后召开的第一次哲学盛会。自1952年院系调整后，我国提出"全面学习苏联"的方针，在哲学的教学内容上以斯大林的《辩证唯物主义与历史唯物主义》和日丹诺夫《在西方哲学史会上的发言》为指导。由于自1951年起的知识分子思想改造运动，使广大知识分子表面上接受了当时苏联的那套教条主义，实际上对苏联的这套极"左"的教条主义颇多怀疑。这次座谈会给了大家一个发表意见的机会。郑昕先生率先提出“开放唯心主义”的主张，陈修斋教授积极跟进，而冯友兰先生更是系统地提出他的“抽象继承法”等等，这都是企图摆脱当时“教条主义”的束缚。在此次会上石公也有一长篇发言，这就是后来收入《中国哲学史问题讨论专辑》的那篇“论有关‘中国哲学史’的对象和范围的讨论及其目前存在的一些问题”。石公针对日丹诺夫的观点提出不同看法，他认为，不应否定马克思主义以前的哲学史上伟大的唯物主义和进步思想家，这样的结果必然会导致否定一切古典哲学家在历史上的地位。并由此而认为，“虽然马克思主义是一种科学，跟资产阶级的唯心主义体系不能等量齐观，但是关于这个立场问题，我以为无产阶级的学者应该而且必须向资产阶级的前辈学习”。提出无产阶级的学者必须向资产阶级前辈学习这样的看法，现在看来并没有什么可惊人之处，但是在“全面学习苏联”的形势下却要很大的勇气。今天我们再读读石公上述那篇文章仍然会受到教益的。这说明石公对待学术问题抱着实事求是、坚持真理的态度，是我们应该学习的。

（二）阅读《石峻文存》，我想学问应向石公那样做。我看到，《文存》中的大部分论著是“根据手稿刊印”。学问是一严肃的事，是不能掉以轻心的。在自己认为还不成熟的论著，是不应轻易发表的。我看了石公的这些“根据手稿刊印”的论著，许多篇都是有真知灼见的。如《魏晋玄学与佛教》注意严君平的《道德经旨归》，特别提出《旨归》中“先识”一节甚有新意，“王弼于此说有所采取”；又如用“being与becoming不二”说“体用不二”甚是到位，认为“魏晋南北朝之中心思想为‘圣人’问题”，也颇有独到之处；再者对宗密《原人论》的分析，认为其“本觉真心”说，为宋明理学的理气论和人性论可以从那里找到源头等等，都可以说发前人之未发也。石公《伦理学研究》是一部“未刊稿”，然而这部简明的《伦理学》著作可以说是我国较早系统地研究《伦理学》的著作，它是立足于我中华文化并参照其他文化的伦理学说而构成的伦理学体系。如果我们把石公严谨的治学态度与今日学术的浮躁学风相比，应该引以为训。我认为，今天我们应认真向石公等老一代学者学习。

（三）我手头保存了石公整理的用彤先生《魏晋思想的发展》手稿。这部手稿是用彤先生一次演讲的记录。对此记录手稿，用彤先生只少许修改。这说明了石公的学术水平和认真的态度。因为演讲稿的整理必须对所演讲的内容有深切的把握，必须有很强的记忆能力，才能把演讲内容准确无误地记录下来，该是多么困难。又石公文稿保存了用彤先生的为学材料，这无疑对研究用彤先生的学术思想颇有意义。就这点看，石公确是在传承着用彤先生的某些学术思想，且有发挥，例“释‘大顿悟’与‘小顿悟’”一节和《魏晋玄学与佛教》中“四、其他”一节中“唐以后之佛教以‘心性’问题为主要思潮（包括禅宗、华严、天台等)”都颇有新义，而与用彤先生的看法很一致，如此等等，不能详说。

综观石公的治学，颇有会通中、西、印之意，此或是近现代学者得以超越前人必有之路径。依我看，视石公确为现代中国哲学之大家不为过也。前《石峻文存》的出版对我们了解他学术研究的贡献已经十分重要，现在《石峻文脉》的出版，对我们进一步了解石公的学术成就会更有启迪。

汤一介

2011 年 7 月 16 日

目录

下 篇 石峻学术研究

上　篇

石峻文存补编

杂　著

1. 论有关“中国哲学史”的对象和范围的讨论及其目前存在的一些问题

《教学与研究》编者按

1月22日到26日，北京哲学界举行了有关中国哲学史研究中的几个问题的座谈会，着重讨论了（一）有关中国哲学史的对象和范围问题；（二）有关中国哲学遗产的继承问题；（三）关于历史观和伦理学说中唯物主义因素的问题。在讨论中涉及如何对待唯心主义的问题，并展开了热烈的辩论。在“百家争鸣”方针的指导下，这个座谈会对于推进中国哲学史的研究起了一定的好影响。本期发表的以下五篇文章是我校哲学系参加讨论的同志们所写的论文、发言和准备发言稿的一部分①。

石　峻

早在辛亥革命以前，我国一批受到西方资产阶级教育影响的前辈，已经开始了有关“中国哲学史”的研究，特别是在五四运动以后到全国解放的三十年间，陆续出版了不少著作，即使不是采用了马克思主义观点的，因为参考了西方哲学史研究的成果，在扩大取材范围方面，比以往只限于宣传“道统史”的一批旧学者无疑是前进了一步。但是由于时代及其阶级的局限性，也带来了严重的缺点，难免把西方资产阶级学者编排外国哲学史的形式，依主观意图制成套子强加

① 该期《教学与研究》刊发本组文章的总标题是《“中国哲学史”问题论稿》。

在中国哲学史的研究上，一般只是简单地从字面上摘取可以比附西方哲学术语的片断来加以发挥，于是在中国哲学史上虽有贡献，但在西方哲学书中找不到外表相像的争论，自然也就完全不注意了。如此，中国哲学史就变成了不完备的西方哲学史，只是牵强附会地补充了若干我国古人的例证。他们这样把哲学观点完全孤立地抽象来看，脱离了中国社会历史的实际，抛弃了中国民族文化的一切特点，使得中国哲学史的研究无形中变成了宣传外国资产阶级哲学最理想的园地。例如胡适的《中国哲学史大纲》，有人认为简直是介绍美国杜威一派“实用主义”的教科书一样。在解放以前的中国学术界，面对这种情况也有不同的反应，首先是少数受过传统旧学训练的“国粹派”，一般是不太了解西方哲学的，他们多半采取反对的态度，至于表现的方式也有不同，或者是批评这批“新”学者根本不懂中国哲学，或者根据这批“新”的有关“中国哲学史”的著作中用来比附的一点东西，宣传外国哲学的浅薄，不管它是进步的或反动的，唯物的或唯心的，总之，借口保存中国文化，最好从一切方面把它和西方完全对立起来。另一种是带有买办色彩的深受外国资产阶级思想影响的哲学工作者，大致也有两种不同的表现，或者是把这种“中国哲学史”的结构形式，无原则地模仿得跟西方相似，尤其是对于迎合外国读者口味这一点特别加以赞扬，称之为接近“国际学术水平”；另外是一向不注意本国文化遗产的，他们认为只有像现代西方资产阶级哲学家所表述的形式，提出问题和解决问题的方案才算哲学，他们偶尔一翻中国古典哲学著作，感觉似懂非懂，面貌不同，从而肯定中国没有哲学，也可以说，对中国哲学史的研究，完全采取一种蔑视的态度。以上便是在半殖民地半封建的落后的旧中国所出现的各种“形式主义”对待祖国哲学遗产的面貌，他们始终没有也不可能把中国哲学史的研究引向科学的大道。在解放以前，我国一些先进的马克思主义哲学史工作者在反对这样各种“形式主义”的思想方法方面作了不少有价值的贡献，他们都特别强调中国哲学思想的研究一定要联系中国的社会性质和阶级斗争的情况等，把对古代哲学的研究和当前革命的需要密切地结合起来。但是由于他们的写作是在反动统治时代，当时思想战线的情况跟目前很不相同，而且大都非常慎重地很少把自己的著作轻易地就叫做“中国哲学史”的。在新中国成立以后，由于革命形势的发展，一般马克思主义理论的学习在不同程度上都有所提高，加之科学研究上不断出现新的成就，因此我们也就不便根据当前所了解的哲学史的抽象定义来苛求于前人了。虽然如此，但是这些前辈学者的有关著作，无疑是我们今日研究中国哲学史必须参考的文献，特别是在教学上，我们究竟应该怎样来选择它的内容和用什么标准来指定同学阅读的范围，的确是好些青年教师目前所遇到的具体困难了，他们表示要求进一步明确中国哲学史的对象和范围。为了响应党的号召，正在积极从事建设的社会主义新文化的时期，许多年轻一代的中国哲学史工作者都初步地学习了马克思主义，同时热情地工作，他们极力争取在这一方面老专家的帮助下，早日把“中国哲学史”的研究提升到先进的国际水平，这种积极性应该是非常可贵的。但是也有部分同志，因为对于这个艰巨的工作认识不足，未免表现太性急了一些，无意中选择了过于速成和简易的道路，在没有能坚决自觉地摆脱旧中国哲学史研究长期存在的各种“形式主义”观点影响的情况下，就会很自然地受到思想上懒汉的“教条主义”的侵蚀。最近也普遍地感觉到了一些问题。在“百家争鸣”方针的指导下，一些多年从事哲学史研究的专家也更积极地参加了工作，通过独立思考，又从实践中提出好些具体问题，一时还未能很好地根据马克思主义的普遍原理，作出有足够说服力的合乎客观事实的结论。这次在北京大学举行的“中国哲学史的几个问题座谈会”，便是具体地反映了在这一学术研究领域中目前存在的一些思想情况，同时也就体现了如何为更进一步地运用马克思主义的普遍原理来结合中国哲学史的研究而斗争。

我现在只想环绕这次讨论中有关“中国哲学史”的对象和范围这个问题表示一点初步的意见。首先谈到目前存在的一种看法，认为不能用现代哲学的对象去看历史上的哲学发展，我不同意这种观点。过去历史上对于哲学的定义虽说随着时代的发展有不同的规定，但是我以为不必考虑要用过去这样一些不同的哲学定义来讲过去的哲学，而是要根据现在马克思主义的科学的哲学史的定义来系统地进行研究。但是，又必须明确，任何一门学科的定义本来只为指示我们研究的基本方向，从不限制探讨各方面有关的问题。过去不同的时代为什么对于哲学有如此不同的定义，乃至过去同时代的不同学派也有不同的哲学定义？而且哲学对象的本身也处在经常的变化之中。我们要唯物地来解释这个哲学史上的事实，但是决不能放弃作为马克思主义者的立场来讲哲学史，即是应用任何一种过了时的哲学定义来理解以往唯物主义的发展及其反对唯心主义的斗争。我们知道过去一切著名的资产阶级哲学史家，例如黑格尔、爱德曼、文德尔班等人，从不见例外地都是根据自己一派的哲学体系来讲哲学史的，虽然马克思主义哲学是一种科学，跟资产阶级的唯心主义体系不能等量齐观，但是关于这个立场问题，我以为无产阶级的学者应该而且必须向资产阶级的前辈学习。有人只拘泥于“哲学”一名的字义的古今不同，从而反对根据马克思主义的科学的哲学史定义来研究“中国古代哲学史”，可能会有人说，连“哲学”这一个名词也是日本人从希腊文翻译过来的，中国过去根本没有这个东西，更用不着讲根据那一种定义来确定“中国哲学史”的对象和范围了。至于有人害怕这样的研究会损害到中国古代哲学的真实面貌，我以为那也是不必要的顾虑。他们看到从教条主义的研究方法所产生的暂时的简单化和公式化的毛病，却未想到那并不是创造性的马克思主义的研究方法应有的结论。本来恩格斯早就告诉了我们：“不把唯物主义的方法当做研究历史的指导的线索，而把它当做现成的公式，将历史的事实宰割和剪裁来适合于它，那么唯物主义的方法就变成它的反面了。”（“致恩史特的信”）一般的历史研究是如此，我以为中国哲学史研究的基本情况也是一样。所以，可能损坏了中国古代哲学一切真正有价值的东西的，绝不是应用了马克思主义的科学的哲学史定义，而事实上恰好其反，是采取了一切过时了的不正确的哲学的定义，或反马克思主义的教条主义的研究方法所必然产生的恶果。因为我们深刻地理解到研究过去是为了“那种只有在社会主义基础上才能出现的真正的进步”，同时又肯定“应该以各族人民的全部历史和他们历代的一切成就为依据”（莫洛托夫：“十月革命二十二周年”）。

其次要谈到的是一向作为我们工作指南的日丹诺夫同志在关于亚历山大洛夫著《西欧哲学史》一书讨论会上的全部发言。在个人今天看来，虽然不能认为是毫无可以批评的，例如他为了指明亚历山大洛夫忽视了马克思主义哲学的产生是哲学中革命的变革这一个基本的原理，使得他不自觉地成了“资产阶级哲学历史学家的俘虏”这一事实，说马克思以前“在那个旧时期哲学只是个别人的事情，只是少数哲学家及其门徒所组成的哲学学派的专有的财产。这些人都是脱离实际生活，脱离人民，与人民毫不相干的”。这种严厉的批评，对马克思以前哲学史上伟大的唯物主义者和进步的思想家来说，显然是过分夸大了他们的缺点，因而是不完全合乎历史事实的。把这一思想不适当地用来作为指导研究哲学史的原则，其结果必然会导致否认一切古典哲学家在历史上应有的地位。但是日丹诺夫同志根据马克思列宁主义经典作家的指示，在这个发言中给哲学史所下的定义说：“科学的哲学史，是科学的唯物主义的世界观及其规律的胚胎、发生和发展的历史。唯物主义既然是从与唯心主义派别斗争中生长和发展起来的，那么，哲学史也就是唯物主义与唯心主义斗争的历史。”这个定义虽然非常简单，但是我认为基本上是正确的。最近任继愈同志在 1 月 11 日《光明日报》上发表“试论中国哲学史的对象和范围”一文，指出它有三方面的缺点：（一）使人认为研究哲学史，仅仅是唯物主义战胜唯心主义的历史……特别是在中国哲学史方面感到困难，有些有价值的东西本来应当作为哲学史对象的，也只能忍心抛弃，因为它没有唯心和唯物主义的斗争。（二）对辩证法如何战胜形而上学的斗争这一客观事实重视不够。（三）没有给哲学史上的唯心主义的哲学流派以应有的历史地位。以上这些论点的提出，都或多或少地为了表示反对目前中国哲学史研究中的教条主义倾向，这种心情我想读者是完全可以理解的，但是也牵涉到若干带原则性的问题，必须作进一步的讨论。

现在且从其中较为明确的第二点谈起：说日丹诺夫的发言中，“他没有充分指出哲学史的任务不仅在于阐明唯物主义战胜唯心主义战争的规律，而且也在于阐明辩证法战胜形而上学思想斗争的规律”（任继愈：“试论中国哲学史的对象和范围”）。我想是不尽合乎事实的。我理解日丹诺夫同志说的“科学的唯物主义世界观”，实际上指的就是辩证唯物主义世界观，而不能只限于朴素的唯物主义和形而上学的机械唯物主义。而辩证法事实上不就是物质的运动变化发展的规律吗？离开了唯物主义和唯心主义的哲学上两个基本派别，来孤立地考虑辩证法反对形而上学的斗争是可能走上唯心主义道路的，所以不宜把这两种斗争绝对地并列起来。因此，离开辩证法来谈唯物主义虽然是目前我们一部分同志在思想战线上不可否认的弱点，但是不一定是日丹诺夫同志在这个问题上犯了错误。事实证明，他在这篇发言中正是批评了亚历山大洛夫这一方面的毛病，说："既然有马克思主义辩证法的存在，在哲学史中就应当包括辩证法产生的历史，表明辩证法产生的条件是什么。"至于引证毛主席在"整顿党的作风"这篇著名的论文中所说："自从阶级社会存在以来，世界上的知识只有两门，一门叫做生产斗争的知识，一门叫做阶级斗争的知识。自然科学、社会科学就是这两门知识的结晶。哲学则是关于自然知识和社会知识的概括和总结。"（《毛泽东选集》第838页）从而推论说："中国哲学史的对象应当是，关于自然知识和社会知识的概括和总结的认识过程在中国发展的历史。"（任继愈："试论中国哲学史的对象和范围"）提出这样的中国哲学史的定义，至少在形式上会给人一种印象，难免有忽视哲学理论的阶级内容的嫌疑，有可能放弃马克思列宁主义研究哲学史的基本原则——哲学中的党性原则的危险，其结果必然要导致取消哲学史上唯物主义和唯心主义两条路线的斗争。这与亚历山大洛夫把哲学史的对象规定为"人类对于周围宇宙的知识之前进、上升、发展的历史"，可能有同样性质的毛病。我们认为毛主席的关于哲学的定义是完全正确的，但是如果我们忽略立场来加以推论，借此有意把它跟日丹诺夫同志关于哲学史的定义对立起来，则显然是不很妥当的。因为有关生产斗争的自然知识和有关阶级斗争的社会知识在如何总结的问题上，也贯穿了唯物主义和唯心主义的斗争。

谈到在社会历史观方面有没有唯物主义因素的问题，我基本上同意李志逵、孙长江等好些同志们的论点，就是在马克思主义产生以前，社会历史观方面是唯心主义占统治地位，但是并不排斥有历史唯物主义的因素，而且在这些个别的观点上也有唯物和唯心的斗争，然而不等于说已经形成了唯物史观，有了历史唯物主义。既然日丹诺夫同志在关于亚历山大洛夫著《西欧哲学史》一书讨论会上发言所说的"科学的唯物主义"是指的辩证唯物主义，而辩证唯物主义的普遍原理，乃是同样可以适用于自然观、社会历史观乃至思维现象的共同规律，因此决不能认为日丹诺夫同志是有意把社会政治思想、伦理学等——中国哲学史内容特别丰富的一方面——排斥在哲学史的范围之外。事实恰好相反，他在发言中号召苏联哲学研究工作者说："现在应当是大胆地把苏维埃社会的理论，苏维埃国家的理论，现代自然科学的理论，伦理学和美学推向前进的时候了。”因此根据日丹诺夫的发言，如任继愈同志所说，“就会在社会历史观方面留下了空白点”，从而可以证明他关于哲学史定义的种种不完备，特别是不能适用中国哲学史研究的情况吗？

我们研究中国哲学史，一方面固然要分别自然观和社会历史观的不同特点，肯定自然和社会有各自不同的发展规律，而且在马克思以前的哲学家，基本上还没有出现在这两方面自觉地建立统一的世界观，但是我们也要注意他们的自然观和社会历史观的相互渗透和影响如何错综复杂地交织在一起的事实。对于马克思主义哲学讲来，毫无疑问的则是一向肯定有包括自然和社会在一起的更有普遍性的规律。日丹诺夫同志说：“由于各种实证科学的发展，哲学的范围不断地缩小了（顺便说一句，这个过程到现在还没有完结）。这种自然科学和社会科学从哲学权力束缚下解放出来的过程，无论对于自然科学和社会科学或对于哲学本身都是一种进步过程。”（“在关于亚历山大洛夫著西欧哲学史讨论会上的发言”）我们完全同意这个看法。但是也必须指明，这并不等于说哲学发展的最高成就——辩证唯物主义普遍规律应用的范围也比过去的哲学相对地缩小了，相反，应该是更见扩大了，例如关于上帝的信仰，甚至在资产阶级上升时期进步的哲学家也有认为不能用他的哲学原理来解释的，现在对于一个马克思主义者说来，毫不奇怪，这并不是什么例外了。

说科学的哲学史是唯物主义反对唯心主义斗争的历史，这样是否就意味着过去唯物主义和唯心主义的斗争等复杂情况，我们就可以完全不讲呢？个人认为还是要讲的，而且必须要讲，因为这些斗争也都是出现过的客观事实，我们要是完全抹杀了它的存在，那就是在片面地看问题，不是历史唯物主义的态度，何况唯心主义的历史本来就跟唯物主义的斗争是分不开的。所以，我们应该加以研究，对于这些思想战线上的斗争，同样要总结它的规律，作出唯物主义的分析。根据事实，阐明在客观的社会历史条件下，既然没有不可以为人类认识的真理，如何又有产生各种虚伪的世界观的可能，同时反动统治阶级又是如何来为这些虚伪的世界观进行辩护的。这种分析的研究，一方面说来，等于在清除过去唯心主义残余的影响，我认为，实际上，这也就是一种唯物主义反对唯心主义的斗争。历史上唯物主义与唯心主义的斗争往往有利于唯物主义思想的发展，所以日丹诺夫同志在他的科学的哲学史的定义中虽然只是简单地提到唯物主义反对唯心主义的斗争这个最本质的方面（事实上不可能把一切思想斗争的方面都提到），并不能因此就认为我们这样做是离开了马克思主义的。但是，反对唯心主义的斗争，如果只采取谩骂和嘲笑的口吻，则显然是不能完成这种任务的。而且仅就谩骂和嘲笑这两点来说，现代人也不见得比古人胜过多少。毛主席曾告诫同志们说：“共产党不靠吓人吃饭，而是靠马克思列宁主义的真理吃饭，靠实事求是吃饭，靠科学吃饭。”（“反对党八股”）

我们说哲学史是唯物主义反对唯心主义斗争的历史，是否就意味着一概否认了唯心主义哲学体系中包含任何有价值的东西，就算“没有给哲学史上的唯心主义的哲学流派以应有的历史地位”呢？我认为问题并没有这么简单。马克思主义者一向对唯心主义思想作斗争，一方面在彻底粉碎其体系，另一方面正是为了挽救它们思想体系中哪怕是一点滴正确可用的东西。例如唯心主义夸大了人类认识作用的主观能动性，从而利用主观吞没客观是完全错误的，我们要跟这种错误的思想进行坚决的斗争，但是我们如何进行斗争呢？我们是不顾事实有意站在它的反面，即彻底否认人类认识作用的主观能动性去反对它，还是恰如其分地承认主观能动性呢？又如一般批评唯心主义歪曲了“事实的”真相，也不过是要矫正它的歪曲，并不等于要完全否定它所可能根据的任何事实。如果说唯心主义思想体系中排斥任何一点可能反映客观存在的合理因素，好像唯心主义者是全面生活在另一个世界，等于一切理论都是凭空掉下来的一样。要是肯定有这种完全与现实不相干的思想，可又能麻醉人们，起极大的危害作用，那就无异于彻底否认了作为唯物主义认识论的反映论的普遍原理，同时也就更加忽视了客观世界本来是通过矛盾来发展的这种辩证的根本性质，等于把历史上受到唯心主义思想影响的都看做是一群瞎子或神经病患者，则显然是不尽符合客观真实情况的。所以，马克思和恩格斯曾指出：“头脚倒置的世界观”也是由于“头脚倒置的世界”造成的事实。但是否因为唯心主义思想中包含了若干合理的因素，我们就应该取消哲学史上唯物主义和唯心主义两条基本路线的斗争呢？显然是不可以的。至于中国哲学史上有些哲学家的思想，因为限于史料和目前科学研究的水平，确实暂时不容易全面了解当时作者的复杂的思想情况，简单地在它们之间划分出唯心唯物的阵营，但这与哲学史上认为根本不存在唯心与唯物的对立的观点比，我以为是不同性质的问题。在政治上我们常说要跟敌人学习，又说对于某一方面他是我们的先生，如此就不应该跟他所代表的反动政治路线作斗争了吗？至于有人认为没有唯心主义的提出问题，唯物主义就不可能得到日益完善的发展，因此应该充分估计唯心主义在哲学史上的地位和作用。这虽然也看到了事实的一个方面，但是它片面地夸大了这种影响。我们作为马克思主义者，似乎应该更加注意到另一个方面，那就是由于科学的成就以及唯物主义思想的传播，怎样使得不同时期的唯心主义哲学迫不得已采取新的面貌这样一个客观的事实。除了唯心主义思想体系歪曲地反映了当代各种科学的成就之外，我们很难说后来比较细致的唯心主义比过去粗枝大叶的唯心主义更接近客观真理了。同时也要注意，哲学史上作为一个唯物主义者反对唯心主义，仅仅是为了唯心主义对于某些问题的提法不悦耳，还是因为生产斗争和阶级斗争中所产生的问题必须根据事实和需要作出合理的解答呢？所以推动唯物主义发展的，不应该只是唯心主义的一些抽象的错误观点。例如，中国哲学史上唯物主义者主张“理在事中”，不可能仅仅是因为前期的唯心主义者提出了“理在事先”的缘故。

既然同志们一致认为哲学是上层建筑的一部分，我们要是不否认在历史上一切不同的哲学体系之间的斗争是与阶级斗争有关的事实，那么就决不能把唯心主义思想产生的阶级根源这一方面轻易抹杀。自然，把唯心主义思想产生的根源简单地只归之于剥削阶级的本性，完全忽略了当时科学发展的水平乃至个人的社会斗争经验和文化修养等认识论方面的因素，显然也是非常错误的。但是，为了纠正理论上在这一方面的缺陷，因而对唯心主义的产生只注意它认识论的根源，我想更是一种片面性的严重的误解。个人以为问题不仅在要注意分别这两方面的根源，同时更重要的是深入研究这两方面相互影响的关系。哲学的党性原则告诉我们，不能把反动统治阶级的唯心主义体系和人民内部也有唯心主义思想这两件事等同起来。我以为这个原则不仅适用到当前的思想战线，而且同样可以考虑适当地应用到哲学史的研究领域。所以，我们要是把历史上实际存在的为反动统治阶级服务的唯心主义思想体系都简单地归结成为人类认识发展过程中必经的阶段，就有可能把陈立夫臭名远扬的“唯生论”和马克思主义哲学的关系只看做是“由浅入深，由片面到更多的方面”（“实践论”）的发展，甚或把这样两条哲学上的基本路线简单地都算作是一个人思想内部的变化，只是先后错误与正确的不同，并以这种情况来概括一切，从而取消了宣传唯物主义反对资产阶级唯心主义的革命的现实意义，把敌我之间的思想斗争都化为人民内部的批评与自我批评了，这是一个关键性的重大问题，必须充分重视。我们同意不能把学术思想和政治问题等同起来，但是也反对无条件地将学术问题的论争跟政治斗争彻底割裂开来，因此，我们对反动学者的哲学观点一定要联系他的反动阶级立场来加以批判。

谈到中国哲学史的对象跟外国哲学史研究的对象是否一致的问题，我不同意目前存在的这样一种意见，他们夸大中国哲学的特点到要取消存在普遍性（共性）的程度，因而主张有与任何外国哲学史性质根本不同的对象。我认为其间有相同的方面，也有不同的方面。进行科学研究，就是要“由此及彼”和“由表及里”地来反复考察，在不同的表现形态的思想斗争之中，进一步发现它们本质上的共同之点，同时在大体相似的问题上，也能深一层地分辨出这个“同中之异”。总之，不应该只停留在现象的形式上的比较。张岱年同志这话说得很对：“唯物主义与唯心主义都不是中国旧有的名词，但问题不在名词上，而在思想的实际上。”（“关于中国唯物主义思想的几个问题”）举例来说，中国古代哲学上的“气”字跟西方哲学史上“物质”的概念，虽然名称不同，但是经过比较研究，发现它们之间有可以等同的方面，这是完全正确的。但是我们不能停留在这一步，也要在这个“异中求同”的基础上，充分注意到保留不同的特点（或方面），因为这样的范畴究竟是中国哲学历史的产物，又与中国哲学史上各方面争论的具体问题保持一定的联系，我们要通过这些相关的具体问题来说明以“气”与“理”互为先后这种唯物主义与唯心主义斗争的特点，并且不能忽略它是发生在中国，否则就难免把问题一般化和简单化了。因此，个人认为联系中国社会历史的发展、各种思想的斗争来具体分析中国古代哲学范畴的形成，乃至不同时代如何被歪曲和不得不改用新的范畴的历史。例如魏晋时代“有”“无”的争论是如何形成的，佛教唯心主义又是如何对于“有”“无”的概念加以歪曲的，为什么宋明哲学又基本上改用“理”“气”的范畴，这些哲学史上先后思想斗争形式的微妙变化，从一个方面体现了中国唯物主义如何在斗争中发展的情况。我想，这样深入地来研究中国哲学范畴的历史，对于改进目前中国哲学史研究中的教条主义倾向是有很大帮助的。

谈谈中国哲学史的范围是否包括一般的社会政治思想、伦理学和美学的问题。目前多数同志认为，关于社会政治的观点、伦理学的观点和美学的观点等包括在哲学史内应该是毫无疑问的，但是否仅限于一些抽象的观点呢？我认为，若果有必要通过具体的例子来说明，也是没有什么不可以的。是否因为中国哲学史书中有了这样一些具体的例子就破坏了作为科学的哲学史的范围呢？是否就混淆了哲学和其他学科的对象呢？我想是不会的。哲学史的研究固然要特别注意科学的抽象，但是另一方面它与具体情况的联系还是不能无原则地加以割断。例如，我们作思想家的阶级分析时常要考察他一些政治上的具体主张，又如，谈到中国近代思想史上所谓“道”与“器”的关系的争论，不可避免地要联系到怎样向西方学习的问题以及这种观点对于反帝反封建的革命斗争的现实意义等。有人以为这样就是混淆了哲学史和政治思想史的对象，因而在理论上犯了重大的错误，我认为是不正确的。若果在中国古代，像墨子的兼爱非攻等可以归入哲学史的讨论，而近代一些反帝反封建的思想就绝对不能包括在哲学史的范围之内，那就未免标准太不一致了。所以，我认为笼统地说，哲学史的对象是否应该包括社会政治思想、伦理学和美学等这个提法是有些模糊的，问题在于你对这些方面是如何理解的、有关问题是怎样处理的。我们反对把任何社会政治思想、伦理学和美学的内容都无原则地一概搬进哲学史的范围，但是也反对把任何有关社会政治思想、伦理学和美学的内容都从哲学史中清洗干净的做法。总之，我们要求理论必须结合实际，得通过具体的情况来说明抽象的法则，反对把兴趣只放在脱离实际的空洞的“理论”上。但是，也不能将涉及的社会政治思想、伦理学和美学的具体事例、抽象观点和更带有普遍规律性的世界观在哲学史中并列起来，加之各个哲学家在历史上的贡献又很不一致，同时注意的方面也不尽相同，按实事求是的态度，不必要采取一律的办法。至于有人提到中国古代哲学有许多特点，尤其是关于修养方法的理论占著作中很大的篇幅，我们今天可不可以讲呢？个人以为若果真是有贡献的地方，对于我们目前革命建设事业有用的东西，必要时还是应该讲的。我们可以说中国历史上进步的哲学家有一向注意生活方式和工作态度的优良传统，但是在哲学史上必定要结合他的自然观、认识论和社会历史观等来讲，而不能只是孤立地来讲一些不相干的条目、生活琐事。但是像我国古代一部分道学家所主张的“洒扫应对，可以尽性至命”，对于这样的问题，个人以为就有必要结合具体情况来进行分析和批评了。再如宋明道学上“主静”和“主敬”的不同，便不仅是一种有关修养方法的争论，实在也代表了彼此有不同的世界观。我们以为目前教条主义影响哲学史工作的突出的表现就是，他们从不注意中国不同历史时期的一切特点，也不喜欢研究任何过去实际存在的具体问题，简单地只从抽象的概念出发，见到书本上几句话，字面上好像可以把它划归唯心主义阵营的，就说那是代表没落贵族或大地主阶级的思想，见到书本上几句话字面上好像可以把它划归唯物主义阵营的，就说那是代表新兴地主阶级或中小地主的思想，有时再加上部分地反映了农民阶级的要求等等，这样标签贴完，就算了事。彼此间的争论也往往好用一般的概念来反驳一般的概念，从这样凭空扣帽子来抵抗那样凭空扣帽子的办法，事实上变成了两顶帽子在空中对舞，却不具体明确两人争论的焦点究竟在什么地方，从而阉割了唯物主义反对唯心主义斗争的丰富的实际意义和有血有肉的内容。例如，目前有的同志见面就谈某人主张老子是代表没落贵族意识，某人主张老子是代表农民阶级思想，他们两人的见解根本对立，就不肯再深入追问一句，究竟这种对立的关键在什么地方？要是仔细考察一番，可能这人所谓的没落贵族意识和那人所谓的农民阶级思想其实是指的同一样东西，不过两人扣了不同的帽子罢了。因此所争的应该不是老子的思想是代表没落贵族或农民阶级的问题，而是这种思想应该怎样来理解、来进行阶级分析的问题。总之，我们必须注意在一切科学研究领域中，对待这个“抽象”与“具体”或“一般”与“特殊”之间那种“不即不离”（譬喻）的关系，必须辩证地来掌握，全面地来考察。否则，只要忽略了其间任何一方面的重要因素、基本环节乃至矛盾发展的情况，在进一步推论时，都有可能失足陷入唯心主义的危险，把本来存在的东西变成不存在了，本来有差别的东西变成没有差别了。所以，马克思说："一切存在物，一切生活在地上或水中的东西，都可以经过抽象归结到逻辑范畴上去，这样，就可以把整个现实世界淹没在抽象概念和逻辑范畴的大海中，这又有什么稀奇呢？"（马克思：《哲学的贫困》第 148 页）

最后，我们还要附带地谈到有关目前中国哲学史研究中存在的一些情况：第一是无意中忽略了唯物主义辩证法产生的社会历史条件，对于自发的辩证法的因素与自觉地将辩证法认为是客观事物发展的普遍规律，从而有意识地把它当做一种方法，应用它来改造世界的马克思主义，这种前后本质上的变革重视不够。于是谈到中国两千年前的哲学家如老子等人的辩证法观点，从表面上来看，好像就跟注解斯大林"联共党史"第四章第二节差不多了。而且在论述一切哲学家的思想时又多半停留在经验主义的描述方法，枯燥乏味和千篇一律地在介绍他们如何解决思维和存在的关系问题，有无包含自发的辩证法因素和朴素的唯物主义的观点的问题上。从对于一个哲学家的论述孤立地来看，勉强也能自成体系，但是联系前后社会历史的发展，要寻找他们先后不同时期唯物主义思想的不同面貌乃至其间矛盾发展的规律就很难了，更谈不上通过这种研究来帮助指导当前革命实践的问题。所以，虽然研究了历史上不少的哲学家，可就是还没有条件能写出科学的哲学史来。这虽是短时间内初步学习运用马克思主义观点研究中国哲学史不可避免的情况，但是为了克服这种弱点，我们都需要做更进一步的努力。第二种情况是去年苏联批评了哲学史家亚历山大洛夫的所谓"应时主义"的作风，也没有能引起一部分同志足够的警惕，还不免习惯于一种形式主义的思想方法，说好就一切都好，绝对的好，说坏就一切都坏，绝对的坏。于是对于一个历史上主观认为进步的哲学家也就无往而不向好的方面拉，相反的情况，则又无往而不向坏的方面拉。虽然表现得爱憎分明，这是好的，可就是难免离事实太远，科学性不强。甚至有这样的现象，一个人在作这篇文章时为了表扬就采取第一种办法，在作另一篇文章时为了批评就采取第二种办法。若果这样先后的不同是因为研究逐步深入的结果，我们完全同意这种实事求是的态度，自己可以彻底推翻个人以往错误的结论，要是客观情况并非真的如此，那就要引起我们及时的注意了。第三是研究现实社会革命斗争的经验和党的政策不够深入，因此多数人虽然知道要接受文化遗产，特别是注意到思想的继承性，不能采取民族文化虚无主义的态度。但是究竟哪些东西是我们目前迫切需要的，在社会历史条件经过革命的变革之后，所谓批判地接受应该如何具体进行？即在批判它的错误和缺点的同时，怎样“细心地选择、保护和发展它的一切有益的成分”（陆定一：“百花齐放，百家争鸣”）。在戏剧和医学方面，“推陈出新”，我们已经取得了很大的成就，但在中国哲学史研究的领域，为了取得同样的效果，目的和任务是否需要更进一步地明确。

以上所谈到的情况，并非说作者就是例外，所以把问题提出来，只是为了更方便地求得同志们的指教。

1957 年 1 月 20 日

——原载《教学与研究》1957 年第 3 期

2. 哲学史研究随感录

一

目前国内外绝大多数高等院校的“哲学专业”都设在文科部门，有关哲学史的研究，自然也在其中。这当然有一定的理由。但其实，哲学的性质与通常所谓纯文学的性质有很多不同。大家知道，在文学创作上，有一种浪漫主义的原则。作者在选取社会上各种典型的题材之后，再从事概括性地加工，对于其中人物个性的塑造及其他的描写，可以使用一种超出具体现实的、夸张的乃至极度夸张的手法，借以增加对读者的艺术感染力。诗歌戏剧、童话、神话等等，更是如此。但是有关系统地总结过去人类理论思维的经验教训，探索唯物主义反对唯心主义的路线斗争，即从事哲学史的科学研究，如果也采用如上那种手法，则无法不陷于严重的失败，甚而事与愿违，要走向它的反面，成为一种唯心主义的应声虫。如古代一些著名哲学家的碑传，少有不出自过去封建文人的手笔，他们先后相习成风，一定要极力“隐恶扬善”，“为贤者讳”，从而宣扬一种“英雄史观”，以至动辄就说某人一生下地便与众不同，早在幼年时代，就过目成诵、无书不读……乃至淹通百家、学贯天人。因此，历史上的某些大哲学家，过去常被认为与“神童”或“天才”等结不解缘，那是毫不奇怪的。试想这些历史上的文献真是客观事实的反映吗？显然多是一种艺术夸张。看来，到现代也还有人自觉或不自觉地从事模仿，甚至在少数人的“自传”里也难免。如此“创作”，在文学艺术上，自然也有它一定的意义，不能简单地加以抹杀，但是经不起历史的科学检验的。至于谈到过去哲学思想的社会影响，多少也有类似的情况。像战国时著名的思想家孟轲，为了赞扬儒家的创始人孔丘这位“圣人”，就说他“作《春秋》而乱臣贼子惧”。这句话后来流传很广。但果然那个时代社会上的“叛逆”（乱臣贼子）就如此害怕别人的议论吗？我总有点怀疑。至于历史上创立各大宗教的教主，有关他们生平事迹的各种神话传说，真是越往后越多、越离奇，可以信为实有其事的究竟该有多少？这就告诉我们，在今天想成为一个科学的哲学史工作者，首先得尊重事实，要破除历来书本传说中带来的各种迷信，真正认识到历史上的那些大哲学家如何都是不同时代的产物，并不是什么不食人间烟火的“超人”，从而来一个思想上的解放。

二

历史上不少有影响的哲学体系理论结构异常复杂，初看起来，似乎十分玄妙，难于掌握，其中某些高度抽象的概念，往往被看做与感性认识的具体内容纯然无关。于是只好各人凭空揣测一番，似懂非懂，这也是我们今天学习哲学史的一层难处。例如魏晋时代流行过的所谓“才”“性”四本论，对于“才”“性”二者的关系，有人说“分”，有人说“离”，有人说“合”，有人说“同”，那究竟是怎样一回事？在当时进行这种辩论有什么现实意义？再如后来玄学家有所谓“贵无”与“崇有”的争论，又是为了什么？一般只是抽象地说这是两条路线的斗争，似乎很不容易深入，也不能够做到具体的了解。若果有人真能结合当时社会历史的特点，进行阶级分析，联系实际，将这些理论上的分歧，结合当时的人生理想、政治态度等等去分析有何具体不同，加以刻画，然后再来从事概括理解这些哲学理论战线上的对立，肯定会是大有帮助的。我想在一般认为比较烦琐的隋唐佛学和比较系统的宋明理学中，好些抽象理论问题的争论也可以作类似的探索。使人们能从近乎纯理性的概念，逐步再回到原本来自感性认识的内容，然后再从这些接近感性认识的内容，又提升到理性认识，遵循逻辑的先后有同于历史先后的原则，不断琢磨，肯定会加深我们对有关方面的科学理解。不然，对于过去那些晦涩的哲学理论，就难免不“望文生义”，只会单从概念出发，运用一种纯粹形式逻辑的推论，表面上若有所得，其实是“言之无物”，不仅使一般青年学生听了难得满足，就是好些专业工作者，对此也会觉得“索然寡味”。因为这种近乎概念的游戏，不仅没有说明过去某种理论体系的形式，跟前人比较，究竟有哪些创新、发展，也没有说明跟后来马克思主义哲学的产生根本区别何在。言之不详，便难于划清界限。于是科学的哲学史研究也就无从谈起了。总之，专门从事社会科学研究的人，如果根本脱离三大实践，不了解社会现状，那是难深入的。哲学史的研究，看来也不例外。

三

现在研究中国哲学史的同志们，但有机会聚集在一起，动辄谈到目前图书资料的欠缺，需要大力组织人力从事整理、发掘。这是客观实践中提出的要求，而且真是一项刻不容缓的工作，那是丝毫不用怀疑的。但是设想将来情况改变，是否所有的专业工作者一定都会在教学、研究上作出很大的贡献，看来也还是两可之数。如果指导思想不明确，不去在吸收消化上下工夫，也很可能产生一些活的书柜子，加之方向不对头，或许有人会制作一些更加精致的毒品来。因此，如何做到“由博返约”，造福后代，还是值得人们仔细思考和深入研究的问题。

众所周知，在进军科学的大道上，对于无论什么前人的成就，都只能是我们目前研究的出发点，而不是最后的归宿。所以一个大的理论家，除了应有洞察入微的本领之外，还要站得高，看得远，有科学的预见。例如，目前在努力学习外国的先进经验，即是为了我们明天的后来居上，而不是希望永远步人后尘。所以“崇洋媚外”和“封建复古”的这两种思想，可谓“异曲同工”，都是我们科学研究不断前进的阻力。

在这方面，人们也许还会听到一个颇关重要的议论，就是所谓思想“新”、“旧”的标准问题。今后我们要在各方面从事“推陈出新”，但究竟什么样的思想才真能算是“新”？是否今天凡属从外国特别是西方进口的就是“新”思想，或者在国内出现的时间最晚、特别稀奇的议论就叫“新”思想？谁都明白，那决不能算是新思想的科学的定义。显然，只有那种能够推动中国社会生产力不断发展，生产关系日益合理改善，促使科学文化继续前进，乃至精神面貌改观，可以早日实现四个社会主义现代化，并将引导人们进入无限幸福美好的共产主义社会的理论和实践，才是多数人心目中的“新”思想。但我国又是世界上著名的文化古国之一，在哲学思想等各方面有许多珍贵的遗产。因此，虽在旧时代产生的好些思想，也有合理的因素，应该批判地继承，并结合新时代的特点，加以发扬光大，决不能因为它“旧”就一概否定，从而陷入民族文化虚无主义。但也决不能“精华”与“糟粕”不分，更不能将“糟粕”当做“精华”来提倡。中国哲学史的科学研究，应该在这些大是大非问题上，在总结前人的深刻教训特别是近代中国革命建设的经验中，提高到世界观上，旗帜鲜明地作出应有的贡献。

——原载《中国哲学史》1982 年第 4 期

3. 笔谈·要用马列主义观点重新总结汉唐哲学

《中国哲学史研究》编者按：

下面刊载的一组共十篇短文，是在本刊编辑部召开的“汉—唐哲学史学术讨论会”上的部分发言（或书面发言）。它们从不同的方面提出了许多颇有见地的看法和意见。

石　峻

编辑部召开这样一个讨论会，专门座谈有关汉唐哲学研究的问题，对今后这一方面的研究工作，肯定将会起到推动的作用。

我想谈谈这么几点看法。

第一，我认为，汉唐这个阶段不仅是中国封建社会发展的重要阶段，也是我国古代哲学发展的重要阶段。它的思想内容是很丰富的。其所以我们今天感到汉唐哲学史研究还是个比较薄弱环节，那是因为我们过去的研究工作没有做好。从史料上来说，汉唐的哲学史料可谓十分丰富。首先是一些学者对儒家的经典作了官方的总结，如《十三经注疏》的完成；其次，外来佛教经典的翻译到唐代大体告一段落，接近完成；至于道教的各种典籍，总名《道藏》的，它的基本内容也是汉唐时代建立起来的。上述思想资料，真可以说是汗牛充栋，绝不是贫乏的。

可是，为什么使人产生汉唐缺少哲学的印象呢？这一方面因为宋明理学对汉唐哲学的总结是不够全面的。他们一般都是以儒家为正统，特别强调以三纲五常乃至所谓“华夷之辨”来进行思想总结，排斥了许多他们认为是不符合“道统”的内容，非常偏颇，于是许多珍贵的典籍被简单地说成是“异端”而加以忽视或干脆抛弃了，使从战国时期的孟轲直到宋代的二程这中间空了一大截，似乎思想的发展是中断了。当然，佛、道的宗教神学家们也各自从宗教信仰的立场出发来总结这一段历史，但由于他们带有那种不正常的感情，其总结的思想内容也就更狭窄和荒谬了。宋代国势羸弱，统治者气魄不大，也是不能将汉唐哲学思想遗产全面而系统地进行总结的一个原因。于是，由于宋明以来这样官方哲学的总结在“五四”新文化运动以前一直在中国占统治地位，并且还影响到国外，因此，从日本到欧美学术界过去都有人认为我国汉唐哲学史内容是贫乏的。其实，这并不符合历史的真实情况。

今天，我们应当重新研究，用马克思主义的立场、观点、方法来进行总结，彻底摆脱过去儒、释、道各家的片面性。

第二，中国文化是世界文化的一个重要组成部分，绝不是完全孤立的，我们今后应当把中国哲学史的成就放在世界哲学史的范围内来加以总结。而汉唐哲学在内容和资料等方面恰好提供了这种研究的便利。汉代把中国与中央亚细亚各国的交通开辟了，印度佛教就是通过这条“丝绸之路”传入中国的，经过一段消融的过程，然后再传到朝鲜、日本和越南等地。我们可以佛教为例，将中国的思想同印度的思想、东方各国的思想作一番比较研究，从而总结出中国哲学的特点。汉唐是古代比较哲学史研究最好的时代。将来的哲学史肯定会是一种统一的、新的世界哲学史，如果汉唐哲学史研究得好，则可在这方面作出应有的贡献。目前，日本、印度的学者也在做这方面的工作。但是，日本的某些学者，他们专好罗列材料，缺乏分析，难免只见现象不见本质，这种研究方法显然是有缺陷的；而印度的某些学者，则往往喜用现代最新科学的理论来比附、解释佛教，目的在于有意提高古代印度哲学的地位，未能“实事求是”，结果可能适得其反，变成不科学，这种研究方法，看来也是有问题的。

第三，中国哲学史研究的对象和领域似乎应该要扩大一些。最好把哲学和历史、文学、艺术、自然科学、宗教等结合起来研究。中国汉唐时代的文学、科学成就是大家一致肯定的。在《大藏经》中就有印度医学的内容，而在汉唐医学的著作里，也有许多名词来自佛经，甚至在小说里面的结尾用一首诗来总结，这种形式也是模仿佛经。再如谈到道教，离开了它的经典丛书——《道藏》，中国科学史就很难进行研究。反过来，如果不懂得科学，自然也无法深入地研究《道藏》。所以，哲学如果断了同其他学科领域的联系，路子就会愈走愈窄。

当然，我们也不要迷信外国专家的一些看法，好像只有印度的佛教才是所谓真正的佛教，从而凌驾于其他各国佛教之上。要知道，任何宗教都不是一成不变的思想和信仰。佛教同样也是历史的产物，它本身也在不断发展。比如，宝塔这种建筑原是从印度、尼泊尔传来的，但中国的大雁塔在艺术上就有不同于它们的特点。佛像的塑造传入中国后，面孔也变得越来越像中国人。汉唐以来不少的佛教典籍是中国人创造性的著作，在理论上是有所发展的，特别是“融通”栏目更是如此，过去有人非常轻视这一栏的书，显然是不对的。

第四，汉唐哲学史研究之所以成为比较薄弱的环节，其中自然也有许多具体的困难。比如，对于亚洲其他各国的古代文字要有所了解是不那么容易的。即以流行最广的《般若波罗蜜多心经》为例，这里的“心”是纲要的意思，“多”是译音，并非“多少”的多，不可望文生义。明代著名思想家李卓吾虽也研究过佛学，但就把这个“心”字完全理解错了。再如，“天”在佛经里多是神的意思，“卅三天”就是三十三个神。在这里的“天”和中国传统的“天”的内涵就并不完全一样。有关佛经的翻译，在鸠罗摩什以前，质量是不高的，这也给后人的研究造成了不少困难，我们要了解汉唐哲学史的史料，尤其是外来的翻译，就不能不要多少了解一点中外不同的语言习惯及其含义。

第五，研究中国古代哲学史，要把一向认为是天上的问题放到是曲折地反映地上的现实来讲。复杂的内容要知道如何简单化，抽象的理论要力求能具体，即追索到它感性认识的源泉，这样才能透过现象抓住问题的实质。以隋唐佛教盛行时的情况来说，有的人就不过是挂个招牌，一定要结合具体的情况来分析。譬如柳宗元，他把佛学和儒学结合起来，目的仍然是宣扬儒家性善论和仁义道德，这个主从关系还是很明显的。

附带谈到一点：汉唐时代的儒学和佛学，都曾一度陷入“烦琐哲学”（或称“经院哲学”）的道路，真可说是“博而寡要”，如果我们的指导思想成问题，即研究者的目的不明确，一心想在那里搞“为学术而学术”，看来也有可能迷失方向，即钻进去就出不来，则确实要特别提高警惕。

——原载《中国哲学史研究》1983 年第 1 期

4. 魏晋玄学与佛教[①]

魏晋时期是我国古代学术思想较繁荣的一个时期，继先秦诸子百家争鸣，又经过秦皇朝短期的专制统治，实行以吏为师，乃至焚书坑儒，高压异说之后而产生。汉承秦治，为缓和社会矛盾，曾一度提倡黄老思想，主张无为。到汉武帝时，国势转趋富强，为适应大一统帝国的社会政治需要，于是接受了当时儒家公羊派学者董仲舒（约公元前 190 年—公元前 105 年前后）的建议，主张“罢黜百家，独尊儒术”，又说：“臣愚以为诸不在六艺之科，孔子之术者，皆绝其道，勿使并进。”（详《汉书·董仲舒传》），朝廷立五经博士，甚至以《春秋》断狱，从此逐步将孔子神化，同时比儒学如宗教，非圣（孔）即违法，显然有最高的权威，同时立各经博士，于是所谓“经学”也就成了官学，一种知识分子往上爬的敲门砖。国家行政则标榜以纲常名

① 本文为 1993 年石峻先生赴台湾出席辅仁大学举办的“中国哲学在中国历史的回顾与发展研讨会”上发表的论文。

教治天下，又实行察举制度作为选拔官吏的手段，这样一来，行之日久，不免弊端丛生，反使得社会上伪造舆论、弄虚作假成风，于是被举为“孝”为“廉”的，往往是“不孝”与“不廉”的代表，名实乖离，官方儒学的威信也就随之下降了。汉代经学本身也相应地演变成一种不切实用的烦琐哲学，他们解说一部经书，动辄百余万言。如汉代著名学者桓谭（约公元前40年——公元32年左右）曾说，有一位名叫秦近君的，解说《尚书·尧典》，单只篇目两个字，就用了十多万言，可以想见，岂不是废话连篇，还哪里谈得上有什么思想性可以供人受用，自然也就失去了可以作为统治工具的作用。

这种烦琐的经学，到后汉，更在朝廷的大力提倡之下，再与充满迷信的谶纬神学相结合，几乎成了一种骗人的说教，连骗人的人自己也骗了，本是统治者妄想用来巩固自己统治的，哪知被统治的群众学了，反而对自己更不利，因此这种官方的儒教神学已是走投无路，陷入了绝境，客观上要求统治思想不能不有所变革。所以，汉代早自杨雄（公元前53年——公元18年）、桓谭及至王充（公元27年——公元107年前后）一些富有科学精神的思想家，都在先后批判主张“天人感应”的儒教神学以及各种谶纬迷信，同时大力提倡“重效验”与求“实知”的认识论。显见黄老道家的自然主义思想在新的历史条件下又在改头换面地活动了，企图颠倒当时儒、道两家思想的社会地位，这为魏晋玄学的产生埋下了种子。

同时，由于汉代以来实行选拔官吏的察举制度，注重社会舆论，这与评论人物的流风本有密切的关系，于是评论人物的研究因结合现实政治而产生的复杂情况，理论也日渐系统与深刻，即由重体态外表进而探索精神实质，简言之，就是从重“形”而趋向于重“神”，再则是由具体个人出发进而寻求一般的原理，并逐步成为一种时代思潮，再联系“君道”无为与臣道“有为”的区分，而构成一个系统的形而上学的理论，从而也为魏晋玄学准备了一定的条件。

同时，由于汉代官方儒家一统思想的破坏，于是原有名、法、道、墨、纵横……等各家思想也相继有所活跃，再一次形成了一种近似先秦百家之学复兴的局面，它们不可避免地相互渗透，都在为补救当时现实政治上的种种弊端而不自觉地融合起来，以道家（特别是《老子》）的有无、动静、一多……乃至本末、体用……而构成了不同于汉代经学的魏晋玄学体系。由此可见，魏晋玄学的产生实是中国现实政治与各种传统学术思想交互影响的结果，特别是有关君道与臣德的区别，乃至天道与人事的关系，更是其间重要的理论问题。与印度佛教的传入实在并没有什么直接的影响，决不像过去有人误认为佛教的传入是促进魏晋玄学形成的主要原因。

所谓“魏晋玄学”的开创者，原来公认是王弼（公元226年——249年）与何晏（公元193年前后——249年），就是从上述思路入手，先后注解了儒家的经典《论语》，而王弼注解的《老子》与《周易》尤其影响深远，成了玄学家必读的经典。他们是后来学者公认为“贵无”派的代表。就是教人特别在政治上如何“不舍（捨）本以逐末”（王弼：《老子注》第52章），“固其根而后营其末”（同上54章注）。又从主体性方面加以发挥说：“执一家之量者，不能全家。执一国之量者，不能成国。”（《老子》四章王注），更结合“天道”与人事，倡言“反本”贵无。他在注《周易·复卦》中说：“反动息则静，静非对动者也，语息则默，默非对语者也。然则天地虽大，富有万物，雷动风行，运化万变，寂然至无，是其本矣……”,这种崇本“贵无”的目的，显然在总结汉代统治思想以儒家“名教”治天下的弊端，他深切地感到“崇仁义，愈致斯伪”，“巧愈精思，伪愈多变，功之弥甚，避之弥勤”（王弼：《老子微旨略例》）。因此推知，凡是从有穷之量出发的，就一定不能全其用。那么，作为最高统治者的帝王，要发挥全体的大用，就自然必须“以无为本”，以无为用，主张“贵无”。这就是一种早期的魏晋玄学理论，可知它本是一种典型的政治哲学。

后来的玄学大家向秀（约公元227年——约公元277年）、郭象（约公元252年——约公元312年），以注解《庄子》一书出名，以为“无”即什么都没有，主张玄学的“崇有”论，亦即所谓“独化于玄冥之境”，其实也就是以为大小高低不同才能和职位的人，只要“……放于自得之场，则物任其性，事称其能，各当其分，逍遥一也，岂容胜负于其问哉”（郭象注《庄子·逍遥游篇》品目义）。以为“率性而动”即是“无为”。又《世说新语》载向子期（秀）举郡计入洛，文王（司马氏）引进问曰：“闻君有箕山之志，何以在此？”对曰：“巢（父）、许（由）狷介之士，不足多慕。”又谢凌灵运《辩宗论》云：“向子期（秀）以儒道为壹。”可知他主张“自然”与

"名教"相同，一点都没有出世的消极思想。

至于嵇康（公元223元—262年）与阮籍（公元210年—263年）倡导的所谓"超名教而任自然"，乃至"非汤武而薄周孔"，乃是对当时最高统治者，相继借尧舜禅让的美名而行篡夺之实的一种公开的抗议。

由于玄学再往后就流于放荡不羁的末流，徒以饮酒猖狂为放达，那已是一批毫无理想与作为的无用之人，也就再谈不上是什么真正玄学家的代表，更没有在思想史上的地位了。

可知魏晋玄学的先后时期也有不同的特点，未可一概而论。虽早在王弼、何晏之前，大乘佛教《般若经》已有用"本无"来翻译印度"真如"（梵 Tahtata），"无"亦曾为印度佛教"空"（梵 Sunya）字的古译，但因为原来"玄学"与"佛学"的性质不同，所以也很难说"玄学"的产生是受到佛学的影响。

但往后由于"名士"与"名僧"的经常交往，气味相投，也有的名僧甚至依靠这种交往来抬高自己的社会地位，而当时的所谓"名僧"大多是早年诵习《老子》与《庄子》……一类道家的经典，不免间接要受到注解这些经典的玄学家思想的影响，先入为主，从而以不同的玄学家理论来探索对外来佛教《般若经》的理解，使佛学玄学化。如玄学有"贵无"与"崇有"等不同的理论，而约在道安（约公元312年-385年）时代，《般若》学学者既多，而又各抒新义，派别遂多。南朝释昙济作《六家七宗论》说"论有六家，分成七宗，第一本无宗，第二本无异宗，第三即色宗，第四识含宗，第五幻化宗，第六心无宗，第七缘会宗。本有六家，第一家分为二宗，故成七宗也……"（隋吉藏《中论疏》及日人安澄《中论疏记》均有详释）。可见，我国当时的这种佛学（主要是般若学）也明显地带上了中国玄学的色彩。虽然佛学在印度原本是一种出世道，跟现实政治的关系，没有魏晋玄学的密切，但在名士与名僧的交互影响下，使用的范畴和思维的模式，则是越来越接近了。因此，我们根据正史事实，先是"玄学"影响了"佛学"，同时为"佛学"在中国的传播创造了有利的社会条件，所以著名高僧释道安在《鼻奈耶序》一文上说："以斯邦（中国）《老》、《庄》教行，与方等经兼忘相似也。"（见《出三藏记集》经序）真可说是如实地反映了当时学术的真相。可见魏晋玄学的流行，实在促进了佛学的传播，同时不可避免地也会影响佛学的理论，也就是使得这个时期的佛学多少成了变相的“玄学”。但是印度佛学在中国经过比较长期的深入研究之后，终于发现过去相互比较配的所谓“格义”的方法是“迂而乖本”（僧叡语），甚至道安后来也说是“于理多违”了。特别是经过西域佛学大师鸠摩罗什（Kumarajira 公元 343－413 年）来华，他的耐心而忠实的翻译，使得他的一些高足弟子们，如僧肇（公元 384 年－414 年）作《不真空论》，严肃地批判了各种带玄学色彩的般若学说：“心无者，无心于万物，万物未尝无。此得在神静，失在物虚。即色者，明色不自色，古虽然色而非色也。夫言色者，但当色即色，当待色色而后为色哉。此直语色不自色，未领色之非色也。本无者，情尚于‘无’多，触言以宾无，故非有，有即无，非无，无即无。寻夫立言之本旨者，以非有‘非真’有，非无‘非真’无耳。何必非有无此有，非无无彼无。此直好无之谈。岂谓顺通事实，即物之情哉。”以支愍度为代表的“心无宗”、支道林为代表的“即色宗”乃至以道安、慧远为领袖的“本无宗”全在破斥之列，从而区分了过去受我国“玄学”影响而形成的魏晋时代的各宗般若学和以印度龙树（Nagatjuna，约公元二世纪人，印度中观派佛教哲学的创始人）、提婆（Deva，龙树弟子）为正宗的大乘般若学，并将原作《般若三论》即《中论》、《百论》和《十二门论》外加《大智度论》的本来的思想面目准确而系统地揭示出来，让中国佛教学者了然于过去的误解。这样，由玄学的流行而促进对佛学的研究，终于又导致否定了玄学的理论。但这种印度原来大乘空宗的理论有无双违、体用不二的宗教学说，超越了“玄学”的思辨，又不能很好地结合中国的社会实践，于是真的成了一种“空论”，不能再有所进展。于是，根据“玄学”言意之辩的思想方法，由“真空”转入“妙有”，于是涅槃佛性学说经过僧肇的同学——著名的竺道生（公元 355 年—434 年）等的大力宣扬，在此后的南朝广泛流行起来，代替了前期般若学的各种“空论”，从各方面探索什么是所谓的“佛性”的“正因”和“缘因”即“主因”和“条件”的关系，乃至“佛性”是“始有”或“本有”的学说，在中国纷纷出现。据隋吉藏作《大乘玄论》卷说正因佛性说有十一家，均正《大乘四论玄义》卷七则说正因佛性有本三家末十家之别，其间虽略有殊异，但大致相同，这样，就使中国佛教思想基本上从本体论转入心性论，对融合中国所谓儒、释、道三教的思想，促进中国哲学史的发展，都有重要的理论意义。

总之，中国魏晋玄学与外来印度佛教的传入，其间相互影响旳错综复杂的关系，有许多宝贵的经验和教训，是值得我们认真研究的。

5. 原人论校释·序言[①]

一、宗密的生平和著作

宗密（780 年 – 842 年），俗姓何，果州西充（今四川省西充县）人，生于富裕而又世代习儒的家庭，自幼父母双亡，这对他最终走上出家的道路产生了不小的影响。宗密 7 岁到 17 岁的 10 年间习儒，以他的“俊才”，对儒家典籍有了较好的掌握。但他是个“好道不好艺”的人，心中追求着形上的真理，而视儒学为形下的技艺，对儒学产生了怀疑之心。他认为儒学不能圆满地解释人的贫富贵贱、生死寿夭等问题，因此转而旁学佛教，在 18 岁到 22 岁之间，在缺乏名师指点的情形下，自己研究佛学，并在日常生活中也奉行佛教的戒律。他涉及的是佛教中的人天教、小乘教及大乘法相教的一些观点，从中得知了因果报应等理论，但并没有能释去宗密心中的疑团。对于这时的学儒和向佛，宗密后来的评价是“俱溺筌蹄，唯味糟粕”[②]。在这种情形下，宗密决定再回到儒学中来，走科举的道路。23 岁时，他到遂州（今四川省遂宁县）的一个著名的义学院重新习儒。历二年，有一位道圆禅师从四川西部到遂州来开设道场，宗密前去拜访，一经问法，顿知心要，他于是决定从道圆禅师出家。宗密认为，道圆是慧能门下菏泽神会的后裔，慧能下第四代，菏泽下第三代，宗密因此也成为菏泽系禅僧。但宗密的这一观点遭到了近人胡适的怀疑，胡适认为道圆实际上是四川净众寺神会门下的，宗密硬将净众寺神会改成菏泽

---

① 《华严原人论校释》，石峻、董群校释，完成于 1995 年，全书即将由中华书局出版。这里选取的是本书的“序言”部分。

② 宗密：《圆觉经大疏·本序》。

寺神会，是一种“攀龙附凤”的行为。其实宗密的观点是可信的，没有必要去攀龙附凤，因为中唐时代，菏泽神会在禅界并不是被看重的热点人物。关于这一点，冉云华先生在其《宗密》一书中有详尽的考证，基本解决了这个问题①。

在道圆门下，宗密觉得自己大有长进，“习气损之又损，觉智百炼百精”②。但在身心、色空等关系的问题上，宗密还有疑惑，因此而多次参问道圆。道圆给了宗密一部《华严法界观门》，这是他首次接触到华严类著述。此书相传为杜顺和尚所作，宗密通过对此书的研读，悟出了融合之理，净刹与秽土的融合，诸佛与众生的融合，时间方面的三世融合，空间方面的十方融合，但其中没有谈到身心因果问题。

有一次，宗密随师到遂州府官员任灌家赴斋请，在他家中得到一部《圆觉经》，宗密才读两三页纸，就觉得有不可比喻的身心喜悦，他回寺后把这种感受告诉了道圆，道圆惊异地感到这位学生的不凡之处，于是就建议他外出游方。得《圆觉经》后，宗密解决了人生的始终根本、迷悟升沉等问题。在游方的前后几年中，宗密一直在潜心研究《圆觉经》，心中又产生的新的问题：“至于诸差别门，心境本末，修证行位，无量义门，及权实教，犹未通决。”③

游方途中，宗密于元和五年（810 年）在湖北襄汉恢觉寺遇到华严宗僧人灵峰和尚，得《华严经》及清凉澄观的《华严经疏》和《华严大疏钞》。通过对这些华严典籍的研究，宗密一生的疑问全部得到了答案，于是萌发了皈依华严、投师澄观的想法。他先给澄观去信说明了这一意思，得到了肯定的答复后，元和六年（811 年）底，宗密在长安亲拜澄观，行弟子礼，澄观称赞宗密说：“毗卢华藏，能随我游者，其汝乎！”④

在长安期间，宗密十分活跃，名声也渐渐提高，他经常在各寺讲学，广泛参与各种学术活动，并开始形成自己的佛学观。此后一有时

---

① 冉云华：《宗密》，台湾东大图书公司，1988 年。

② 宗密：《遥禀清凉国师书》。

③ 宗密：《圆觉经大疏钞》卷十三之下。

④ 《宗密传》，《宋高僧传卷六》。

间，宗密经常来往于京城和京郊终南山之间，从事习经和著述。就其著述而言，早期的作品有：

元和十一年（816 年）正月，在终南山智炬寺完成《圆觉经科文》，又写《圆觉经纂要》两卷。

元和十四年（819 年），在长安兴福寺作《金刚般若经疏》一卷，《金刚般若经疏钞》一卷。

元和十四年（819 年）冬到元和十五年（820 年）春，在兴福寺、保寿寺两地写成《唯识论疏》两卷。

长庆二年（822 年）到长庆三年（823 年）秋冬之际，在草堂寺写成《圆觉经大疏》三卷、《圆觉经大疏钞》十三卷、《圆觉经略疏》二卷和《圆觉经略疏钞》十二卷。这四种作品可以说是宗密的成名作。

长庆二年（822 年），在终南山丰德寺写成《华严纶贯》五卷。

长庆三年（823 年），在丰德寺写成《四分律疏》三卷。

太和元年（827 年），在圭峰写成《圆觉经道场修证仪》十八卷。

这些作品的完成使宗密声震京师。太和二年（828 年），唐文宗李昂诏宗密进宫，垂问佛法要义，并赐紫衣，赐号“大德”，许多官僚和文人雅士都与宗密结交，其中关系最密者当推裴休。宗密的不少著作多有裴休作序，宗密因裴休之问禅宗各派的源流深浅，曾作一篇《中华传心地禅门师资承袭图》。温造，曾官至礼部尚书，他曾向宗密问佛法大意，宗密写有《答温尚书书》，史山人，生平不详，他曾向宗密提出十个问题，宗密作有《答史山人十问》。

受赐后三年，宗密又回到山中，专事著述，写下了一批重要的晚年作品，包括《华严原人论》和《禅源诸诠集》一百卷，后一种又称《禅藏》，现只留其序，为《禅源诸诠集都序》。

宗密其他的重要著作还有：《华严行愿品随疏义记》六卷、《华严行愿品疏钞》六卷、《注华严法界观》一卷、《注华严心要法门》、《涅槃经疏要》、《盂兰盆经疏》一卷、《起信论疏》二卷等。另外还有一些其他类型的作品。总的作品卷数，依《宋僧传》所记，为二百卷左右。

二、《华严原人论》的写作年代

《华严原人论》，简称《原人论》，对于宗密的这部重要作品，有关宗密的许多资料都没有提及，包括裴休、赞宁及清人续法等人所作的宗密传记中，都未提到《原人论》，而宋人早就对《原人论》进行了注释。中国台湾的中央图书馆藏有标为133号的《大乘禅门要略》一卷，也就是《禅源诸诠集都序》，文后有一个附录，详列宗密的作品，但也没有《原人论》，所以这就使今人研究《原人论》的成文时间显得十分困难。因此，学者们对此论的成文时代就有了不同的看法，有的主张难以确定《原人论》是宗密的早期作品还是晚期作品，有的则认为这是宗密的晚期作品。所谓早期或晚期，这里有一个参照系，就是宗密的成名作，即《圆觉经大疏》、《圆觉经大疏钞》、《圆觉经略疏》、《圆觉经略疏钞》，这四种作品写于长庆二年（822年）到长庆三年（823年）之间，以此为界，在此之前的是早期作品，在此之后的可称之为晚期作品。之所以要确定这样一个参照系，原因之一，是因为《原人论》中的思想与此四种作品中的许多思想是相同的，只是《原人论》中的思想显得更简洁，有纲要性的特点，而在四作品中就阐述得十分详尽，特别在《圆觉经大疏钞》中，这一特点表现得更明显。

单就《原人论》和《圆觉经大疏》等来看，既可以说《原人论》是《大疏》的概括，如果是这样，则《原人论》是写于《大疏》等之后，由此可以断定《原人论》是晚期作品。但也可以说《大疏》等是对《原人论》的进一步发挥，如果是这样，则《原人论》自然是宗密的早期作品。因此，日本方面有的学者就认为在目前的情况下，无法确定《原人论》究竟在前或在后，镰田茂雄先生就持这样的谨慎态度①。中国的一些学者则基本认为《原人论》是宗密的晚年作品。

我们的看法，《原人论》是宗密的后期作品，是宗密晚年对自己思想的总结之一，基本理由如下。

第一，宗密的早期著作，具体的写作时间、地点等，宗密自己在

① 镰田茂雄：《儒道的气与佛教载于气的思想：中国自然观和人的观念的发展》，上海人民出版社1990年版。

《圆觉经大疏钞》卷一之下中有着详尽的记录。

如果《原人论》的写作时间在《圆觉经大疏钞》之前，一般来说，看来宗密会在这里也列举出来的，可是我们在此找不到《原人论》，这也可以说明，此时《原人论》还没有撰写。

第二，从宗密写作《圆觉经大疏》的大致过程来看，似乎并不是先有了一个《原人论》作为思想提纲，然后再在此基础上加以阐发的。

《圆觉经》是在宗密的思想演化过程中起着重要作用的一部经典，他外出游方，是带着此经的，期间，他收集了当时能见到的一些关于此经的注疏，如上都长安报国寺惟悫法师的《圆觉经疏》一卷，先天寺悟实禅师的《圆觉经疏》二卷，荐福寺坚志法师的《圆觉经疏》四卷和北都藏海寺道诠法师的《圆觉经疏》三卷。他对这些疏文都进行了认真的反复比较研究，认为它们都没有能抓住《圆觉经》的本质，这也是他日后要写出自己的《圆觉经》疏文的原因之一。他写《圆觉经大疏》，“参详诸论，反复百家，以利其器，方为疏解”①，是在反复研究了各种疏文得失的基础上而进行的创作，具体的写作过程，“根本始自元和十一年春，于南山智炬寺下笔科判，及收检四家义疏，集为两卷，私记检之，以评经文，被于禅学，中间至长庆二年，于草堂寺再修为疏，并开数十段章门，至三年秋冬方得终毕”②。可以发现，这部疏文从准备到完成，历经七年多，先是写出《圆觉经科文》，即提纲式的概括，再在此基础上写成《圆觉经纂要》，这是在对照了四种疏文后所写成的，但并没有马上公开，接着在寺中阅经三年。元和十四年（819 年），宗密回长安时，又把《纂要》带回，经常拿出来对照《圆觉经》加以修改，又和同道数人反复看了几遍，一直到“渐觉通彻，不见疑滞之处”③ 为止。长庆元年（821 年），宗密返回终南山，次年，在《圆觉经科文》、《圆觉经纂要》和研究各种关于《圆觉经》章疏的基础上，开始写作《圆觉经大疏》。在这个过程中，似乎看不出是以《原人论》作为此疏写作的思想纲要。

---

① 宗密：《圆觉经大疏》卷上之一。

② 宗密：《圆觉经大疏钞》卷一之下。

③ 宗密：《圆觉经大疏钞》卷一之下。

第三，宗密自己的叙述。宗密在《原人论》序文中讲到，他在“数十年内，学无常师，博考内外，以原自身”。按照中文的表达习惯，在以“数十”这一提法来指谓大概的数字时，至少是在“30”这个数之上，就按最低限度的30年计，宗密的人生经历，根据他自己的记录，自7岁至17岁的10年内习儒，18到22岁向佛，23岁再习儒，准备科举考试，25岁从道圆禅师出家习禅宗。就算从20岁算起，加以“数十年”的低限的30年，也是到了50岁才写此论。宗密生于建中元年（780年），加50年已是太和五年（830年）左右了，比写《大疏》时的长庆二年（822年）要晚了8年。

第四，从宗密的判教观的发展，也可看出《原人论》为宗密的晚年作品。

华严宗传统的判教以法藏为例，以“义”分，即从佛教发展的先后顺序来分，判为五教：小乘教、大乘始教、大乘终教、大乘顿教和一乘圆教，简称为小、始、终、顿、圆。以“理”分，即从佛教各发展阶段的不同思想分，可开为十宗。

在《圆觉经大疏》卷上之二中，宗密有一种五教判摄，第一愚法声闻教，第二大乘权教，第三大乘实教，第四大乘顿教，第五一乘圆教，简称小、权、实、顿、圆，这是华严宗传统的判教观。以理开宗，又分为五宗，第一随相法执宗，指小乘教，第二真空无相宗，指空宗，第三唯识不相宗，指有宗，第四如来藏缘起宗，指《大乘起信论》，第五圆德具明宗，指《华严经》。在《圆觉经大疏钞》卷八之下中，宗密又提出了六教判摄，第一人天教，第二小乘教，第三法相教，第四无相教，第五终极法性教，第六顿教，以顿教指华严宗。这时候的判教，宗密在华严宗传统判教的基础上在探索自己的判摄体系，但终究还没有形成这种体系，而到《原人论》中，这一体系完成了，《原人论》中的判教，不局限于佛教内部，而把儒道也判摄其中，这就是，儒道教、人天教、小乘教、大乘法相教、大乘破相教和一乘显性教，这是与其他各种判教最大的不同，清凉澄观曾考虑到佛教的判教是否应该纳人儒道的问题，但终究认为儒道与佛教是两种不同的思想体系，方内方外，施设非一，所以“今所分判，唯论释宗”①。

---

① 澄观：《华严经行愿品疏》卷一。

因此从宗密这种特有的判教思想的形成来看，《原人论》是宗密的晚期作品。至于这一判摄中佛教内的五教，宗密晚年的另一部作品《禅源诸诠集都序》中也有相似的提法，即密意依性说相教（包括人天因果教、说断惑灭苦乐教、将识破境教）、密意破相显性教和显示真心即性教，而且在对诸教内容的分析上，与《原人论》一致，可以看出宗密晚年判教观的特色。

第五，屏山居士李纯甫在《原人论后序》中明确讲到，宗密先是著《圆觉经疏》及《钞》等作品，又恐怕这些作品阐理太深，又著《原人论》加以简要说明。

三、《华严原人论》的写作背景

《原人论》主张三教合一论，三教合于佛教，主张以真心作为宇宙、社会和人的本原。这种思想的提出，其背景大致有二：一是唐代儒学和道教的三教关系观；二是唐代佛教宗派的分立势态。针对这样的背景，宗密提出了自己的看法，从这个角度看，宗密原人论的出现也是时代的产物。

对于儒道佛三教，初唐时期使用的是三教并用政策，在崇儒的前提下，佛道二教兼重，只是在佛道的先后问题上稍有变化，虽然三教之间也有矛盾，但社会上的知识分子还没有积极参与其中，到了中唐，情形就有所不同，三教之间矛盾不断，这种矛盾公开化，成为当时的一大社会问题，一些著名的知识分子对此纷纷发表自己的看法，就儒学系统而言，对佛教以及道教的态度就分为排斥一派和融合一派。

排斥的一派，以韩愈为代表，他批评佛教的依据还是传统的夷夏论，华夏文化优越论，又从礼的价值观上批评佛教和儒教价值观的冲突，又从经济角度抨击佛教对世俗经济的损害。

融合的一派则有多种不同的观点。比如李翱，他以《中庸》为依据，以佛教的修养论为方法，提出了自己的“复性说”，他虽然没有提出系统的三教合一论，但已在具体的观点上融合了佛教的心性说。又如柳宗元，他认为佛教与儒学有许多相合的地方，“浮屠诚有不可斥者，往往与《易》、《论语》合，诚乐之，其于性情奭然，不与孔子异道"[①]。因此，不能盲目地排斥佛教，他批评韩愈的反佛只是做表面文章，"忿其外而遗其中，是知石而不知韫玉也"[②]。对于道教，柳宗元也主张融合，"余观老子，亦孔氏之流也，不得以相抗"[③]。老子与孔子殊途而同归，都是治国安邦的准则。这是明确的三教合一论，尽管柳宗元没有运用三教合一的概念。

在道教方面，虽然与佛教有争论，但道教对佛教的思想也有吸收，对儒教的思想也多有融合，采取的也是三教合一的策略。

唐初道士成玄英提出"重玄之道"，对这个道的规定不是有，不是无，也不是非有非无，而是超越于有无对立的。这种说法，显然不能说和佛教的中道说毫无关系。

道士李筌以阴阳二气为本源，又吸收儒家的中庸思想，提出了"抱一守中"论，这个"中"是儒家的中庸之中。这是对儒家思想的融合。

王玄览提出了"诸法无自性"的命题，"诸法无自性，随离合变相为性。观性相中，无主，无我，无受生死者"[④]。这全是佛教缘起性空的思想。又讲"心生诸法生，心灭诸法灭"[⑤]。这则是佛教的"心生种种法生，心灭种种法灭"说。这是他对佛教思想的吸收。

司马承祯提出的"坐忘"说是在传统道家观点的基础上综合了儒家的正心诚意论和佛教的止观说而成的，他又把儒家与佛教的心性论融入道教的理论中。这是站在道教的立场上来融合三教。

对于三教关系，儒道二教多站在本教的立场上来融合三教，这时候，佛教界的情形又如何呢？隋唐时期的佛教正是开宗立派的时代，虽然中国各佛教宗派的创立都考虑到了中国文化的背景，实际上却是作为儒道佛三足鼎立的一方出现的，像禅宗这样的宗派已经做到了三教合于禅，非常本土化，但禅宗并没有关于三教合一的系统理论。

宗密的三教合一不只是以佛教融合儒道，也有佛教内部各宗派融

---

① 《送僧浩初序》，《柳宗元集》卷二十五，中华书局，1979 年。

② 同上。

③ 《送元十八山人南游序》，《柳宗元集》卷二十五，中华书局，1979 年。

④ 《玄珠录》卷下。

⑤ 《玄珠录》卷下。

合的内容，佛教自身的融合是三教融合的基础，而当时的佛教界，对于佛教内的融合问题还基本上没有考虑到，宗密曾批评说："禅宗、天台，多约止观，美则美矣，且义势辗转，滋蔓不直。"① 只注重"分"而不知道"合"，而当时的儒道二教却都在走三教融合的道路，面对这一新的形势，佛教界应该有什么样的对策呢？

宗密这时候提出三教合一论，既是对儒道二教的回应，也是他关于新的历史条件下佛教发展的一个思路。三教统一于佛教，那么佛教内部自然也有一个如何融合的问题，而目前佛教的状况显然难以适应这一需要。宗密提出以真性作为佛教内部统一的基础的观点，这也有其宗派的立场，他大致是站在华严宗的立场上来立论的，其实各宗的判教都坚持这样的宗派立场，都把本宗判为最高的教门，但宗密与诸宗不同的是，他在把华严宗视为中国佛教的最高教门之后，又以此为出发点而融合诸教，于是而有佛教内部的统一。至于具体讨论佛教内部的融合问题，是在《禅源诸诠集都序》中。

儒道二教虽然讲三教融合，但并没有从理论上系统地阐明这一原理，宗密做到了，他分析了三教理论的异同，指出了儒道二教的不彻底性和在解决社会、人生问题时的局限，提出在何种情形下三教有别，在什么情况下可以融合，融合的基础是什么，这使其理论更有说服力。

四、《华严原人论》的思想主旨

《原人论》的主旨是三教合一，宗密论三教合一，不是单纯地讲融合，他首先是对诸教进行分析，提出批评，指出其或迷执或偏浅的特点，都不知真心的作用，由此逐层揭示出真心的终极地位，再从这个真心出发，融合佛教各宗派，并融合儒道二教。宗密又揭示出真心的本体地位，真心是宇宙、社会和人的本原，从中也显示了佛教的宇宙观、社会历史观。因此，对《原人论》思想的分析，就涉及到批评的部分和融合的部分。

---

① 《遥禀清凉国师书》。

第一、对儒道的批评。

《原人论》的正文部分首先对儒道二教的原人观进行了批评，他把儒道二教的原人观归纳为大道生成论、自然论、元气论和天命论四种，然后逐一加以分析批评，重点指出其在解决社会历史问题方面的局限。

批评大道生成论。

大道生成论，即道本论，以“道”作为人的本原，作为宇宙和社会的本质，这一思想在先秦时代，主要是道家的观点，以老子和庄子为代表，儒家的“易有太极”中的“易”，在宗密看来也是与道一致的，在唐代，一些著名的儒家也主张此论，比如韩愈把道看做是仁义道德体系中的一环，道是在仁和义的基础上建立起来的。至于唐代道教，则对道又有了更深入的讨论，成玄英提出了“重玄之道”，王玄览把道又分为“可道”和“常道”，以“可道”为虚假的道，“常道”为真实的道，司马承祯则把道加入了心性的内容，认为道是灵而有性的本体。宗密所批评的道，就是这样的道，特别是唐代儒道二教所坚持的道。

宗密把道的性质归纳为“虚无”，他所称的这种虚无并不全是老子的理解，而引入了佛教中道论的观点，“道者虚无，非有非物，是故杳然、冥然。”① 实际上这倒是成玄英所规范的道。

宗密对大道论的批评体现为三方面，一是揭示其理论和实践的矛盾，二是揭示其和社会现实的矛盾，三是揭示其内在的理论矛盾。

先述其一。

所谓大道生成论的理论和实践的矛盾，是道体的“常”性和圣人、道人破坏此“常”性的矛盾。道家把道体的性质规定为“常”，即永恒性，不变性。老子讲，“道可道，非常道”。② 又讲“静为躁君”③。宗密认为，如果道体是常，由其所决定的一切现象也应该具有这种特征，具体而言，人的生死贤愚、吉凶祸福等现象，都应该是不可改变的，善者永善，不会增加一分，恶者永恶，不会减少一分，而圣人的行为却是要改变道的这种“常”性，圣人设立教化，

---

① 《圆觉经大疏》卷中之三。

② 《老子》第 1 章。

③ 《老子》第 26 章。

要去恶除乱，扬善致治，使愚者不再愚，贫者不再贫。道士们则要服食丹药以延年，“服丹制其死，令不死。”① 而从道的“常”性来看，根本就无需教化，无需服丹。因此，宗密称圣人们为“逆道化之大贼”②。

再述其二。

所谓大道生成论和社会现实的矛盾，这也是对儒道二教进行的社会批判，揭示大道生成论在解释社会不合理现实时的困境，特别是以社会中恶的现象来否定道体的所谓尊严，“道育虎狼，胎桀纣，夭颜冉，祸夷齐，何名尊乎?”③ 老子讲道尊德贵，万物都以道为尊，以德为贵，但社会现实却是与这种尊与贵的道体相矛盾，道既化育出凶恶的虎狼，又化育出比虎狼还要凶残的昏暴之君。不但如此，道还使善者不能长久，贤德如颜回，大才如冉求，道都让他们短命而死，伯夷、叔齐两位贤士，大道却让他们都饿死在首阳山。大道如此惩善扬恶，还谈得上什么尊贵吗?

次述其三。

揭示大道生成论的内在理论矛盾，这一点在《原人论》中没有具体展开，但在《圆觉经大疏》卷中之一有详尽分析，可参此疏，这里不繁叙。

批评自然论。

所谓自然论，是指以自然为本体，其实是对大道生成万物的方式进一步描述，大道如何生成万物？是自然生成，老子有“道法自然”之说，孔子讲“天何言哉？四时行矣，百物生矣，天何言哉?”④ 这个“不言”，也有自然之意。王充的《论衡》中也有《自然》一篇。宗密一定意义上也是据此而归纳为自然论。

宗密对自然论的批评重点在于突出自然论和佛教的因缘论的对立，他把自然论理解为万物产生的无条件论，不需要任何条件，而佛教在讲到具体事物的存在特性时，是讲因缘的，因为这种因缘，而使

① 《圆觉经大疏钞》卷九之上。

② 同上。

③ 《原人论》。

④ 《论语·阳货》。

万物具有性空的特点。

宗密对自然论的批评可以区分为两个方面，一是揭示自然论的理论和社会现实之间的矛盾，二是揭示自然论的理论和实践之间的矛盾。

先述其一。

自然论的理论和现实之间的矛盾，表现为自然论不能完满地解释一些自然现象，宗密设难说："万物皆是自然生化，非因缘者，则一切无因缘处悉应生化，谓石应生草，草或生人，人生畜等。"① 这就是说，既然万物的生成不需要任何条件，那么一切不存在因果关系的事物之间都应能相互生成，宗密称为时时能生，处处能生，任何两个事物之间都可以相互生成了，而事实上，这是不可能发生的，万物的生成是待时而生的。

再述其二。

自然论的理论和社会之间的矛盾，体现为儒道一方面讲自然生成，不需条件，但另一方面却又在做着与这种自然论相违的事，道士以丹药的帮助来实现成仙的理想，儒家以贤人良士的道德示范作用作为实现社会太平的重要条件，这怎么是自然呢？

进一步而言，既然讲自然，善恶也都是自然而成的，人为的作用难以改变，但圣人们却要设立教化，进善弃恶，尊贤贱愚，录美弃丑，好富疾贫，这种价值选择，违背了自然原则。

如果说圣人的这种价值选择是合理的，那么自然论就没有存在的必要，而且，为什么会自然生成这样的社会现象，即善少恶多、贵少贱多、富少贫多、美少丑多，这样的本原又有什么实际意义呢？这种社会现状，是自然论难以解释的。

批评元气论。

元气论以元气来说明宇宙、社会和人的本原，这是儒道的一个重要的观点，宗密曾把老子"道生一"中的"一"理解为气，相当于佛教讲的风轮。庄子也讲"通天下一气耳"。② 讲人的生死是由气的

---

① 《原人论》。

② 《庄子·知北游》。

聚散决定，“人之生，气之聚也，聚则为生，散则为死”。[①] 后来《淮南子》中具体讲到气化而形成天地的情形，清气为天，浊气为地，“清阳者，薄靡而为天，重浊者，凝滞而为地”。[②] 这是气化论的标准说法。在先秦儒家也是讲气化论的，宗密常引述《礼记》和《易传》中的观点来说明儒家的元气论，《礼记》中讲到人死亡后，魂气归于天，形魄归于地。易传中也讲，“精气为物，游魂为变，是故知鬼神之情状”。[③] 天、地、人及鬼神，都源于元气。

在唐代，道家讲一个“炁”，这就是气，道士张果认为这就是变化之源，“天地以阴阳之炁化万物”。[④] 唐代儒学的元气论思想也很丰富，李翱、韩愈、柳宗元、刘禹锡都有这种观点。

宗密对元气论的批评，很大程度上是直接针对唐代的元气论思想的，他的这层批评从三个方面进行，即分别从佛教的前世、后世和心性角度来批评。

先述其一。

所谓从前世角度批评，是批评儒道否定佛教前世的存在。这一层次，宗密也是从三方面展开的，首先是“宿习本有难”，从婴儿的认识发生来说明人的产生是从前世而有的。元气论者在解释人的产生时，是从元气中突然生成的，称为“欻生”，宗密指出，既然如此，那么婴儿从没有经过任何学习思虑，他的认识能力为什么先天就有呢？“又言皆从元气而生成者，则欻生之神，未曾习虑，岂得婴孩便能爱恶骄恣焉？”[⑤] 我们可以说，宗密在这里所说的婴儿的“爱恶骄恣”等类，其实是人先天的一些生理本能，但宗密却将其视为一种“宿习”，从前世传承下来的先天的认识能力，由此证明前世的存在。关于人的认识是如何发生的，元气论确实没有能做出较为精细的说明，荀子提出过“形具而神生”的观点，其基本的思路是正确的，但还缺乏更深入的论述，这是其弱点，而这种弱点被宗密抓住了。

---

① 《庄子·知北游》。
② 《淮南子·天文训》。
③ 《易传·易辞上传》。
④ 《黄帝阴符经注》。
⑤ 《原人论》。

其次是“未习则无难”。宗密又发难道，既然人是从元气中突然产生的，人的认识也生自元气，那么人们就不必要通过学习来掌握知识了，自然就会从元气中取得，但是，像五德、六艺等知识，不通过教化，人们就无法具有，所以圣人重教化，这和元气论的认识生成原则不是相违吗？要么圣人重教化是不当的，要么元气论的原人观本身是不当的。

再次是“指事遮救”，对于前一条批评，儒家可以辩解说，人的认识是“感物”而生的，这实际是讲到了认识论中的反映论原则，与前世并无关系。宗密则反驳说，这样看法并不能解释婴儿的认识发生问题，婴儿并没有经过“感物”的过程，为什么会有认识？再说，天地之气本身并没有认识能力，为什么人禀气后能知呢？同样是禀气，草木之类为什么就没有认识能力呢？

次述其二。

所谓从后世角度批评，是指斥元气论否定后世的存在，证明人的认识是从前世经由现世而延续至后世，宗密从四个方面完成这一责难。

一是“以有难无”，即以佛教所持的后世的实有论来批评元气论者对后世的否定。元气论讲人之生是禀气而有，死乃气散而无，但这样的话，宗密问，谁为鬼神呢？鬼神的存在是后世之有的证明，而元气说否定了鬼神，是与佛教的后世论相违的。

二是“双彰过、未二世”。一方面，元气论在否定鬼神，但另一方面，又有许多俗世的“事实”证明了鬼神的实有。比如说，有“鉴达前生，追忆往事”的事情，这说明了前世的有，又有“死而苏者说幽途事”，这说明了后世的实有。其实宗密所列举的这些例子或是一些民间传说，或是些迷信，并不能作为论据的。

三是“证成不断”，以儒家典籍中关于祭祀仪式之规定的记载来否定元气说。祭祀的前提是承认前世的存在，承认鬼神的存在。事实上也是如此，连对鬼神抱着敬而远之态度的孔子也不敢完全否定鬼神。

四是“问答通妨”，主要回答王充对鬼神的批评。王充在中国思想史上以“疾虚妄”著称，他对鬼神论提出批评，“人且死见鬼，宜见数百千万，满堂盈廷，填塞巷路，不宜徒见一两人也?”[1] 宗密所说“外难曰：若人死为鬼，则古来之鬼，塞巷路，合有见者，如何不尔?”[2] 就是指的王充的这段话。宗密回答说，按照佛教的说法，人死之后灵魂去处分为六条道路，即六道轮回，鬼只是其中的一途，人死后并不都要成为鬼，而且，通过轮回，六道中的各种灵魂，也有机会再转生为人，所以人们见到的鬼就很少了。并不是让那些鬼都积存在那里。宗密用人天教的原理，回答元气论者的设难。

次述其三。

所谓从心性论角度的分析，是批评元气论者的无性论。这里的“性”，其实是指“知”，即人的认识能力，佛教的本体都具有这种“性”的特征，称为真性、圆成实性等。而元气却没有这种特征，没有“知”的元气怎么能产生有“知”的人呢？问题还在于，人的认识能力为什么又会有这么多的差异呢？为什么会有贤愚善恶等差异？这也是指斥元气论不能准确地说明人的认识的产生。

批评天命论。

天命论的基本观点是，认为人在社会中的一切都是由天和命运所决定的，人在天命面前完全是被动的，是所谓“贫富贵贱，贤愚善恶，吉凶祸福，皆由天命”。[3] 孔子曾以上天在地上的代表自居，称“天生德于予”，又以天为最高主宰，“唯天为大”。他的学生有一句名言，“死生有命，富贵在天”。[4] 可谓儒家天命观的代表。孟子也对天命有过断语，“莫之为而为之者，天也；莫之致而致之者，命也”。[5]《礼记》又把天命称之为“性”。在先秦道家，庄子也是讲天命的，他从天地之气生万物的角度来讲天命决定论，“天地，万物之父母，合则成体，散则成始”。[6] 人要安命，“知其不可奈何而安之若命，德之至也”。[7]《列子》则把人的产生分属于天地之气，“精神者，

---

① 《论衡 · 论死》。
② 《原人论》。
③ 《原人论》。
④ 《论语 · 颜渊》。
⑤ 《孟子 · 万章上》。
⑥ 《庄子 · 达生》。
⑦ 《庄子 · 人间世》。

天之分；骨骸者，地之分”。[①] 两者合而成为人。

但宗密直接批判的，恐怕更主要是唐代的天命论，特别是韩愈的天命论，韩愈作了一篇《天之说》，现存于柳宗元的《天说》一文中，其中讲到，天是有意志的，能赏善罚恶，“有功者，受赏必大矣，其祸焉者，受罚亦大矣”。不过他所讲的天也是与元气相联系的，所谓为祸于天，是指损坏阴阳元气的种种行为，如垦原田、伐山林等，这破坏了元气的平衡。

宗密对天命论的批评分三层进行，一是责问天的不分，二是以死难生，三是指出天命论的理论和实践的矛盾。

先叙其一。

责问天的不公，主要责问天的赋命的不公和天的赏罚的不公。赋命的不公表现在人世间贫富贵贱的不公，贫多而富少，贱多而贵少，祸多而福少，如此等等。如果这一切都是由天所决定的，那么天为何要这么不公平呢？这种不公正的天，怎么能作为人的本原呢？赏罚的不公表现在这样的情形：“无行而贵，守行而贱，无德而富，有德而贫，逆吉义凶，仁夭暴寿，乃至有道者丧，无道者兴。”[②] 这些现实的社会问题，都是天命论所难以解释清楚的，宗密指出，这种不公正的天命必然会把人们导入一种“无恒”的境地，使人们成为一种无恒之人，没有恒定的、可以矢志不渝地去追求的价值理想，同时，天命的无法把握，最终使人们陷入宿命论。

次叙其二。

这是以人世间种种残酷的致死现象来否定儒家的“生生”的原则，《易传》中有“生生之谓易”的观点，认为化育万物是天地间的大德，是天命的原则，宗密以生物界的弱肉强食现象，人类的战争，暴君的祸乱所带来的死亡来否定生生之道，既然万物和人类都是天命所决定的，天命为什么在让万物互相残杀，人类相互祸乱呢？如果说，生生是天地的大德的话，那么，死亡就可以说是天地的大贼了，而天命正是这样的大贼。

---

① 《列子·天瑞》。

② 《原人论》。

次叙其三。

儒道两家一方面主张天命决定论，另一方面却又在违背天命，比如说，对于人世间的一些不公正现象，圣人们并不是责问天命，却是去归结于人为的原因，“圣人设教，责人不责天，罪物不罪命”。① 残酷的桀也是受于天命的，被称为是暴君，跖则被责为盗，从天命的原则出发，应该责问天命才是合理的。

第二、对儒道的融合

宗密批评儒道的四种原人观，并不是要彻底否定它，只是说明它不是完美的原人理论，不是最高层次的思想体系，儒道的教化功能，宗密还是十分推崇的，他的批评原则是，“破执不破教，破解不破行”。②“但破谬执万物生因，不责劝行五常道德”。③ 对于儒道教主，宗密并没有提出批评，反而认为他们同释迦牟尼一样，都是最高的圣人，“孔、老、释迦，皆是至圣，随时应物，设教殊途，内外相资，共利群庶”。④ 三教的教化目的都是一致的，这是宗密的三教融合的基础，这种融合的具体内容体现在：

其一，五戒与五常相融合。

五常是儒家的仁、义、礼、智、信五种纲常，这在道教也是尊崇的，五戒即佛教的不杀生、不偷盗、不邪淫、不妄语、不饮酒五种基本戒规。宗密认为，这两者之间是完全可以融合的，“不杀是仁，不盗是义，不邪淫是礼，不妄语是信，不饮酒啖肉，神气清洁，益于智也”。⑤《圆觉经大疏钞》卷七之上中对这一融合有更详尽的论述。

其二、乾之四德与佛之四德的融合。

这一点，宗密在《原人论》中没有具体讲到，但在其《圆觉经大疏》的自序中讲述了。乾之四德，指元亨利贞，源出《周易・乾卦》，佛之四德实际上是指涅槃四德，指常、乐、我、净，《大涅槃经》中说：“常、乐、我、净，乃得名为大涅槃也。”⑥“常”是指的永恒性，“乐”是指的

---

① 《原人论》。
② 《圆觉经大疏钞》卷七之上。
③ 《圆觉经大疏》卷中之一。
④ 《原人论》。
⑤ 《原人论》。
⑥ 《大般涅槃经》卷二十三。

欢乐无苦，“我”是指的法身常在，“净”是指的清净而无烦恼。

对这两种四德的融合，宗密以乾喻佛，认为两者相通，一方面，乾和佛在各自的体系中，都是最高的本体，都有着相同的性质，另一方面，两种四德所要达到的价值目标是相同的。

其三、佛之孝和儒之孝的融合。

这一观点主要体现在宗密的《盂兰盆经疏》中，但与《原人论》中的三教合一论也是相通的。

历代的儒道二教对佛教的批评中，最主要的一点是礼教的批评，指斥佛教违背了儒家的礼制，特别是孝道，佛教方面虽然百般解释自己与礼教并无冲突，但终究没有一个完整的理论性的说明，这一点到宗密才完成，宗密把孝看做是儒佛皆宗的一个核心问题。不过对于儒道所讲之孝，宗密没有看成是完全相同，而是有同也有异，就其相同的一面来看，有“存没同”和“罪福同”，所谓“存没同”，是指不管父母在世或不在世，儒佛两家致教的原则是一致的，居则致敬，养则使乐，病则忧，丧则哀，祭则严。所谓“罪福同”，是指对是否守教的奖惩原则是一致的，违戒或犯过，都要受到处罚，功德彰显，都讲善报之福，只是儒家讲天的赐赏，佛教讲善业之报。就其差别方面而言，则有居丧异、斋忌异、终身异等，总的精神是要证明佛教的孝道比儒家的孝更高级。

这里讲的三教合一，还只是教化方面的融合，宗密还要论述三教在原人理论方面的融合，这一点将在下文中叙述。

第三，对偏浅佛教的批评

儒道二教未能原人，佛教的情形又如何呢？佛教也并不是都能原人的，只有最高级的一乘显性教才能真正原人，其他的教派都只是偏浅之教，因此，在批评了儒道的原人观后，宗密又对偏浅佛教的原人观进一步提出批评。

批评人天教。

人天教在宗密的判教体系中居于儒道教之上，而又是佛教内的最低一级，其基本原理是因果报应论，这一理论有“业”和“轮回”两个重要原理，“业”是中心概念，“轮回”论则又涉及到三世、三界、六道等内容。

人天教以“业”作为人的本原，业是指人的行为，基本类型分为身、语、意三种，又分为别业和共业，引业和满业。从价值观角度分，则又有善业、恶业和无记业。善恶之业各有十种，称十恶业和十善业，十种业又各有上、中、下三类。

人天教认为，众生所造的业是决定其自身的社会生活状况的直接原因，不同的业引起不同的果报，业为因，报为果，具体的报应情形，一般来讲，造上品十种恶业，死后转生于地狱道中，造中品十恶业，死后转生于饿鬼道中，造下品十恶业，死后转生于畜生道中。修上品十善业，死后转生于六欲天中，修中品十善业，死后转生于人道中，修下品十善业，死后转生于阿修罗道中。这就是六道轮回说。宗密对于修中品十善和下品十善的果报没有讲，而讲修持五戒，可转生于人道中，修上品十善业，并修布施、持戒等大乘六度，可转生于六欲天中，突出了大乘佛教的特色。更高的善报，修四禅定，可转生于四禅天中，修四无色定，可转生于四无色天中。“人”和“天”都是两种善的果报，所以此教以“人天教”来概括。

对于人天教的这一原人观，宗密的批评基于这样一点，即人们造业和受报的主体是什么？“既由造业受五道身，未审谁人造业，谁人受报？”① 据此，宗密逐层从四个方面揭示其内在缺陷。首先批评人天教以身为造业和受报的主体。宗密假设，如果说，人天教是以人的肉体作为造业和受报的主体，那么“初死之人”，即刚刚死去的人，其肉体应该说和活人的肉体一样的，为什么不能造业了呢？宗密在这里提出了“初死之人”的说法，这是因为历史上唯物论者、无神论者范缜早就指出死人之质无知，形神相离，活人之质有知的观点，为了避开范缜的结论，宗密用了这一提法，其实这初死之人也是没有意识活动的。其次，批评人天教以心为造业和受报的主体。如果说只有人的心即精神现象才是造业和受报的主体，那么，什么是心呢？是具有形状、大小的肉团心吗？这样的心处于身体之内，又如何来与身体外部的感觉器官相联系，也就是说，心的指示如何能迅速地传给眼睛、耳朵等，使之造业呢？宗密对佛教所论的心，有四种分类，即肉团心、缘虑心、集起心和真心，他假设人天教的心是最低一层的肉团心，再以机械论的观点设难，在当时的科学知识条件下，这种设难也

① 《原人论》。

是很难回答的。第三，批评人天教以情作为造业和受报的主体。前一层批评，可以看做是从心的性体方面设难，从性的方面设难有这样的困难，那么再来看看，是否以心的情感方面作为造业和受报的主体呢？宗密说，人的喜怒哀乐等情感，并没有永恒性，是乍生乍灭的，没有内在的自性，又怎么能作为主体呢？而作为主体者，必须具有恒常的特性。第四，批评以身心的统一体作为造业和受报的主体。既然从人肉体和精神两方面的分别分析说明它们都不能作为主体，那么是否身心的统一体就可以作为主体呢？宗密对此又设难说，要是这样的话，人死后，这种身心的统一体已不存在，谁来造业受报呢？按照三报论，有一种后报要到后世才能报应，人天教认为，那时候，人的精神又和新的轮回的肉体结合了，这样重新结合的统一体是主体，宗密说，哪里有现世的身心造业，而后世的身心受报的道理？如果是这样的话，现世修善业的人是多么委屈，而现世造恶业的人又是多么幸运。这样的原人观，是多么"无道"。据此，宗密认为，人天教以业作为人的本原，并没有真正探索到人的终极本原。

批评小乘教。

小乘教的理论可以用我空法有来概括，人天教以我为实有，而有许多的困难，小乘教把这个我看做是空，对空的阐述，是采用的分析致空法，把一个我分析成多个我，再以各个部分的我和整体的我相混淆，以部分代替或等同于整体，于是就有这样的责难：一我怎么会成为多我呢？在多我之中，究竟哪一我是实有的呢？具体地看，小乘教是这样分析空的：首先把一我分析为色的部分和心的部分，即肉体和精神，一我于是成为二我，再对色和心进一步分析，色有地、水、风、火四大要素构成，心则有受、想、行、识四类，这样一我不就成了八我了？再仔细分的话，比如在"地"大要素中，又有许多具体的部分所构成，这样一我不就成了无数的我了？人们由于不了解所谓"我"是由色心两大要素在因缘的作用下虚假地组合起来的，不识此"我"的空性，而执之为实有，生起贪、嗔、痴三毒，三毒又引起三业，业成而有果报，从而导致人的生老病死，死而复生的轮回，世界的成住坏空，空而复成的循环。

宗密认为，由此看来，小乘教是以色心二法及贪、嗔、痴三毒为人的本原，人天教所没有解决的造业和受报的主体问题，就是小乘教所说的色心二法。

宗密对小乘教这一原人观的批评的基点是作为本原的无条件性和普遍性，“经生累世为身本者，自体须无间断”。[①] 而小乘教的色、心两种本原，就心而言，宗密认为，其中的识蕴所含的诸识中，眼、耳、鼻、舌、身五识的产生，是需要内外条件的，外在的条件是外境，内在的条件是认识能力和认识器官。眼识的产生必须依于作为生理器官的眼睛和外界的光的存在。这叫“五识缺缘不起”。第六识的意识则是间断性的，经常停止活动，比如在人睡眠时，在无想定的状态下，意识则会消失。这叫“意识有时不行”。就色而言，也是这样，在无色界中，色就是不存在的，没有四大之身的存在，如何会造业呢？宗密据此而断言，小乘教以色心二法和贪、嗔、痴作为人的本原，也没有能真正原人。

批评大乘法相教。

小乘教所讲的心，其实只是六识，大乘法相教则认为心识有八种，第八阿赖耶识才是人的本原，外境和色身，都是识变现而成，如何变现？阿赖耶识内部存在着变现世界万法的种子，这些种子分为三类，一类是先天存在的，这是世界的真正源头，二类是先天的种子自身繁衍的，三类是受熏习而成的。种子的功能是变现万法，具体步骤有三，先是种子本身的状态，这称为“初能变识”，接着，末那识执著于阿赖耶识中的这种种子为实我，产生烦恼的污染，即我痴（对事物的无知，不明事理）、我见（以事理进行颠倒的推度，形成错误的认识）、我慢（傲慢自负）和我爱（沉湎于自我之中）四大烦恼，末那识就称为“第二能变识”，最后，前六识也因为末那识的污染，而直接产生出具体的、具有不同的感性特征的万事万法，六识称为“第三能变识”。

正因为世界万法由种子所变现，万法本身就没有内在的本质，没有自性，只是一种本性虚空的假有，但第六、七两识却由于无明的作用，又将自身变现的事法视为实有，不能真正认清其本质。法相宗把这种错误的看法喻为患病和做梦，患病者由于心智受损，不能如实观察事法和人生，做梦者也是如此，以为梦中所见都是实有。

---

① 《原人论》。

宗密对大乘法相教的批评是基于大乘空宗的立场，其批评方法是从现象的虚妄推导出本原的虚妄，“所变之境既妄，能变之识岂真?”[①] 既然由阿赖耶识所变现的万法是虚妄不实的，那么这个能变者本身也应是虚妄的，不可能由实而生虚。大乘法相教证明法空识有时以梦为喻，宗密也指出，能梦和所梦，即做梦的人和所梦之境，都是虚妄的。之所以说识也是空，这从因缘的理论也是可以说明的，识也是假托众缘而成的，也没有自性，这样的识不可能真正成为人的本原。

批评大乘破相教。

大乘破相教在宗密看来已经通过曲折的方法开始显示真性的存在了，该教所破的，不但有人天教的我执，也有小乘教的法执，又有法相教对识的执著，宣示一切皆空之理，因此，此教的人观是以空为人的本原，“若约此原身，身元是空，空即是本”[②]。

一切皆空论所依据的原理是缘起性空论，一切事物的产生都有因缘，即条件性，因是主要条件，缘是次要条件，由这种条件性，说明事物没有内在的自性为主宰，不能独立自存，是性空，空的意义，其实也是指的这种条件性。

虽然性空，但又不否认事法作为假象的存在，对事法的完整理解，应是性空假有，既要看到事法性空的一面，又要看到其假有的一面，这种理解，称为中道。宗密在《原人论》中叙述空宗的思想时，突出了一个“空”，把假和中的内容省略了。

一切皆空，那么为什么会有万法差别的观念呢？人们关于事物存在的观点是如何产生的呢？宗密引《大乘起信论》的说法，认为万法因妄念而有，“一切诸法，唯依妄念而有差别，若离心念，即无一切境界之相”[③]。

宗密对大乘破相教的批评有两点，一是指出一切皆空在教化方面的困难，二是虚妄之法应有实法为基础。

一切皆空在教化方面的困难，宗密归结为这一责难：“若一切皆

---

① 《原人论》。

② 同上。

③ 《大乘起信论》。

无，知无者谁?"[①] 大乘破相教一味破斥，连人的真正本原也否定掉了，谁来认识这个空呢？这样的空又有什么实际意义呢？"知无者谁"一句出自后秦姚兴，他在答安成侯姚嵩的表时讲到："若无圣人，知无者谁?"[②] 他反对空掉一切的看法，认为这种观点是不近人情的。宗密借用此语是想表明，应该还有一个终极本体的存在，这个本体不应该是空的。

一切皆空，万法虚妄，那么这些虚妄之法是如何产生的呢？"若都无实法，依何现诸虚妄?"[③] 宗密认为，一切事物的存在都有其本体，比如水是实法，依水而有虚妄之波，明镜是实法，明镜所显现的影像是虚妄的，做梦也是如此，站在破相教的立场上，可以指出能梦、所梦皆空，但没有能梦之人，何有所梦之境？宗密以此证明在虚妄之相的背后，都有着实法的存在，这个实法就是本觉真心。

第四、和会三教。

宗密和会三教是以一乘显性教为本教，偏浅佛教和儒道教为末教，从对偏浅佛教的批评中，宗密逐层揭示出人的终极本质，最终而至一乘显性教。

一乘显性教的理论核心是本觉真心，真心的特征，一是清净无染；二是本觉，本觉具有佛性的意义和觉悟的意义；三是本知，这个知是宗密从神会禅学中继承下来的，是真心的内在本质。

一切众生都有本觉真心，为什么还会流浪生死，不得成佛？这是由于众生先天具有的烦恼和妄念覆盖了真心，使其难以显现，众生因而不能觉悟自心的佛性，执著于世界和人生为实有，造作种种善恶之业，受种种苦乐之报。众生的成佛之道就在于觉悟者对迷途中的众生开示其本有的佛性，众生一旦觉悟自心真性，便与佛无异。因此，一乘显性教以真心为人的终极本原，真心是人的真正本质，也是宇宙和社会的真正本质。对人的本原的探求，到这个真心，在宗密看来才算真正完成了。

从这个本觉真心出发，宗密开始融合三教，他认为在承认真心为

---

① 《原人论》。

② 《广弘明集》卷十八。

③ 《原人论》。

人的本原的前提下，前面所破斥的诸教，都可以归结到这个本原上来，因而都是“正义”，都是对宇宙、社会和人生的正确的看法，都是可以融合的。这种融合遵循着由深至浅、由本至末的次序。

第一阶段是本觉真心，这是融合的本体，真心不生不灭，不增不减，不变不易，众生从一开始就因为烦恼的缘故不能认识此心，此心被包藏在烦恼之中，因而也称为如来藏。

第二阶段是会通大乘破相教。破相教以空为人的本原，破斥各种生灭之相。如来藏能生一切法，能摄一切法，而如来藏所生之法，正是破相教要空掉的，如果如来藏心能够摄尽万法，不使生起，那么就是破相教所说的法空了；如果连隐覆真心的烦恼也消除，那么这个如来藏心就不存在了，也就是破相教所说的心空了。在这种意义上，破相教是合理的，可以融于真心。

第三阶段是会通大乘法相教。法相教以阿赖耶识为人的本原，阿赖耶识是在如来藏的基础上生成的，不生不灭的真心和有生有灭的如来藏相结合，就构成阿赖耶识，“所谓不生灭真心与生灭妄想和合，非一非异，名为阿赖耶识”①。阿赖耶识具有“觉”和“不觉”二种含义，如果阿赖耶识处于觉的状态，那就不会发动、生起外境，这就是静。如果不觉，就会起心动念，由静而动。如果又不能觉悟妄念的空寂性质，反而执著为实有，就会产生种种行为，使阿赖耶识成为能动之识，变现根、身、器界，所以就有阿赖耶识为人的本原的理论。

第四阶段是会通小乘教。小乘教主张人空法有，以色身与心识为人的本原，其原因在于不懂得万事万法都由妄念所显现之理，执著空幻的事法为实有，形成法执。

第五阶段会通人天教。人天教以业为人的本原，这是缘于我执，小乘教执着事法为实有，在此基础上，就会产生内在的我和外在的境的区分的观念，人天教于是就有了我执，不知我的存在只是身心假合的空幻之体。有了这种我执，于是就产生为满足我的各种利益而形成的贪、嗔、痴三毒，在三毒的基础上进一步造作种种善恶行为，受相应的报应。做出杀人等恶业的众生，他们的心识就随着恶业而转生于各种恶道之中，行善业的，其心识就会随着善业而转生于人道。

---

① 《原人论》。

第六阶段是会通儒道教。儒道教以元气、自然、天命、大道为人的本原，宗密一一对此加以会通。

众生行善业而转生人道中，其过程是这样的，心识首先随着善业进入中阴，在母胎中禀受父母之气，十月怀胎而成人，从这个意义上会通了元气本原论。

从业报论可知，人们的善恶行为必然要引起相应的报应，业满必受报，这种必然性是自然而然的，从业报的必然性来看，自然论是合理的，这就会通了自然本原论。

同样是从业报论出发，人们的前世行为决定了其现世的社会生活状况，比如人们在前世时，少年修善业而老年修恶业，那么他们在现世必然少时富贵而老年受苦。如果要说天命，那么这种业报的必然性也就是天命，因此，从业报论的角度来看，天命论也是合理的，这就会通了天命论的原人观。

从最初的阿赖耶识起心动念而生万法时，实际是分为两个部分，一部分是心的生起方向，另一部分是外境的变化方向。心的部分随善业进入母胎受气而形成人，境的部分则渐渐地从细至粗、由微而著地变化，最终形成天地万物，这个过程，宗密认为就是儒道两家的“始自太易，五重运转，乃至太极，太极生两仪”① 的大道生成过程。这样也就会通了大道生成论的原人观。

至此，宗密完成了三教合一的哲学分析，与前面所讲的三教在教化方面的融合构成宗密三教合一论融合部分的两大内容。

五、《华严原人论》的方法论渊源

《原人论》的方法论渊源，就三方面来谈，一是《大乘起信论》的影响；二是华严方法论的影响；三是《圆觉经》的影响。

第一、《大乘起信论》对《原人论》的影响。

《大乘起信论》的思想结构，首先把一心分为心真如门和心生灭门两类，真如门是体，不生不灭，生灭门是相，是用，有生有灭。心真如门和万法之间是体用关系，心生灭门和万法之间则具有直接的生

① 《原人论》。

成关系。更准确地说，两门不一不异的结合而有阿赖耶识。阿赖耶识具有“觉”与“不觉”两种特征，所谓“觉”，是指阿赖耶识派生净法，表现真心的功能，是心离妄念。所谓“不觉”，是不能觉知真心的本质，不能觉知妄念的生起。因“觉”而回归本体，因“不觉”而生起染法。实际上是阿赖耶识的这个“不觉”特征和万法有着直接生成的关系，由“不觉”而有三细六粗诸相产生。三细相是无明业相、能见相和境界相，六粗相是智相、相续相、执取相、计名字相、起业相、业系苦相。

在《原人论》中，宗密对诸教的融合就是按照起信论的上述结构，首先是一乘显性教，这是讲真心的，是最初的本原。真心不生不灭，但众生不知，真心隐覆于众生妄念中，所以此真心又叫如来藏。依据如来藏而有生灭心相，这实际上指的是心生灭门。不生不灭的真心和生灭妄想相结合而有阿赖耶识。在融会大乘法相教时，宗密讨论了因阿赖耶识“不觉”的特征而产生的业相、能见相、境界相、智相、相续相，形成法执。在会通小乘教时，继续讨论了执取相、计名字相。在会通人天教时，讨论了起业相。在会通儒道教时，讨论了业系苦相。由此也可以这样说，宗密讲心真如门时，是一乘显性教；讲如来藏性时，同时也是在讲大乘破相教；讲阿赖耶识因不觉而有三细相及六粗相中的前二粗相时，是指大乘法相教；讲次二粗相时，是指小乘教；再讲次一粗相时，是指人天教；讲最后一粗相时，是指儒道教。

第二、华严方法论对《原人论》的影响。

宗密也是华严中人，《原人论》其实就是华严类作品，其方法论本身就是华严宗的，这里所要明确的，实际上是华严宗的特有的方法在《原人论》中的运用，这种方法就是融合或者叫“无碍”，宗密正是感受到这种方法的奇妙才皈依华严的。

华严宗的主要思想特色之一是其法界论，总体而言，世界只是一个一真法界，一真法界融摄世界，又通过四法界的模式来实现，四种法界就是理法界、事法界、理事无碍法界和事事无碍法界，其中的理事无碍法界是本体界和现象界融合的世界，这一点是对《原人论》发生影响的关键之处。

理事无碍或者说是体用无碍，在《原人论》中体现为权实无碍、了义教和不了义教无碍。从体用的角度讲，一乘显性教是本教，是实教，是了义教，其余均为末，为权。宗密明确说："二教惟权，佛兼权实。"① 二教指儒道教。佛教内也有权实之分，一乘显性教是实，是了义教，其余诸教是权，是佛不了义教。宗密要"会通本末"，就是要将本教和诸末教融合起来，将实教和诸权教融合起来，将了义教和诸不了义教融合起来，体现的就是理事无碍的方法。

第三、《圆觉经》对原人论的影响。

按照屏山居士的说法，《原人论》就是对《圆觉经大疏》和《圆觉经大疏钞》的简略化，自然是发挥《圆觉经》大义的，自然深受此经的影响。

《圆觉经》的核心概念是"圆觉"，圆觉，就其狭义的含义来看，是"满足周备，虚明灵照"。宗密曾给圆觉下过一个定义："圆者，满足周备，此外更无一法；觉者，虚明灵照，无诸分别念想。"② "圆"是指这个万法的本体普遍地、圆满地、完备地具足一切法，无一遗漏，在圆觉之外，没有一法能独立存在，又无一不是从圆觉中流出；"觉"则是指众生心中的"寂知"，宗密说："心寂而知，目之圆觉。"③ 所谓"虚明"，就是指的空寂，"灵照"，即是知。这种对圆觉的理解继承了菏泽神会对心的看法。

这个圆觉一方面对宗密阐述一乘显性教的真心产生影响，其实也给以融合的方法论的影响。就后一种影响而言，涉及到圆觉的平等特性和圆合特性。

《圆觉经》称"圆觉"为"觉性平等"，平等的意义，是指万法都依同一觉性而生，都无本质的区别，这就类似于华严的事事无碍。经中列出十种平等，得念与失念平等、成法与破法平等、智慧与愚痴平等、菩萨与外道平等、无明与真如平等、戒定慧与淫怒痴平等、众生与国土平等、地狱与天宫平等、有性与无性平等、烦恼与解脱平等，以此十类泛指一切平等，因为这种平等，世界万法而能圆融无碍。

---

① 《原人论》。

② 《圆觉经大疏》卷上之二。

③ 《圆觉经大疏·本序》。

《圆觉经》中也直接明言圆觉的融合特性，“若诸菩萨以圆觉德圆合一切，于诸性相，无离觉性，此菩萨者，名为圆修三种自性清净随顺”。宗密对“圆合”就解释为“圆融和合”，“圆融和合一切事理、性相、真妄、色空等类，举体相应，是为圆合”①。这种融合方法在《原人论》中得到具体的运用。

六、《华严原人论》的历史影响

《原人论》的历史影响分为两个方面：一是对中国佛学的影响；二是对中国哲学的影响，现分别作简要叙述。

第一，《原人论》对中国佛学的影响。

就思想影响而言，《原人论》的影响主要体现在其三教合一论上，宗密的三教合一论直接影响了后世佛教融合的发展方向。

宗密在中国佛教发展到其顶峰时，以其深邃的眼光，指出中国佛教今后的发展战略，这就是融合，三教融合，禅教融合，禅宗内部的顿渐融合，而这一点在中唐鼎盛阶段的佛教界人士是难以认同的，所以宗密的影响不在唐代。自中唐以后，中国佛教开始由盛转衰，如何发展中国佛教的问题已经不可回避了，这时，就有人想到了宗密的方案。首先具体地讨论中国佛教发展战略的是永明延寿，延寿是吴越时代的法眼宗僧人，清凉文益的再传弟子，他在学术上的最大贡献是编撰了一部百卷本的《宗镜录》，其中主要是发挥了宗密的禅教合一思想，这可以说是受宗密的《禅源诸诠集都序》的影响。同时，延寿也是主张三教合一的，在三教中，延寿也认为有本末之分，佛教是本体之教，而儒道二教是末教，属于较低级的教化，因为二教并不能体察到法界的真谛，“二教并未逾俗柱，犹局尘笼，岂能洞法界之玄宗，运无边之妙行乎?”② 所谓法界，也就是宗密讲的真心。但是二教仍有其合理性，同佛教一样，二教也是以法界为本的，从同以法界为基础的特性来看，三教是可以融合的，“三教虽殊，若法界收之，则无别原矣”③。

---

① 《圆觉经略疏》卷下之一。

② 《万善同归集》卷六。

③ 《宗镜录》卷三三。

延寿之后，融合就成为中国佛教的主要特征，就三教合一这一点而论，着重加以阐述的还有明教契嵩。契嵩倡三教合一最力，他认为，三教之所以能融合，主要在于三教都有共同的社会功能，即“皆欲人为善”①。这和宗密关于三教共利群庶的说法是一致的。契嵩着重讨论了佛教的孝道，这一点要比宗密更详尽。憨山德清对三教合一也有其独特的看法，他认为，三教只有形式上的不同，佛教表现为出世，儒教表现为入世，道教表现为避世，但一个完整的社会，一个完善的人格，就必须三教兼备，“缺一则偏，缺二则狭，三者无而称人者，肖之而已”②。三教的融合，在紫柏真可看来，都是融于一心，“佛不得我心，不能说法，伯阳不得我心，二篇奚作？仲尼不得我心，则不能集大成”③。这种观点，从其渊源来看，也是和宗密特别是其原人论有很大关系。

第二，《原人论》对中国哲学的影响。

从中国哲学的角度来看《原人论》，其影响也应该引起重视。关于宗密在中国哲学史上的地位，胡适曾给以很高的评价，他把宗密归为一流的哲学家，“中世时期，自东晋到北宋的几百年间，此时凡一流的中国思想家，包括智顗、玄奘、宗密、窥基，而韩愈、李翱等，只是二流以下的”④。宗密对中国哲学的影响，其实主要就是对宋明理学的影响，冯友兰对这种影响有过论述，他从《原人论》中关于心气关系的一段话“所禀之气，展转推本，即混一之元气也；所起之心，展转穷源，即真一之灵心也”，得出这样的结论：“就其此论观之，则宗密不啻上为以前佛学作一结算，下为以后道学立一先声，盖宋明道学出现前之准备，已渐趋完成矣。”⑤ 此说的理由是：宗密在这里讲心和元气的对立，元气由心产生，程朱的理气对立就在这里发展起来了；宗密讲一切唯心，那么陆王一派的宇宙即是吾心，即在这里发展。宗密对理学影响的主要之处，冯先生已经指出来了。

---

① 《辅教篇·广原教》。

② 《论·学要》，《憨山大师梦游集》卷三九。

③ 《题三教图》，《紫柏别集》卷一。

④ 《中国哲学史大纲》卷上，《胡适哲学思想资料选》上，华东师范大学出版社，1981年。

⑤ 《中国哲学史》下册，《三松堂全集》第三卷，河南人民出版社，1989年。

宗密在原人论中对儒道二教的基本观点都作了分析批评，特别针对儒道比较薄弱的认识论和社会历史观，对此，儒道二教方面不能没有反应，这种反应，同时也是宗密的影响所在。

影响之一：激发理学本体论的建立和完善。

宋明理学中的气本论、理本论和心本论，都和宗密的真心本体论有着很大的关系，佛教哲学中的严密的本体论体系是其特色之一，如此众多的佛教大德，为何要强调宗密对理学的影响？原因之一就是，如此众多的大德中，也只有宗密对儒道提出了如此系统的批评。

气本论以张载为代表，以元气作为世界的终极本原，他对佛教和道教也提出了批评，就其对佛教的批评而言，其实也可以看做对宗密批评儒教的一个回击。宗密批评儒教的元气论不懂得事物产生的因缘，张载认为，佛教的因缘论恰恰是不知天命的，即不了解客观世界的规律："释氏不知天命，而以心法起灭天地，以小缘大，以末缘本，其不能穷而谓之幻妄，真所谓疑冰者欤!"① "以小缘大"是指以心之小缘生世界之大，这样来理解心是有机械论色彩的，他所指的心，在宗密的体系里，只是指最低一级的肉团心即心脏，但张载却是在证明与宗密的真心本体论截然相反的一种本体论，这就是元气本体论。宗密所推崇的理或真心，在张载的体系中，不过是元气的运行规律而已，是依于元气而有的。这一本体论，经王廷相到王夫之，一直是理学中的一个重要流派。

朱熹的本体论是理本论，他的理更大程度上是一种客观本体，尽管在其晚期思想中有将其主观化的倾向，作为客观的本体，应该说更受法藏的影响。朱熹的理气关系论，其理论模式和华严宗的理事关系论十分相近，其中又与宗密可能有很大的关系，这表现在，朱熹以理作为终极本体，理又通过元气作为万物的直接生化者，这是理—气—物的模式，这一点正是宗密所强调的，宗密的模式是真心（即是理）元气万法。理或心和万物之间是间接的体用关系，元气和万物之间则是直接的生成关系，宗密明确说："心外的无别法，元气亦从心之所变。"② 这种影响也正是冯先生所强调的。理和元气之间，在朱熹既

① 《正蒙·大心篇》。

② 《原人论》。

可以表述为生成的关系，也可以表述为体用的关系，从生成的关系看，理和气是有先后之分的，理在前，气在后，而从体用关系看，则理气本无先后可言，本末融合，没有截然不同的区别，没有无气之理，也没有无理之气，这一层意思，在《原人论》中虽没有明示，但在《圆觉经大疏钞》中却是很明确的，就先后论，“当知圆觉是最先义”①。但是从体用而论，“本末无碍，真妄融通，则无先无后”②。

在陆九渊和王阳明的心学中，陆九渊直接把心等同于理，心即理，这一立场和宗密是完全一致的，宗密明确说明过，四法界中的理法界就是指自心，一真法界，就是指自心，这样就有了心外无法的原则。王阳明则继承了这一点。

影响之二：激发理学认识论的深化。

这一点是就王廷相的认识论思想而言的。宗密在批评儒道时，曾经从婴儿的认识发生的角度立论，批评儒道不知前世。王廷相认为，认识是人对事物的一种反映，人如果不和外界的事物相接触，那么认识就不可能产生，婴儿的认识也是如此，“使婴儿孩提之时，即闭之幽室，不接物焉，长而出之，则日用之物不能辨矣”③。宗密以婴儿的爱恶骄恣来论证人的认识能力的先天性，在王廷相看来，宗密所指的婴儿的爱恶骄恣之类，只是人的天性之知，即现代术语所指的遗传本能，比如胎儿在母腹就能吮吸，出胎时能视听，都是本能，而认识论中要讨论的是人道之知，即对社会、人生、自然等对象的认识，这种认识是从社会实践中产生的，是“因习而知，因悟而知，因过而知，因疑而知”④。这从认识论角度回答了宗密的批评。

影响之三：“知”的影响。

在叙述一乘显性教时，宗密以本觉论真心，以昭昭不昧、了了常知论真心，这就赋予真心以“知”的特性，在其他作品中，宗密还明确分析了知是真心的本质，是心的自性体。这一点影响到心学一派，特别是王阳明。宗密把知引入心性论，突破了中国哲学主要以善恶论

---

① 《圆觉经大疏钞》卷四之上。

② 同上。

③ 《雅述》上。

④ 同上。

心的传统（孟子的良知本性当然也是讲知，但是道德性的，宗密的知则更体现为知识论的特点），强调心具有认识善恶的先天能力。朱熹也讲人心固有知，“盖人之心灵，莫不有知”①。他认为的知，是“虚灵觉知”②。这种表达完全是宗密式的。王阳明则进一步提出了良知说，特别强调知是心的本体，这就和宗密完全一致了。

最后要简单地提到的一点是，宗密对理学的影响不是一般的逻辑影响，许多影响是直接的，理学家大多出入于佛老，对宗密的作品，有些理学家是直接阅读了的，比如毛奇龄说，周敦颐的《太极图说》“全是密语”③。程颐及其学生习《华严经》，但所读并不是六十《华严》之类的原典，而是华严宗人的作品，他的学生说：“某尝读华严经，第一真空绝相观，第二理事无碍观，第三事事无碍观。”④ 这实际是标名为杜顺所作的《华严法界观门》，而且很可能是澄观或宗密的注解本。《释门正统》中引杨时的话说：“《西铭》会古人用心要处为文，正如杜顺和尚作《法界观》样。”⑤ 而这里所提到的法界观，也很可能是澄观或宗密的注释本。可以明确朱熹读过宗密作品的证据，其中之一是，他在讲知时，曾说宗密也是讲这个知的⑥。这种直接的影响更说明了宗密重要的历史地位。

6. 笔谈·开展中国近现代哲学思想史研究的重要意义

认真开展中国近现代哲学思想史的研究，对于建设社会主义的精神文明，把我国建设成为现代化的社会主义强国，具有不可忽略的重要意义。

---

① 《朱子语类》卷十五。
② 《四书集注·中庸章句序》。
③ 《太极图说遗义》。
④ 《二程集》卷十八。
⑤ 《释门正统》卷八。
⑥ 《朱子语类》卷六八。

中国的新社会是从旧社会发展过来的，我们从事建设的现实基础，是从近现代的历史中沿变过来的。脱离了这个基础，割断历史，不从实际出发，不考虑中国的国情，不注意克服旧的影响，其结果就会误入迷途或陷入空想。在这些方面，若能认真地研究近代思想史，会从中得到很多有益的启示。中国的旧社会是半殖民地、半封建的社会，那时很多先进人物为寻找救国救民的真理，向西方学习，吸取了西方近代哲学和自然科学的一些成就，继承了中国古代哲学的某些积极成果，形成了近代中国资产阶级的唯物论哲学，这对当时人们解放思想，进行反帝反封建的斗争，起过很大作用。但是中国资产阶级有两面性，不能和封建主义、帝国主义完全割断联系，在他们的哲学中，有从封建传统中承袭来的唯心主义东西，也有从西方传来的资产阶级的哲学思想。因此，他们不仅没有能够从政治上、哲学上完成反帝反封建的任务，其中有的人后来反而陷入封建网罗，提倡尊孔读经，有的倒向帝国主义，崇洋媚外。这里的教训是深刻的。但为了实现有中国特色的社会主义现代化，在现阶段，我们一方面必须努力学习外国的各种先进的科学技术，同时又要坚决反对崇洋媚外，防止外来资本主义思想的腐蚀，克服奴化思想；另一方面必须注意发扬祖国优秀的思想文化遗产，不忘自己民族国家的地位。要强调学习历史，用马克思主义哲学批判地总结中国几千年的认识史，坚决反对一切变相的封建复古主义思想。运用近现代哲学思想史上的经验教训，在思想文化领域内，进行两条战线的斗争，有着重大的现实意义。

中国近现代是大动荡、大变革的时代，各阶级都作了充分表演，不同的阶级以至同一阶级的不同派别其表现也前后有异。他们在寻找思想武器时，对外国和古代哲学都是各取所需，重点不同。这种种情况就形成了庞杂的哲学思想和各种哲学思潮兴起交替、急速变化的情况。各阶级的代表人物在哲学上有的抱住古尸不放，有的坚持变革，有的从保守走向革命，有的从变革转向保守、反动。最后，马克思主义哲学传入中国，战胜了各种反动的和错误的哲学思潮。研究近现代中国哲学史，内容牵涉到古今中外，只懂中国不够，还要懂得外国，只懂得中国的今天不够，还要懂得中国的昨天和前天。但是，研究这一段丰富多彩、复杂多变的哲学思想史，对于提高我们的思维能力，推动深入学习和研究马克思主义哲学和毛泽东哲学思想有重要意义，特别是对某些不懂得先驱者为寻找改造中国社会的真理奋斗牺牲的历史而又怀疑马克思主义的青年来说，则是一部绝好的教材。

——原载《江汉论坛》1982 年 12 期

7. 李大钊与陈独秀的思想[①]

绪论——五四运动与革命知识分子的道路

资本主义世界经济体系第一次危机的形成引起了世界大战，在这个战争时期（1914 年—1918 年），英、法、俄、德、意等帝国主义国家都忙于生产军火，以全力从事大规模的战争，不得不暂时放松了对于中国的压迫。就在这个时期，中国的民族工业，首先是纺织、面粉、水泥、火柴等轻工业，得到了进一步的发展。因此民族资产阶级的力量加强了，同时无产阶级的力量有了更快的发展。但就全国范围来讲，这种新兴的民族资本主义还是很微弱的。当时封建经济在中国还占重要的统治地位，阻碍着社会的发展。过去占统治地位的帝国主义经济虽然在中国的势力暂时减弱了，但个别的帝国主义国家（如日本、美国）却乘机发展，以更凶暴的方式扩大了对中国的侵略。这一切的矛盾都反映到思想意识上来。由于资产阶级的辛亥革命（1911 年）的失败，虽把一个皇帝赶跑，却并没有能改变中国社会的性质，使封建传统思想仍俨然居于统治地位，而欧美资产阶级小资产阶级的各种思想又同时被零乱地介绍到中国来，但没有一种思想能够集中地表现广大人民的意愿，使短时期内中国思想界形成了一种最混乱的局面。在竭力寻求自己国家的出路的知识分子，这时怀疑和苦恼更见增加了。作为当时革命知识分子的李大钊同志，1918 年 5 月在“新的与

① 本文选自 1958 年上海人民出版社《中国近代思想史论文集》。书前有上海人民出版社的“出版者说明”：“一九五二年，北京大学哲学系中国哲学史教研室组织教研室的教师，写了二十七篇关于中国近代思想史的论文。一九五三年，教研室以这些论文为基础编写了‘中国近代思想史讲授提纲’（人民出版社一九五四年出版）。本社从二十七篇中选出十五篇，编为本文集。出版前作者只在文字上作了修改，各篇论点均保留原样，未予改动，特此说明。”

旧的”一文中，表示了要求打破这种矛盾现状的强烈呼声。他说：“中国人今日的生活，全是矛盾生活，中国今日的现象，全是矛盾的现象，举国人都在矛盾现象中讨生活，当然觉得不安，当然觉得不快。既然不安不快，当然要打破这种矛盾的生活，另外创造一种新生活，以寄顿吾人的身心，安慰吾人的性灵。”（“新青年”第四卷第五号）

第一次帝国主义大战结束，“当时中国的资本主义经济已有进一步的发展，当时中国的革命的知识分子眼见得俄、德、奥三大帝国主义国家已经瓦解，英、法两大帝国主义国家已经受伤，而俄国无产阶级已经建立了社会主义国家，德、奥（匈牙利）、意三国无产阶级在革命中，因而发生了中国民族解放的新希望”（“新民主主义论”，《毛泽东选集》第二卷，第692页）。

当时中国这种社会阶级关系和思想潮流所引起的激烈变动，特别是列宁领导的十月革命胜利的影响，在“巴黎和会”上中国外交失败的直接刺激下，就不能不产生为彻底的反帝反封建的1919年的五四运动。这一次爱国运动爆发的情况是：当时的革命群众，主要是青年学生，举行示威，采取直接行动，袭击了当时的反动派——卖国亲日的官僚和军阀，并且很明白地提出反对日本帝国主义在欧战和会上所提出的占有德国归还我国的青岛、胶州湾等处的无理要求，反对北京军阀政府在巴黎和约上签字，高呼“外争国权，内惩国贼”等口号，于是便把辛亥以来反动派和革命派争相“保障外人之生命财产，尊重条约权利”等幻想求得帝国主义援助的这种局面打破了。

毛泽东同志指出：“五四运动的杰出的历史意义，在于它带着为辛亥革命还不曾有的姿态，这就是彻底地不妥协地反帝国主义和彻底地不妥协地反封建主义。”（同上）

1919年的“五四运动，在其开始，是共产主义的知识分子、革命的小资产阶级知识分子和资产阶级知识分子（他们是当时运动中的右翼）三部分人的统一战线的革命运动。它的弱点，就在只限于知识分子，没有工人农民参加”。（同上，第693页）

但是发展到“六三”以后广大群众的爱国运动，中国工人阶级开始表现出自己的力量，并且开始接受马克思列宁主义的影响。如上海、唐山、长辛店等地的工人，以中国历史上第一次的政治罢工参加了全国人民的反帝国主义斗争，帮助斗争迅速地取得了胜利。中国工人阶级力量的兴起，推动了五四运动中的中国知识分子的左翼，使他们决心在工人中间进行革命工作。五四运动前期，在思想战线上的口号是要求“民主”与“科学”，基本上还是资产阶级的新文化和封建阶级的旧文化的斗争，经过五四爱国运动，尤其在“六三”以后有工人阶级参加的广大的群众运动之后，反对帝国主义的问题被提到重要地位。五四运动中革命知识分子的左翼因受俄国伟大十月社会主义革命的影响，初步具有共产主义的理想。鉴于世界上第一个无产阶级专政国家的建立以及苏联政府自动放弃一切帝俄侵略中国权利的事实，革命者便不再满足于过去的主张，仅仅吸收资本主义文化，仅仅拥护所谓德（民主）赛（科学）二先生了。他们开始学会“用无产阶级的宇宙观作为观察国家命运的工具，重新考虑自己的问题”（毛泽东：“论人民民主专政”），初步认识到帝国主义的本质，而走俄国人的路，便是他们的结论。他们因此传播了中国必须实现社会主义的观点，传播了必须用马克思列宁主义来指导中国革命的观点。

李大钊同志在1922年《晨报》副刊上发表了一篇“十月革命与中国人民”的文章，非常沉痛地讲明了中国近代史上这一个重大的转变。他说：“中国人民在近百年来，既被那些欧美把长成的资本主义武装起来的侵略的帝国主义践踏于他的铁骑下面，而沦降于弱败的地位，我们劳苦的民众，在二重乃至数重压迫之下，忽然听到十月革命喊出的‘颠覆世界的资本主义’、‘颠覆世界的帝国主义’的呼声。这种声音在我们的耳鼓里，格外沉痛，格外严重，格外有意义。”

可知中国人真正找到马克思主义，并且应用这个“放之四海而皆准的普遍真理”作为指导民族解放斗争的武器，是在中国工人阶级力量壮大以后，是在1917年俄国伟大的十月社会主义革命胜利以后。正如毛泽东主席所说，“也只有在这时中国人从思想到生活，方出现了一个崭新的时期”，中国社会的面目就起了本质上的变化。“五四运动”促成了中国工人运动与马克思列宁主义的结合，为中国共产党的正式成立，准备了干部，创造了条件。从此，中国人民在和强大的帝国主义以及国内一切反动派的斗争中，有了明确的方向和坚强的领导，结束了中国资产阶级民主革命的旧民主主义阶段，为今后我国新民主主义革命所取得的在全世界范围内具有历史意义的胜利，奠定了基础。

但是中国工人阶级开始获得这种科学的社会主义——共产主义的思想武器，不可否认地首先是受到了那些接受马克思列宁主义的先进知识分子传播这种学说的影响。

在以马克思主义武装了的无产阶级及其政党为领导的中国新民主主义革命史中，先进的知识分子能进一步与工人阶级相结合，又与农民大众相结合，通过变革社会的实践，使本身获得了比以前任何时代都没有得到过的力量，坚定了对于共产主义的信仰，李大钊同志就是这样卓越的代表之一。反之，在长期残酷与曲折的革命斗争中，一部分人在思想上没有得到彻底改造，经不起历史的考验，害怕工农群众，发展了对于资产阶级的投降主义，并且坚持错误不改，终于叛变了革命的阵营，陈独秀就是这样一个典型的人物。

（Ⅰ）李大钊

一、李大钊同志的革命活动

李大钊同志又名李守常，河北省乐亭县人，1888 年（光绪十四年）生，是中国无产阶级先进战士和中国共产党的创始人之一，被害于 1927 年（民国十六年），时仅 39 岁。他出身贫寒，早年就读于北洋法政学堂，攻政治经济学，后来留学日本早稻田大学政治经济学系，此时就开始注意研究马克思的经济学说和列宁主义。1916 年夏回到上海，旋被北京晨报社聘为主任编辑。《北京晨报》在当时可算富有进步性的报纸。大钊同志就在这个报纸上宣传民族革命的思想和马克思主义的学说，得到广大青年读者的欢迎。当时北京各学校的学生都要求当局聘请李大钊同志讲学。1918 年，北京大学聘他为图书馆长兼史学系教授，后来改为政治经济学系主任。同年作“法俄革命比较观”（见《言治季刊》第三册），深刻地分析了这两次不同性质的革命，说：“前者恒为战争之泉源，后者足为和平之曙光。”有力地粉碎了当时一切反动阶级对于俄国革命的无耻毁谤和歪曲。此后，他从不放弃任何机会，传播马克思主义的革命思想，启发了当时年轻的一代。

1919 年 5 月 4 日在北京爆发了有伟大历史意义的五四运动。这个伟大的运动，大钊同志不仅是思想上的灌输者，而且是直接的组织者和领导者。五四运动以后，文化上和思想上的革命运动就开始蓬勃起来。当时他是《新青年》杂志的编者之一，曾努力把这个刊物变为主要是宣传马克思主义的刊物，于是《新青年》第六卷第五号出版了“马克思主义专号”。李大钊同志发表了“我的马克思主义观”（《守常文集》，第 109－144 页），这是中国最早系统地介绍马克思主义的文献。

经过了一个时期宣传马克思的学说之后，大钊同志就进行共产主义的组织活动了。早在 1918 年，就着手团结一批具有初步共产主义思想的知识分子，创立了“马克思主义研究会”，如先烈瞿秋白、邓中夏等，都在李大钊同志领导下加入了这个研究会，走上了马克思主义的道路。就在五四运动时期，他又直接间接地领导了三个进步的学生团体，这就是“新潮社”、“北京学生救国会”和“少年中国学会”。1920 年他在北京各学校发起了“社会主义研究会”，并组织了“共产主义小组”。1921 年 7 月中国共产党正式成立，大钊同志是创始人之一。他是北方党的唯一创造者和领导者，也是全国党的坚强而优秀的领导者之一。在此期间，李大钊同志又比较系统地介绍了国际工人运动的历史，如 1920 年他在《新青年》第七卷第六号发表的“五一运动史”（同上书，第 164 页—178 页）以及 1923 年在上海《申报》发表“1871 年的巴黎康妙恩”即“巴黎公社”，同上书，第 179 页—188 页），在中国革命过程中也起了一定的作用。

1922 年 10 月革命纪念日，李大钊同志在《北京晨报》副刊发表“十月革命与中国人民”，正式向北洋军阀政府提出抗议，同时号召群众“要严重地监视外交当局的对俄外交”，“要即日无条件的承认劳农政府。要即日无条件的开始中俄会议。不许一味信承资本主义国家外交团的意味来办理对俄外交。不许沿用媚强欺弱的帝国主义的无耻的外交手段来办理对俄外交”（同上书，第 212 页—213 页）。进一步从事争取国际间革命的友谊，共同对帝国主义国家展开斗争。

李大钊同志原是辛亥革命时代的同盟会会员，在中国共产党成立以后，他深刻地认识到：只有民族统一战线，只有国共合作，才能开展广大的革命运动。他正确地估计了“中山主义的国民革命与世界革命”的关系。当时中国共产党帮助孙中山先生改组了国民党，使孙中山先生重新理解了三民主义，公开接受了当时最有利于中国民族解放运动的三大政策——联俄、联共、扶助农工，同时跟国民党顽固派斗争，扩大了无产阶级领导的统一战线，因而推进了革命形势的发展。在这些工作中，大钊同志忠实地执行了党的指示，是起了一定作用的。

1926年在北京发生“三·一八”流血惨案，大钊同志亲自参加了这一次反帝运动的示威与巷战。大钊同志虽头部受伤，却仍然从容不迫，镇静地指挥群众退却，他真是一位进攻在前而退却在后的勇敢的战士。

“三·一八”惨案后，大钊同志为了坚持北方的革命工作，虽在极端困难的环境下，仍然留在北京，继续革命活动。1927年4月6日，奉系军阀张作霖在帝国主义指使下，搜查苏联大使馆，逮捕了大钊同志。

大钊同志被捕后，屡受严刑拷打，逼问口供，但是他始终坚贞不屈，在监狱里还尽量宣传共产主义，继续领导北方党的工作。大钊同志在北洋军阀政府血腥的统治下，终于被判死刑，于4月28日被绞杀，同死者19人。这一次北京许多同志被害，正发生在“四·一二”蒋介石反革命政变之后，我们应该看做是中国革命的高潮中封建军阀和资产阶级的代表将进一步联合的表示。

二、李大钊同志的革命思想

(1) 马克思主义在中国最早的传播

中国工人阶级是在俄国伟大的十月社会主义革命胜利的影响下找到马克思主义的，因此它的代表者李大钊同志一开始就接受了革命的马克思主义，而不是第二国际的改良主义。中国马克思主义的传播开始曾遭受各方面的阻力，在当时反动的统治者中间，马克思主义是以日本资产阶级学者捏造的所谓“过激主义”的名字被流传着，成为一种恐怖的象征。当时军阀政府下令严禁“过激主义”。为了登载李大钊同志的一篇“布尔什维主义的胜利”，《新青年》杂志的编者陈独秀被捕入狱，这就是当时统治阶级所表现出的惊慌失措的状态。

李大钊同志早年所写的“青春”和“今”是马克思主义启蒙的纪念碑。他清醒地指出，青春是无尽的，“宇宙为有进化者，既有进化，必有退化”，“吾族青年所当信誓旦旦以昭示于世者，不再龈龈辩证白首中国之不死，乃在汲汲孕育青春中国之再生”（“青春”）。他在“今”这篇文章里又特别着重地指示人们要注意“今”即“现在”的努力，谋将来的发展。因为：“无限的‘过去’都以‘现在’为归宿；无限的‘未来’都以‘现在’为渊源。‘过去’‘未来’的中国全仗有‘现在’以成其连续，以成其永远，以成其无始无终的大实在。”（“今”）他着重批判了两种不知爱“今”的人生观：其中第一种不知爱“今”的人可名为厌“今”派。厌“今”的人又分两类，一类是“他们觉得‘今’的总是不好，古的都是好，政治、经济、道德、风俗，全是‘今’不如古……他们的心力全施于复古的运动”。其实即是代表封建势力的顽固守旧派。另一类“是他们不想过去，但盼‘将来’。盼‘将来’的结果，往往流于梦想，把许多现在可以努力的事业都放弃不做，但是沉溺于虚无缥缈的空玄境界”。其实他们是代表资产阶级和小资产阶级的空想革命派。第二种不知爱“今”的人，则是乐“今”派；“是些对于‘现在’一切满足的人。觉得所处境遇可以安乐优游，不必再向前进取，再为创造”。其实就是代表没落的统治阶级的颓废思想。他说：“这种人丧失‘今’的好处，表面上虽与厌‘今’派不同，但是阻滞进化的潮流，同厌‘今’派毫无区别。”

李大钊同志在这里虽没有明确中国社会各阶级的分析，指出这几种不知爱“今”的人的思想本质如何反映了他们在现实社会经济中所占有的不同地位加以批判，但他从根本上已知用马克思主义的矛盾观发展观来歌颂中国的新生。这种富有战斗性的革命的人生观显示着从自由主义走向社会主义的光芒，大大地鼓舞了当时青年。

第一次世界大战结束后，由于各种反动宣传给中国人民所带来的幻想，李大钊同志在1918年10月15日所出版的《新青年》第五卷第五号上面发表了两篇有重大历史意义的文章，分析了当时的内外局势，一方面反对外国帝国主义的侵略；一方面反对国内封建军阀的统治，指出了中国革命应该抉择的方向，那就是著名的“庶民的胜利”和“布尔什维主义的胜利”。在“庶民的胜利”一文中，大钊同志指出，第一次帝国主义世界大战有政治的和社会的两个结果：“政治的结果，是‘大……主义’失败，民主主义战胜……‘大……主义’就是专制隐语，就是仗着自己的强力蹂躏他人欺压他人的主义……欧洲的战争，是‘大……主义’（注：文中曾列举大日耳曼主义、大亚细亚主义等）与民主主义的战争。我们国内的战争，也是‘大……主义’（注：文中曾列举大北方主义、大西南主义等）与民主主义的战争……民主主义战胜，就是庶民的胜利。社会的结果，是资本主义失败，劳工主义战胜……所以劳工主义的战胜，也是庶民的胜利。”又说：“民主主义劳工主义既然占了胜利，今后世界的人人都成了庶民，也就都成了工人。”而“一九一七年的俄国革命，是二十世纪中世界革命的先声”。李大钊同志在“布尔什维主义的胜利”这篇文章中，他介绍俄国布尔什维克党的主义“就是革命的社会主义”。“他们的目的，在把现在为社会主义的障碍的国家界限打破，把资本家独占利益的生产制度打破”，“他们的战争是阶级战争，是全世界无产庶民对于世界资本家的战争。战争固为他们所反对，但是他们也不恐怕战争。他们主张一切男女都应该工作。工作的男女都应该组入一个联合……他们将要联合世界的无产庶民，拿他们最强的抵抗力，创造一自由乡土……”他更明确地指出，第一次世界大战“对于德国军国主义的胜利，不是联合国的胜利，更不是我国从事内争托名参战的军人和那投机取巧卖乖弄巧的政客的胜利；是社会主义的胜利；是布尔什维主义的胜利；是赤旗的胜利；是世界劳工阶级的胜利；是二十世纪新潮流的胜利。这件功业……是列宁的功业，是马克思的功业”。他又分析了当时世界各国革命的形势说：“匈、奥革命，德国革命，勃牙利（保加利亚）革命；最近荷兰、瑞典、西班牙也有革命社会党奋起的风谣……赤色旗到处翻飞，劳工会纷纷成立，可以说完全是俄罗斯式的革命，可以说是二十世纪式的革命。像这般滔滔滚滚的潮流，实非现在资本家的政治所能防遏得住的。因为二十世纪的群众运动，是合世界人类全体为一大群众……在这世界的群众运动的中间，历史上残余的东西——什么皇帝咧，贵族咧，军阀咧，官僚咧，军国主义咧，资本主义咧——凡可以障阻这新运动的进路的，比挟雷霆万钧的力量摧灭他们……试看将来的环球，必是赤旗的世界！”

最后说：“布尔什维主义这个字虽为俄人所创造，但是他的精神可是二十世纪全世界人类人人心中共同觉悟的精神。所以布尔什维主义的胜利，就是二十世纪世界人类人人心中共同觉悟的新精神的胜利！”

由李大钊、陈独秀等人发起，在1919年元旦创刊的《每周评论》——当时富有政治指导性的刊物——上载有一篇标题为“新纪元”的社论，也是李大钊同志的手笔（据刘弄潮先生考证，详见1951年9月14日《大公报》“史学周刊”第36期），发挥了跟上述“庶民的胜利”和“布尔什维主义的胜利”两文完全一致的思想。

这都是作为中国新民主主义革命开端的五四运动的前夜具有明确指导性的文献。中国革命从资产阶级的旧民主主义，转变为无产阶级世界革命一部分的新民主主义革命，这个重大的关键，李大钊同志可说已经有了基本的说明。

（2）唯物史观的应用与其反封建思想的斗争

李大钊同志是中国早期马克思主义的历史科学家，他很深刻地认识到：“历史就是社会的变革……把人类的生活整个地纵着去看，便是历史，横着去看，便是社会。”他主张“很热心的去研究过去”，是为的“去照澈人生经过的道路”，至于“我们的将来，是我们凭借过去的材料，现在的劳作创造出来的。这是现代史学给我们的科学的态度”。至于“历史的进步，纵然有时一盛一衰、一衰一盛的作螺旋状的运动，但此亦是循环着前进的、上升的，不是循环着逆返的、退落的，这样子给我们以一个进步的世界观。我们既认定世界是进步的，历史是进步的，我们在此进步的世界中、历史中，既不应悲观，不应该拜古，只应欢天喜地地在这只容一趟过的大路上向前行走，前途有我们的光明，将来有我们的黄金世界。这是现代史学给我们的乐天努进的人生观”（《史学要论》第84页）。

大钊同志肯定“史观与知识不断的进步，人们对于历史事实的解喻自然要不断地变动”（同上书，第10页）。因此严格地区别了新旧历史观的不同，进一步采取了马克思主义的唯物史观来处理中国的历史问题。他在1924年出版的《史学要论》（商务印书馆出版，“百科小丛书”第五十一种）以及他远在1920年1月所写的“由经济上解释中国近代思想变动的原因”（《新青年》第七卷第二号，《守常文集》第49页—55页）和同年12月刊出的“唯物史观在现代史学上的价值”（《新青年》第八卷第四号，《守常文集》第1页—6页），都是企图用历史唯物主义的观点来处理中国历史问题的尝试。早在

1919年12月《新潮》第二卷第二号所发表的“物质变动与道德变动”一文中，对于经济基础及其上层建筑的关系也作了一般的说明，认为道德是“适应生活的变动随着社会的需要，因时因地而有变动，三代圣贤的经训格言，断断不是万世不变的法则。什么圣道，什么王法，什么纲常，什么名教，都可以随着生活的变动，社会的要求，而有所变革；且是必然的变革”（《守常文集》第22页）。于是以此理论作为根据，在思想战线上进行反对封建传统思想的斗争，尤其是作为这个旧传统代言人的孔子的伦理学说，李大钊同志驳斥它“……是与治者以绝对的权力，责被治者以片面的义务的道德。孔子的学说所以能支配中国人心有两千余年的缘故，不是他的学说本身有绝大的威权，永久不变的真理，配做中国人的‘万世师表’，而是因为他是适应中国两千余年未尝变动的农业经济组织反映出来的产物，因他是中国大家族制度上的表层构造，因为经济上有他的基础”（“由经济上解释中国近代思想变动的原因”，《守常文集》第50页）。“时代变了！西洋的工业经济来压迫东洋的农业经济了！孔门伦理基础就动摇了！”（同上书，第51页）“中国的农业经济，现因受了重大的压迫而生动摇，那么首先崩颓粉碎的，就是大家族制度了。中国一切的风俗、礼教、政法、伦理，都以大家族制度为基础，而以孔子主义为其全结晶体。大家族制度既入了崩颓粉碎的运命，孔子主义也不能不跟着崩颓粉碎了。”（同上书，第53页）他这样从经济基础上指出孔子主义的必然崩颓粉碎，并警告当时那些顽固派说：“你们若是无奈何这新经济势力，那么只有听新思想自由流行，因为新思想是应经济的新状态、社会的新要求发生的，不是几个青年凭空造出来的。”（同上书，第55页）比当时别人只知浮面的从思想意识上空洞地指出“孔家店”的不合理，确是深刻明白得多了，并且这种唯物论的观点在当时最富于现实的革命的意义。

（3）革命的马克思主义与资产阶级右翼改良主义思想的斗争

李大钊同志等传播革命的马克思主义，后来又遭到从五四运动中分化出来的右翼资产阶级思想的抵抗，如庸俗的实用主义者胡适，在1919年7月20日的《每周评论》第三十一期上写了一篇“多研究些问题，少谈些主义”的文章，讽刺当时“谈主义”是“阿猫阿狗都能做的事”，那“是没有什么用处的”。对于一切社会问题，主张

“一点一滴的改良”，“这个那个问题的解决”，反对社会的根本改造，反对革命。

为了驳斥胡适的谬论，李大钊同志从昌黎五峰寄给胡适一封公开信，指出：“布尔什维主义的流行，实在是世界文化上一大变动。”这封信发表于同年 8 月 17 日《每周评论》第三十五期，标题是“再论问题与主义”，明白地提出了以下的论点。

首先“问题”和“主义”分不开。理由是社会问题的解决，“必须靠着社会上多数人共同的运动”，因此要解决问题就必须有主义的宣传，“那么我们要想解决一个问题，应该设法使它成为社会上多数人共同的问题……应该使社会上可以共同解决这个那个社会问题的多数人，先有一个共同趋向的理想主义”。所以谈主义是重要的，注意的是不要空谈，而且“大凡一个主义，都有理想与实际两方面……把这个理想适用到实际的政治上去，那就因时、因所、因事的性质情形，有些不同”。我们既不能因有假冒牌号的危险就停止宣传，更不能怕有反动派的利用中伤而忌讳谈主义。反之，“我们越发应该一面宣传我们的主义，一面就种种问题研究实用的方法，好去本着主义作实际的运动”。

再则关于“根本解决”的问题。李大钊同志指出：“依马克思的唯物史观，社会上法律、政治、伦理等精神的构造，都是表面的构造。他的下面有经济的构造，作他们一切的基础。经济组织一有变动，他们就都跟着变动。换一句话说，就是经济问题的解决，是根本解决。经济问题一旦解决，什么政治问题、法律问题、家族制度问题、女子解放问题、工人解放问题都可以解决。”

李大钊同志根据以上的理论，进一步地反对了革命自发论，特别提出阶级自觉运动的重要，即是说：不能等待经济上的必然的变动，而必须依靠自觉的阶级斗争，为工人联合的实际运动，在时机没有成熟以前，从事一切必要的准备，争取改造的加速实现，进行革命，即是推翻原有的生产关系，求得一个根本的解决。

这是五四运动以后新文化内部的分裂，一方面是代表工农群众初步具有共产主义思想的知识分子；另一方面是代表依附帝国主义和封建势力的资产阶级右翼。这和五四运动以前所谓“新学”与“旧学”之争，亦即资本主义文化与封建文化之争，反映了两个根本不同的时代，因此具有性质完全不同的历史意义。

三、李大钊思想的评价

李大钊同志是中国最早的马克思主义的传播者，中国共产党的创始人之一，为革命而牺牲，他生平的英勇事迹是今后党内外同志学习的榜样。在近代思想史上的李大钊同志的功绩是：在鸦片战争后，一群先进的中国人在向西方寻求救国救民的真理的艰苦过程中，他首先系统地传播了革命的马克思主义，明确了中国革命的方向，坚持走苏联的道路。他在中国资产阶级民主革命中，即在人民大众反帝反封建的思想斗争中，初步应用唯物史观的理论，驳斥了作为中国两千年来封建制度上层建筑的孔子学说，提出了共产主义的理想，并将它作为奋斗的目标，说明了今后人人都将变为工人的事实。他与代表资产阶级右翼的改良主义路线进行了不可调和的斗争，主张用革命的办法，对于中国现实社会的各项问题求得一个根本的解决。但是在中国共产党没有正式建立以前，他所从事的介绍马克思主义的工作，限于历史条件，因之不能要求其科学系统、足够整严，而且事实上也确有误解的地方。例如他早期所作“青春”与“今”的著名论文中，还没有中国社会各阶级的分析，从思想本质上划清敌我的界限。在应用唯物史观解释中国历史的若干著作中，也夹有偏向经济决定论方面的见解，都是略嫌不够的地方。至于很明显是误解的范围，如对于马克思主义的介绍，有时还难免持一种批评的态度，并没有很好地把理论结合到实践，如说马克思“把阶级的活动归在行程自然的变化以内……终觉有些牵强矛盾的地方”（“我的马克思主义观”，《守常文集》第124页）。“近来哲学上有一种新理想主义出现，可以修正马氏的唯物论，而救其偏蔽。”（同上，第127页）“物品的实际价格既为竞争所支配，那劳工价值论就有根本动摇的危险。劳工价值论是马克思主义的基础，基础一有动摇，学说全体为之震撼。这究不能不算是马克思主义的一大遗憾。”（同上书，第139页）虽有如上这些理论上的误解，也可说是不尽明确的地方，但这是他自己已经感觉到同时预先申明过的，只是提出思考问题，因此并不能掩盖他作为中国最早的马克思主义传播者之一的功勋。他的全部著作，诚如鲁迅先生所说，“他的理论，在现在看来，当然未必精当”，“虽然如此，他的遗文却将永在，因为这是先驱者的遗产，革命史上的丰碑”（《守常文集·序》）。

（Ⅱ）陈独秀

一、陈独秀的生平

陈独秀字仲甫，原名乾生，陈仲、陈仲子等是他的笔名。安徽省怀宁县人，1880 年（清光绪六年）生，1942 年，正当抗日战争时期，病死在四川江津，时年 62 岁。他虽出身封建官僚家庭，但是很早就脱离了那种家庭环境，过的是学校生活。先读书浙江求是书院，1909 年出国，留学日本，卒业东京高等师范学校速成科，见习了日本当时所采取的一切资本主义制度的办法，同时也受到流行当地的各种欧美资产阶级学说的影响，又接触到孙中山先生海外“同盟会”的革命组织，当时由于误解推翻清朝专制统治单纯是一种狭隘的民族革命，因此没有参加。清朝末年回国，在安徽省高等学堂担任教务方面的行政工作。感于国内革命形势的高涨，终于参加了 1911 年由资产阶级领导的辛亥革命，先后担任过安徽都督柏文蔚的秘书以及该省的教育司长等职务。1913 年因倒袁（世凯）运动失败，亡命日本，待袁世凯死后，返回上海。1915 年 9 月创办了定名《青年》的杂志，第二年就改叫《新青年》。在《新青年》上，他开始提出了反对旧传统、要求接受资本主义文化的思想，提倡“科学”与“民主”。这个杂志渐渐成为当时团结进步的青年知识分子的中心。到了 1916 年，蔡元培任北京大学校长，他接受了西洋资本主义早期反封建文化的传统，竭力主张学术思想自由，容纳各种不同的学说在北大自由讲授。在当时封建旧文化仍然在学校占统治地位，这种“兼容并包”的态度，虽然也反映了当时民族资产阶级的软弱无能，但在客观上毫无疑义地是帮助了新生力量的发展。他把陈独秀聘为北大的文科学长，其他常在《新青年》杂志发表文章的一些激进的知识分子如李大钊、鲁迅、钱玄同等人，也都先后被聘来北京大学任教，他们聚集在《新青年》杂志周围，成为当时文化革命的主流，进行彻底地反封建文化的运动。他们一致提倡新道德，反对旧道德，提倡新文学，反对旧文学，陈独秀在当时是起了一定的积极的推动作用。这样，他在五四运动以前和五四运动中间，便以中国激进的民主派著名。十月社会主义革命胜利后，革命的马克思主义传入中国，他又成了有很大影响的社会主义宣传者。1921 年中国共产党正式成立，他是发起人之一，由于党在初创时期缺乏的经验，第一次代表大会他被选为党的总书记，担任中央的领导工作。但陈独秀并不是好的马克思主义者。他具有资产阶级知识分子的弱点，害怕工农群众，害怕火热的斗争，以致在 1924 年至 1927 年的革命时期，党内以陈独秀为代表的右倾思想形成了投降主义的路线。最后，当蒋介石、汪精卫等公开叛变革命时，陈独秀等投降主义分子主张自动放弃对农民群众、城市小资产阶级和民族资产阶级的领导权，尤其是放弃对于武装力量的领导权，因而使那次革命遭到了失败，牺牲了大批的干部。在革命已经失败，蒋介石已经建立了他的彻底的反动统治的情况下，党紧接着就在 1927 年 8 月 7 日召集紧急会议。这次会议彻底纠正了陈独秀的投降主义，并撤换了陈独秀的领导职务。1928 年 7 月召集的党的第六次代表大会更详细地检讨了陈独秀的错误，陈独秀并没有承认自己的错误。陈独秀分子在此时宣称：中国的资产阶级民主革命已因资产阶级的胜利而终结，资产阶级已经建立并将巩固它的统治，中国无产阶级应当放弃革命斗争，转入合法运动，以待将来进行社会主义革命。陈独秀及其他一小部分投降主义者，此后终于堕落到采取托洛茨基主义的反动立场，并和托洛茨基分子相结合成立反党小组，进行反革命活动，因而在 1929 年 11 月被驱逐出党。

二、陈独秀早期的思想

（1）反封建文化的斗争和提倡“科学”与“民主”的思想

陈独秀早期的思想代表了资产阶级的左翼，他猛烈地抨击一切封建制度，同时反对各种封建文化，无论是所谓的“儒家”、“释家”还是“道家”的一切传统，完全倾倒于法兰西资产阶级革命的“近世文明”，其实就是欧美资本主义国家的民主宪政（详见“法兰西与近代文明”，《独秀文存》卷一，第 11 页—15 页）。其实他并没有很明确地了解资本主义制度与封建社会的差别，还以为是东西洋民族不同，因之根本思想各成一系，如他说举其大者，如：（一）西洋民族以战争为本位，东洋民族以安息为本位。（二）西洋民族以个人为本位，东洋民族以家族为本位。（三）西洋民族以法制为本位，以实利为本位，东洋民族以感情为本位，以虚文为本位（详“东西民族根本思想之差异”，《独秀文存》卷一，第35页—40页）。他还不知道社会发展史的不同时期的特点，尤其是经济基础与其上层建筑的关系，根本不是历史唯物论者。但是很显然，他已经觉悟到当时中国落后于西方资本主义国家的事实，同时迫切要求向西方学习。1916年陈发表“我之爱国主义”，提出了个人所谓治本的办法，不外是主张“勤、俭、廉、洁、诚、信”等一套，说“之数德者，固老生之常谈，实救国之要道”，可知还是彻底的唯心论者。但是，他同时反对一切传统的封建文化，而特别猛烈地攻击作为根据和代表的孔子学说。当时康有为电请政府推尊“孔教”，陈独秀发表公开信加以驳斥，说“孔教与帝制，有不可离散之因缘……主张民国之祀孔，不啻主张专制国之祀华盛顿与卢梭……是乃自取其说而根本毁之耳……”（“驳康有为致总统总理书”，《独秀文存》卷一，第100页）由于袁世凯干涉下所拟订的“天坛宪法草案”有尊孔条文，而加上顽固的保守派推波助澜，于是孔教问题的讨论在思想战线上具有更现实的意义，反映了新旧思想的剧烈斗争。陈独秀代表了当时激进民主派的意见，以为孔子之道与西洋资本主义社会的思想根本不能相容。他说：“吾人倘以为中国之法，孔子之道，足以组织吾之国家，支配吾之社会，使适于今日竞争世界之生存，则不徒共和宪法为可废，凡十余年来之变法维新，流血革命，设国会，改法律（民国以前所兴之大清律，无一条非孔子之道），及一切新政治，新教育，无一非多事，且无一非谬误，应悉废罢，仍守旧法，以免滥用吾人之财力。万一不安本分，妄欲建设西洋式之新国家，组织西洋式之新社会，以求适今世之生存，则根本问题，不可不首先输入西洋式社会国家之基础，所谓平等人权之新信仰，对于与此新社会新国家新信仰不可相荣之孔教，不可不有彻底之觉悟，猛勇之决心，否则不塞不流，不止不行！”（“宪法与孔教”，《独秀文存》卷一，第2页）后来陈独秀更进一步地说明所谓道德是随了社会组织和生活状态而有所变迁的，那么细察孔子的学说，必然可以看出它是不适合于现代生活的，处在今天还提倡这种不适合现代生活的孔教，便一定要成为文明进化的大阻力，因此我们坚决反对一切尊孔的主张。他说："孔子生长在封建时代，所提倡之道德，封建时代之道德也；所垂示之礼教，即生活状态，封建时代之礼教，封建时代之生活状态也；所主张之政治，封建时代之政治也。封建时代之道德，礼教，生活，政治，所心营目注，其范围不越少数君主贵族之权利与名誉，于多数国民之幸福无与焉……立国于今日民政民权发张之世界，而惟注意于少数贵族之举动云为，人伦日用，可乎不可？稍有知识之尊孔诸公，其下一良心之判断！"（"孔子之道与现代生活"，《独秀文存》卷一，第12页—22页）1917年，陈独秀作"再论孔教问题"，更进而坚持废弃一切宗教之信仰，主张"以科学代宗教"，这样，"非独不能以孔教为国教，定人未来之宪法，且应毁全国已有之孔庙而罢其祀！"（《独秀文存》卷一，第133页—134页）这种激烈的反对儒家的思想，自鸦片战争以来，除了太平天国农民革命因为注意向西方寻找真理，创立了自己的"拜上帝教"，信仰对象不同，此外还不曾有过。陈独秀出版《新青年》，经过了三年，发表了不少当时富于革命性的文章，引起了顽固守旧派的极大反感，从各方面来加以非难，在1919年1月15日《新青年》第六卷第一号上，他代表《新青年》杂志社同仁写了一篇"新青年罪案之答辩书"，驳斥了反对派的意见，表示了坚决为"科学"与"民主"而斗争的思想。他说："本志同仁本来无罪……要拥护那德先生，便不能不反对孔教、礼法、贞操、旧伦理、旧政治；要拥护那赛先生，便不得不反对国粹和旧文学。"又说："西洋人因为拥护德、赛两先生，闹了多少事，流了多少血，德、赛两先生才渐渐从黑暗中把他们救出，引到光明世界。我们现在认定只有这两位先生，可以救治中国政治上、道德上、学术上、思想上一切的黑暗。若因为拥护这两位先生，一切政府的压迫，社会的攻击笑骂，就是断头流血，都不推辞。"（《独秀文存》卷一，第362页—363页）

陈独秀此时提出作为《新青年》全体同仁坚决斗争的目标，只有提倡"民主"与"科学"，还没有明确中国社会的性质，还没有认识到半殖民地半封建社会资产阶级革命的必然失败。只有到了1920年9月1日陈独秀发表"谈政治"一文，揭露了当时资产阶级右翼知识分子（如胡适、张东荪等）、一部分资产阶级（上海总商会和各马路商界联合会可算是代表）以及无政府党人的各种伪装不谈政治的倾向，尤其是无政府主义思想流行的反动本质，同时还反驳了代表封建势力的统治阶级思想，即准备利用旧的国家政治法律等来进行反对新政治的企图，以及标榜马克思主义的修正派的改良主义思想，就是不主张采取革命的手段，仍然利用旧的工具（政治法律等）来建设所谓的新的事业的彻底反动的资产阶级思想。他根据《共产党宣言》的大意，发挥了马克思阶级斗争和劳动（阶级）专政的学说，一反过去全力提倡资产阶级的民主主义（德谟克拉西）的思想，开始认定："若不经过阶级战争，若不经过劳动阶级占领权力阶级地位的时代，德谟克拉西必然永远是资产阶级底专有物，也就是资产阶级永远把持政权抵制劳动阶级的利器。"（"谈政治"，《独秀文存》卷一，第555页）可见，陈独秀是在五四运动以后接受了革命的马克思主义的影响，才初步地改变了过去完全倾倒于资产阶级文明的面貌，重新考虑了自己的观点，把思想转换了一个方向。

（2）社会主义思想的宣传

陈独秀宣传社会主义的文章中，有在《新青年》第九卷第六号发表的"马克思学说"一篇，这是他根据《共产党宣言》和《资本论》等经典著作的大意，对马克思学说的要点，如"剩余价值"、"唯物史观"、"阶级斗争"和"劳工专政"等，作了比较全面的叙述，这是他企图系统地介绍马克思主义的尝试。此外，如1921年8月在答著名共产党人蔡和森同志论"马克思主义与中国无产阶级"的一封信中，着重批判了我国当时流行一些误解马克思学说的意见，他们以为"马克思一面主张人为的革命说，一面又主张唯物史观，类乎一种自然进化说，这两说不免自相矛盾"。陈独秀反对他们这样把唯物史观看做是一种呆板的自然进化论，反对把马克思主义理解为完全机械论的哲学以及限于对历史的经济的说明。他积极地主张，"人类确有利用自然法则来征服自然的事实"，而"创造历史之最有效最根本的方法，即经济制度的革命"。

同样，陈独秀对马克思主义的传播，后来也是在与各种非无产阶级思想的斗争中，即与当时封建的以及资产阶级右翼的思想斗争中进行的。例如在为《科学与人生观》一书所作的序文中，对于当时中国思想界的所谓"科学"与"玄学"之争，他固然驳斥了充满封建社会思想意识的如以张君劢为代表的一种反科学的态度，也就是所谓玄学观的一派，同时也并不满意当时软弱的资产阶级，如以丁文江为代表的那种不彻底的唯心主义的科学观。因此，陈独秀指出，“可以攻破玄学大本营的武器”，即唯物史观，是“他们素来不相信，因此不肯用”的，换言之，他们是以资产阶级的唯心论，即承认宇宙间有永远不可知的部分，如丁文江便自号是一个“存疑的唯心论”者，而要战胜提倡主观的直觉的，或所谓“自由意志”的，也就是否定“存在决定思维”，不承认有客观真理的那般胡思乱想的玄学家可能吗？所以陈独秀说：“丁在君（文江）不但未曾说明‘科学何以能支配人生观’，并且他的思想之根底，仍和张君劢走的是一条道路。”

陈独秀在李大钊之后驳斥了以胡适为代表的右翼资产阶级的改良主义理论。胡适当时片面强调宣传教育的作用而抹杀经济基础的根本改造和决定性的意义，故虽表面拥护所谓科学的人生观，其实还是反科学的，这种不彻底的两面性的态度，骨子里也是为玄学家所欢迎的。因此，陈独秀一方面指出他对唯物史观的无知，另一方面也很严正地批驳他那种资产阶级唯心论的观点，把“心”“物”平等看待的二元论的错误思想，说：“人的努力及天才之活动，本为社会进步所必须，然其效力只在社会的物质条件可能以内。思想知识言论教育，自然都是社会进步的重要工具，然不能说他们可以变动社会、解释历史、支配人生观和经济立在平等地位。”（《科学与人生观》，第41页）又说：“离开了物质一元论，科学便濒于破产，适之颇尊崇科学，如何对心与物平等看待!! 适之果坚持物的原因外，尚有心的原因——即知识、思想、言论、教育，也可以变动社会，也可以解释历史，也可以支配人生观——像这样明白主张心物二元论，张君劢必然大摇大摆地来向适之攻守拱手道谢!!!”（同上书，第41页—42页）。

以上两种错误的思想，无论是充满着封建思想意识的玄学派，他们接受了新康德主义的影响，企图把人生观排斥在科学领域之外，还是代表资产阶级思想意识的所谓科学派，他们其实是一些以感觉的组合为科学研究对象的马赫主义者，多少均有“不可知论”的因素，正是反映了两种不同性质而又同是剥削阶级的思想，都有隐蔽事实真相的企图，因此虽有争论，却可说是走的一条道路。作为资产阶级改良主义宇宙观的“心物二元论”，根本否认有第一性和第二性的区分，也是彻底的唯心论的一种，在反抗辩证唯物主义的哲学方面，尤其起着危害作用。陈独秀在这些方面的争辩，主要由于未能理解作为辩证唯物主义认识论的反映论即客观真理论，和胡适一派实用主义的真理论，如何在哲学根本问题上划清界限，反而希望把这两种根本对立的思想方法"能合作一条联合战线"（见"胡适文选自序"）。所以，其结果只有走上机械唯物论的道路，最后在认识论上又必然掉到唯心论的泥潭里去。

三、陈独秀思想批判

陈独秀是五四运动前中国激进民主派的代表，属于资产阶级的左翼。他首先提倡"民主"与"科学"的思想，在当时半封建半殖民地的中国社会，作为无产阶级及其政党领导的新民主主义革命运动还没有正式登上舞台展开斗争以前，在人民大众反帝反封建的思想战线上，尤其是反封建文化的革命战争中，起着一定的积极的作用。通过陈独秀主编的《新青年》杂志，团结了一批进步的知识分子，在五四新文化运动中，成为传播新思想的主流。在伟大的十月社会主义革命以后，陈独秀得以有机会接触到革命的马克思主义，通过中国工人运动的兴起，提高了自己对于资本主义发展到最高阶段必然成为帝国主义的认识，从完全倾倒于西洋资本主义制度文明的思想家，转变为当时影响颇大的社会主义宣传者，因此与代表资产阶级右翼的改良主义者划清了界线。陈独秀思想一贯的错误是理想脱离群众，不能结合中国革命的实践，在立场上始终没有得到彻底的改造。例如，他早期在提倡"民主"与"科学"的时代，作为新兴民族资产阶级的代言人，一方面虽曾激烈地反对日本帝国主义的侵略，说它简直是"野蛮强盗"，另一方面有时竟糊涂到以为："日本人因为自国的权利欺压我们，这是他们被狭隘的爱国心所驱使的，我们不必怨他。"在反封建的民主革命运动中，为了提倡"奋斗精神"，竟至完全丧失立场无原则地混淆了中国近代革命史上两条阵线的斗争，去讴歌代表清朝政府封建统治镇压太平天国农民革命的刽子手曾国藩、罗泽南（"欢迎湖南人的精神"，《独秀文存》卷一，第651页）。在他更早的关于中国现实政治制度与国体问题的议论中，为了主张完全洗刷当时一班"反对共和的伦理文章等等旧思想"，可以曲解到认为："袁世凯要做皇帝，也不是妄想；他实在见得多数民意相信帝制，不相信共和……”（“旧思想与国体问题”，《独秀文存》卷一，第148页）他接受了马克思主义的思想以后，在1922年发表“对于中国政治我见”（见《胡适文存》二集，卷三，第123页），虽积极主张“用革命的手段建设劳动阶级的国家，为现代社会第一需要”，但又以为中国的经济及政治状况还没有达到这样的程度。他说：“这样的经济及政治状况，遂使中国的阶级斗争不得不分为两段路程。第一段是大的和小的资产阶级对于封建军阀之民主主义的斗争，第二段是新起的无产阶级对于资产阶级之社会主义的斗争。”他认为中国“劳苦群众”底“阶级形式及意识方在萌芽时代”，作政治斗争的时期“尚未成熟”，只可“加入”第一段斗争，获得中国的“和平自由与独立”。“这种和平自由与独立，不但能给中国资产阶级以充分发展的机会，而且在产业不发达的国家，也只有这种和平自由与独立，是解放无产阶级使他们由幼稚到强壮的唯一道路。”后来在1923年4月发表的“资产阶级的革命与革命的资产阶级”（《向导》第二十二期）以及在同年十二月刊出的“中国国民革命与社会各阶级”（《前锋》第二号），他把上述右倾机会主义的理论更加系统地发挥，对中国革命的各项基本问题作了完全错误的分析。他甚至认为中国工人阶级还“不是独立的革命力量”，又盲目地夸大“资产阶级的力量究竟比农民集中，比工人雄厚”，因此肯定中国当前革命的前途“自然是资产阶级握得政权”（均见“中国国民革命与社会各阶级”），而且又荒谬地论证了“资产阶级的民主革命若失去资产阶级的援助，在革命事业中便没有阶级的意义和社会的基础……”（“资产阶级的革命与革命的资产阶级”）。他说这些话的时候，显得完全不了解十月革命后所引起的国际形势的改变，不知道作为半殖民的中国革命动力之所在，特别是没有认识到农民问题的意义，依然孤立地来看中国无产阶级的革命。他这种见解根本违背了列宁在《社会民主党在民主革命中两个策略》一书中所发挥的：无产阶级应该在资产阶级革命中实现领导权（领导作用）的这一基本策略原理（详《联共党史》第三章），相反地走的正是俄国1905年革命时代列宁所驳斥的孟什维克的道路。他坚持了这种错误的机会主义的立场，使他后来在第一次国内革命战争时期终于投降大资产阶级，背叛了革命。

结束语

自从1840年鸦片战争失败，中国一步一步地变成了一个半殖民地半封建社会，其间先进的中国人不惜奋斗牺牲，千辛万苦，努力向西方学习，寻找救国救民的真理。但是，理想终归不能实现，反之，国家的情况一天比一天更坏。一直到十月革命胜利，世界上出现了第一个社会主义国家，中国人才找到了马克思列宁主义这个普遍真理，中国的面目才开始起了根本的变化。李大钊同志最早在中国系统地传播了马克思主义，在中国革命史上作出了卓越的贡献，但是由于历史条件的限制，对于马克思主义多少还不免有误解的地方。陈独秀在五四运动以后也接受了马克思学说的影响并进一步加以宣传，但是属于根本方面的立场始终没有得到彻底的改造，最后背叛了革命。五四运动时期许多的领导人物，诚如毛泽东主席所说："他们使用的方法，一般地还是资产阶级的方法，即形式主义的方法。他们反对旧八股、旧教条，主张科学和民主，是很对的。但是他们对于现状，对于历史，对于外国事物，没有历史唯物主义的批判精神，所谓坏就是绝对的坏，一切皆坏；所谓好就是绝对的好，一切皆好。这种形式主义地看问题的方法，就影响了后来这个运动的发展。"（"反对党八股"，《毛泽东选集》卷三，第853页）早期的李大钊同志也难免有这种缺点，而陈独秀思想的不切实际，更是一个显明的例证。作为用无产阶级革命思想武器的马克思主义必须与工人运动相结合，要不断地通过变革社会的实践来丰富它的内容，所以知识分子若不愿意并且实行与工农民众相结合，则无论口头说的是怎样好听的主义，终归是一样不能解决问题。李大钊同志虽然很早就认识到："要想把现代的新文明从根底输入到社会里去，非把知识阶级与劳工阶级打成一气不可。"（"青年与农村"，见《晨报》"自由论坛"，1919年2月20日—23日）但他不幸牺牲过早，来不及在这一方面从理论上作出更多的贡献，但是他的英勇事迹却教育了年轻的一代。陈独秀后期的思想表面上披着马克思主义的外衣，由于一贯轻视工农群众，终于成为大资产阶级的俘虏，可以作为混进无产阶级队伍中错误思想的一种典型。所以在中国革命史上，只有毛泽东同志真正结合了马克思列宁主义的普遍真理与中国革命的具体实践，从了解当前的情况出发，批判了一切或“左”或“右”的错误思想，在长期艰苦奋斗的过程中，积累了极其丰富的经验，创造性地发展了革命的马克思主义，指导中国人民革命取得了伟大的胜利，同时总结了中国近百年来反帝反封建运动的斗争，为中国今后的革命建设建立了唯一正确的组织，为中国思想史开辟了一个新纪元。

——原载《中国近代思想史论文集》
上海人民出版社 1958 年版，第 173 页 – 199 页。

8. 介绍《胡适思想批判论文选集》①

从 1954 年 10 月起，在全国范围内开展了宣传唯物主义、批判资产阶级唯心主义的思想斗争。自“五四”运动以来，长期受着美帝国主义扶植，成为买办资产阶级第一号代言人的胡适，通过对政治社会问题乃至哲学、历史、文学等各方面的“研究”，企图建立一套“理论”来反对中国人民的革命运动。为了清除这种腐朽的资产阶级思想的流毒，特别是在上层知识分子中的影响，对于推进当前社会主义的文化事业，肯定是有重大的革命的现实意义的。

这次全面展开批判胡适思想，在一些研究机关和高等学校里，投入战斗的，有各方面的专家，也有刚进大学的青年学生；采取的形式有报告会，有讨论会，有集体的创作，有个人的研究；同时范围并不限于哲学、社会科学的有关部门，因此这场斗争所涉及的问题是非常广泛的。不到一年，全国各种报刊发表了无数篇长短论文。过去三联书店曾选印这一方面的作品，陆续出版了八辑论文汇编，近 200 万字。全国各地，如河南、浙江……等地新华书店，也各有选本发行，此外没有收进这些集子里的文章也还有不少。这次出版的《胡适思想批判论文选集》，大体是在过去三联书店出版的八册《胡适思想批判》的基础上，从批判胡适的世界观、方法论到各种专门的学术领域，乃

① 《胡适思想批判论文选集》，三联书店编辑出版。

至他反动的政治思想的表现和实质，按问题的性质，重新精选并作了系统的安排，适当地注意到避免内容的重复。其中也有在三联书店出版的八册《胡适思想批判》以外带有专门性的论文，如陈玉森先生在《中山大学学报》1956年第一期上发表的“批判胡适的戴东原的哲学”。全书共选论文16篇，数量并不算多，但是基本上反映了这次批判中一些具有代表性的意见，所以值得向读者介绍。

从这些批判的论文中，读者可以比较全面地看到在我国新民主主义革命时期，以胡适为代表的买办资产阶级的文化人如何贩卖帝国主义的哲学，怎样狡猾地结合中国的各种学术研究来从事反革命的宣传，从而认识到彻底肃清资产阶级学术思想的流毒是多么复杂而又细致的工作。实践证明，只有从中国当前的革命实际问题出发，“有的放矢”，系统地掌握材料，经过深入的科学分析，才能很好地完成这一艰巨的任务。其中重要的作品，如胡绳同志写的“唯心主义是科学的敌人”一文，通过“论胡适派思想对科学的曲解和污蔑”，指出“只有马克思主义哲学——辩证唯物主义——提供了能够指导自然科学和社会科学向前发展的完整的理论”。这是一篇富于启发性和指导性的文章，它的意义不仅限于对胡适一派实用主义的批判，而且进一步告诉了我们为什么只有在马克思主义理论的指导下才可能产生真正的社会科学。范文澜同志在“看看胡适的‘历史的态度’和‘科学的方法’”一文中，针对一批资产阶级知识分子在新中国成立后学习马克思主义的严重缺点——不脱胡适派考据方法的影响，“把活的马克思列宁主义变成死的马克思列宁主义”，这又是最确切不过地结合一部分旧知识分子的思想情况，特别是学术观点的改造而提出的很好的例子。李达同志所写的“胡适反动思想在政治上的表现”，把胡适的政治思想，按“五四”以前和“五四”以后两个阶段来说明，在“五四”以后，又划分为《努力》周报时期、《新月》月刊时期和《独立评论》及其以后的时期来分别地加以研究，这种根据不同历史时期阶级斗争的特点，来分辨反动思想所表现的不同面貌，无疑对于读者了解我国现代革命的复杂内容和曲折过程是有所帮助的。艾思奇同志写的“胡适实用主义哲学思想的反革命性和反科学性”，从哲学的根本问题出发，充分揭露了实用主义的真面目，就是：“主观唯心论，不可知论，庸俗进化论”。在专业学术领域内，侯外庐同志写了

“从对待哲学遗产的观点方法和立场批判胡适怎样涂抹和污蔑中国哲学史”，指出胡适研究中国哲学史的主观意图是：“用欺骗的方法能把好的变成坏的，又能把反动的变成进步的，一切都服从于资产阶级的唯心主义方法的方便。”何其芳同志写的“胡适文学史观点批判”，揭露了他否定我国文学遗产的两个手法：第一是他完全不顾我国文学的传统和特色；第二是他完全不顾历史和人民对于我国许多杰出的作品的肯定。凡是他认为有和西洋文学的不同之处，就认定是中国文学的“幼稚”；凡是他不能理解的作品都断言它“没有文学价值”或“见识鄙陋”。金岳霖同志写的“批判实用主义者的世界观”，是发掘胡适反动思想的鼻祖、解析他衣钵相传的美国杜威一派思想的论文。本书最后一篇黎澍同志的“胡适派所谓民主政治思想的反动实质”，指出了胡适派的道路和孙中山以及其他许多民主主义者的道路是完全相反的，他是共产主义在中国的最早和一贯坚持到底的敌人。上述这些论文的丰富内容，当然不限于所介绍的只鳞片羽，同时本书还有一些作品，我们没有提到。总之，通过这册《论文选集》所提供的资料，对于研究中国现代思想史的各个方面无疑都是有所帮助的。特别是对于目前贯彻的“百家争鸣”，在深入开展资产阶级学术思想批判的同时，通过这册《论文选集》的阅读，可以戳穿一批资产阶级知识分子在解放以前标榜“为学术而学术”的骗人的幌子，防止孤立地、静止地研究任何科学的非政治倾向，肯定是有重要的现实意义的。至于读者发现《论文选集》中某些专门性的个别问题可能还存在着不同的理解，或者感觉到有的部分难免只是提出问题，在论证上有不够充分的地方，但我们也可从此得到启发，独立思考，再进行深入的研究，在相同的学术阵地上，把资产阶级思想的批判更提高一步。

——原载《读书》月刊 1959 年第 9 期

9. 汤用彤先生的治学与为人

今年是国际著名哲学史专家，北京大学前副校长、哲学系主任、教授，原中国科学院哲学社会科学学部委员汤用彤先生（公元

1893 年—1964 年）诞生九十周年。关于他的生平事迹和在学术上的贡献，国内一些有代表性的辞书上多有介绍，用不着我去重复。现在只就个人见闻所及，简略地谈一谈他的治学与为人。

汤先生生活非常朴素，不讲排场，不好交际，平日说话做事都很谨慎，从不喜欢表现自己和高谈阔论。他青年时代从美国留学归国之后，到抗日战争胜利，再度去美国大学讲学，在这漫长的岁月里，似乎很少听到他跟人谈起外国资本主义社会的花花世界。在生活方面，可以说一点“崇洋”的习气也没有，单从外表来看，几乎完全像一个从未出过国门一步的人。但是在哲学思想史的科学研究工作中，他却经常注意世界各国有关科研的最新成果，一再强调学习外文的重要。这跟当时那种认为理解“佛学”与“梵语”知识完全无关的论调，是大不相同的。记得他曾对我们说过，一个青年人现在研究古代中国哲学的指导思想和方法，如果还停留在清末大学者如王先谦等人的水平，那就毫无意义了。汤先生强调研究中国哲学思想史的专业工作者必须用心了解外国哲学，特别是西方文艺复兴以后的近代哲学，以资比较。这是否是在以过去国外同一类学科的水平来限制我们的眼光和今后发展的方向呢？那又不尽然。因为他平日非常注意中国哲学的特点。他在研究中仔细地分别中国和印度的不同文化传统。他对国内外有人把中国佛学看做仅仅是印度佛学的翻版，或者只有印度的佛教才是所谓真佛教，而中国的佛教只不过是假佛教，因此印度的佛教高于中国的佛教这些似是而非的见解，是不同意的。他告诉我们千万不要将中国的佛教思想完全等同于印度佛教的信仰，认为中国佛学发展的道路，主要是受中国封建社会统治思想的支配和影响，从而确定它的方向。从这里可以看出汤先生确是做到了立足于中国，放眼于世界。在他研究中国佛教史的专著，如《汉魏两晋南北朝佛教史》以及《隋唐佛教史稿》乃至《往日杂稿》一书的有关论文中，可以说都体现了这种精神。在一些具体问题的研究中，他一方面确实引用了不少国内外“权威”学者的结论，并在不同程度上加以肯定，或再作进一步的修订、补充和发挥，这是一种通过别人的成果而又在做超过别人的事业，也可说是批判地继承，绝不是盲目的抄袭。更值得注意的是，在某些学术上有争议的关键问题，或是基本的思想资料，经过他本人的独立思考，刻苦钻研，确有把握可以推翻那些在学术界有广泛影响的错误成见，不管是国内外有多大声望的名流学者，都敢于大胆地加以驳斥，这是汤先生一贯敢于坚持真理的具体表现。特别是外国某些非常自负的所谓的汉学专家们，由于知识面较窄，加之不甚精通古代汉语，那结论往往就更不可靠了。汤先生在这种批评工作中，说话是非常讲究分寸的，特别注意“内外有别”的原则，对外国学者时常公开点名，但对国内学者，则不一定如此。死人和活人的做法，也不完全一样。对于友朋之间，大体说来，还是以指出别人的贡献为主，至于明显错误的地方，也经常是以正面叙述个人的见解为先，表示不专门为了挑剔他人的过失才从事这种研究的。这是汤先生在治学方法上所表现出的个人修养。我国当代著名佛教研究专家吕秋逸（澂）先生是他生前旧友。他在新中国成立后出版的《中国佛学源流略讲》一书序中提到：“中国方面，过去的形式比较陈腐……民国以后，曾取材并模仿日本人……汤用彤先生的《汉魏两晋南北朝佛教史》受日本人的影响就少，所用资料比较丰富。”说明汤先生真正做到能摆脱国外专家所制定的框架，从而建立了我国学者独到的体系。这是千真万确的。在半殖民地半封建社会的旧中国，应该说是非常可贵的。

又如汤先生早在20世纪20年代末和30年代初，为适应教学需要，编写成的《印度哲学史略》一书是新中国成立前最先完成的有关这方面的高等学校文科教材（以后黄忏华先生也在商务印书馆出版过一种《印度哲学史纲》）。汤先生过去有一种看法，认为佛教原本是印度社会历史的产物，受到同时和过去各种思想的影响，它的发展是与一些所谓的“外道”思想的长期斗争分不开的，它不是个一成不变的信仰。因此，要想真正懂得印度佛教哲学，必须同时了解印度佛教以外的各派哲学思想。这是跟过去一些人把印度佛教看做是佛祖释迦牟尼一人静坐在菩提树下凭空想出来的，是两种完全不同的观点。汤先生在编写这部书时，正如他在1960年该书“新版后记”中所说，主要是汲取了近代印度著名哲学史家达斯笈多（Das Gupta）等人的研究成果，同时参考了日本以及其他国外学者的著作（初版附有参考书目录）。但是这部书与一般编译的书决然不同，除了他是用典雅的古代汉语写成、具有作者明显的文风之外，还包含他直接从巴利文原本译出的资料，并突出了过去我国学者在这方面的独特贡献，充分显示出当代中国专家著述应有的特点。据悉汤先生在新中国成立后还计划在中国《大藏经》中广泛搜集有关印度哲学的史料，应该说是上述这种有益工作的继续。

汤先生的《魏晋玄学论稿》是一部未完成的学术论文集。在写作这些论文的30年代末到40年代初，由于他患高血压，写字手抖得非常厉害，所以多数是由我帮助抄写定稿的。其中重点的文章，如“魏晋玄学流别略论”和“言意之辩”等，都是经过汤先生一再修改，然后公开发表的。汤先生一般不好作卡片，经常把各种有关的材料简要地记在一本书上。范寿康先生《魏晋之清谈》这本小册子，就曾被用来作过这种汇集资料的笔记本。汤先生早年是受过严格的古文写作训练的，因此用字造句都非常讲究，有人说，甚至超过某些中文系的古典文学教授。汤先生这本书的篇幅虽然并不算大，但是很能代表他在新中国成立前研究中国古代哲学史的基本观点和方法，就是以通过汉代外来佛教思想的传入及其后来的演变，结合中国古代社会的历史条件和过去传统思想的影响，来阐明中国魏晋玄学思潮的产生、发展、没落的过程及其规律。这种指导思想，在马克思主义还未能在全国范围内成为主要思想之前，应该说是一种比较进步的资产阶级的学术观点。因为他肯定了各种哲学思想都是社会历史的产物，相互之间是既有斗争又在发展的事实，即使是影响很大的世界宗教（如佛教），也都不是一人创造的永世不变的信仰。因此汤先生这部书尽管因为老来多病，没有最后完成，但在我国近代哲学史学的研究上，仍不失为有历史意义的著作。

汤先生虽是一位非常博学的学者，但是他的态度却是非常谦虚的。如他在《汉魏两晋南北朝佛教史》1938年初版“跋”中所说：“自知于佛法默应体会，有志未逮。语文史地，所知甚少。故陈述肤浅，详略失序，百无一当……书中于采用时贤之说，皆随文注明。”这种虚怀若谷不掠他人之美的精神，更是值得我们后辈学习的。

此外，还想附带地谈一谈汤先生在领导岗位上是如何顾全大局、团结同事的。他对待自己过去的学生，不是以你学的东西是否跟他一样来加以区别对待的，如向觉明（达）先生搞的是“中外交通史”，有很大的成就，陈忠寰（康）先生对古代希腊哲学有深入的研究……汤先生都是一视同仁非常器重他们，平日相敬如宾。汤先生对于当时在高等院校任教，出国留学过和没有出国留学过的专家，只要你在学术上真有贡献，都一样看待。在旧中国，不同学校出身的人往往存在门户之见，妨碍团结，影响工作，这是汤先生所不赞成的。大家知道，抗战时期的昆明西南联合大学，是由北大、清华和天津南开三校联合组成，是带有临时性质的学校。虽然一般说来，由于是非常时期，所有师生之间大体上是团结的，但在上层领导和一些风云人物之间，也不免存在着各种不同性质的矛盾。要想工作不出毛病，必须善于团结各方面的人，汤先生在当时应该说是做出了力所能及的贡献的。这是三校的一些老人都很清楚的。他不像有的人，本位思想特别严重。这里我只准备谈一件事，就是汤先生有一年决定休假，只从事个人的科学研究工作，他那个哲学系主任的职务，就专门请了南开大学当时唯一的西方哲学史教授冯文潜先生代理。现在大家都知道，这位冯先生就是周总理青年时代在南开读书时的同年好友。提到冯先生这个人，真是一贯谦虚谨慎，作风正派，从不议论别人短长的忠厚长者，但在当时要有人跟他捣乱，却也不是容易对付得了的。为此，汤先生再三嘱咐我们，必须大力帮助冯先生处理各种杂务，要特别尊重冯先生的意见。后来大伙都照汤先生的意见做了，没有增加冯先生一点麻烦。在这一年之内，冯先生也很满意，真可以说是做到了“无为而治”。这也是汤先生团结同事、大公无私精神的表现。

最后，汤先生在新中国成立前好像是一个完全脱离现实、专心致志做学问的专家。其实不然，他在一些大是大非的问题上，可说是立场十分坚定，从不含混了事的。如北京新中国成立前夕，他毅然拒绝了胡适的邀请，不去台湾，这是大家都很清楚的。又如在昆明一二一运动期间，他正式签名并联合一批进步教授共同发起抗议反动统治者法西斯暴行的宣言，就是最明显的例证。至于新中国成立后，努力学习马列主义、歌颂社会主义制度、拥护党的领导，那就更不用说了。

——原载《中国哲学史研究》1983 年第 3 期

书 信

1. 给贾顺先的信（三）

(一)

顺先同志：

来信读过，借悉大西南地区，中国哲学史分会，即将在渝正式成立，至以为慰！关于推选杨超同志任全会顾问事，此间驻会联络员衷尔钜同志已有专函，想早达览，徐中舒老先生学历资望，当无问题，但限于专业，恐范围过广，全国名额，无法控制，因此认为暂以担任所在大区分会顾问为宜，如此，则只需该区理事会通过，报全会备案，牵涉最少，请及时斟酌办理为荷！又上次附寄艾民、宪邦两同志太原照片，早已随即转上，并及。

顺致

敬礼！

石峻

79. 12. 24

(二)

顺先同志：

接到三月十六日的来信，同时得读你们的大作《试探宋代唯心主义理学中的辩证法思想及其特点》，那种勇于解放思想和努力钻研的精神，都给我留下了深刻的印象，真是非常感佩！

首先应该指出：你们的文章，结构整严，条理清晰，也有不少新的见解，对于讲者是颇有启发的。

目前在贯彻百家争鸣的精神，写下几点很不成熟的意见，聊供参考：

（一）可适当注意周敦颐、邵雍与程（颐）朱思想先后不同的特点。

（二）应该结合史料，具体说明他们辩证法思想的朴素性和不彻底性。

（三）在着重发掘朱熹思想体系中合理因素的同时，要特别强调历史和阶级的局限，以及与马列主义的根本差别。

（四）尽可能避免将研究西方黑格尔哲学体系与方法的矛盾，简单地应用于解剖朱熹一派理学的思想，因为前者是西方早期进步资产阶级的哲学，后者则是我国封建社会衰落时期的官方哲学。

总之，我们务求将马克思主义的普遍真理，结合中国哲学史的具体实践，在任何时候，都要实事求是地高举马克思主义批判的革命旗帜，这是一个不可动摇的带方向性的问题。

由于人大复校不久，目前工作头绪很多，短期内大概不可能离校外出任课。任公负责宗教所，看来也不那么容易脱身。不久将来，如果有便，很想路过成都一趟，看望你们的机会，可能还是有的。

顺问

近好！

石峻

80.4.15

（三）

顺先同志：

去年十二月在京开会期间，听人说你病了，不能来，确是当心！据云现已好转，实在高兴！

暑假后要办中哲史进修班，本是两年前早已决定了的，但现在看来，还不能称是最后定案，因为教育部最关心的是政治理论课，若果同时办，又感到校舍暂时不够分配，这样，只好等完全落实时再告诉你吧！

此外，个别人来京，如果食宿能自己设法，只是来人大旁听一下“中哲史”方面的课，看来不会有很大的问题罢！

我在一年以前，给专业研究生讲过“中国哲学史史料学”，但是没有印发过任何资料。

匆此，顺问

近好！

石峻

83.2.19

2. 给刘长城的信

长城同志：

来信收到，知道你有决心研究“中国哲学史”，非常高兴！

做学问没有什么捷径、诀窍，就是要脚踏实地，刻苦用功，目标远大，持之以恒，自然会出成果。

人大招考“中国哲学史”专业研究生，“辩证唯物主义和历史唯物主义”考的是基本原理，中、外（欧洲）哲学史则分科举行，根据上级指示，一律不另开指定参考书目，以便更好地贯彻“百家争鸣”的方针，只要能坚持实事求是的态度，并且“言之成理”，通常学术观点的异同，决不影响成绩的评定。

此复，致敬礼！

石峻

1982.3.20

附记：

中国人民大学哲学学院向世陵教授：

你好！

我是河南省南阳理工学院冯友兰研究会的秘书长，（中国哲学史学会冯友兰专业委员会南阳分会）副教授，名刘长城（可见《三松堂全集》第14卷中，冯先生与我的通信）。

近日在安徽大学哲学系参加一个“中国现代哲学专业委员会年会暨中国哲学的现代转型”的学术讨论会，在一个晚宴上，见到了中央党校的王杰教授，我说到石峻先生曾给过我一封书信一事。王杰说，可给人大的向教授联系，他用左手写你的名字。我回南阳后，即给你写信。

关于石峻先生的这封信的起因是这样的。

1982年春，我即将于郑州大学哲学系毕业，在此之前，冯友兰先生曾信中教我报考中哲史方面的研究生，但82年北大似无此专业的研究生，得知人大石先生招中哲史的研究生，我即给石先生一信，这就引出了石先生的这封回信。我人不才，辜负了石先生和冯先生对我的期望，当年没有考取。我印象中，中哲史一门大约考80分左右，而英语和马哲原理两科不及格。以后我就不再报考研究生了。

今将石峻先生给我的信的复印件寄去，请查收。

南阳　卧龙山人　　刘长城

06.11.8

3. 就《涅槃无名论》作者问题致《文史哲》编辑部

《文史哲》编辑部：

承蒙你们的好意，将刘成有同志的大作《〈涅槃无名论〉的著作权应归僧肇》，在未正式发表前寄来，让我先睹之快，非常感谢！

关于僧肇佛学思想的系统研究，汤用彤先生早在30年代成书的《汉魏两晋南北朝佛教史》中，曾有详细的介绍。汤先生是著名的宗教哲学史家，他的有关考证，我在这里没有必要再加重复。日本学者集体所作《肇论研究》一书，汤先生生前曾接到主编塚本善隆先生的专函寄赠，但在看过之后，没有听他私下表示过什么意见，须要修订原来的结论。

我在1945年发表在国立北平图书馆《图书季刊》新第5卷1期的“读‘慧达肇论疏’述所见”，不专门是为了探讨《涅槃无名论》作者问题的，只是在全文结尾，附有“论涅槃无名论之可疑”一小节，不想也引起了日本佛学界的注意。后来国内先辈学者，汤先生的多年好友吕秋逸（澂）先生，在新中国成立后出版的《中国佛学源流略讲》中表示个人的学术观点时，也顺便提到了。于是国内不少有关这方面的专家，感到这一问题尚须作进一步的研究。这种谦虚严谨的治学态度，是很值得个人学习的。我那篇短文的中心思想，无非是认为要准确地掌握僧肇的佛学思想，必须以所作《不真空论》中破斥“心无”、“即色”、“本无”三家义（推广言之，也可以包括当时般若学的所谓“六家七宗”），作为准绳来衡量其它，而《物不迁论》与《般若无知论》皆可贯通。如果仍用僧肇所反驳的上述各家的观点来理解和发挥僧肇的佛教哲学，如当时刘遗民将僧肇比之于魏晋玄学中贵无派的何晏（平叔），乃至慧远大师对于《般若无知论》亦有不完全相同的见解（参看《肇论》："刘君（遗民）致书覈问"及"论主复书释答"）。至于今人且间有大小乘思路不分，以动静对立观来解释《物不迁论》的，自然也非例外。总之，都不免忽略了僧肇思想的特点，因而可能是存在问题的。

我在那篇论文中，同时考证了《宗本义》非僧肇作，除了有关版本目录学的知识外，其实也是根据这个思想作指导的（可以参看唐元康《肇论疏》中涉及的疑问），但这牵涉面很广，须要"慎思明辨"，同中见异，不是那么很简单的问题。40年代初，我青年时代，佛学根底尚浅，可以肯定，实难做到尽如人意，希望当今国内外学者，能结合义理与考证，史论统一，深入钻研，系统解剖，补此缺憾，达成"十分之见"，从而提高中国佛教哲学思想史的科学水平，则我等受益为匪浅矣。

谨此，致

敬礼！

石峻

1989.10.5

——原载《文史哲》1990年第4期

4. 给杜寒风的信

杜寒风同志：

不觉来美已是三个多月了，正遇上此地70年来未见的寒冬，自然于生活工作，不无一定的影响。

你的学位论文是我最关心的，特别是中国禅宗思想，目前在国内外已成为一个热门，日本固不消说，欧美也跟着上来了，除坛经早有几种外文本，最近《临济语录》也由B. Watson英译出版了，书名：《The Zen Teachings of Master Lin－chi》（1993年），可惜你一时还不可能见到。又据《人民日报》海外版载，中国社科院新近出版的重点科研项目有《中国禅宗史》一书，你务必找来参看，总之，决不能落后于当前的学术水平。要系统地总结有关理论思维的经验教训，并力求与科学性的统一，将是一个关键，你有比较长期的写作经验，我想一定会较好地完成这项任务，其间遇有疑问，在佛学方面的，校内可向方立天教授和邢东风老师请教，禅学与理学等的关系，可向张立文教授请教，我想他们没有不肯耐心帮助的，并与商量尽早举行综合考试为好。校外的学者，如北大的楼宇烈教授，社科院宗教所的杜继文、杨曾文研究员，以及哲学所的张春波研究员，都可自行介绍，以我的名义请他们指教。此外，禅宗思想研究的三大家，如日本的铃木大拙，中国过去的胡适，现在台湾的印顺法师（《中国禅宗史》的作者），可算是不同思想倾向的代表，也不可完全忽略，好在临济宗的原始资料并不算多，但要细读，注意发现问题，不能脱离社会现实，要以历史唯物主义的观点，加以科学的具体分析，万不可杂有丝毫宣扬迷信的色彩。敢于超越前人，要避免照抄他人的陈言。希望做到指导思想正确，内容充实，条理分明，以及突出作者心得，切切，敬问

近好！

石峻

1994. 3. 15

于美国威士康星

5. 给董群的信

董群同志：

寄来大作三部，业已收到。多谢多谢！稍稍翻阅，已知你用力之勤，非常高兴！这种基本功扎实，对将来专题深入研究，肯定会大有助益，可预为祝贺！

宗密《原人论》，不作“原佛”、“原鬼”……亦可见其用心之细也。

谨此，顺问

新年快乐，百事如意！

石峻

1996. 2. 1

序

陈庆坤《中国近代启蒙哲学》① 序

近代中国社会历史的变迁，促成了无产阶级领导的社会革命，其意义显然超过了古代从奴隶制进入封建社会制度的先秦。同时所受外来思想文化的冲击，其影响之大，也非汉唐时期印度佛教的传入可以同日而语。至于承先启后，下开今天伟大的社会主义祖国统一的新局面，则更不是过去任何封建王朝的更替可以相提并论的。这段历史虽然比较短暂，但是发展特别迅速，思想内容异常丰富，真可说是包罗古今中外。其间不少学术专家，又往往兼为革命实践家，带来了不同于以往任何时期的新的特点。中国近代启蒙哲学思潮，则是体现了这一时代精神的精华。因此，系统地加以深入研究，并总结其发展的客观规律，其重要的理论意义和现实意义，也就可想而知了。

《中国近代启蒙哲学》一书的出版，正是为了适应这一社会的客观需要，作者陈庆坤同志，早在20世纪50年代后期就读于中国人民大学哲学系时，即已开始从事“中国哲学史”的专门研究，并不断取得新的成就，本书则是作者在吉林大学多年以来从事教学与科研的丰硕成果，力求贯彻思想性和科学性的统一原则，对“中国近代哲学史”这一学术领域，作出了有价值的贡献。

以下就本书的体例，自然也关系到指导思想，谈几点初步的意见，聊供参考。

一、非常注意哲学形态的历史发展，包括运用概念和论证方法的

① 陈庆坤：《中国近代启蒙哲学》，吉林大学出版社，1988年。

变革，充分考虑到近代资产阶级哲学如何不同于封建旧哲学的面貌和特点。因此，本书一上来论到思想渊源，虽远索过去的文化背景，但又不同于一般的中国近代史著作，强调开始于鸦片战争时期，而是断然将重点从近代新兴的中国资产阶级哲学谈起，使哲学史的分期不完全等同于社会历史的分期，这就更加体现了中国近代启蒙哲学的思想内容及其特性。

二、一般哲学史的著作，原则上虽也多有企图将人物与思潮结合，但在实际工作中，则往往不容易很好地贯彻。本书因此在结构上，特分“导论”和“分论”两部分。一上来在“导论”部分，就用较大的篇幅来系统地解剖各种重大哲学问题的变迁，特别是怎样从我国古代封建社会旧哲学的形态，演进到近代哲学新形态的轨迹。后来又在“分论”部分详细地介绍了六个重要代表人物的全貌，互相发明，更见系统一贯。同时又注意到对各种不同哲学问题在横切方面的相互关联，以免有孤立地去看问题的局限，更见有助于我们全面了解这个时代的精神，五四新文化运动的产生以及马克思主义哲学传入前我国的社会历史背景，特别是学术思想界的情况。

三、过去研究中国近代哲学史的著作，难免受时代的影响，往往只注意到中西、新旧学术思想两条路线的对立与斗争，而无形中忽略了彼此对对方的互相影响和渗透，特别是一批有较大影响的先进思想家，如何改造运用中外哲学的范畴或概念，使之与中国环境相适应，尤其是为中国古代素朴哲学向近代哲学形态升华作出自己的努力，使中国新学在改造和利用旧学所带来的时代特点不够明显，其间错综复杂的途径近乎被淹没了，有似割断历史，因此难免有陷于简单化、公式化的情况。本书作者注意从客观的思想实际出发，比较全面地进行具体分析，可能得出更见符合历史辩证法的科学结论，又避免了上述局限。

四、若果只看到时代思潮的一般共性，满足于若干空洞的抽象原则，而不能对一些不同表现的代表人物、各种性质的重大问题产生具体的规律性的知识，求得可供行动借鉴的教益，即进行深入而又切实际的研究，则终不免流于浮泛，其结果肯定是对外界自然和社会历史只知从概念到概念，完全缺乏实在的内容，即不可能有深刻的具体认识，一般哲学原理有关普遍规律的探讨，无法全面代替哲学史的系统研究，其根本原因即在于此。因为一切真理都是具体的，所以越是抽象的问题，越要根据事实出发，进行具体的分析。由于我们不满足于一般表面现象的感性认识，所以对各种来自经验的具体问题，都需要提高伪科学的抽象。中国近代启蒙哲学离我们的时代很近，它不仅是理论问题，而且与现实密切相关，所以决不能无目的地从事所谓纯学术的研究。在当前实行改革开放、对外加强国际学术交流的大好时代，更有加强这一方面学术系统研究的必要。本书针对“中国近代启蒙哲学”的特殊性，在理论联系实际方面，总结过去，面向未来，也作了认真的努力，确有不少心得创见，是值得加以表扬的。

至于本书其他的一些具体贡献，读者跟同类的著作参看，自可了然，更用不着我来介绍了。

1988 年 4 月 25 日

北京，中国人民大学

言　说

1. 怀念与存录·石峻教授学术讲话要点记录（牟钟鉴整理）

［整理者言］　石峻教授去世十二年了，在这期间中国人民大学举办过追思与纪念活动，我因事未能参加，心实不安，因为我敬重石先生，接受过他的指教，留下了抹不掉的记忆。我在北京大学读哲学时即认识石先生，曾到人民大学听过他的讲座，但当时没有个人来往。石先生是汤用彤先生的弟子，对于汤先生的佛学、玄学研究成果多有继承和发挥。我有幸亲身聆听过汤老当面的教诲，又从汤老论著中受益良多，故而对石先生多了一层亲近感。改革开放以来，中国哲学史、思想史的研究日趋活跃，学术活动与交流频繁，我与石先生见面的次数多了起来。除了学术会议，平时也经常接触。石先生思想深沉，学术积累丰厚，名望很大，而为人质朴，平易真诚，对于后进关爱有加，青年学子愿意找他请教。记得有一次我到石先生家拜访，他热情接待，如朋友般作坦直交谈。我发现石先生不仅藏书丰富，而且阅读广博，他谈的许多学问对我是闻所未闻。例如谈到印度文化的性力崇拜，石先生随手从书柜上抽检出印度的《爱经》给我看，又做了详细的介绍，使我对印度文化的多样性有了新的认识。石先生独自撰述不多，但他带头编辑的《中国佛教思想资料选编》、《中国近代思想史参考资料简编》等书，对于我们这些经历了“文化大革命”十年浩劫、步入学术研究之路不久的中青年学者，乃是极珍贵的学习与研究资料，因为它选编了中国佛教史和近代思想史上有代表性的作品，用起来方便，为我们节省了大量的精力和时间。而选编工作却需要深厚

功底和宏大眼界。

石先生的学生们已经将石先生的论著结集为《石峻文存》，并由华夏出版社于2006年出版。书中任继愈先生的序言和附录二《学行记述》，已经对石先生的为人为学作了比较充分的论述和评价，我无法增补更多的见识。为了纪念石先生，翻检旧时笔记，找到七八十年代四次学术会议上石先生讲话要点记录，稍加整理，提供出来，或可作为《石峻文存》的一点小小补充。由于笔记简略，加以听写误差，所记难免挂一漏万或不够准确，仅供大家参考。但记录的基本观点不会有错，整理出来的主要目的是表达自己怀念石先生的真情实意。

中央民族大学宗教学系　牟钟鉴
2011年3月23日

1.1 在“中国哲学史讨论会”讲话要点（1979年10月10日，太原）

（1）研究中国哲学史必须坚持马克思主义，又要看到马列原典讲中国思想家较少。毛泽东著作具有理论启发性，可供参考，而讲古代的也不多。若只根据现成的经典来写中国哲学史是根本办不到的。一定要反对本本主义。

哲学史与宗教史、科学史、政治史等学科皆有密切联系。

考虑问题不能从抽象定义出发，更不能望文生义、断章取义。

柳宗元、刘禹锡、谭嗣同、章太炎赞扬过佛教。而宋明理学中佛老之成分远远超过他们。

（2）“哲学”一词是日本人翻译过来的。中国翻译为玄学、理学，皆不恰当。过去对中国古代是否有哲学？一种认为没有，一种认为比西方更高一层。不能用欧洲哲学史来比附中国哲学史。

（3）评价哲学家不能唯成分论。问题比较复杂。要注意思想的阶级分析，但不能说哲学史是剥削阶级的思想史。

（4）哲学与生产斗争的关系。哲学不是生产斗争直接的产物。有些哲学概念不是从生产斗争来的。如“阴阳”。到了阶级社会，董仲舒说阳为君为父，阴为臣为子，打上了阶级烙印。

科学的发展会引起哲学面貌的改观。要维护哲学与自然科学的联盟。

（5）日本的阳明学与中国的王学不一样。严复译《天演论》在当时中国起的作用与在西方的社会达尔文主义的作用不同。鲁迅早年称赞尼采的超人哲学，不同于西方法西斯提倡的权力意志论。中国佛教与印度佛教不同，在中国不同时期的影响也不完全一样。观世音菩萨在唐代是男性形象，后来在中国民间变成女性形象、送子观音，受了“不孝有三，无后为大”的影响。

（6）关于哲学思想的批判继承问题。唯物论对唯心论哲学有否批判继承的问题？应该是有的，没有德国古典哲学（包括黑格尔哲学）就没有马克思主义哲学。对唯心主义体系可以解剖，利用其合理因素。唯心论与唯物论之间除了斗争一面，还有吸取、改造、利用等多方面的相互关系，不只是你死我活的关系。列宁说：聪明的唯心主义比愚蠢的唯物主义更接近辩证唯物主义。

1.2　在“近现代哲学史讨论会”讲话要点(1982年8月11日，密云水库)

（1）开展近代哲学史研究的重要性。

先秦与近代是最重要的两个阶段，后一阶段更重要，不是贫乏，而是复杂。

中国是在半封建半殖民地基础上建设社会主义现代化，离开这个基础，是割断历史。要吸取近代教训：向西方学习，又不能崇洋媚外；要发扬文化遗产，又要反对复古。

（2）难点。

第一，牵扯到中外古今。第二，半封建半殖民地社会，又历史悠久，有民族自豪感，多民族、不同阶级，理解不同。第三，社会历史变化非常快，一个人一生经历都有很大不同。吴玉章经历了封建社会、改良维新、民主革命、社会主义。又有人如杨度，则从当初先进，后来保守，甚至反动。

（3）怎样掌握基本线索。

如何解决社会基本矛盾。地主阶级改良派（龚自珍、魏源），农民阶级（洪秀全），资产阶级改良派（康有为、梁启超），资产阶级革命派（孙中山），社会主义革命最后解决了这个矛盾。

反面线索：封建正统思想与外来资产阶级思想愈益结合、融为一体的过程。

要总结规律：外来思想不与中国思想相结合，就发生不了影响。

1.3 在“秦汉哲学史讨论会”讲话要点（1982年9月25日，香山）

（1）两汉经学的概括问题。

梁启超最早作了分期，钱穆《国学概论》依据梁的分期。冯友兰分为子学时期、经学时期。也有人把先秦诸子与秦汉经学划归一个阶段。不能把两汉哲学史归结为两汉经学史。

（2）经学今古文之争。

过去经学家的著作陷于烦琐考据，今日应摆脱，抓斗争的本质。今文经学与神学化倾向密切，与统治政权联系紧，服务密切，是官方哲学家，有社会地位，有势力。古文经学与神学有一定的距离。两者既有地位上的差别，也有学术上的差别，不仅仅是义理派与训诂派的对立，还有政治上的背景与意义。谶纬经学更直接为统治阶级服务，更露骨、更荒诞。农民起义也加以利用。

（3）董仲舒的评价问题。

旧时代董仲舒作为正面人物无人怀疑。建国后是否定的，可以理解。后来觉得不妥。现在要实事求是，哪些方面肯定，哪些方面否定，要具体分析。唯心主义与进步的关系。董氏的进步性是否唯心主义在起作用？

（4）谶纬经学与科学的关系问题。

简单骂倒不行，它在历史上有影响，包括了一些天文、科学的内容。

（5）继承与发展。

汉代既有前进，又有后退。重点讲黄老，与老子不同；讲儒家与先秦不同。发展是第一位的，继承是第二位的。儒、道等一般名词少用，注重其新发展。

1.4 在“魏晋哲学讨论会”讲话要点（1984年11月22日，香山）

魏晋玄学是中国哲学史上比较复杂的一个阶段，过去研究不够。先是叫“名理”，后来称“玄远之学”，“玄远”来自《世说新语》。

（1）玄学的来源。

来自汉代黄老之学，或叫黄老道家，是与现实政治联系密切的道家。王充、桓谭、扬雄既受黄老影响，又受古文经学影响。另一面来自谶纬迷信和今文经学。

政治上的影响：汉代察举制度腐朽，名实不符。汉末农民起义打垮了旧王朝，新的朝代不能不总结经验教训。

（2）玄学的特色。

形式上玄远，内容上实际，是两者的结合。玄学把汉代儒家的典章制度，放置在黄老哲学的基础上。强调后者即道家，强调前者即儒家。

（3）玄学的阶段性。

何晏、王弼的贵无论与人君南面之术有密切关系，即无为而治，君无为，臣有为。

阮籍、嵇康。司马氏把篡位说成尧舜事业，名教虚伪到极点。阮、嵇家教是正统的，对现实不满，又不敢公开对抗，所以装疯卖傻。不是对周公、孔子不满，而是对打着周孔招牌干坏事的人不满，不能进，也不能退。

郭象的哲学叫奴才哲学。独化论一方面解放了思想，把贵无取消了，另一方面讲混饭吃的逍遥，境界不高，是司马氏的奴才。

玄学的变化不纯粹是理论问题，与现实斗争有关。

张湛的《列子注》又贵无，但与何晏、王弼不同，是个人生死解脱问题。

僧肇标志大乘空宗在中国取得一定地位。涅槃学讨论的是佛性问题，比六家七宗争论分派还要多，在南朝兴盛。玄学理想是内圣外王，佛教则是内圣（佛），不一定外王。

南北朝最重要的是神灭神不灭的问题。

（以上牟钟鉴根据自己学术活动笔记整理，有差错由本人负责。）

2. 略论中西哲学史比较研究的现实意义[①]

同志们：

本人的理论水平不高，同时对于中外哲学史，也都缺乏深入系统地研究。主席让我在大会上发言，只能就当前所接触到有关方面，具有现实意义的理论问题，谈一点感想，很不全面，如有错误，希望在座的全国各位专家、同志们，毫不客气地批评指正。

一、我国近代中外思想文化的比较研究早已开始

两种不同文化思想的接触，必然会引起人们的注意，不同的人有不同的感受，从而产生比较研究的要求，这是历史的现实，并且包含有它内在的发展规律，这是不以人们意志为转移的。换言之，要想人为地阻止、取消这种双方的相互影响，那是很难办到的。不同思想文化的比较研究，大体说来，总是先从感性认识，然后进入理性认识，即先从现象的类比，然后到本质的把握，通过社会实践的检验，逐步由浅入深，乃至循环往复，显然是一个历史过程。

但是这种比较研究，在以往的阶级社会，不同的社会历史时期，毫无疑问，要受到阶级的和历史的局限。

有关我国古代中外思想文化的交流情况，由于牵涉面较广，暂且不谈，仅以鸦片战争后的近代中国为例：一些先进的思想家，不断向西方寻求救国救民的真理，同时也就不断地对中西文化进行了比较研究。

同时不少保守的乃至反动势力的代言人也是如此。如“中学为体，西学为用”的口号，最初是清末洋务派的主张，认为我国的封建专制政体，三纲五常的伦理教条，是万万不能改变的，只能采用当时西方比较先进的科学技术，即所谓船坚炮利，来加强现实的反动统治，实行镇压人民革命。

---

① 本文为石峻先生1981年在四川召开的中西哲学比较会议上的发言。

五四新文化运动前后出现的所谓东方精神文明（主要是指中国的）高于西方（欧美）物质文明的宣传，提倡“国粹”（其实是“国渣”），拒绝接受一切西方的新思想新文化，这只能成为我国新民主主义革命时期封建地主阶级的代言人。

从表面上看来，与这种思想相反，后来又出现了一种“全盘西化论”，认为我国事事不如人，其实是一种民族文化虚无主义，则无疑是为当时帝国主义侵略势力做辩护的。

此外，新中国（除台湾）成立前，在蒋管区的法西斯统治下，也曾一度出现所谓中西哲学的比较研究，他们的目的，主要是为了论证马克思主义产生于西方，完全不适应于中国，这是我国新民主主义革命时期的一股思想逆流，它的反动性，可说是非常明显的。

二、为实现具有中国特色的四个社会主义现代化，必须加强中外思想文化的比较研究

今天的新中国跟过去半殖民地半封建的旧中国不同了，推翻了压在全国人民头上的三座大山，开辟了一个新的历史时代。它不仅要大力发展生产，从事经济建设，不断提高人民的生活水平，同时也要努力发展文化教育事业，建设社会主义精神文明，这两方面是缺一不可的。因为没有高度的政治觉悟、先进的思想文化，是不可能巩固经济基础、健全社会主义制度的，更谈不上在将来实现共产主义崇高理想了。林彪、江青反革命集团专横跋扈的年代，为了篡党夺权，实行封建法西斯的文化专制主义，曾胡诌一句颇为流行的谎言，叫做“知识越多越反动”，若果照这话推论下去，那么最好取消一切科学研究，而共产主义社会也必将是一个完全无文化的野蛮世界。再引申这个思想，则马列主义的创始人，这些无产阶级革命的导师，都将成为历史上最反动的人物，为什么？因为他们的知识最渊博。岂不成了海外奇谈？

大家知道，未来的科学共产主义社会，不仅是一个彻底消灭了阶级和压迫的理想社会，同时也应该是一个思想文化最发达的社会，既然如此，这种社会必然是要用改造人类过去所创造的一切有生命力的思想来丰富它的，所以绝不是任何妄自尊大、盲目排外的狭隘的地方

主义文化，而是中外古今一切优秀文化的总汇合，是批判继承一切过去好思想文化的结晶，但这丝毫没有轻视任何民族形式的用意。要将来真正能达到这个目的，决不能故步自封，必须放眼世界，要脚踏实地，从现在做起，对以往人类所创造的各种思想文化，实事求是地进行科学的总结，来提高我们多方面的识别能力，知道什么是可以吸取的精华，什么是应该抛弃的糟粕，然后才能做到通过“具体分析”，“推陈出新”，“古为今用”。一句话，我们不是无目的地从事中外思想文化的比较研究，而是为了建设那种丰富多彩的社会主义乃至共产主义的新文化。

三、中外哲学史的比较研究与坚持、丰富和发展马列主义的关系

马克思有句名言：“任何真正的哲学，都是时代精神的精华。”所以中外哲学史的比较研究，在一般中外思想文化的比较研究中，更占有重要的地位。大家知道，马克思主义不是教条，而是革命、建设行动的指南，所以必须随时研究国内外一切新情况，一切新问题。僵化了的马列主义、教条主义的马列主义，其实是违背马列主义精神的，只能是一种形而上学。在全世界范围内，有许多新的突破，远远超过以往。而中国过去又是一个生产力非常落后，人口众多，经历漫长封建专制主义统治的大国，要在这个基础上建成崭新的社会主义，可说是史无前例的，肯定有许多新问题是过去第一代无产阶级革命家所不能完全预测的。今后为了稳步地前进，少走弯路，必须努力学习国外一切先进的东西，因此有必要实行对外开放政策，便于加强文化交流，但这样做，同时必然带来许多资产阶级世界的渣滓，各种不健康的东西，影响国内人民的思想和生活。

对于理论工作者来说，同时关系最大的是：流入国外现代哲学的流派很多，其中合理的成分，一定要改造吸收，但形形色色的反马克思主义观点，我们又必须在理论上彻底战胜它，看来是当前一个很严重的课题，要努力做到能用马列主义的基本原理，结合思想实际，科学地回答各种新问题，从不同现象看出相同的本质，接受他们的挑战，从而进一步来坚持马列主义的立场、观点和方法，修订个别过了时的结论，借以丰富和发展马列主义哲学，看来已成为当务之急。因

此在马列主义基本原则的指导下，科学地进行中外哲学史的比较研究，来提高我们的理论思维，在当前就具有特别重大的现实意义和理论意义，也可以说是时代精神的要求，目前我国一切理论工作者责无旁贷的任务。我诚恳地希望全国各地专家和同志们能在这条战线上不断地作出新的贡献，并祝大会顺利成功！

3. 在《中国哲学史研究》第二次夏季学术讨论会上的发言

石峻：

首先，我想谈谈解放以后中国哲学史研究工作的成绩。这主要表现在以下三个方面：一、从专业队伍上来看，今天在座的人，只是全国从事中国哲学史工作的一少部分，恐怕比旧中国这方面的总人数还要多，可见我们事业的兴旺发达。二、用马克思主义理论、特别是马克思主义哲学基本原理来指导中国哲学史的研究工作，不再是什么“为学术而学术”，明确了我们研究的目的，就是要“古为今用”，为中国革命和建设服务，为今后实现四个现代化服务。三，已经出现或正在出现一批有一定水平或质量较高的研究成果，包括论文和专著，这些都是可喜的现象。

其次，我认为过去在研究工作中也存在一些缺点，但这是次要的。有关这方面的情况，比较复杂。一则，确实有偏离马克思主义的倾向，但是少数。如 1957 年在北京大学举行的中国哲学史讨论会，多数同志就是针对这种情况发言的。通过这次讨论，收到了一定的效果，工作继续前进了。再则，是简单化的问题。当然，对于这个问题，也要作具体分析。一种情况是抽取马克思主义的一些片言只语，当做棒子打人，或怀有不可告人的目的，这是个别野心家干的事。还有另一种简单化，就是不少人当时对马克思主义还不很熟悉，初步应用起来，理论还不能很好地结合实际，对于历史上的一些哲学思想和哲学家的批评，难免发生偏差。有的地方说的对，有的地方说的不对。这也是一种简单化。但这两种简单化的性质，是完全不同的。

第三，我们要把马克思主义作为行动的指南，具体说就是中国哲学史研究要在马克思主义的基本原理指导下进行。我们要研究新情况来发展马列主义，因为不发展的马列主义只是僵死的教条，其实是一种形而上学，但是我们坚决反对以任何借口来篡改马列主义。

第四，马克思主义关于思维和存在的关系的普遍性，在中国哲学史上的具体形态问题。它主要是表现在天道、形神、有无、理气等等上面。我们赞成通过中外哲学史的比较研究，吸收国外可以吸收的东西，但决不能把我们好不容易丢掉的西方资产阶级的哲学及其方法论的糟粕，重新捡回来。有些人利用青年人缺乏经验的弱点，掇拾西方资产阶级的一些东西来标新，明明是谬误，可有人偏为他叫好，说是新鲜。其实一点也不新鲜，不过是新中国成立前就已领教过的错误的旧东西。在这方面我们要提高警惕。

第五，就中国哲学史的研究现状来说，我们现在多数专业工作者已经达到这样一个水平，即比较容易解决的问题都能解决了。但对那些困难的课题能够深入研究的人，似乎还不多。因为这需要较高的理论水平、深厚的专业基础和广博的有关其他学科的知识。我们现在就是要突破这种状况，知难而进，使整个研究水平得以不断提高。

第六，必须用马克思主义的最新成就，科学地总结中国哲学史的发展规律。这种指导思想，不能以任何封建、资产阶级的哲学来代替。因此，必须吃透两头。一是努力学好马列主义，二是大量掌握经过批判审查的思想资料，然后才有可能对中国哲学史进行科学的研究，避免过去的一些缺点和错误，作出更大的贡献。这个重担就落在目前一切专业的工作人员的肩上。

——原载《中国哲学史》1982 年第 1 期

4. 在“王船山学术思想讨论会”上的发言

第一次小组讨论情况

十一月十三日和十四日上午，会议进行分组讨论。现将各组讨论情况分别介绍如下。凡拟在大会发言者，小组讨论中内容相同部分未收入。

哲学二组

着重讨论了王船山学术思想的历史命运、船山研究的方法论和对宋明理学概念的理解等三个问题。

一、关于船山学术思想的历史命运。

石峻教授指出，船山学术思想的历史命运中，有一个奇怪现象需要科学地解释。如果说梁启超、谭嗣同、章太炎推崇船山是取其民族主义思想作为反清思想武器的话，那么曾国藩刊船山遗书又是为了什么？如果说船山基本上坚持了唯物主义哲学路线，那么，著名的唯心主义哲学家熊十力极力推崇船山，又如何说明？不同阶级不同学派对船山却有一致评价，原因何在？究竟是歪曲了船山？或者仅仅各取所需？还是有更深刻的原因？弄清这个问题，对今后全面研究船山有一定的帮助。

二、关于船山研究方法论问题

石峻教授指出，看问题要有主次之分。评价船山思想与宋明理学的关系，关键在于从哲学基本路线上看问题。如果认为朱熹是唯心主义的，王夫之哲学是唯物主义的，同时又认为二者没有差别，这是不行的。

三、关于宋明理学概念的理解问题

石峻教授指出：对于理学，有人认为宋元明时代占统治地位的官方御用哲学就叫宋明理学，也有人认为宋明时代反对佛老，恢复儒家正统地位的学术叫做理学，又称道学。梁启超按时代来进行学术分类，把历代学术分为两汉经学，魏晋玄学、隋唐佛学、宋明理学、清代朴学等，其实这种分类法是不科学的。它容易混淆一个时代的学术思想路线的斗争。

石峻同志发言要点

讲四个问题：

1. 史论结合的问题。从史出论，论要依史，这是研究哲学史的基本方法，船山研究也不例外。

2. 主观辩证法对客观辩证法的反映问题。在船山研究中，要深入具体地考察船山所处时代的阶级矛盾、民族矛盾以及新旧矛盾在船山思想中的影响。

3. 历史研究的全面性问题。

4. 船山研究的现实意义。全面系统地研究船山哲学，有助于提高我们的理论思维水平；通过分析船山的理论贡献和局限，更进一步提高我们的马克思主义理论水平，提高爱国主义觉悟，发扬民族的优良传统。总的目的是为了建设社会主义精神文明。

——选自《王船山学术思想讨论会简报》(第七期)，
1982 年 11 月 14 日，大会秘书处编。

5. 在国际《周易》学术讨论会开幕式上的发言（摘要）

同志们：

我今天能有这样一个机会，来到济南参加“国际《周易》学术讨论会”，感到非常地兴奋。因为，有关《周易》的讨论，并不是孤立的一本书的讨论，而是对整个中国古代文化遗产的研究，这和当前的社会主义建设有密切的关系。《周易》这部书，我们受它的影响时间之久，方面之广，可以说在世界上是少有的。《周易》这部书，它经历的时代，是一个很长的时间，而且不断地经过中国古代著名的政治家、思想家的阐发，特别是在汉代以后在我们中国的经学里面，《易经》是儒家所有经籍里面的第一部。我们要对汉代经学有所了解，就必须懂得《易经》。我们经常讲所谓的“天人之道”，所谓“天道”“人道”，而汉代所有的研究天道的著作，主要的就是《易经》。它与汉代其他的科学、象数之学，种种的汉代学术文化也有关系。到了汉代以后，中国产生了魏晋的玄学。魏晋玄学，大家知道，王弼是一个开创人。而王弼有关《易经》的著作，就是魏晋玄学最重要的著作。到魏晋玄学以后，我们中国的学问经过隋唐时代的三教合流到宋明理学，而宋明理学最重要的就是程颐的《程氏易传》，又与《易经》有着特别的关系。可以说，到宋明以后，中国儒家的学问、道家的学问、佛家的学问，都引用《易经》作它的根据。再往后，中国《易经》哲学又影响到欧洲的学术界。欧洲著名的哲学家莱布尼兹就专门写信给当时中国的康熙皇帝讨论关于《易经》的问题。至于到了近代，《易经》这部书同好些科学发生了关系。不仅中国清代的学者、科学家同《周易》有关系，而且一些现代的科学，像数学、像量子力学、像生物遗传学，这许许多多的科学，也同我们中国的《易经》发生了一定的联系。为什么《易经》这部书有这样多方面的影响？它差不多贯穿了整个我们中国的哲学史，它思想的演变规律是什么呢？我们今天有必要对它做出科学的总结。我们可以从《周易》这部书着手，总结中国整个哲学史演变的一些经验和教训。我们今天批判继承中外哲学遗产，到底有哪一些借鉴的作用？对于我们建设具有中国特色的社会主义新文化，到底有哪些启发？对中国有几千年影响的这样一部著作，它影响的方面，包括文学、社会、宗教、哲学等，可以说各方面都有影响，而且国内外研究它的人都非常多。关于《易经》的著作注解，那就更多了。我曾经到过北京一位研究《易经》学者的家，我看到他有两间房子，摆的全是关于《周易》的书，然而这两屋子书亦仅是全豹之一斑。可见中国关于《周易》这方面的著作之多。

通过对外开放，加强国际学术交流，通过开这样的会议，大家通过交流，肯定对于我们怎样利用、改造过去的旧文化和建设新文化，具有重大的意义。因此，我预祝大会成功！

——原载《大易论集摘要》（毕群圣主编），
山东友谊书社，1990 年版

下　篇

石峻学术研究

一　师友论学

1. 贺麟：论时空“答石峻书”

柏密学友足下①：

读前书所论时空一纸，具见分析工力与哲学颖思，至为欣慰。惟觉有困难多处，兹特写出商讨，望详察焉：

（一）康德认为证明了时空为先天直观形式，即证明了数学知识何以可能的前提，即为纯数学及几何学奠定了逻辑的基础，此说关系重要，虽不无困难，恐不能遽斥之为优侗，望更细察之。

（二）谓时空为知识的架格，不是实体，为经验成立之一种综合作用，与其他范畴相似，这说基于康德，本无不可。但同时又谓“时”为“一”“多”相容之概念，谓“空”为“有”“无”相容之概念，则困难因而发生：

（甲）谓时空为知识可能之条件或架格可，但须特别指出时空为感官知识可能之架格。谓时空为感性的形式，乃康德颠扑不破之伟大贡献。

（乙）“相容”二字意思似欠明了。“相容”是否“合一”之意？相容或合一至少有两个不同义，一为静的同在义，一为动的矛盾统一义。若为前义，则“时”为“一”“多”所凑合而成，“空”为“有”“无”二者所凑合而成。若为后义，则“一”“多”为正反之矛盾，时间为统一此矛盾之合。“有”“无”为正反之矛盾，空间为统一此矛盾之合。

---

① 编者注：石峻，字柏密，又作柏宓。先生原信今已不可寻，但从贺麟先生的论答中，仍可看出先生有关西学的片段思想。

（丙）无论“相容”是何义，今既认时空为一对立相容之概念，则时空在某意义下，已成为实体或实物，而非纯架格矣（与“多”相对之“一”，亦可指形而上之理）。“空”之概念既包含“有”，则“有”即指实物或实体矣。且在黑格尔理论中，“有”“无”合一为“变”。“变”代表实在之某一阶段，已是实有，而非纯架格。“一”“多”合一为“具体的共相”，亦是实在而非纯架格。总之，余意，时空既是相容或合一的概念，则应说时空亦实在，亦架格，或说时空是有内容的架格（即具体共相），有架格的实在（即黑格尔所谓“总念”），不能说“时空的内容不能是一个实体”。

（丁）依注重纯架格一派学说讲来，则架格只是有效准之逻辑条件，不能以有无论，若兼具“一”的性质，则成为实物，而失其所以为架格。架格只能谓为一，不能说是多。若兼有“多”的性质，则为形下之实物，亦失其所以为架格。至多只能说架格是“多”中抽出（或概括出）之“一”，“有”中推究出之“无”。

（戊）以有无相容与一多相容来区别空间与时间，亦嫌欠精密。盖就理论言，凡一多相容之概念必兼为有无相容之概念。且即承认空间是有无相容，但亦何尝不能是一多相容（譬如，整个空间是一，此处彼处是多），时间固是一多相容，但亦何尝不能说是有无相容（谓现在为有，谓过去未来为无可。谓时间为有，谓 duration 为无可。谓 eternity 为有，谓时间［柏拉图所谓动的暗影］为无亦可）。康德认空间为纯直观形式，时间则兼直观形式与知性概念两重性能，故彼于先天方式论中，证明时间为感性材料与知性概念间之传达或媒介作用的先天方式，虽说新颖有趣，其实亦是对时空强生分别。殊不知在某意义下，空间亦一知性概念也。柏格森即特别指出空间为理智化之区别的概念。余非谓时与空漫无分别，但其分别恐别有所在。（康德的先天方式论恐系他先天逻辑学中，最困难，最受人攻击，最少人采取之部分。）

（三）我不甚喜欢“架格”二字，盖易招致叠床架屋之讥，亦且陷于鸽洞式的求知之形式主义。但架格二字亦未尝不可用，却不可死用。康德之十二范畴，看似死板，真正善于妙用之，亦甚灵活。架格不是呆板的，现成的，外在的，反之，每一架格都是努力求知的收获，把握固有经验，规范未来经验的范型与利器。架格也是一个课题。斯宾诺莎言，获得一真观念，即获得一真方法或真知识工具，亦即获得一真理标准。所谓架格，亦是一个真观念，应如此去看。不然便陷于空疏、形式、呆板。

（四）来书谓："凡所谓有普遍必然性的知识，就是判断能相容所有的可能。"余意不必如此说。以"可能"解先天，似不如仍以"必然"解先天之妥当。不然先天知识恐与空泛而不确定之知识，无法分辨。例如"中日战争胜负未可逆睹"一判断，能相容或代表所有关于此问题之一切可能：即（1）中胜日败，（2）中败日胜，（3）中日不分胜负，和平了结。但此命题只是空泛而不确定，决不能代表先天知识。又如凡物莫不有理，或凡因莫不有果是先天命题，皆具有普遍必然性，完全因其必然而无可逃，并不因其能相容所有可能。物之有理，因之有果，非基于可能，乃出于必然。康德认时空为先天观念，亦以其为不能排除掉之必然观念，非以其可容无限之可能。彼能相容所有可能之概念，必系最空泛之概念，如亚氏之抽象的纯物质，而非清晰可理解之范型或架格。所谓先天范型云者，即知识之普遍的必然的永久的大经大法，亦即超经验而又为一切经验成立之必然条件，虽内在于一切经验，而又不同于任何经验之准则。尤须知不仅知识中有先天因素，道德及审美判断中皆有先天因素。用可能以解先天，在知识论内，因有形式逻辑为之掩护，困难或不甚显著，在价值论范围内，将愈显得抽象，无内容，无准则。此言关系重要，不可不深察。

（五）我个人以为人既有感性、知性、理性三种认识能力（虽则此三种能力仅表示同一认识历史之发展的不同阶段），则对于时空有三种不同的看法。就感性言，时空为感性摄取感觉材料之纯形式。就知性言，时空为知性把握整理感觉材料之纯概念或架格。就理性言，时空为对立的统一，为具体的共相，为太极自己表现自己之两方面，为太极自己把握自己之两总念。就时空之为直观形式言，其所指之对象是纯一的，就时空之为知性概念言，其所指之对象之各分子是同类的，就时空之为理性的总念言，其所指之对象为对立的统一、矛盾的进展。就时空之为纯形式纯概念言，只是经验可能的范畴，而非实体。就时空之为对立统一的具体共相言，则时空亦内容，亦形式，亦实物，亦架格，亦知识对象，亦知识功能。足下一面认时空为架格而非实体，有其是处；一面认时空为对立之相容概念，亦有其是处，具见颖思与识见，但二说陷于矛盾，且未与康德之说留充分地步。今照余说，则或可容纳康德之见解，解除足下之困难，而渐进于黑格尔之大成。

（六）了解康德须从其来源与去脉之环境中了解之。抽去康德思想所调解之各潮流，不顾及康德思想之往返应有的逻辑进展，从外面凭空去用形式逻辑以分析之，恐难免扞格。新康德学派因对于后康德学派之矛盾思辨法隔膜，似嫌将康德哲学枯燥化形式化而失其活的命脉，但于价值论文化哲学方面尚不无贡献。今若更以形式逻辑，加以抽象化方式化，则去康德将愈远矣。

足下沈潜于中西正宗哲学，而又性喜逻辑，善能分析，通贯发挥，实深厚望。而逻辑方面亦有其伟大正宗之途径，而中国哲学界尚寂焉无人问津者，足下似不可为一时之风气所囿，亦不妨努力以钻研之。余意可先从 Bradley 之逻辑学原理及 Bosanquct 之 Logic：mophology of knowledge 以上溯德之 Husserl 及 Sigwart 之逻辑学，更上溯至黑格尔之辩证逻辑与康德之先天逻辑，此皆足以发挥哲思之逻辑上的康庄大道，不可不察。

因意恳而不觉言长，但仍以未尽所怀为憾。未尽意处，希善自领会，有不当意处，亦希辩正。专此即祝健康进步！

注释：

1. 康德的措辞虽有时难免含混而易滋误解，但他的先天直观学之主要思想与伟大创见，乃在于指出时空是出于纯理性之自发的理或法则，而不是独立于意识之外的事或物，乃是显豁呈露，不容否认的事实。乃竟有许多专门研究康德的注释家，连这一点基本道理，都不懂得，真令我惊讶。我现在试引著有两大本“Kant’s Metaphysic of Experience”的 Paton 教授误解康德的时空说以与 Alexander 之说附会的一段话，来做例子：“It seems to me at least possible the space - time is the condition or form of all appearances given to sense; that we can gradually sort it out, by a special kind of abstract on, from the appearances of which it is the form, and study it mathematically as an individual whole, which is intelligible through and through; and that in so doing we can discover laws to which the world of appearances must conform.”（I. P. 163）这一段短

短的话就犯有下列数点错误：1. 时空合一（space - time）的说法，乃受相对论的物理学的影响的自然哲学（cosmology）或玄学的时空观。依此说，时空合一为纯事变，与康德认时空为两个相关但各自不同之原则的说法，实不可附会混淆。2. 康德认时空为一切现象的条件或形式乃是“必然的”，而巴顿反谓时空为一切现象之条件或形式是“可能的”。真是谬以千里。3. 巴顿主张对于时空加以数学的研究，慢慢地去发现现象界所必须遵循的法则（我揣想他是指物理学的法则而言），殊不知康德认为就时空之为纯直观言，时空本身已经是法则，是使现象界可能使数学可能的先天法则或逻辑条件。康德是从逻辑的知识论的立场以讨论时空，而巴顿为亚历山大所误引，乃是从物理学的独断的玄学的立场以讨论时空。康德注重从向内考察认识的能力，反省理性活动的本质，以发现时空的性质，而巴顿则主张从外界给予的感官材料或现象界中用数学方法以研究时空。这简直是以康德正相反对的说法来解释康德。4. 康德通常总是称时空是感性的形式（form of sensibility），而只是偶尔一说时空是现象的形式（Forms of appearance）。当他说时空是感性的形式时，他是指时空是感性据以整理或综贯感觉材料的本身固有的纯形式或先天原则而言。当他说时空是现象的形式时，他是指时空之认识的主体，用以规定现象使现象可能的先决条件或逻辑法则而言。而巴顿则只采用“现象的形式”的说法，绝少采用“感性的形式”的说法。揣其意乃是认时空为一切事变发生之客观格式或外在场所。他不说时空是认识的主体用以整理或排列感觉材料的原则或形式，而只说感觉或现象事物（客观地自然地）在时空中排列着。总之，他把康德的逻辑的知识论的时空观，释成物理学的时空观。把康德基于主体的思想的动的时空原则，释成属于现象的客观的死的时空格式。可以说是处处违反康德的根本思想。

2. 中国哲学家中陆象山、陈白沙可以说是持主观时空论的人。陆有“宇宙即是吾心，吾心即是宇宙”的名言（宇即空，宙即时）。陈有“天地我立，万物我出，宇宙在我”的话，又说“得此把柄入手，往古来今（时），四方上下（空），都一齐穿纽，一齐收拾”。可惜中国哲学文献中，这类材料并不多，他们自己少发挥，别人也很少加以评判讨论，在不懂得的人也许说这类的话神秘而无意义，但若用正当的哲学眼光，加以同情的了解，则这些话不但饶有深厚的哲学意义，且可加以逻辑的证明，理论的发挥。又诗人中如李白“天地者（空），万物之逆旅，光阴者，百代（指客观无限之时间）之过客”，颇能美妙地道出常识中认时空为客观实在之见解。而杜甫诗中如“乾坤万里眼，时序百年心”二名句，则颇具主观的时空观之识度。此二语意思本甚含蓄，如要加以哲学解释，则可释为“乾坤万里（空间）与眼相对，时序百年（时间）与心相对”；乾坤万里乃眼底之现象，时序百年乃心中之现象，眼识之外无乾坤万里，意识之外无时序百年。盖李较着重外界自然，杜较着重历史文化，则两人对于时空有正相反对的看法，亦极自然之事也。

3. 理既是心的本质，假如心而无理，即失其所以为心。譬如禽兽就是无有理性的动物，因此我们不说禽兽有心，只说禽兽有感觉。故理必在心中，而心之为心，即因其“聚众理而应万事”。因理聚心中，因心聚众理，故心是“一而不二，为主而不为客，命物而不命于物”的真纯之主动者（所引皆朱子语）。

4. 没有一个地方可以说是在空间占着有绝对固定的方位。北平可以不在北方，中国可以不在中央，远东可以不在东方。

5. 宋儒常以散钱喻事物，以钱串喻理。感觉中复多散漫的材料即宋儒所谓散钱，而时空的准则，应即宋儒所谓钱串。

6. 权断的、有用的、人为的原则或标准可以称为先天（apriori），是根据 I. C. Lewis 教授概念的效用主义（conceptual pragmatism）的说法。但他的说法也只有在此处可通，用到别处就有问题。

7. 科学仪器基于理智的设计，所以补助生理的感官之不足。故用科学仪器所获得的感官知识，谓为以感觉校正感觉或以理智校正感觉的知识，均无不可。

8. 亚里士多德在西洋哲学家中可以说是最重“礼”的人，故彼特别提出合于适当的时间与地方为道德的特质，实非偶然。彼亦倡持中之说，彼所指的每一个持中的行为，实是一个合于礼的行为。

——原载贺麟：《哲学与哲学史论文集》，商务印书馆 1990 年版

2. 任继愈先生访谈录[①]

时间：2006 年 4 月 10 日

地点：北京国家图书馆行政楼二层：任继愈先生办公室

参加人员：国家图书馆馆长：任继愈先生（下简称任）
中国人民大学哲学系教授：向世陵（下简称向）
中国人民大学哲学系博士研究生：杨名（下简称杨）

向：任公，我们是人民大学哲学系的。今年哲学系成立五十周年，刚好也是石峻先生五十年前到人民大学筹办哲学系的时间。但是我们只知道方立天老师、张立文老师等，只知道后来的情况。开初石先生他们是怎么样研究中国哲学的，很多情况我们不了解。原来我们还有个奢望，就是找机会联系到石公的儿子石山，从他那儿并通过他找到石先生早年的研究资料。后来因为联系不上他，石先生写的东西也就没法找。[②]

任：石老师他的夫人还在北京吧？

向：是这样，听说她大概是老年痴呆，但也联系不上，我们现在也没法找。

任：哦……她是个大夫。

向：对，大家都叫她王医生、王大夫。她大概是在哪一个老人院里面，可能不愿意跟我们接触，石山把她送到里面的，他可能是隔一段去看看她。但是据说因老年痴呆，王医生在里面已经没法正常吃饭。

任：她跟石峻认识比较晚，她是石峻到了人大以后才开始认识的。

向：哦，王医生是吧？

任：哎，王医生。

---

① 根据录音整理。个别声音不清之处作了删节。

② 在访谈之后不久，终于联系上石山学兄，并在其大力支持下，收集整理和出版了石峻先生的遗著《石峻文存》。

向：后来她长期住在美国，晚年寂寞的时候，生病了，据说脾气也不太好。

任：石先生的儿子在美国定居了吗，他怎么样？

向：他是定居了，但据说他在国内办了几个公司，他有来有回，有来有往。

任：哦，两头跑？

向：哎，两头跑。但是呢，本来最早我们是和他联系好了的，他也很积极，但是后来他可能是忙于工作，一直没跟我们联系，我们想办法跟他联系也联系不上。我们就是想，比方说，石公当年有什么笔记呀或者有什么书信呀，那些东西收集起来做一个集子，因为他写的东西也不多，希望能找一些东西出来，比较容易找的一些东西。希望您能给我们介绍一下他的一些研究呀或者是他当时的理论研究的情况，这对我们非常宝贵。

任：嗯……石老师结婚晚，他那个孩子是在北京生的，但是石老师早年的事儿子都没法知道，知道得也很晚。

向：对，对。您能不能给我们介绍一下石先生的一些中国哲学旧有的情况以及交往；都可以。

杨：因为石公以前的那些情况，现在就任先生您知道得最全面，了解得最多了。

任：啊，大学我们同年考上北大的，同一年入学的，始终想念哲学。他是一个，我也是一个。有的读哲学过渡一下，转转系什么的，他是一直搞这个的。他的癖好就是特别爱书。

向：对。他临终写的那两个字也是：保书。

任：他拿上新书以后先包书皮，包得很整齐，我就考验他，我说："你这书都包上皮以后你怎么找呢？"他问我找什么书，我就指着说："这个是什么书？"他就知道那是什么书，他自己清楚。我就开玩笑说："你是有特异功能！"

杨：他不写书名？

任：在书架上搁着，平着摞的，不是直着摞的。

向：屋里摞的都是，他屋里都装满了书。

任：他很熟悉。

杨：经常看书，看得久了只有他自己才知道这书是哪儿的，什么书放在哪儿。

任：嗯，不是，新书买了不久他也是这样的。先包上书皮，然后再看。

向：但是他写的东西不多。

任：石公他眼界很高，一般他不写，可是别的东西他也看不上。

杨：我们现在这些后生就是特别感叹：石公留的东西太少，我们都没有怎么看到一些东西。

任：人大哲学史的博士点就是他在世的时候创建的。

向：对，对。

任：他做台柱子吧，这事情很快就批下来了。

向：不仅是中国哲学，实际上人大哲学系也都是他们（石峻先生、苗力田先生、杨宪邦先生）来了以后帮忙创建的。

任：他是面很广，很博，念书念得很广，知道得也很多。来应聘的研究生给他介绍，你不用找他谈，你就跟他谈话就对你很有好处，就像一座富的矿山，随便挖挖就出来东西一样。正因为他眼界很高，有的看不上，自己写也不满意，索性也少写。

向：这也跟当时人大的环境有关系。

任：嗯。石公后来入党了。

向：我记得是八几年，就是。我都留校了。

任：你哪年毕业的?

向：我在人大研究生毕业是八七年，因为我是断断续续的，本科、研究生、博士生都是断断续续地念的。那个时候的话，就是留校过后，记得开教研室会和开党支部会才来讨论石先生的入党转正问题。我就想，石先生他一贯且很早就比较坚信马列，怎么这么晚才入党？当然那个时候和现在不一样，可能和岁数也有关系，真的是很晚了。我读博士比较晚，是九零年才读博士，先是跟张立文老师读硕士。还有董群，他也研究佛教。

任：石公佛教的书念得很多。

向：他早年研究僧肇。

任：哎，对，对，跟汤用彤先生。

向：他好像是留下来做助教是吧?

任：哎，他做助教。我是考了研究生，还始终在一块儿，在昆明，西南联大。研究生嘛，念书机会比助教多。

向：呵呵，他有许多行政工作。那他最早对佛教、对哲学的研究受汤先生影响大吗?

任：受汤先生影响大。这两个学校，北大和清华，都有哲学系，北大的哲学系注重哲学史，不管西方的和中国的，教员的阵容也是这么个状况。清华哲学系嘛，注重逻辑。在一个城里头，两个学校哲学系的学风很不一样。清华的学生喜欢出来以后创造一种体系，成一个哲学家吧。北大的出来搞哲学史的多。后来院系调整以后，全国哲学系都集中在北大，后来56年就分开了，各校又恢复哲学系了，那时石峻就支援人大去了。

向：包括杨宪邦老师也分到一块儿了。

任：那时北大的学生分出去以后，教书一般都让教哲学史，人大出来以后一般都教理论，马列主义理论，那是名牌，人大是名牌。

杨：那时候界限很分明，分得比较清是吗?

任：到处都是共识，也是一种默契吧，就这么个状况，全国各地大学教政治课的老师都是人大的。

向：当时由您出面，你们做那个《哲学史》是不是很多学者都参加了?石先生好像也参加了是不是?

任：嗯，人大那会儿有杨宪邦，还有孙长江，还有个已不在的一个人，是个行政干部，没写东西。管理呀，领导呀。孙长江调走了，不在这儿了，以前也是人大的。

向：那个书影响很大，很多代人都读您那个教材，读那个《中国哲学史》。

杨：在路上我还跟向老师说您主编那个四卷本的《中国哲学史》，搞研究的他也看，不搞研究的他也看。

任：那时书出版得少，没有现在这么繁荣。

杨：那石公也参与了编写您的那个四卷本的《中国哲学史》吗?

任：好像没有，他在学校教课，是有什么任务①?参与编写的是几个年轻的老师。

向：那方立天老师、张立文老师他们参与了吗?

---

① 任公记忆可能不确，石公事实上参与了《中国哲学史》的编写工作。

任：方立天那时还没毕业呢，张立文是人大的，不是北大的。

向：（编写《中国哲学史》）那是60年还是61年？

任：61年开始了。

向：它影响了几代人，不像现在每个学校都有自己的教材，那个时候基本上都是用那个。

任：我们上学那个时候，高中已经有这种倾向了，愿意干什么可以有个想法。那时候，跟我们一块儿考进去的，胡绳也是那一届的学生。他读一年就不想读了，他说这都是些唯心论，他不喜欢，他读了一年就走了，所以胡绳是个自学成材的人。

向：不过后来他参加了革命，还到过延安吧？

任：他就没到过延安，搞马列主义而没有到过延安的，只有胡绳一个人，别人都去过。他没去过，他一直在解放区这边。所以胡绳呢，一直在这个环境。有个特点呢，就是说理性比较强。在国民党统治区，你讲马列主义，你不能说某某违反马列，这样说他会对你不服气，是不是？你要在逻辑上驳倒他，他才服你。你说他违反马列，他说我不信马列，对吧？胡绳这个基本功做得比较好，扎实，环境需要他这么做，说理比较透。但是在延安出来的人，有些就缺少他这个训练，说“人家恩格斯说的，你跟他不一样，所以你是错的”。你在解放区里可以这么说，但你到重庆辩论，你就说服不了他。

向：石先生他后来的一些研究，你们有一些交流或者讨论这种情况吗？

任：我们私人来往很多。我们老催他：你单身一个人不结婚，这是啥逻辑？大家都给他帮忙，后来找了这个王大夫。我们大家都凑钱给他。

向：他结婚比较晚，那个时候石公都四五十了。

任：王大夫在连云港，江苏连云港，花果山。

向：她后来才调到北京的吗？

任：因为结了婚，有这个关系，调到北京来的。

向：哦，我还以为她原来就在北京。

任：是调回来照顾石公的。

杨：石峻先生当时是因为学术方面研究太专注，忘了自己个人的事情吗？

任：也不是，他是标准很高，耽误了。

杨：理论要求和个人生活的要求都是这样。

任：哎，都是很高。那时候，老师汤用彤先生也很关心学生，找一些女同学到他家里吃饭，邀上石公，认识认识，见见面啦，给他机会。石公喜欢一个，而人家又不喜欢哲学，结果都不行。

向：那石先生后来特别注重佛教，关于他这个兴趣的养成，有什么可以谈谈的吗？

任：他这个兴趣比较广，他念的书也很广，谈话涉及各方面，我跟他在一起也很受影响。

向：当时他到人大时，那还不叫中国哲学史，叫哲学史教研室，中、西哲一块儿，后来才分开。

任：人大对哲学史不像对马列主义原理那么重视，所以他来人大也就有点儿孤单。

向：再加上其他教研室的有些老师来的时间比较长的，背景又都不一样，他又比较淡泊名利，像后来他编那个《汉英对照中国哲学名著选读》，准备报上去评奖，我们说把这个报上去吧，他说："不报！不报！你们报别的吧。"大家都还是希望他能多写点东西。

任：他那个作风有点像陶渊明，喜欢喝点酒，酒量也不大，而且一个人独来独往，散步也一个人散，有时候好几个小时地散，一边散一边想他自己的问题。

向：对，对，他一个散步，一个读书，就这两个特点。

任：哎，多年来就养成这么个习惯。

杨：您刚才说他在人大显得孤单，但是他当时在北大，北大不是有重视历史这个风格吗？那他要一直在北大，这个风气是不是正和他相吻合？

任：因为哲学史是大学里必须有的，必须派一个人来支援人大。那个时候人大没有这一方面的人才呀，他来了就能带着年轻人。

杨：那就是石公自愿到人大来的了。

任：不，不，那时候是不跟人商量的，派谁就是谁，不像现在双向选择。那时候都是命令、分配，调谁就是谁。

杨：那石公既然来了，就想好好地把人大这边组织一下、建设一下，是这个想法吗？

任：也没这个想法，那时候他也不是党员。

向：对，对。实际上，也就是最早的时候，他还是写作过的，但是后来他就很少写了。关于僧肇他还写过一些文章，后来越写越少了，到去世前，八十来岁那个时候还写过几篇。

任：在北大的时候写过《中国近代思想史讲稿》，三个人编的，他挂帅。旧知识分子里面出的第一部书就是那个《中国近代思想史》，一个是朱伯崑，一个是我，还有一个是石峻。上课是石峻去上，备课是我们三个人凑在一起，帮着把这个课备好。

向：那后来石先生走了以后，那个课还在继续吗？

任：后来我就不知道了，忘了是谁讲这个课了。

杨：那这个《中国近代思想史》是石公他主编的吗？

任：哎，这是讲稿，他这讲稿就一直是上课用。那个时候他比较勤快，上课逼着他，他也没办法。懒，他手里也总得拿着吧。

向：那个时候，他有一段时间是着重在研究近代哲学。

任：哎，近代哲学。这是解放以后最早的一本近代思想史。那时候我们也请胡绳提提意见，参加参加，因为胡绳搞近代研究，他比较熟。

向：后来他们又继续往前做这个（编教学资料），后来又编了《佛教思想资料集》，近代方面好像也没有特别和专门地做。

任：他兴趣也不在这个上面，因为教学任务需要教这个课，他就参与这个课。也是系里分配的吧，说你们三个搞吧，我们也就做了。

向：那这个时候负责北大哲学史教研室的是……

任：负责教研室的是冯友兰，但冯友兰也不管分配，主要是支部书记汪子嵩负责，他现在离休了，是老干部。

向：他是搞西方哲学的吧？

任：哎，西方哲学。他受了处分以后——右倾机会主义者、开除党籍什么的，他就没有书看，但基础他有，也是在西南联大当过研究生的，搞希腊哲学。离休以后才又开始，他基础不错，你看成功的像《希腊哲学史》，好几本，挺厚的，没有人超过他那个书了。

向：那西方哲学的那个……好像张世英先生还写过什么。

任：张世英啊，张世英是贺麟先生的学生，也不是他的学生，他是跟着贺麟走那条路，搞黑格尔哲学。

向：他好像要晚一点。

任：我刚刚教书的时候，有三个学生我都记得，一个是张世英，一个是黄楠森，还有一个是汪子嵩，因为这三个学生都学得比较好，所以我也有印象，别的就印象不深了，几十年了，现在他们都是八十多岁的人了。

向：那您刚才说教他们三个的时候，是在新北大以后还是以前？

任：这是我研究生刚毕业。

向：那还在西南联大？

任：在昆明，西南联大。那个时候，研究生刚毕业的青年老师不教普通课。中国哲学史这种大课由老教师教，什么普通物理、普通化学，这都是老教授教。青年老师嘛，教这个专业的、范围比较窄一点儿的课。开这种课，一般是选修课，不是必修课。

向：那石先生当时也教课吗？

任：他教伦理学，在西南联大。

向：哦，他当时还专门研究伦理学，这个我们还不知道。

任：伦理学是以冯友兰的那个《新事论》、《新世训》为基础吧，参照那个，再讲一讲自己的。这是大课。西南联大不讲国民党的党义，国民党讲党义。西南联大就希望：既然培养学生嘛，我们换个别的课行不行？那时候对西南联大特别优待，所以就说那你们自己定吧。就开了伦理学，是全校必修，属于大课，分成若干班，石公担负一班的伦理课。

向：唉，可惜他的那些东西我们没有，如果有那些讲稿什么的就好了①。

任：讲稿也可能弄丢了，反正好多运动啊。他是从武大调到北京来的。

向：对，对，他先是在武大。

任：武大那个搞运动搞得极左，接收武大以后，徐懋庸当党代表。徐懋庸就是鲁迅《答徐懋庸并关于抗日统一战线问题》那个徐懋庸，后来被批判的那个。双人徐，很早的，每当教授开会就训他

---

① 后发现石峻先生的《伦理学讲义》手稿，惜不完整。已收入《石峻文存》。

一顿，灰溜溜的。

向：他那个时候好像在武大图书馆。

任：那我就不大知道了。他离开北大到了武大，最后又调到北大。那是全国统一分配，中央先抓哲学，说哲学很重要，思想也很复杂，集中起来在一两年内把全国大学哲学系的副教授以上的教员都调到北京来了。那时候我们说这是世界上最大的哲学系，教授28个，没一个大学一个系有这么多教授的。

杨：在武大石公主要做什么？

任：在武大还是教中国哲学。

杨：主要还是教学？

任：对，教学，教学。他是先升副教授，武大请他做副教授。在北大是讲师，这样又出高价把他请了去。

杨：回北大后成教授，是这样吗？

向：那是后来，后来。

任：回来以后嘛，就跟大家一样嘛，是副教授，然后成教授。

杨：听您这样说，那就是石公教伦理学，又做中国近代思想史、佛教，搞马列，什么都搞。

任：他这个都能应付。

向：那个时候，是不是你们上课教材不像现在有些比较严格的要求，讲稿还要审查什么的？还是都根据自己的教案讲？

任：没有没有。那个时候的风气是哪个教授不用现成的讲稿，不用人家的书，证明你有本事，你照人家的书讲就是你自己没学问，没有自己的思想呀！这是鼓励他们有创见，不要大家都一样，是这么个形势。这个也有好处，不要先写讲稿，也没人审查，好有个选择。学生都不选他的课，他就没办法了，是吧？

向：到了北大以后，上课是不是要审查讲稿了？

任：52年嘛，全国不是都变成一个哲学系吗？那时候他又回来了。刚解放的时候他在武汉，没有参加。我们参加一个叫做“双周座谈会”，那时候学新哲学的，有哲学家像侯外庐、何思敬、艾思奇、胡绳、范文澜等，这是一帮人。旧的哲学，大学来的人嘛，有冯友兰、贺麟、金岳霖、朱光潜这么一些人，还有我。定期两周在北大的孑民纪念堂聚会。清华有张岱年、任华、冯友兰、金岳霖。

向：那这都合到北大来了？

任：这是北京市的。

向：那这样学习了多久？

任：这个学习有规定嘛，每一次学习由一个人主讲，大家讨论，这也是一直想改造这些旧知识分子们吧，讨论就和风细雨的。

向：但是后来两个学校就合在一块儿了，到 52 年的时候。

任：52 年。49 年解放嘛，过渡时期，一解放石峻就回来了。那时候北大就搬到现在这个地方——燕京大学这个旧地址，教研室主任就是冯友兰。

向：这个格局大概就延续了比较长的时间吧？

任：到 56 年。56 年又分开了，回广东的回广东，回武汉的回武汉。

向：那不光是调动几个人，等于又是个大调整。

任：等于是个学习班嘛，大学教授学了几年又分回去了。

杨：石公到了人大？

任：哎。贺麟就分到社科院，那时候叫中国科学院哲学研究所。哲学研究所，金岳霖是副所长，中国哲学史研究室就是冯友兰兼，北大也兼着，哲学所就这么成立起来的。哲学这一块就靠北大这些教员的支持。

向：对，都是从那儿出来的。

任：金岳霖原来是系主任，哲学系主任。后来调到社科院，有个所长叫潘梓年，是老党员了。他（金岳霖）是副所长，哲学所的业务就是他管。

向：那后来也就是 56 年以后，你们跟石先生还是经常来往吧？

任：哎，有些兴趣我就配合不了。你看，石公他喜欢旅游，他到大同呀、云冈呀，我就没有那个热情。他就约了齐良骥一块儿去，教康德的，不在了。齐良骥比我们高一班，七·七日本人占北京的时候，齐良骥就毕业了。我是大学三年级，我在湖南待了半年，又在云南待了半年才毕业。

向：那个时候石先生是跟你在一块儿？

任：哎，也是在一块儿，大学都在一块儿。

向：后来他当助教，你当研究生。

任：毕业以后嘛，学校留嘛，石峻成绩比较好，他就留下当助教。

杨：他当助教，您继续读研究生？

任：我没有，我隔了一年。第二年，嗯，39 年才开始招生。那一年我到了中央政治学校，我给贺麟当助教，待了一年。

向：那也是在昆明吗？

任：在重庆。那是国民党办的学校，是国民党的党校。

向：那就是后来成了他们的政治大学？现在台湾还有。

任：不是那个，不是那个，是中央政治学校。那时教务长是周炳琳。周炳琳是北大的教授，他跟贺麟比较熟悉，贺先生可以带一个助手，我毕业就跟贺先生在那儿待了一年，贺先生回来我也就跟着回来了。

向：他也回来了，他也没在那儿待。

任：周炳琳也没在那儿干了，因为周炳琳跟贺先生去的中央政治学校，周炳琳一看贺先生回来了也就回来了。那时候正是北大招研究生，我就报考了研究生。我们差一年没在一起。有一年我们两个分开了，我在重庆，他在北京。

向：那个时候石先生做助教，好像后来研究佛教那个黄心川先生也做过什么职务？

任：黄心川晚，黄心川没有，黄心川作过哲学系的秘书，行政方面的秘书。他是浙江大学外语系的学生，他后来参加学生运动，后来情况很紧他就跑到新四军那儿去了，江南嘛，离新四军很近的。抗美援朝他也去了，他去干什么呢？他学英语的，有美军俘虏，他就当翻译。

向：那他后来研究佛教就比较晚一点吧？

任：那是，他后来到北大就当秘书，他是地下党员嘛。56 年嘛，全国招生“向科学进军”，招研究生，他是第一批研究生。

向：跟汤先生，也是？

任：哎，56 年……他英文底子很好，北大研究佛教比较容易。我那时入学，有好些研究这个的教员，周叔迦也是搞佛教的，讲天台宗，开些课。马叙伦研究庄子的，他是章太炎的学生。他讲庄子，用佛教的观点来解释庄子。

向：那石先生受到佛教这方面的教育比较多。

任：哎，石先生受到这方面的教育比较多，因为北大就这么个传统，搞佛教的多。老师嘛，有汤用彤老师。

杨：他的主要兴趣所在吧？

向：主要还是在佛教上吗？

任：主要还是魏晋。汤先生那个佛教史也是这一段，写到魏晋南北朝就完了。再有就是另外的，不像汤先生在魏晋南北朝上花的时间那么多。

向：我记得您主编的那个《中国佛教史》好像也是到隋，三卷本。

任：啊，我这个没有写到唐。什么原因呢，就是中间增加了一个任务，编这个《中华大藏经》，这是个大的工程呀！还接着写，我还想把它接着完成了。

向：那前三卷出来很久了，后来就没有了，呵呵。

任：我那个《哲学发展史》也没写完，也是……

向：到唐。

任：哎，也是因为《中华大藏经》的任务嘛。

向：《大藏经》的任务也没有完吗？

任：这个完了，106 本，16 开的。

向：也跟那个《大正藏》的版本一样吗？

任，哎，也那么大。一本 1000 页吧，106 本，很大的一个书。

向：哦，那就比那个还要多了。那这个 106 本都是中华的，没有日本的？

任：嗯。这个书搞了十多年。

向：那就是比那个《大正藏》的内容要丰富得多了。

任：这个书有个什么特点呢？我找了九种版本的《大藏经》（已经出版的《大藏经》）拿来对照，拿一本来做基础，对照着把它摆出来，一字一句对的，很费工夫。有这么一部书呢，就等于同时你有了九部《大藏经》，就有这么一个好处：方便。

向：现在用嘛，都用的是日本的那个本子。

任：它出得早。断过句，错误也很多。日本主持这个事情的叫铃木大作，他就是包给一些学生，给你一块钱点一千字。学生的层次也不齐，大书嘛也看得不仔细，错误难免。我们这个书没有标点。为什么没有标点呢？因为根据那个基础——《赵城金藏》，这是世界上唯一的一部书，这个书在我们馆是镇馆之宝，看都不容易看，别说不让人借了，有许多限制。我记得季羡林带个研究生需要查《赵城金藏》，研究生还没有资格借，让季羡林来借，用他的名义来看，也不能拿走啊。那个研究生来查，季羡林就来坐着陪着他。我说这个书再值钱，你不能锁着不让人看嘛，是吧！我这个《中华大藏经》就以这个为基础，拿它为主，其他八个版本来对。公开出版以后呢，《赵城金藏》就在里头了，看就没那么难了。

向：现在是全部完成了，都出来了，还是只出来了一部分？

任：这个就快完了，过去已经编好的，入《千字文》的这个，《中华大藏经》都有了，现在的细节就是找那些过去没有包括、没有收入《大藏经》的（《大藏经》以外的东西），比如说经、史、子、集这些东西，非佛教徒写的佛教方面的文章，什么山志啊、碑刻啊、墓志铭啊。这个弄完了以后，还有新近的翻译的东西，就是后来发现、翻译、印出的东西啊。后来又有新的东西，新中国成立后还有。这个也把它收进去，这样就多一点。

向：那是不是把原来的续藏部分《卍续藏》也包括到里面？

任：有一部分不是，《卍续藏》有它的标准，它们属于合成的东西，我们的范围更广一点，我们也收入与佛教辩论的一些东西。这个也是反映思想情况吧，这个很费事，下编刚刚开始，正编已经完成了。

向：这个工作石先生也参与了吗？

任：他没有参与。

向：另外，我们还想有一点比方文字方面的，比方说有没有当年石先生和您通信方面的一些材料。

任：没有。

向：呵呵，因为他写的东西少，所以总想找一点文字方面的东西，也很难找到。

任：石先生的小楷字写得很好，很工整，这是他的特点。原来有些写的字给我，后来文化大革命也毁掉了。

向：在您的印象中，石先生讲课一般用讲稿还是不用讲稿？

任：这我就不知道了。

向：因为我们打算给他出一个集子吧，现在就是收集他的一些材料，就是他原来写过一些什么东西，收集起来，挖掘一下看看。当然，如果能找到他的孩子、同学也可以看一看，但是现在找不着也没办法。十月份哲学系五十周年的院庆，我们希望得到一些他的材料。任先生您知道什么能告诉我们，我们就可以把它做一部书。

杨：您刚才说马叙伦用佛教的观点来讲庄子，那石先生他的佛教造诣也很高深了，他解释中国哲学史其他的问题的话，有没有……

任：没有，没有，他就不喜欢动手，是这么个特点。

杨：那比如说讨论的时候，会不会涉及到这些方面的问题?

任：也没有搞出些什么东西。

向：那个时候好像学术会议也比较少，不像现在经常开会。我感觉他是比较坚信马列的，研究中国哲学他也是用马列来指导，很强调这个方面。

任：实际上我们都是新中国成立后跟着艾思奇开始学马列，是半路出家。不像胡绳，他一直都是多年坚持的。

向：哦，艾思奇那时候也给你们讲课呀?

任：那是新中国成立后的事了，他在北大开课，教原理。

向：他年龄也跟你们差不多吧?

任：他大，大一点。

向：我们当时到大学里学马列，就是他那本《辩证唯物主义和历史唯物主义》。

任：我们一起编书，有一批书，二百多本教材，文科教材。艾思奇就编那个书，我编其他的书。

向：《毛泽东哲学批注集》里面也提到您那个书。毛泽东比较注重哲学史，“文革”中，说要读一两本哲学史，中国哲学史、西方哲学史。

任：毛泽东喜欢读历史，哲学史也是一部分，文学史他也关心。

向：哲学的发展也跟领导人的喜好有关系，呵呵。

杨：那石公用马列方面的一些观点去影响佛教的多吗?

任：那倒没有看到他这个。《中国近代思想史》就是用马列主义的方法了，用马克思主义来写的。

向：后来他研究和带博士生主要的方向最初也就是两个，一个是近代部分，一个是汉唐哲学，后来范围扩大了。那个时候第一批博导，有些老先生反而不在里面，冯友兰先生也不在里面，那时候很少，呵呵，现在就多了。

杨：我们就是想能有一些石先生的材料呀、讲稿呀这些东西。

向：对，对，再看看能不能把书信等等找到。

任：他的哲学表现得很潇洒，在生活里头。

向：这么一个态度？

任：是这么一个人。

杨：他是个比较细心的人是不是？

任：他有些东西也不细心，有些细心。书他很细心，他那个家庭他就不怎么细心。他在家里处理的关系也不是太好，家里完全不管，交给王大夫。

杨：很潇洒，甩得开手。

任：哎，甩得开。

杨：是不是有一种看见他这个人就能看见他的哲学风格的感觉？

任：哎，有这么个感觉。那时候王大夫在医院里当大夫也很累呀，石先生家务完全不管，他也不请人，结果王大夫回家以后就做饭呀、弄东西，弄得也很累，对石公也有意见。

向：对对对，后来这个跟晚年他们长期分居可能也有关系。

任：不管有什么急事儿，他该散步他就散步去了，吃饭就回来吃啊。碗他也不洗，他放在那儿就走了，也不帮她洗碗。所以王大夫对他有意见，呵呵。

向：那个时候散步，他身体挺好，到处走。

任：他散步还不是近处，有时候他走得很远，从人大可以走到玉渊潭去，紫竹院也经常去。

向：那……行。任公，我们就了解这么些情况，谢谢您！

任：没有满足你们的要求。

向：呵呵，我们能收集到什么程度，反正就尽量吧。因为他这个生活的特点，我们没法找到一些很详细的材料。到时候我们开会，您能……

任：到时候看情况吧，看情况，通知我一下。人大我有几个老的……苗力田还在吗？

向：也早不在了。他是石公去世的第二年去世了。

任：以前那个庞景仁？

向：那更早了。

任：哦，更早了。

向：其他都是您的晚辈、学生了，像方立天老师。我们在职的最老的也就是方立天老师、张立文老师、葛荣晋老师，其他的也就没有了，呵呵。

任：肖前呢？

向：对，他还在，但是他身体……

任：身体很坏，好多年以前就坐轮椅了，是吧？

向：对，对。

任：方华还在吗？

向：方华也去世了，基本没有你们那个时代的人了。杨宪邦老师他现在也都83了。

任：他上学晚，他是我们新中国成立后第一届大学毕业生。那时候他们毕业同班的有张岂之、汤一介、杨宪邦。

杨：任先生气色还很好。

向：哎，任先生气色挺好。

任：不行不行，外强中干。

向：没有没有，您这是快九十大寿了，能到这个程度非常好，很不容易。您还经常坚持到这里来呀？

任：我就星期一、星期四来，一来我就坐在这里。因为我来的时候有一些任务，那边又不同意放，说既然来嘛，你把任务带过来，所以研究生什么的都是在这儿毕业走的。后来就没有再招生了，就是因为《大藏经》呀这类事务比较多，还有《大藏经》续编。

向：那我们就等着看任先生的大部头啊，够我们读的。

任：《二十四史》需要整理，我也参加了那个，也是国家的……

向：哦，对，那是个大工程。那这还要把《清史稿》重新整理，现在又在编新的《清史》，那么还要整理《清史稿》？

任：《清史稿》是文言写的，完全是旧的体例，现在新编这个完全是新的体例。新编这个规模很大，有三千万字呢，太大了。这样的话，《清史稿》淘汰不了，因为《清史稿》比较简单，没有这么厚。所以，不专门研究清史的，三千万字他没法看。

向：但是《清史稿》等于是比较匆忙地编成的，这里面可能是不是不准，所以人们看正史的时候还是用《二十四史》，而不把《清史稿》当成一个比较权威的史书。

任：哎，作为参考可以，不能互相代替。

向：行，那我们就到这里。抱歉，打搅您！

二　学行记述

1. 回忆石峻恩师

石峻老师离开我们已经几年了。当我每次去北京开会，会后到中国人民大学拜访师友时，常常情不自禁地到石老师的住房外走走，想想过去石老师和其他老师对我们的教导与石老师同我们参加全国中国哲学史讨论的各种情景。

1979 年 10 月，全国中国哲学史工作者在山西太原举行了一次关于哲学史研究方法的讨论会，讨论的焦点是如何评价唯心主义和前苏联日丹诺夫关于哲学史就是“唯物唯心的两军对战史”问题。会中争论激烈。我在会上见到了石峻、杨宪邦、张立文、方立天等几位人大的老师。我们除了参加大小会议的讨论外，会下也交流了彼此的看法。我提交大会的论文是“关于唯物、唯心的斗争、依存和转化问题”，我认为这两种不同的世界观有斗争，但也要注意二者的互相依存与在一定条件下可以转化。我向石老师谈了我的看法。石老师说：列宁说“哲学史，就是认识史”，研究哲学史，要注意不同时代的哲学家的属性和特点。当我又谈到我们教研室将参加教育部组织的高等学校文科教材《中国哲学史》宋明部分的编写时，石老师说，要先读原著，特别是《朱子语类》。经过几天的争论，虽然无法作出全面的结论，但却加深了大家的认识。对不能将学术上关于唯物、唯心的认识问题等同于政治立场问题；不能将唯心主义一棍子打死，这两点也得到不少学人的认可。在大会之后，在全国发表了一批关于唯心主义评价的文章，实际上是对会议讨论的反映。这次讨论会成了解放思想的讨论会。

这个大会是由中国社会科学院哲学所和山西大学共同主办的，学术组织领导人则是：张岱年、石峻、王明、杨宪邦和钟肇鹏等先生。会议将结束时，大家研究是否成立学会，刚好于光远同志赶来参加大会，主张立刻成立大会。经过选举，选出张岱年先生任会长，任继愈、石峻、王明三位先生为副会长，杨宪邦教授为秘书长，楼宇烈同志为副秘书长。由于召开全国性的大会不容易，于是在大会之下，又按东北、华北，华东、华中、西南、西北各大行政区设立分会，各省再成立学会。这不仅促进了中国哲学史研究的国际国内大会的召开，还促进了我国学术的繁荣和东西方文化交流的发展，为加深有关中国文化研究学人之间的友谊以及与港、澳、台和其他国家学术机构的合作起了带头的作用。因此，张岱年、石峻等老一代专家等在建立中国哲学史学会和推动中国哲学的发展之功是不能忘掉的。

太原大会后，我们便在成都成立了四川省中国哲学史学会。由于西南哲学史分会涉及云、贵、川和西藏四省，经费不好解决，我们遂将此会与由美国夏威夷大学成中英教授发起成立的“国际中国哲学研究会大陆西南资讯中心”合二为一，改为以西南四省从事中国哲学史教学与研究的学人交流学术资料与信息的一种通讯组织。我将这些情况向北京学会秘书组和石老师作了汇报，立刻得到秘书组和石老师的回信，使我们在推动学会的工作时，受到很大的鼓舞。特别是石老师，当时已经是年近八旬的老人了，还与我们一起参加了“国际宋明理学”的杭州讨论会、“柳宗元哲学”的柳州讨论会、四川德阳市1992年召开的“儒学及其现代意义国际学术研讨会”等，不仅学会工作得到了石老师的支持，而且我们在编书和写文章时，也得到石老师的教诲。我们写给他的信和文章，他都细心批阅，有问必答。他这种热爱学生孜孜不倦的教学精神和终身献身于我国教育事业和科学文化研究的美德，是值得我们永远继承和发扬的。

1992年上半年我到北京出差，办完事后便到人民大学拜会师友。当我到石老师家时，他正在看书，桌上放着一个木制的飞机模型。他告诉我这是他儿子石山做的，还获得了北京市中学生比赛奖。他显得很高兴！这反映出石老师是多么热爱自己的家庭和儿子。不久石山弟弟回来了，便去做饭，我便从我的教学科研以及全国关于对孔子的研究、道德伦理、传统文化等方面的问题与石老师谈了约两个多小时，直到石山弟弟把午饭端出来，我们才结束。在谈话中，石老师思维清晰，史料渊博，记忆力很强，发音清楚，走路慢但很有活力，毫无病状，我深深以他的身体健康而感到高兴。饭后我告别时，他还下楼送我到门口。

1998 年，为了庆祝石老师的八十大寿，方克立教授提议编写一本文集。当我接到通知时，立刻将我所写的“李退溪对儒家经学的继承、发展及其对东方文化的影响”一文以及石老师、杨宪邦老师等来成都参加“明清实学思潮史”讨论会后我陪他们游峨眉山写的诗一同寄交编辑组，并计划在 1999 年 10 月国际儒学联合会在北京召开孔子诞辰纪念会时再去拜望石老师。谁知当我还未收到石老师祝寿的论文集时，却先收石老师仙游的讣文，使我内心无限的悲憾！

2006 年的冬天，四川大学举行了“全宋文首发式”和“宋代文化国际学术研讨会”，张立文教授应邀前来作报告。我们交谈时，又想起了石老师的儿子石山，我问他是否知道情况？他说石山已经学成归国，在事业上做得很有成绩。我想能学成归国、报效自己的国家而且事业上很有成就，这当然是可喜的。前几天我在一篇论文目录上又发现有石山署名的文章，但不知是否就是继承石老师献身教育和科研事业的精神的儿子石山。无论是否，石山小弟弟能学成归国并在事业上很有成就，假如石老师的在天之灵能有知，也应在天堂含笑了。

贾顺先

2007 年 2 月 2 日

（作者单位：四川大学哲学系）

2. 对石峻教授的怀思

中国人民大学石峻教授，我们多称他为石公。早在“文革”前研究中哲史的同行中，大家都知道他的名字，敬仰这位前辈学者。不过我亲自受到他的教益，则是在“文革”结束后八十年代初期，具体地说，1981 年就有两次得到石公亲自赐教的机会。

第一次在 1981 年秋天，我们邀请石公到系里主持硕士研究生毕业学位论文答辩。我系（中山大学哲学系）在“文革”前，杨荣国教授在1962年招过一次研究生（复旦大学哲学系本科毕业的赵宗正和孙以楷二人），当时没有建立学位制度，也没有要求写学位论文。经过三年多的学习，到毕业时“文革”已将开始，他们被匆忙安排到中国社会科学院哲学所和中华书局工作。“文革”后，1978年8月杨荣国去世，当年恢复招收中哲史研究生的工作由丁宝兰、陈玉森和我负责，但我们都没有带研究生的经验，亦不清楚写硕士学位论文的要求及如何进行答辩。当时的情况正如我系另一专业在读硕士生胡孚琛（现在中国社会科学院哲学所工作）在回忆中记述的：我们报考研究生的时候，国家还没有实行学位制度，临毕业前突然说要举办硕士论文答辩，搞得大家十分紧张。当时全国还没有一个博士生导师，硕士论文答辩比现在的博士论文答辩还要严格。我参加过一次李锦全老师指导的硕士生论文答辩，他请来中国人民大学的石峻教授和武汉大学的萧萐父教授主持答辩会，会场庄严肃穆，给大家留下了深刻的印象。

胡孚琛回忆说当时全国还没有一个博士生导师，可能信息来源不十分准确，如石公正是在1981年被国务院学位委员会批准为我国首批中国哲学史专业博士生导师，不过当年还没有招收博士生。他被邀请来我系主持硕士生学位论文答辩，十分严肃认真，给参加旁听的人留下了深刻的印象，这可以说是大家的共同感受。至于说当时的硕士论文答辩比现在的博士论文答辩还要严格，也不能一概而论。八十年代研究生数量少，特别是博士点和博士生导师都要分别由国务院学位委员会审批通过，程序非常严格，研究生入学后，师生都很重视，按照学术精英的路子进行培养。如石公在1981年当上博士生导师，从1983年起指导博士研究生。据宋志明忆述，他经常教导自己的学生要养成严谨的学风，既要有良好的理论素养，又要尽可能广泛地搜集材料，写出史论结合、高水平的科学论文，他已培养出中国哲学史专业博士七人，都已成为教学和科学研究的骨干。但对比现在报纸上说有的导师可以带二三十个博士生，一个学期难得见导师一面，这种放羊式培养的学生写出来的论文可能多是大路货，加上人多了，学位论文答辩不免有走过场的现象。由于我们的博士每年都批量生产，所以社会上流传这样的话：博士多过狗，教授满街走。数量多本身也不是坏事，如只讲数量而不重视质量的提升，就难免有人说点闲话了。

石公和箫公来我系参加硕士论文答辩的时间虽然不长，但他们严谨的学风给与会者留下了深刻的印象，而在与我系同人的这次欢聚中，大家亦建立起深厚的友情。下面几首唱和诗篇，可以作为当时历史的见证。

1981年秋，石公参加黄山伦理学讨论会，会后赴杭州，又与老箫一起参加宋明理学讨论会，并同赴长沙、桂林，之后有岭南之行，主持我系中哲史研究生论文答辩，赠诗志感。

黄山云海记游踪，西子城头秋意浓。
鹿洞谈经非寂寞，鹅湖论道且从容。
西陲览胜思前哲，南国衡文秉至公。
落月屋梁留别意，何当有约再相逢。

这首诗是我写的，诗的内容标题中已说得很清楚。石公先到黄山，又同老箫到杭州开学术会议，所以用鹿洞谈经、鹅湖论道的典故。但全篇还是落脚到“南国衡文秉至公”一句，他们两位是出色地完成了任务。这次欢迎石公，我系陈玉森老师也写了赠诗。

赠石峻、老箫莅校主持研究生答辩留念诗

文章久仰大名隆，燕树荆云粤岭重。
却喜辩才凭慧眼，岂随论学启私衷。
更瞻风采真时彦，自愧衰残渺陋躬。
惜别匆匆应一醉，知音难得是相逢。

陈老师在诗中，对石、箫二位，既久仰大名，又喜瞻风采，“知音难得是相逢”，当是极尽其敬慕之意。好作诗的老箫即回赠和诗一首。

和玉森赠诗原韵，兼陈宝兰、锦全

劫后人熙世运隆，神交何问岭千重。
三年抱瓮忘机栝，九畹滋兰托素衷。
蚕室凝情存信使，姜斋圆梦鞠微躬。
相期濠上无言处，湘水嶷云几日逢。

老箫这首诗既回赠玉森，又向宝兰和我示意，我只好做点回应。

玉森、老箫岭南初相会，相互赠答，奉和一首，博一笑

同欣国运日昌隆，岂怕云山路万重。
睹面神交偿夙愿，开怀畅叙遂初衷。
几番往事伤沦落，尽瘁前途愿鞠躬。
载酒寻诗归去也，天涯何日再相逢。

这首诗是奉陪老箫的回赠，最后“天涯何日再相逢”一句，玉森对老箫和石公来说，可能都有这种感觉，以后不知何时能够重聚。我与老箫正合作编写中哲史教材，相逢的机会还是有的，但与石公重聚恐怕是比较难了，当时是有这种想法的。但意想不到的是，过不多久的 1981 年 12 月，却远在大连与石公相见，又一次受到他的教益，也许是佛说的有缘吧！

石公这次在大连和我们见面比上一次更有意义。上次我们请他来主持几位硕士生论文答辩，活动的范围和产生的影响都不大；这次却是受教育部委托，由张岱年张老和他带领的邬恩溥、吕希晨、刘蔚华、楼宇烈等人组成一个班子，对老箫和我组织编写的中国哲学史高校教材进行评审，要把好这部后来对高校本科教学影响较大的教材的质量关，意义当然更为重大了。

以张岱老和石公为首的审稿班子，他们对书稿提出了许多宝贵的意见，这对我们最后修改定稿有很大的帮助。这一点我在书中“编者的话”里已有说明，这里不再详述。但我个人最有深刻感受的，是岱老和石公提出的集体编书该不该署名、主要由谁负责的问题。本来主编负责制为学术界的共识，何以我们这部教材会产生问题，这与编书的时代背景有关。为说清楚这个问题，这里将编书过程作一简述。

1978 年，教育部在武汉召开高校文科教材会议，按照《高等学校文科教材编选规划》，提出若干种教材，由参加会议的高校自报承担任务。由于过去编写的教材“文革”时多受到批判，所以到会的高校代表对接受编写任务并不积极。如《中国哲学史》教材，北大等有实力的学校并不愿参加。经过协商，才决定由武汉大学任主编、中山大学任副主编自行组织写作班子。当时会上报名参加的只有四川大学、湘潭大学和武汉师范学院（后来改名为湖北大学），最初由这五家合作承担任务。

在 1978 年的高校文科教材会议上，各校的参会者多是主管文科的校系领导，各专业教师都没有参会，如武大领回中哲史教材的主编任务，回来才找老箫负责组织写作班子。据说老箫开始时不大愿意接受，认为不是他接回来的任务。后来可能为的是顾全大局，同意当编写组的召集人。1978 年 10 月，由武大筹办在武汉召开中国哲学史编写组第一次会议，由五院校派出的编写人员参加，会上决定接受编写任务，同时辽宁大学和南开大学亦有人到武汉，在会上他们表示愿意加盟，由此编写队伍扩大为七所院校。会后老箫和我同到北京，向同行们征求编书意见。

1979 年 4 月，由中山大学筹办，编写组在广州召开第二次会议，商定编写大纲。会上决定不采用唯物论与唯心论两军对战的模式，而借鉴列宁的提示，认为中国哲学史从古到今也是螺旋形发展，并构成各个阶段的圆圈，这是我们编写教材所要探索的发展规律。广西大学张军夫在会上提出加盟，并邀请南京大学王友三参加。自此，参加编写本书的单位扩大为九所院校，先后参加编写初稿的有 23 人，成为自由组合的编写大军。

广州会议后，参加单位和编写人员既已固定下来，就按照编写大纲分配章节给各人撰写初稿。1979 年底由四川大学筹办，在川大召开编写组的第三次会议，讨论上册完成的初稿。会后留少数人到武大集中统稿，同时布置下册初稿的撰写工作。1980 年 8 月，下册初稿完成，由广西大学筹办，9 月在广西北海召开编写组第四次会议，对下册初稿进行讨论。

从 1979 年 4 月定纲，到 1980 年 8 月完成全书的初稿，工作过程应该说是比较顺利的。但在北海开审稿会到靠近中秋时，忽然从北京吹来一阵冷风，说从教育部里传出流言，认为武大、中大牵头编的这部教材有问题。本来书稿还未出世，只能算是胚胎，何以就给予否定？当流言在北海会议中传开时，武大唐子明惊呼曰：此书稿岂成为怪胎乎！此为本书典故“怪胎”之出处。

书稿未出世就传出否定流言，有的老师在“文革”时受过冲击，现在参加写书会不会又受到批判？编写组内不免有点思想混乱，有人就有打退堂鼓的念头。老箫和我是受两校委托负责编写组工作的，当然不能退缩。为了稳定军心，专门召开了三天务虚会议。会上分析那些流言，说不出我们编书有什么问题，这是无根据的恶意中伤，大可不予理会，我们提出要努力去探索中国哲学历史发展中所固有的“圆圈”，这并不违反马列主义的指导原则，应该可以坚持下去。

务虚会议稳定了军心，而老箫编书的信念也没有动摇。他在北海写的诗词，有“圆圈逻辑宁难产，批判锋芒可断金”、“黑氏连环原可解，刘郎交胜实堪夸”、“重逢海上说人天，指点螺旋一片”。我在北海也写了两首金缕曲词送给他，其中说到“一片螺旋推哲理，问天人消息君知否？清浊判，乾坤剖”。这也许是我们编写教材时需要探讨的方向吧！

对老唐自嘲的“怪胎”，老箫借贺吴熙钊五十初度诗给予回应：“吴公五十知天命，北海挥毫剖怪胎，濠上冷风鱼自乐，愿吹律管唤春来。”熙钊答诗，结句为“真理在胸何所惧，明年赏菊庆功来”。

开务虚会后几天，又逢中秋佳节，晚上聚餐，饮酒赋诗，对月抒怀。我写了四首律诗，借题发挥，其中有句：“莫谈神怪莫谈鬼，不怕波涛不怕风。”不管是何方神圣，任是吹来狂风恶浪，我们也是处之泰然。下面还选录其中一首：

谁解嫦娥一片心，月明三五自长吟。
他山异石能攻玉，众口流言可铄金。
久历风霜知冷待，岂随波浪逐浮沉。
诸君莫负平生志，预祝明年报好音。

最后一句，经过我们编写组群体的努力，都如期实现了。

北海会议后，全部初稿讨论完毕，参照会上提的意见，集中几个人回到武大进行统稿工作。集体编书由于写初稿的人多，质量参差不齐，写作风格各异，而教材不是论文集，不能各说各话，所以统稿的任务十分繁重，到 1981 年春才告一段落。经过统一修订的初稿，为慎重起见，印成征求意见稿两册，并报送教育部作为送审稿。这次由辽宁大学筹办，审稿会定在大连召开，编写组全体成员参加，听取评审意见。

前面说道，由于这部书稿署名中国哲学史编写组，张岱老和石公有意见，并批评老箫和我怕负责任。开始我们不承认，认为整个编写过程都是集体负责，是武大和中大两单位任正副主编，并组成编写组，这样署名应该没有错。至于我们两人亦不是不负责任，如在北海时，由于空穴来风，弄到人心浮动，不是我们稳定军心，大家可能散伙，书就编不成了，这就说明我们并非怕负责任。

不过张、石二老还是认为学术著作出版后走向社会，用集体署名总是不妥，如果读者看书后有问题、有意见找谁呢？编写组已不存在，正副主编是不同大学的教师，要找到编写组的人恐怕太难，因此主张老箫和我既分别代表武大和中大，就应该承担正副主编的责任。二老提出的理由我们无法反对，只好负起这个责任。二老对书稿内容不但认真提意见，还要求具体落实主编负责制。由于在这次审稿中深受教益，故我作《临江仙》词，有“传经来二老，继业望诸青”之句：

自嘲“怪胎”书稿，经同人努力，并得到张、石二老匡正，行将面世，赋此致谢。

书号“怪胎”何足怪，百家也要争鸣，天南地北赋新声。川江留绝唱，北海志深情。

黑石礁头编结集，大连重聚群英，居然众志可成城。传经来二老，继业望诸青。

大连审稿会虽然对书稿做了基本肯定，但也提出了一些问题还要修改。大连会议后，回到北京，留下四人，由南开大学筹办，寄居中央党校南院，作最后的定稿工作。在此期间，和石公还有往来，我在《编余吟咏》初序中提到“羊羹开晚宴，石公雅意酬宾”，讲的就是石公请客，我们在京这段时期，可以说是精神物质双丰收。

自是以后，我还有几次和石公一同参加学术会议。石公到会不一定带有文章，但每次发言都很严肃认真，并坚持用马克思主义观点来研究分析问题，给人以深刻的印象。

我与石公相交时间不长，认识不深，对纪念文集我本来没有资格提供稿件，但与石公几次短短的相聚，他的人格和个性，率真而不造作，很有感染力。他这种不迎合世俗的作风，有时在某些人那里并不受欢迎。如有一次会议，他在临散会前发言，可能讲的时间长了，有的年轻人大概想早点进入餐厅，坐在那里就有些不耐烦，而石公却旁若无人，照讲不误。有的听众可能认为物质享受比精神享受更重要吧！

纪念石公九十周年会议我没有参加。近来由于血管硬化，加上颈椎病，以至向头上供血不足，走路时感到头昏，已难以外出参加活动。既承邀为纪念石公文集写点感言，只好对与石公的几次会面写点感性印象。斯人已逝，风范犹存。我写下这篇言不及义的东西，实在浪费纪念文集的篇幅。只能说是我对石公的一点怀思。

李锦全

2007 年 5 月 31 日

（作者单位：中山大学哲学系）

3. 唐明邦先生来信

中国人民大学哲学院：

举行纪念石峻教授诞辰 90 周年学术研讨会，是对这位著名中国哲学史家、佛学家、教育家最深切的怀念。本拟前来与会，共襄盛举。无奈近患腰疾，行动维艰，不能如愿，深感遗憾。

特吟《缅怀石峻老师》诗一首，略表景仰之枕。

上庠执教育豪俊，
绛帐风光化三千。
阐道明器重严谨，
圆行方止贵坚贞。
哲理微言详剖判，
佛法禅机细评研。
学贯中西尊博雅，
高洁清辉耀云天。

唐明邦

2006 年 10 月 14 日

（作者单位：武汉大学哲学学院）

4. 李志逵先生来信

亲爱的同志们：

诚挚地感谢你们的邀请。石峻同志是我的前辈，又是共事三十多年的挚友。解放前的1947年，当我还是武汉大学医学院的学生时，石峻同志正在武大任教，我参加了当时的反迫害反饥饿游行，就和石峻同志有过接触，当时石峻同志住在武大半山山庐宿舍。有一次在校园内游行时，我们去拜访他，受到他热情接待，他对我们的活动表示了很大的同情和支持。新中国成立后，1952年我在人民大学俄文系毕业留校，分配到刚组建的哲学教研室任翻译，1953年为苏联专家凯列翻译外国哲学史课，54年改任外哲史教员。55年筹备成立哲学系时，石峻同志和苗力田等同志调来人大支援。56年人大哲学系正式建立，我们始从辩证唯物主义和历史唯物主义教研室分出组成哲学史教研室，石峻同志任教研室主任，我任支部书记，一直到66年“文革”前，我们始终在一起工作。在工作中我们相互尊重，互相配合，合作得很愉快。教研室在石峻同志的领导下，做了许多工作，开出了中国哲学史、西方哲学史、马列哲学史等许多课程，在科研方面也作出了许多成绩，我们建立了深厚的友谊。83年我调湖南省委党校哲学教研室，在此创办了哲学研究生班，我还请石峻等同志来讲课，并请石峻等同志游览了张家界、索溪峪等名胜。90年代我曾几次在假期回北京探亲，每次都和石峻等同志聚会。特别是96年我回北京探亲，临回长沙前，惊闻石峻同志因病住院，我在上火车前，赶赴海淀医院看他，不想这就是我们最后的一面。一年后接到讣告，惊悉石峻同志去世。对他的去世我感到非常悲痛，我失去了一位良师益友。知道你们为他的诞辰90周年举办他的学术研讨会，我觉得这是纪念他的最好的办法。作为他生前的好友，我本想积极与会，怎奈耄耋之年，难以长途跋涉，只能预祝此次研讨会的成功，并向与会友朋祝福健康。

援手

李志逵上

2006年9月28日

（作者单位：中国共产党湖南省委党校）

5. 感念石公　感恩石公

——石峻教授追忆

一

石峻教授，当代中国哲学史家、佛学家。湖南零陵县（今永州市）人。1916 年 10 月生，1999 年 4 月逝世。石先生 1938 年于北京大学哲学系毕业后，先后在西南联合大学、北京大学、武汉大学、中国人民大学从事中国哲学史的教学与研究工作，创获多有，建树颇丰，为中国哲学的繁荣与发展作出了贡献。

石峻先生，字柏密，人皆称之为石公。据我所知，被称“公”的是北大、人大治中外哲学史的几位教授，有任公（任继愈）、石公、齐公（齐良骥）、苗公（苗力田）、庞公（庞景仁）、杨公（杨宪邦）、钟公（钟宇人）。自从我认识这些前辈学者后，一直分别以公尊称他们。石公长我 17 岁，是介于兄长和父辈之间的长者。他于 1955 年从北大调来人大组建哲学史教研室，我于 1961 年北大毕业后被分配到人大哲学系中国哲学史教研室工作，此后约近 40 年。我和石公工作在一起，共同参加各项运动，一道下放江西“五七干校”，后又一起被合并到北师大，人大复校后又回归同一单位工作。我们之间工作来往和生活交往密切，相处融洽，从未发生过摩擦、争执。石公对我关怀备至，提携有加，始终热情地扶助我长进。石公对我的人生价值取向、修身处世、治学方法乃至生活习惯都有影响。石公对我德厚恩深，义重情长。我早就应当写点东西来追忆、感念他的生平事迹，感悟他的为人品格，感激他对我的无私帮助、如山师恩。

二

1961 年 8 月下旬，当我来到人大时，石公已不担任中国哲学史教研室主任的工作，但他初次见到我却依然表现出对晚辈的关怀，他对我说：“人大要求高，分配到这里工作不容易。”简短两句话，使我立即意识到，在这里工作要有责任心，马虎不得。

到校不久，在一次决定科研分工的教研室会议上，我表示今后愿从事魏晋南北朝隋唐时期的哲学研究。会后在返回宿舍的路上，石公主动对我说，魏晋南北朝隋唐这一大段的哲学思想很重要，难度很大，搞的人也少。过去胡适因不通佛学，《中国哲学史大纲》只出版上卷，下卷没写下去。冯友兰先生二卷本《中国哲学史》也对僧肇的《不真空论》理解错了。你年轻，要好好搞。后来我因为补佛教课，想到中国佛教协会主办的中国佛学院去旁听，征询石公的意见。石公说，现在主持中国佛学院教务的周叔迦先生曾担任过北大的教席，讲授佛学，你去听课，有益处。又说，信仰者讲课和大学老师讲课是不同的。其后，石公碰到我时，总会关切地问我听课的情况，鼓励我把佛教知识学到手。

我大约从 1961 年冬至 1962 年五一节前后在中国佛学院旁听 8 个月后返校。此后一边教学，一边从事魏晋南北朝时期佛教重要人物的个案研究，并撰写了关于道安、慧远和僧肇的四篇文章，自 1964 年始发表在《新建设》和《哲学研究》上。这些文章投稿前我都呈石公指正，他不仅对文章的优缺点作了分析，对个别文字也作了修改。这些文章的撰写和发表是我从事学术研究生涯的开头一步，重要一步，石公对我的帮助是一个重要的推动。

三

约自 1965 年春，我在北京西郊农村参加“四清”工作，至 1966 年夏返校参加“文化大革命”。在“文革”期间，我和石公来往频繁，此时谈话的内容已很少涉及中国哲学和佛学的专业范畴，而是一些关于文革的小道消息。当时彼此都有虚度年华、浪费光阴的感慨，但又都没有明确地表露出来。1969 年冬，石公和我都下放到江西余江中国人民大学“五七”干校劳动锻炼。石公分到二连，搞农业，我分到基建连，打石头盖房子。劳动纪律很严，我和石公平时接触很少。有一次休假日，石公来约我同游地处江西贵溪的道教正一教圣地。我们徒步到余江刘家车站乘车到上饶，再转赴贵溪上清镇。上清宫、天师府规模宏大，蕴涵丰富的民间信仰，但偌大的建筑，除石公和我外，空无他人，令我产生无限的怅惘。又沿白塔河乘竹筏游览龙虎山，两岸景色秀丽，令人心旷神怡。当晚我们住在上清镇一个小旅店的楼阁上，晚餐要了两角钱一碗的红烧肉和几个素菜，每人一大碗米饭，吃得津津有味。

1972 年底，石公和我都从江西返回北京。此时中国人民大学各系被归并到北京的几所大学，哲学系保持原有建制划归为北京师范大学管理，直至 1978 年中国人民大学复校。在这段日子里，石公和我平日到北师大或在人大西郊原住处参加政治学习、“大批判”、体力劳动。系里除了办过短期的学习班外，既无教学任务，更无科研任务，生活松散，聊天时间较多。我印象较深的是，一次讲到各地武斗，你斗我，我斗你，石公神色凝重地说，这样对国家很不利。石公内心是很关心国家命运的。又有一次我们讲到释迦牟尼，石公说，释迦牟尼提倡人的行为要合乎正道，也提倡过清静的生活，他是一位历史人物、思想导师。后来因为佛教要与教外的思想流派斗争，就竭力宣传释迦牟尼的权威，一步一步地把他神化了，佛教的原来面目也变了。石公接着说，中国人不太信仰上帝，但在民间喜欢造神。

四

随着“文化大革命”的结束，改革开放方针的实行，中国人民大学复校，大家都心情舒畅，并以很高的热情投入工作。石公原来住在人大林园楼四间一套的房子里，“文革”时被勒令腾出一间给别人住。此时，学校为了落实政策，临时在红三楼一层东边拨一间房子给石公，他在 1980 年前后大约在此住了两年多光景。当时我住在红三楼一层西边，往来更为方便，向石公请教的机会就更多了。此后至上世纪 90 年代后期石公发病前约 20 年间，石公在业务上对我启发、教诲、帮助最大，我受的教益也最多，其间许许多多的往事是我终生难忘的。

在我撰写《华严金师子章校释》一书时，对于如何确定底本和参照本，如何通过注释使读者能读通原文，如何分析、揭示《华严金师子章》的思想结构与逻辑、局限性与合理性以及现代价值，石公都认真地帮助我斟酌、敲定。该书由中华书局出版后，时任国务院古籍规划小组组长李一氓同志撰写了书评，肯定了校释方法和长篇“前言”。石公得知后十分高兴，鼓励我说，学问就是要这样做，这样研究佛教才有意义。后来他在某一篇文章中似乎还提到此事。

我自研究佛教以来，一直对慧远的僧格特质与佛教思想以及历史影响很感兴趣。上世纪 80 年代初，我在有关论文的基础上，撰写了《慧远及其佛学》书稿，石公对这本书稿也是细心审读，逐字逐句地修改，并作序奖掖，给我很多鼓励。

1983 年上半年，哲学系安排我为全国高校哲学原理进修班讲授“魏晋玄学”和“隋唐佛学”的课程。考虑到学员从事哲学原理教学与研究的需要，我建议改为讲授“中国古代哲学问题”。石公不但非常赞同我的建议，还拔冗听了我讲的第一堂课。课后我征询石公的意见，他说了两个字：可以。后来，讲稿经过加工整理，以名为“中国古代哲学问题发展史”交中华书局出版。在全书的编写过程中，张岱年先生和石公都帮助我反复酌定全书的框架，石公对每章的细目都提出了十分具体的宝贵意见，还审读了部分书稿。该书的出版是和石公的多方帮助分不开的。

在我完成《佛教哲学》、《中国古代哲学问题发展史》和《中国佛教与传统文化》三部书稿后，撰写一部“中国佛教哲学要义”书稿的意愿日益强烈，思路日益清晰，布局日益具体。经过认真的长时间的准备，我开始有步骤地撰写书稿，并以“论中国佛教哲学的形成”（载《中国社会科学》1991 年第 6 期）、“中国佛教哲学的历史演变”（载《历史研究》1992 年第 3 期）、“试论中国佛教哲学体系”（载《哲学研究》1992 年第 10 期）专文的形式发表了全书的框架，借以征求方家的高见。石公对这一框架的要点与结构给予了反复的指导，这些文章也都经过石公的审读修改。后来围绕本书撰写和发表的相关专文，石公也都一一过目，直到 1996 年因石公患脑血栓，才不再麻烦他老人家了。

回顾上世纪后期近 20 年时间里，石公为我审读文章、书稿大约百万字之多。石公为此要花费多少宝贵的时间和精力！为扶助我的进步付出了多大的心血！每当回忆起当年石公指导、帮助我的情景，至今还历历在目。我不敢松懈，我必须向前，只有这样才能对得起石公对我的植培和期待。

五

石公和我在科研上也有过具体的合作。如我为宏观地把握魏晋时代佛学与玄学以及隋唐佛学，更好地向石公学习相关的知识，特地向他提出合作写几篇文章，他没有一点犹豫就答应了。我先拟好题目和大纲，交与石公，他提出具体的修改意见后，由我起草并修改两遍后送给石公。石公对文稿的内容和文字作了仔细的修改后，我再改一遍送石公过目，他略作修改后定稿。这就是我们两人共同合作的成果："论魏晋时代佛学与玄学的异同"（载《哲学研究》1980 年第 10 期）、"论隋唐佛教宗派的形成"（载《哲学研究》1981 年第 8 期）和"论隋唐佛教宗派的特点"（载《中国哲学史研究》1982 年第 4 期）。在这次合作的过程中，我从石公身上又直接学到不少东西。

四卷本《中国佛教思想资料选编》（中华书局出版），是由石公、楼宇烈、许抗生和我等人共同编辑的，石公除对由他负责选编的部分非常认真以外，还对我选编的部分有所指点。此书由楼宇烈兄策划与统稿，他出力最多。

六

石公开启了中国人民大学佛学、宗教学教学和研究的先河，在宗教学学科的建设上具有开创之功。早年石公师从著名佛学家汤用彤先生，并一度担任汤先生的助手，佛学造诣精深。早在 1940 年在昆明召开的中国哲学第四届年会上，他就提交了"玄奘思想的检讨"一文。1944 年又发表"读慧达《肇论疏》述所见"（载国立北平图书馆《图书季刊》第 5 卷第 5 期）。1958 年又在《历史研究》第 10 期上发表"论玄奘留学印度在中国佛教史上的意义"。石公的专业结构和研究成果推动了中国人民大学宗教学研究学脉的形成。

1981 年，在全国首次博士生导师的评选中，石公被评为首批中国哲学史专业博士生导师，开始培养佛教研究方向的博士生。石公培养的学生成了高校教学的骨干和科研战线的生力军。这对中国人民大学宗教学学科建设有着重要意义。

石公一直关心佛教与宗教学的研究，在他的支持下，1987 年成立了宗教教研室，这是中国人民大学哲学系开展独立的宗教学教学和研究的重要举措。

1991 年石公和我又联名上书学校，申请成立中国人民大学宗教研究所，并很快得到袁宝华校长的批准。后来他还当面嘱咐我们要搞好宗教所的工作。宗教研究所由学校哲学、历史、文学等系有关教师组成，联合全校相关的师资力量，共同举办学术讲座、展开对外交流。石公推动了中国人民大学宗教学学术研究和学术交流的开展。

1999 年，教育部决定在全国高校成立百所人文社会科学重点研究基地。我们申请成立佛教与宗教学理论研究所。应该说，这也是石公心所系之的一件大事。但此时因石公病情加重，为了不打扰他养病，我们没有向他汇报申请的事。2000 年 7 月，教育部批准了我们的申请。石公若在九泉之下有知，一定会为研究所的成立而欣慰。

七

石公治学广博，好学深思，述而有作。由于对学术水准定位极高，因此相对而言，述多作少。又因受上世纪 50 年代后期某些政治运动的影响，后来更是谨言慎行，惜墨如金，不再轻易动笔，带走了他的满腹学识，这是令人感到十分惋惜和遗憾的。

作为一位学识渊博、造诣精深的学者，石公有丰富的治学经验，这也是在长期的交往中，石公对我教诲和启发最多的方面。

石公常对我说，治学没有什么捷径，首要的是要读懂原著。原著不是读一、二次就能读懂的，要反复读，深入领会。他说自己读《肇论》不下 50 余遍，我听后心头不禁一震，顿悟了反复阅读原著的重要性，增强了埋首读书的自觉性。

石公不止一次地对我说，搞学问，要热爱专业，但要有分析的态度，那种研究什么就吹捧什么的态度，是一大毛病。石公说，写文章不要说过头话，什么“最”、“非常”等词要尽量少用。他在修改我的文稿时，经常把“最”、“非常”改为“比较”。

石公自觉接受马列主义思想，一直高举马列主义旗帜，但他对某些搞马列主义而排斥宗教研究的现象很不以为然，认为这样对研究马列主义是很不利的。他常对我说，哪有搞马列主义不重视宗教研究的？

对于写文章，石公强调要有思想性。他常说，好文章是观点和资料的结合、统一，引用资料要少而精，要用典型资料说明观点。他不赞成冗长的引文，说文章要写得精练。他还说文章引用第二手资料不好，引述资料应该是第一手的、原始的。

石公主张写论文也要讲究布局谋篇，讲究文采，他说文章要写出起伏变化、引人入胜。石公常称赞冯友兰先生文章写得好，说冯先生的文章清楚明白，文词恰当，是写文章的高手。

佛学研究是石公一生治学的重点之一，在这方面他也给我许多提示。

对于佛教研究，石公首先强调要“入乎其内”，又“出乎其外”，要进去又要出来。进去，是要把握其思想，出来，是进行分析。那种进去而出不来，不是学术研究；没有进去，就分析批判，也不是学术研究。石公说，研究佛教有两类人、两种情况，一是佛教信徒，二是学者，不同的人研究的立场和方法是不同的。

石公反对脱离社会背景、文化背景而孤立地研究佛教，尤其是研究中国佛教。他强调要在中国传统文化的背景下研究中国佛教的演变，在中国传统哲学的背景下研究中国佛教哲学的发展。石公说，有的外国学者，研究中国佛学的不懂中国哲学，研究中国哲学的不懂中国佛学，这就很难真正地了解中国佛教。又说有的外国学者不懂得中国传统文化思想对外来佛教的制约、改造，没有深入了解中国佛教与印度佛教的联系与区别，就简单地把中国佛教当作印度佛教的附庸，把印度早期佛教当作“真佛教”，贬低中国佛教的独特贡献和历史意义，这是不可取的。

有一次在谈到吕澂先生关于中、印佛学的两本书时，石公说，这两本书都好，但其中《印度佛学源流略讲》又要比《中国佛学源流略讲》写得好些。

石公常对我说，中国是一个大国，历史悠久，传统文化底蕴深厚，任何外来的信仰和思想若不能结合中国实际，就不能在中国生根开花结果，更不能产生广泛而深远的影响，隋唐佛教诸宗的不同命运就是例证。石公说，研究中国佛教当然要研究印度佛教，但更为重要的是要研究印度佛教怎样被改造而发生变异的，要研究中国佛教与印度佛教不同的特点，总结佛教思想演变、发展的规律。

石公十分重视从无神论者和反佛教学者的观点来考察佛教思想的变化，重视无神论者、反佛教学者的观点与佛教信仰者的观点比较，探讨其间的互动关系。他撰写的“宋代正统儒家反佛理论的评析”（载《世界宗教研究》1992 年第 2 期）就是这方面的代表作。

八

石公在北大毕业后，一直执教鞭于高校讲坛。他喜欢学校，钟爱学生，热爱教学，热心讲课。他多次对我说，解放前北大一个班就是三个学生乃至一个学生也要上课，又说遇到英才学生是难得的好事。

1983 年评职称时我遇到了麻烦，看得出来，石公在内心里很同情我，但口头上没有说什么。当时中国社科院有几个所想调我去工作，我有些犹豫。记得那一段时间石公有几次主动和我说，一个人的专业不要随便改动，改了很可惜，又主动和我说起在社科院和高校工作的利弊，强调高校有学生，有活力，搞教学能教学相长，有利于个人学业的长进。当时我想，石公莫非是在开导我？

石公很重视总结教学经验。他很认真地对我说，讲课要注意四个字：少、精、缓、活。“少”是讲课内容不要满堂灌，内容少一点，反复讲透，让学生领会、记牢。“精”是讲课内容要精练、精当，讲的内容虽少，但很精粹，让学生有收获。“缓”是讲课语速不宜快，快了不利于学生听取、思索、吸收、记忆。“活”是灵活、生动，要注意激发学生听课的兴致。这四个字是石公长年教学经验的总结，其中贯串着一个基本精神：处处从学生的角度考虑，处处从讲授的效果考虑。

九

石公有一套独特的生活方式，一套比较严格的生活规律。他喜欢散步，或在校园里头走，或沿着校园外围墙走，或是出东门往南沿马路（今中关村大街）走到紫竹院。我在校园里常能见到石公独自散步的身影。我和石公经常一起散步，有时是约好的，有时是碰到的。我体会石公散步有两个目的：一是健身，二是思考问题。我和他在校园里迎面相遇，一般彼此都会主动打招呼，但有时他竟会毫无表示，擦肩而过，继续散步，我知道，其实这时他正在思考问题，思维处在高度集中、活跃的状态，自然也就对周边的行人没有反应了。

爱书、买书、读书，是石公生命的重要内容。石公常去西单、东单、琉璃厂等处买书，买回后必先亲自包上牛皮纸书皮，工整方正，包书质量上乘（他教过我一次）。然后写上书名，并将新书摞在案头，逐一翻阅。买书是石公的一大乐趣。石公病后，仍坚持买书。这时多由人推着轮椅去学校新华书店买书，而且每周至少一次由保姆推轮椅带他去海淀的几间书店买书。石公买到书后总是喜形于色，很高兴地回家。

石公喜好交友。记得他曾约我陪同拜访李友义、王森、韩镜清、张岱年、齐良骥和任公等人。李友义时为中央民族学院（今中央民族大学）资深教授，与石公夫人有亲戚关系。大约是1963年春节，石公夫人在江苏连云港节日值班不能来京，特嘱托我陪同石公去李先生家过年。大年初一石公和我在中央民族学院逗留了一天，我还第一次喝了国酒茅台。李先生说一杯（小杯）值5元钱。价格昂贵，味道醇美。石公与齐公关系很好。我在北大时听过齐公讲授外国哲学史课达两年之久。齐公有胃病，在课间休息时都要吃点点心，先生带病上课的敬业精神令我十分感动。石公和齐公曾同游山西大同。石公有时星期天去齐公家，在齐公家午餐，午休，齐公也常来看石公。两位关系好似兄弟，令人赞叹。

有时石公约我出去逛书店，吃饭。石公生日，有时也约我出去吃长寿面。吃饭似乎形成了一个模式，二两酒，两个小菜，两碗饭，一碗汤，从不过量，从不浪费。我们去的饭馆以海淀镇“仁和酒家”居多，因酒家旁是新华书店，酒家又售有“莲花白”白酒，石公说这是颐和园的藕粉酿制的。时过境迁，现在酒家与莲花白也早已不见踪影了。

十

任公与石公同年、同窗、同事、同志，相处、相交65年，因缘殊胜，情义深厚。任公以对石公的深入了解、丰沛感情，用凝练的笔触，准确、生动地对老友的为人做了“经典性”的描述：“石公生活朴素，无任何嗜好，喜喝酒，但量不大；喜散步，每天必散步一小时；喜旅游，全国名山大川，他没有去过的地方不多。他履幽谷深涧不怕险阻，有似徐霞客；他率性恬淡，有似陶渊明；他目空千古，而口不臧否人物，有似阮籍；他善处师友，而不善于理家，又有似我的老师熊十力。”（《石峻文存》序）

北大老师中对我治学影响大的，在中国哲学史方面是冯友兰和张岱年，在佛学方面是汤用彤和任继愈。十分幸运的是，我到人大后又有石公的指导、点拨，石公虽不是我授业的老师，但我向他直接请教的时间最长，实在是胜似授业老师。

“深相忆，莫相忆，相忆情难极。”往事如烟，离情难尽，先师仙逝，情谊常存。石公的恩情永远深藏在我心中。

方立天

2007 年 2 月 8 日于京郊时雨园

（作者单位：中国人民大学哲学院）

6. 音容笑貌犹在

石公（这是我们对石峻先生的尊称）仙逝已十多年了，但他的音容笑貌至今记忆犹新，历历在目。

1960 年 5 月，我从中国人民大学中共党史系提前毕业，被分配到哲学系哲学史教研室（当时中外哲学史教研室未分为二），我去拜见了当时哲学史教研室主任石峻副教授。他热情友好，和蔼可亲，详细询问了我的情况，并问我喜欢作什么教学和研究。我向他汇报了我在中小学的寒暑假曾念过私塾，对中国古代文化比较有兴趣；在中共党史系学习期间，中国通史的学习时间较多，我准备作中国哲学史方面的教学和研究，他听后很高兴。于是他向我讲起了哲学史教研室的情况。他说，苗力田副教授、李武林、李志逵、李质明、钟宇人讲师是教授和研究外国哲学的；尹明是教研室党支部书记，杨宪邦、孙长江、李餤讲师是教授研究中国哲学的。为提高中国哲学史教学的水平，中国哲学史的教学要与研究结合起来，所以称为教研室。目前是分段教学，分先秦、汉唐、宋元明清、近代四段，尹明、李篋主要是教研先秦，杨宪邦、孙长江主要教研近代，缺乏汉唐和宋元明清教研的教员。他又说汉唐暂由他来教学，要我主要研究宋元明清哲学史，并介绍了宋元明清哲学研究的状况，特别提到冯友兰先生的“新理学”思想。由于他的教导，我确立了教学与研究的方向，但他又一再交代，要教研宋元明清哲学，既要研究先秦、汉唐哲学，不把从先秦到唐的哲学研究清楚，宋明理学也搞不清楚，所以要把先秦到唐的哲学研究透，又要研究近代哲学，以及宋明理学对近代的影响。这就是说要研究清楚源与流，进而可研究宋明理学在朝鲜、日本、越南的影响。他的教导使我豁然开朗，在我的面前展现了一片广阔的哲学天地，我也向他表示我要艰苦学习，时常请教，担负起宋元明清哲学的教学与研究任务。

后我又去拜见哲学史教研室的党支部书记尹明同志，他是抗日战争时的老干部，是北京师范大学研究生毕业后参加革命的，她态度和蔼，性格开朗，关心同志。我也向她汇报了我的情况，请她指教。她不仅同意我做中国哲学史教研，而且鼓励我好好研究宋元明清哲学，作出成绩，不辜负党的期望，这就更坚定了我教研宋元明清哲学的信心和决心。

不久，哲学史教研室根据中国人民大学校党委和哲学系主任吴江同志的意见，要集中力量在一年内，鼓足干劲，编写出《中国现代哲学史讲义》。为此，教研室在中国人民大学附中借了一间大教室，摆了12张桌子（因与我一起分配到哲学史教研室的还有马克思主义基础系——后改国政系——毕业的龚兴同志），集中办公。我当时住在东风一楼东头，早上8点上班不觉得什么，中午2点上班就觉得很紧张，因为我买不起手表，不知道时间，又怕迟到，不敢午睡，匆匆赶到附中教室，觉得路挺长的。当时教研室分配我写梁漱溟的《乡村建设理论批判》一章，杨宪邦同志写冯友兰的《新理学批判》，教研室资料员江涛同志编《中国现代资产阶级哲学资料选编》，每一个哲学家编一小册，由中国人民大学出版社印刷。我写好初稿后，交石公和其他教师传阅提意见修改。

1960年初冬，中国人民大学开始搞教学检查运动，发动学生揭发、批判教师在讲课中错误的、修正主义的、反党反社会主义的思想观点，同时发动教研室的教师自查与互查，检查每个教师讲课的讲稿，以至学生的笔记，如发现有上述思想观点，就摘出来批判，说是帮助同志改正错误。当时教研室把重点检查的对象确定为石峻与苗力田两位副教授，要他们把讲稿拿出来给大家检查。当时所谓教学检查实是豆腐里挑刺。石公拿出来的讲稿就是几张纸的极简要的提纲，苗公的讲稿是几张卡片，教研室分配我们几个教研中国哲学史的人检查石公的讲稿，我看后觉得什么问题也没有，其他同志又轮流看，都觉得没有问题，调同学的笔记，也没有发现问题。反复检查，搞得很紧张。在检查讲稿的同时，还检查发表的文章。后来教学检查就在党内进行。我和李质明、李䜣、江涛为非党员，便叫我们到中国人民大学在密顺县的农场劳动，冬天挖鱼塘，劳动强度很大，粮食定量一个月28斤，吃不饱，我得了水肿病。苗公、石公虽非党员，由于年纪较大，又是运动重点，所以没有下去与我们一起劳动。我觉得这次教学检查对石公的思想影响很大，此后他就很少写文章了。据后来知道，哲学史教研室搞党内检查，批判杨宪邦同志所谓的“错误”观点，于是就与尹明等同志发生意见分歧，这就是被后来郭影秋书记概括的中国人民大学21对矛盾之一的缘由。

石公胸怀坦白，性格开朗，知识渊博，无所不晓。我一有不懂不知的问题，就多去请教他。他诲人不倦，详细讲解；有时我还不懂，他便谆谆教导，直至我理解为止。我知道他爱散步，这也是他唯一的运动。一般来说，他习惯于上午10时后出来散一会儿步，下午4时后出来散步，于是我下午4时后就出来与他一起散步，他特别高兴，话也特别多，或谈学术，或谈人物思想，或谈佛教道教，或谈近人逸事、故事。他记忆力很好，知道的事情又多，很多是亲身经历和见闻的，因此说起来有血有肉，妙趣横生。

石公不顾自己年高提携后学，无私地帮助后学。我写的许多书都经过他的审查和指导，如《周易思想研究》、《朱熹思想研究》、《中国哲学范畴发展史（天道篇、人道篇）》、《宋明理学研究》等。他看得很仔细，不仅改正错别字和标点符号，而且对内容、观点以及不足之处，都提出中肯的意见。只要经他审查过的书，我心里就比较踏实，因为确实避免了很多错误。我在学术上取得的一点点成就，是与石公的教诲分不开的，这是我终生难忘的。他的去世，使我失去了一位无私博学的导师。

石公一生无别的爱好，唯有爱书。他每买一本书，都仔细地用牛皮纸包起来。我有一次问他："石公，你把书用一样颜色的纸包起来，如果找要看的书，不是很费劲吗?"他说："不费劲，什么书放在哪里我都知道。"对此我非常佩服他的记忆力。他在包书纸上没有写书名，四个房间的书架上、地上都是书，如何找书？我想想自己的书比石公少很多很多，又不包书皮，有时为找一本要看的书，翻箱倒柜，真是找死人！由于他爱书、买书，所以每星期必有几次散步到海淀书店或魏公村书店，有关书的信息，他是最灵通的，都是他告诉我出版了什么书，你应去买什么书。1999 年临终时，他话已说不太清楚了，他便费劲地在纸上写下"保书"两字，可见他对书的感情之深。这是一个中国知识分子对中国传统文化载体的敬爱之情，也体现了中国老知识分子高洁的精神世界。书，成为他精神的寄托和慰藉。

石公慷慨大方，平易近人。由于他结婚很晚，我也未结婚，后来结婚了，夫人都在外地，仍过单身生活，所以他常常约我和方立天同志去书店，有时进城，中午他便请我们吃饭。当时在城里找一间饭馆，花 5 元钱三人就吃得不错，还可喝一点白酒；花 2 元钱也可以吃三碗不错的面条。当时在北京工作的大学毕业生每月工资为 56 元，我为调干生 62 元，我夫人在武汉为 53 元。石公为教师 6 级，每月工资 210 元，为副教授最高级，正教授的最低级，所以每次吃饭都不要我们付钱，我们都很过意不去，但他却很高兴。"文化大革命"过后，他夫人王医生从连云港调来北京，王医生还亲自下厨，请我和方立天同志在他家吃饭。王医生的厨艺很好。

石公爱书、买书，他看的书很多。他在北京大学哲学系与胡绳、任继愈为同班同学，在北大他爱听课。他告诉我，他教授讲一堂课，不仅融会贯通中外古今他所需要讲的知识内容，而且是他研究心得和体会的表达。听他讲课或说话，比我们自己去看书要省很多时间，而且可以获得自己看书所得不到的知识和启发。他说他在北大读书时听了很多名教授的课，而且做了笔记。北大毕业后他做汤用彤教授的助手，研究印度和中国佛教。1952 年大学院系调整前，他曾任武汉大学图书馆馆长，其间他阅读了大量的图书。因此，他学术造诣高深，精通儒释道三教和中外古今之学，有人称他为“活字典”，有不懂的、不明白的问题，他都能给你一个有根据的回答。因此，大家都乐于向他请教问题。北大的青年教师、中国社科院的青年研究员，都有来向他请教问题的。

哀哉！悲哉！石公的过世，使我失去了一位好导师，失去了一位时常指导我进步的好长辈，中国哲学界失去了一位学术造诣高深、道德崇高的著名学者。

张立文

2010 年 4 月 20 日

（作者单位：中国人民大学哲学院）

7. 石峻先生精神永存

我在这里怀着深深的敬意来撰写这篇小文。石峻先生逝世的时候我在国外，连消息都不知道，更无法参加他的告别式和悼念追思会，深感遗憾。

我不是石峻先生的学生，但也可作为他的“私淑”弟子和学生看待，因为我聆听过他的许多次学术讲话，深受教益。上世纪七十、八十年代，我国中哲史界十分活跃，经常有各种学术讨论会。这些全国性的研讨会或专题会，形式多样，石峻先生是必定与会并发表指导性的讲话的，我则是必定与会去吸取教益的。从他的讲话中，我受到的启示和教益是很深刻的。

石峻先生的讲话之所以能给我以深刻的启示和教益，不仅因为他学贯中西，学识渊博，对中西哲学史有系统、全面和精到的掌握，而且有一颗忠于学术的童心和责任心。他的发言不是应景，而是出自肺腑，语重心长，对年轻的学者和后辈充满着眷顾和殷切期盼之心。我在当时没有能把石峻先生的讲话记录下来，但每次讲话的中心却牢牢记在心里，那就是研究中哲史一定不能离开马克思主义的指导，马克思主义是我们研究中哲史和从事所有历史研究的方法论和指南。

石先生所讲的马克思主义不是教条，不是贴标签的工具，而是占有全面的客观的材料，“从批判审查过的广泛的思想史料的研究中，引申出合乎事实的带有规律性的结论”（《石峻文存》页282），这也就是实事求是，史论结合，反对从论出发，以论代史。石峻先生自己就树立了这方面的榜样，他特别重视史实和中哲史史料的掌握、钻研和整理，下过极深的功夫。他的《中国哲学史史料学》和《中国佛教思想资料选编》（和楼宇烈、方立天、许抗生、乐寿明教授等合编）是最好的见证。后者已成为我国研究中国佛教思想史的必读教材，居功至伟。

石峻先生除对佛学和魏晋玄学有系统、精深的研究外，对宋元明清和近代哲学亦有通盘、系统的掌握，其中最显著的特点就是马克思主义“具体问题具体分析”和“实事求是”的研究方法的运用。举几个例子。

二程的格物致知学说，从王阳明和胡适以来就认为是向外穷究物理，也以此解释朱熹的《格致补传》。石峻先生却指出：“二程认为人心本来是有知的，在心上反省内求，就可以认识一切事物。‘只心便是天’，因为‘天’即理、即心，天理本在人的心中，那么认识事物当然就不用外求了。”（《石峻文存》页160）就是说，二程包括小程的“认识论”亦是心学，为此，石先生还特别引用了程颐下面的一段话：“学也者使人求于内也，不求于内而求于外，非圣人之学也。”这在当时是违反传统的主流的看法的，但石峻先生不人云亦云。所以如此，是由于他坚持从史料的精确掌握出发，从中引申出恰当的解释，而不是以“定论”代史。以后朱熹《格致补传》讲“格物穷理”是“莫不因其已知之理而益穷之，以求至乎其极”。“已知之理”朱熹自己解为人生来即具的“良知”；“益穷之”是加以推广扩充的意思，亦是反省内求的路数，更加证实石先生对二程“格致”的解释是一种真知灼见。

石峻先生指出，研究中哲史要注意处理好哲学的特殊性与普遍性的关系，既要反对以西代中，以哲学的普遍性代替中国哲学的特殊性，把中国哲学变成西方哲学的例证和附庸；又要反对强调中哲的特殊性，认为它与西哲的完全不同，甚至远远高出西哲这种“国粹派”的观点。今天，当这个问题被重新讨论，有人大讲中哲的特殊性而否认其内含的哲学普遍性时，石峻先生的意见也是慧眼独具、有先见之明的。所以如此，亦是因为石峻先生对中西哲学性质的看法，贯彻着马克思主义辩证法的普遍原理与特殊性相结合的原则。

石峻先生的《伦理学研究》言简意赅，囊括古今中外，极具理论深度，是融哲学与伦理学研究为一体及理论紧密结合实践的范例。此书写于解放以前，透显着石先生对近代民主政治的赞誉和热情，说明石先生的学术研究是充满着对国家和民族命运的高度关注的。

我在上世纪七八十年代研究中哲史，思想比较解放，但亦无不贯彻着石峻先生所强调的马克思主义研究方法的要求，这是可以告慰于先生的。

石先生为人坦诚、真挚、踏实、憨厚，忠于学者的本分，不求名，不求利，惟学术之为务。他的身上有我国传统知识分子的美德，亦有湖南人的特有气质。我是石先生的大同乡。“高山仰止，景行行止，虽不能至，心向往之。”他的品格和气质对我是一种示范和激励。他逝世近20年了，他的身影却不时清晰地出现在面前。捧读他的《石峻文存》，如像继续在听他的讲话，倍感亲切。石先生会永远活在后辈学者的心里，他的精神是永存的。

金春峰

2007.7.22

（作者原单位：人民出版社）

8. 忆石峻先生二三事

石峻先生是我十分敬重的一位老一辈的中国哲学史家。我与石峻先生（当时我们称“石公”）的相识与交往主要是从上世纪的80年代开始的，尤其是我参加了《中国哲学史》杂志编辑工作之后，与石峻先生交往就更多一些。这是因为《中国哲学史》杂志是中国哲学史学会的会刊，而石峻先生当时担任着中国哲学史学会的副会长，领导着《中国哲学史》杂志的工作，每当《中国哲学史》杂志召开重要会议，或举办重要的学术讨论会时，当时中国哲学史学会会长张岱年先生，副会长石峻先生，这两位学术界的老前辈都是必定要参加会议的，并在会议上要做报告，或者对我们编辑部的工作作指示。这样我就与石峻先生的交往越来越多了。石峻先生学识渊博而平易近人，所以当时我们年轻的一代人，都很乐意与石峻先生聊天，询问学术上的问题，石峻先生也总是有问必答的。在我的印象里，石峻先生博览群籍，是位博通古今中外的百科全书式的学者，似乎是什么事情都知道，所以我每次与石峻先生相见和交谈，总感到有所收获，增加了自己的见识，很想与石峻先生再多交谈一会儿。今天石峻先生已经离我们而去多年了，回忆当年我与石峻先生相处的岁月，感慨万千，总想写些什么以寄托我对尊敬的石峻先生的哀思，但又不知应该写些什么。近日石峻先生的弟子邀我为石峻先生的纪念文集写点东西，我答应了。回忆起石峻先生，有二三件事当时对我感触较大，我尚记忆犹新：

石峻先生有一件事对我感触较大，直至今日也难以忘怀。记得在上世纪80年代中期，拙作《先秦名家研究》刚出版不久（1986年出版），石峻先生很想看到这本书，但由于出版数量太少，只出1800册，书店里已经售完，我手头也没有了此书，只保存了一份共有150页的复印件，当时石峻先生向我借阅这本书，我感到一位著名的知识渊博的老前辈学者向小辈借书看，这是对我的莫大鼓励，我是不能拒绝的，但手上已经没有了这本书，只好把该书的150页的复印件交送给了石峻先生。之后，我没有想到，石峻先生看完了这本书后打电话给我，要还我这本书，本来我是没有想要石峻先生还书的，但石峻先生对于我们小辈也是很讲信用的，有借有还。让我更没有想到的是，我去石峻先生家取书时，石峻先生还给我的不再是150页的复印件，而是把150页复印件整整齐齐地装订成一册书了。当时我拿到书后十分感动，一位老前辈老教授能帮着一位年轻人装订一本书，这不仅是对书的爱护，更是一位老前辈学者对我们年轻学者的爱护啊！同时我也感到十分惭愧，自己借给石峻先生书时，为什么不能把复印件装订成册恭恭敬敬地呈送给他呢？在这里我看到了自己与石峻先生的差距，看到了自己的不足。石峻先生永远是值得尊敬和学习的榜样。

石峻先生在学术上对我的帮助也很大。当时我正在研究魏晋玄学的思想，我曾经与石峻先生请教与讨论过有关玄学的问题。石峻先生曾多次对我说，研究魏晋玄学一定要把玄学思想放到当时时代的社会经济政治中去考察，把似乎是玄之又玄远离实际的玄学思想，还原成当时的社会政治人生问题，只有这样才能把握住玄学思想的本质，不然的话似乎是很玄妙的玄学就不好理解。石峻先生说的这一原则就是要我们坚持用历史唯物论的观点来看待和分析玄学哲学问题。石峻先生的这一番议论对我研究魏晋玄学有着很大的启发与指导的意义。我研究魏晋玄学是力图用历史唯物论的原理，从当时的社会经济政治的基础上来分析"玄之又玄"的玄学问题的。但运用的水平如何，是否能把问题分析得清楚与透彻，这就很难说了，这是我的思想水平问题了。

石峻先生知识渊博，但他又是一位谦逊的学者。当时我们年轻人总喜欢与石峻先生一起去参访佛教的寺庙，寺庙中有许多佛像菩萨像，还有许多有关佛教的故事，我们年轻人往往弄不清楚，分辨不清，所以总喜欢向石峻先生讨教询问，而石峻先生又总是有问必答，能讲出一大套有关佛像或佛教的故事。然而，我记得有一次我们和郭朋先生、石峻先生一起去庙宇参观，石峻先生就像小学生一样倾听着郭朋先生的讲解。当时我们如有问题问石峻先生，石峻先生则说我们听郭朋先生讲，郭朋先生比我们知道得多。这是因为郭朋先生本是位出家人，后来参加革命，新中国成立解放之后又转入佛教的研究，自然有关佛教寺庙方面的知识要比我们知道得多得多。在这里石峻先生的谦逊的态度，不以老学者自居而虚心好学的精神，也是我们值得学习的。

我与石峻先生相识的往事自然还有不少，但一时也回想不起来了，自己的年岁也老了，以上所说的这二三件事印象较深，对我的触动也较大，时至今日，还牢记在自己的心中，不能忘怀。为了缅怀石峻先生对我的帮助与教诲，今天我把它写出来作为纪念吧！

许抗生
（作者单位：北京大学哲学系）

9. 缅怀恩师石峻先生

（一）从"中哲史界的人大学派"说起

五年前，我出席了在人民大学召开的纪念石峻先生诞辰90周年

学术座谈会。2006 年 12 月 19 日,《光明日报》一篇报道提到了我的发言:

> 方克立教授说,石先生是中国哲学界学识渊博的前辈学者,也是中国哲学史界教书育人最有成就的教授之一。他不论在中国哲学史学科建设还是中国哲学史队伍建设上都做出了重要贡献。而且,如果中国哲学史的人民大学学派这个概念成立的话,那么石先生就是这一学派的开创者,是中国近现代哲学史研究和我国马克思主义中国哲学研究的奠基人之一。

在另一篇学术综述中,则有这样一段话:

> 方克立教授谈到,石峻先生非常重视探讨中国哲学史研究中的方法论问题,他学贯中、西、印,重视中西哲学的会通和比较研究,强调以马克思主义为指导是研究中国哲学史的正确方法。杨宪邦教授、朱德生教授等与会学者也对石峻先生的这一立场和观点给予了高度肯定。方克立教授基于此,提出石峻先生创立了中国哲学史研究的'人大学派'。石峻先生在人民大学哲学系任教 40 年,形成了自己独具特色的学术观点和学派风格,在他的带领下,中国人民大学哲学系(院)中国哲学史教研室已成为独具风格的全国一流的专业队伍。张立文教授对此深表认同,并表示要努力使人大学派光大起来并传承下去。(《中国人民大学学报》2006 年第 6 期)

我的这个看法,不久就听到了异议。有人说:"你看人大的中哲史队伍,倒是大家辈出,各搞一摊,思想与学风差异甚大,哪能给人以同一学派的印象呢?"对此,我也有自己的思考和理解:人大的中哲史队伍,自从 1955 年石峻、杨宪邦两位先生从北大调来创建该学科,至今已逾半个世纪。在几十年风雨兼程中,包括经历了"文革"那样的动荡,这支队伍在石、杨两位先生的带领下,始终坚守在中国哲学教学科研岗位上,培养了大批专业人才,在学术上做了多方面的开创性研究,成果累累,早已成为国内最有实力的中国哲学重镇之一。它是我国建立学位制度后获得批准的首批中国哲学博士点,石峻先生是首批中国哲学专业博士生导师。这种学术地位在全国范围内也是得到肯定的，石峻先生长期担任中国哲学史学会副会长、中国现代哲学史研究会会长，杨宪邦先生担任中国哲学史学会秘书长，都为学会建设做出了重要贡献。在石、杨两位先生的带领、指导和扶助下，一批上个世纪 60 年代初加入这个队伍的青年学者也迅速成长起来，方立天、张立文同志 1984 年就被教育部特批为教授（全国哲学界只有 5 人），2009 年又被评为人民大学首批一级教授（全校只有 14 人），已成为同侪中出类拔萃的学术大家。这个队伍的第三代人是"文革"后培养的一批优秀中青年学者，他们大都是前两代导师的亲炙弟子；为了避免近亲繁殖，也引进了一些毕业于其他高校或有留学背景的博士。他们在更加优越的条件下成长，知识结构更加合理，目前已成为教学科研的主力军。我本人是从人大中哲史教研室走出来的，亲身经历了它的前期发展阶段，石峻等先生是我的恩师，与同辈学者已有数十年的友谊，第三代人中也有我指导培养的研究生。所以这个学术队伍半个多世纪的发展与我不是无干的，我对它怀有特殊的感情并寄予厚望，期待它能为中国的学术事业做出更大的贡献。

我所谓的"中哲史界的人大学派"，当然不只是就人大的中哲史教师队伍说的，同时也是指曾受业于人大，受到人大学术传统的影响，在全国各地从事中国哲学教学研究工作的学者群体。"文革"前中国哲学界的基本形态是：从事马克思主义哲学教学研究的多出身于人大，从事中外哲学史教学研究的多出身于北大。1952 年院系调整把全国的哲学教授都集中到北大哲学系，1956 年才在人大、武大、复旦新建或重建三个哲学系。我在 1956 年入读人大哲学系时，只有一个专业，即辩证唯物主义和历史唯物主义，但也有中外哲学史课程，而且是必修课，所以必须建设这方面的专业教学队伍。石峻先生当时是哲学史教研室主任（中外哲学史在一个教研室），是人大中国哲学史学科的开创者。听过他授课的学生分布于全国各地，除了大部分教马克思主义哲学外，也有一部分后来从事中国哲学史的教学研究工作。"文革"后成立全国性的中国哲学史学会，有相当一部分理事是人大哲学系的毕业生，要说"学脉"和"师承"，他们很自然地会以石峻先生为"宗师"。我于 1973 年调到南开大学哲学系，先后在该系教中国哲学和伦理学的王兴华、温克勤、刘文英都出身于人大。在全国各地，业内人士都熟悉的还有吉林的陈庆坤，山东的周立升，安徽的乐寿明，河南的崔大华，江苏的李书有，湖南的王兴国、唐凯麟、冯正刚，云南的伍雄武，四川的贾顺先，北京的葛荣晋、傅云龙、陈瑛等人。这些学者都是石门弟子，在中哲史界是一支不算很小的力量。他们在各种学术会议上相聚时，也有人友善地称其为“人大学派”。这些学者治中国哲学有一个共同特点，就是都有较好的马克思主义哲学功底，注意概念的清晰明确，长于理论分析，坚持唯物史观的研究方法，这与他们在人大所受到的学术训练是分不开的，在他们身上也能看到石峻等先生学术思想与学风的影响。这批学者属于“人大学派”的第二代，这个群体的出现在一定程度上改变了中哲史界出身单一的状况。

“文革”后研究生的培养和学位授予单位多元化，使学术界的生态环境进一步得到改变，有利于形成多种学术风格并存和百家争鸣的局面。在我看来，出现学派现象并不是坏事，比如在宋明理学中，正是由于濂、洛、关、闽，湘学、蜀学、江西之学、浙东之学等不同学派之间的交流与交锋，才促进了当时学术的繁荣和发展。20 世纪 80 年代中哲史界的领军人物是张岱年、任继愈、石峻三位先生，他们都是马克思主义的中国哲学史学的奠基人，从大的学派来说都是一派；但又各有不同的治学特点，带领自己的学术队伍分别进行着创造性的教学研究工作，他们之间的关系也是“和而不同”。除了北京这个全国性学术中心外，在京外也形成了一些各具特色的中国哲学教学研究中心。我在过去的文字中曾经提到过中哲史的“珞珈学派”，也十分看好上海的“冯契学派”，当然还有其他一些已经形成或正在形成的学派。所以我认为，“人大学派”这个概念并不是凭空提出来的，但不宜过分死板地界定，它是在一定意义上说的，关键是要把握它的中心学术观念和独特的学术风格。

中国传统学术是重视师承和学派现象的，历代学案记述的就是一个个以案主为中心的大小学派。中哲史界的“人大学派”无疑是以石峻先生为宗师和开创者，因此他的学术思想和学风对后来者就具有示范意义和广泛深刻的影响力。

我个人认为，石先生治中国哲学史有以下特点：（一）中国哲学史研究必须坚持以马克思主义为指导，但又要反对本本主义，反对将马克思主义简单化、庸俗化、教条化、公式化。对哲学思想进行阶级分析不是给哲学家划阶级成分，哲学上的唯物、唯心与政治上的进步、反动不能画等号。马列经典著作不能提供解决中国哲学史具体问题的现成答案，要将马克思主义的普遍原理与中国哲学的具体实际结合起来。（二）所谓实事求是、具体问题具体分析的研究方法，运用到中国哲学史研究中，就是要从大量经过批判审查的思想史料出发，史论结合，全面分析，从中引出符合历史实际的结论。有一分证据说一分话，切忌主观臆断、望文生义和断章取义。他鼓励青年同志要认真研读中国哲学原著，还要掌握一些目录、版本、训诂、校勘等方面的专门知识，打下扎实的学问基础。（三）要重视和加强中国近现代哲学史的研究。近现代哲学是近现代社会矛盾的反映，又是古今中西各种思想学说的交汇点，哲学思想复杂多变，新旧交替十分频繁，总结其发展规律和经验教训，对于当今中国哲学发展有更贴近的借鉴意义。学习中国哲学史要从源头开始，从古到今，古今贯通；研究中国哲学史应以近现代为重点，厚今薄古，古为今用。（四）中国哲学受佛教影响很大，不懂得佛学就不能理解中国哲学，尤其是不能理解宋明理学。研究佛学不是提倡宗教信仰，而是科学地认识一种人类文化现象，从中提炼出有价值的理论思维成果。要研究佛教与中国本土思想文化的相互影响即互动关系，以及佛教是怎样在同反佛教思想论争中发展和改变自己的。儒、释、道三教关系是中国哲学研究的一个重要课题。（五）中国传统的“天人之学”虽然也研究天地万物的本原、构成和大化流行等问题，但哲学家们更多的是关注人的生存意义、人性善恶、理想人格、情操、道德修养等问题。要把伦理道德问题上升到哲学高度来理解和解决，伦理学是中国哲学（“天人之学”）不可分割的一个组成部分。（六）研究中国哲学不能闭门造车、闭关自守，而要放眼世界，注意吸收外国哲学的先进成果，进行中西、中印比较研究，提高中国哲学的理论水平。要处理好普遍性与特殊性的关系，既要反对否认中国有哲学，或把中国哲学当作西方哲学附庸和特例的民族虚无主义，也要反对过分强调中国哲学的特殊性，认为它远比西方哲学高明的国粹派观点。中国哲学走向世界、走向未来、走向现代化是不可改变的历史发展的必然趋势。

石峻先生在课堂上、各种学术会议上、文章著作中和师友谈话中反复阐述的这些学术思想，不仅为人大弟子与后辈学人深切感受和高度认同，而且在中国哲学史界有广泛的影响，因为他讲的都是自己几十年治学的真切体会，是一些最朴实的道理，完全符合中国哲学史学科发展的实际。

（二）我有幸听了石先生开的两门课

我在人大哲学系学习期间，给我们上中国哲学史课的是李錟（先秦）、杨宪邦（汉唐）、孙长江（宋元明清）、尹明（近代）四位老师。他们的教学态度都很认真，而且各人讲的都是自己最熟悉、下工夫最大、研究最深入的一段，所以教学效果总体上说相当不错，同学们学得很有兴趣，对中国哲学史有了整体、全程的基本了解。有的老师还引导我们关注当时的学术讨论，我在《光明日报》上发表的“研究《周易》不能援‘传’于‘经’”一文，就是在李錟老师的启发和帮助下写出来的。

石峻先生没有给我所在的这个年级上中哲史课，当时觉得是一个遗憾。他只是在我们刚入学时见过一面。那是在徐琳老师的辩证唯物主义课堂上，为了让我们这些与哲学刚结缘的青年学生了解辩证唯物主义的来源，曾请专家大略地介绍中西哲学发展的概况。西方哲学概况是苗力田先生讲的，到介绍中国哲学概况时，石峻先生代表吴玉章校长给我们请来了中国思想史大家、中科院历史所的侯外庐先生。他先对侯先生作了简单介绍，我们都怀着崇敬的心情来听权威讲课，侯先生讲话山西口音较重，有些字听不准，杨宪邦老师就把讲到的重要名词概念写在黑板上。后来听说系里没有安排石先生给我们上中哲史课，也是事出有因。当时人大正在搞教学检查，石先生是哲学史教研室检查的重点对象之一，在政治上受到一定的伤害，此后他的言行就更加谨慎了，文章也写得少了。

我于1962年毕业留校工作，先跟随系主任张腾霄老师读了一年马恩早期著作，翌年暑假后同意我去中哲史教研室。教研室给我安排的第一个工作，就是给石峻先生讲课当辅导助教。1963—1964学年石先生给哲学系本科60级讲中国哲学通史，我与方立天、张静贤三人担任辅导教师。这个年级共有五个班，我负责三班和四班（美学班）。

没想到学生时代的遗憾参加工作不久就得以弥补，使我有机会系统地听石先生讲中国哲学史，领略名师讲课之风采，真是大合吾意。

石先生学识渊博，思想深邃，一部中国哲学史都在他的心中，讲授起来挥洒自如，要简能简，要繁能繁。他特别重视本科的基础课教学，认为在有限的课时里，要把最基本的准确可靠、切实有用的知识传授给学生，帮助他们掌握正确的学习方法，因此不能满堂灌，一定要少而精。石先生讲课条理清楚，内容精当，表达深入浅出，语速不快，让学生能听得懂、思维跟得上、笔记记得下来。每堂课他都作了精心准备，但没有写详细教案，从不照本宣科，而是只有一个讲授提纲，重点讲清楚基本线索和基本思想、概念、命题，注意总结理论思维规律和经验教训。他对古典哲学文献非常熟悉，许多名言名句都能背下来，甚至脱口而出，但在课堂上并不过多铺陈史料，尽量避免念大段引文，有些必须介绍的重要资料，则将其分解后通过串讲把思想要点揭示出来。同学们都反映石先生的课内容很实，没有废话，富有思想性和启发性，确实达到了很高的教学水平。

这一年我随堂听课，有幸跟石先生又学了一遍中国哲学史。给学生布置的参考教材是任继愈先生主编、人大中哲史教研室老师也参与编著的那套《中国哲学史》，当时已出版第一、二册，第三册印出了内部征求意见稿。我同时也认真研读了这套教材，因为它代表了当时国内中哲史教学研究的最好水平，做辅导时学生提的问题有些也是来自这个教材。我们每周到学生宿舍去辅导一个晚上，一般是个别辅导；三至四周做一次集体辅导，主要是配合课程进度，领读和讲解石先生布置的重要原著，比如《庄子·齐物论》、《荀子·天论》、僧肇《物不迁论》、范缜《神灭论》等篇章，我都在集体辅导时讲过。让助教讲解、导读原著，这也是老先生培养锻炼青年教师的一种方法。这一年是那个时代难得的还能读一点书的机会，虽然也有一些别的事情干扰，但首先要保证完成教学任务，对学生要负责任。到考试前辅导任务也加重了，不是每周到学生中去一次，而是两次、三次。回想起来，我做助教 17 年，真正名副其实地履行助教的职责、实际参与教学工作的，也就只有这一年。

1964 年 10 月，我就与人大哲学系师生一起去湖南参加农村社教（“四清”）运动，此后十多年基本上与教学科研工作无缘。“文革”

的前七年我也是在人大度过的。为了解决与家属两地分居的问题，1973年，我和黄昭仪先后调到天津南开大学。1978年，黄昭仪回人大哲学系读研究生，那一年我的年龄还在考研范围内，有朋友建议我也回人大去读石峻先生的中哲史研究生，但两个小孩需有人照顾，不能两人同时去上学。1981年，我在南开大学评上副教授，学校安排明年就要带中哲史研究生，实际上学术准备是不足的，这点我自己心里有数。就在黄昭仪读研的最后一个学期，石峻先生给人大中哲史研究生开中国哲学史史料学课，这是一个再次向石先生求教问学的好机会。当时我们的长子由黄昭仪带着在人大附中借读，小儿子放在上海外婆家，我在南开的工作也能妥当安排开，遂决定每周从天津去北京一次，与冯禹、郑万耕、那薇等同学一起，听石先生讲授中国哲学史史料学。除了个别特殊情况外，我基本上坚持下来把这门课听完了，这对我后来的研究生教学工作有很大帮助。

1981年上半年石先生在人大开史料学课时，已出版的同类著作只有冯友兰的《中国哲学史史料学初稿》（上海人民，1962年）一种。张岱年先生在20世纪70年代末给北大研究生开过史料学课，但其《中国哲学史史料学》一书是1982年出版（三联）的。冯、张二书的主体内容都是逐章介绍历代重要的哲学史料，分别加以考订，确定其历史年代和史料价值。石先生的史料学课有与其不同的特点，它的重点不是具体介绍历代哲学史料，而是论述在马克思主义实事求是精神的指导下，如何利用中国传统文献学的成果，对思想史料进行科学整理和批判审查的方法，包括目录、版本、校勘、训诂、辨伪、辑佚等基本知识，以及如何使用工具书等。这些就是过去所说的国学基本功，而在现代知识背景下成长起来的青年已十分隔膜，包括中哲史研究生，给他们补一些这方面的知识是有必要的。石先生不仅把这些收集、整理、分析、鉴别史料的方法讲得非常清楚，而且用大量的具体例证，说明将其运用于中国哲学史研究的意义以及价值、必要性和重要性。最后他讲了一下哲学理论与思想史料的关系，回顾了中国哲学史学从古代到近现代的发展历程，指出其发展方向是要建立以马克思主义为指导的科学的中国哲学史学。由于课时有限，石先生在课堂上没有具体介绍历代哲学史料，而是布置参考书让研究生自学，要他们在具体课题研究（如写硕士、博士论文）中学会收集、整理、分析、鉴别、使用史料的方法。

石先生讲史料学的思路与冯、张二先生不尽相同，但也有共同之处。关于目录、辨伪、辑佚、校勘、训诂、考证等整理史料的方法，张先生是在另一门课“中国哲学史方法论”中讲的。20 世纪 80 年代编《中国大百科全书》，张先生是中国哲学史编写组的主编，“中国哲学史史料学”这个重要词条，就是请石峻先生写的，可见石先生关于史料学的对象、范围、任务、方法的基本看法，张先生也是同意的。我后来在南开讲史料学，力图把几位先生讲的内容综合起来，除绪论外，分三部分：（一）整理哲学史料的基本方法；（二）历代哲学史料举要；（三）中国哲学史学史概述。这个思路主要是受到石峻先生的启发，也可以说，听他的课给了我后来敢开这门课的底气。

（三）难得的世交情和师生谊

石峻先生 1948—1952 年在武汉大学工作，任哲学系副教授兼校图书馆主任，与我的父母都认识，并有较多交往。先父方壮猷先生当时是武大历史系教授，1950 年调到中南文化部文物处工作，1951 年兼任中南图书馆（即今湖北省图书馆）馆长。他与石先生除了是湖南同乡和史学同行之外，还在图书馆事业上有一些业务交往。1949 年 11 月，新中国刚成立不久，先父出于爱国热情，曾将一批珍藏古籍捐给武大图书馆，其中包括《汉州志》、《嘉定府志》、《崇祯存实钞》、《夷门广牍》等近 500 册。与他洽谈此事的就是石峻先生。他兼任中南图书馆馆长后，为了动员中南地区的一些大藏书家将图书捐献给国家，又带头将自己的大部分藏书捐给中南图书馆；同时，他听从石先生的建议，也将其中的一部分再次捐给武大图书馆。那时他们是武汉地区最大的两家图书馆的馆长，工作上有一定的联系，业务上有共同语言，关系比较融洽。我的一个堂叔曾在武大图书馆工作，也得到石先生的关照，新中国成立后参加了人民解放军。石先生当时是单身，在我们家里吃过饭，与我的母亲也熟悉，后来他在与研究生谈话时还提到过我的母亲。

以上情况大都是 1957 年春我寒假回家时听父母说的。返校后奉父母之命，我去拜访过一次石先生，转达他们的问候。石先生非常高兴，讲了一些我的父母和武大的事情，但更多的是讲哲学这门学问的重要，在人类知识体系中的地位，强调学哲学要有开阔的眼界，吸收古今中外人类知识的精华，因此要下苦工夫，要多读书。他说我今后在学习和生活上有任何问题都可以去找他。这次见面后，那年夏天学校就开展了‘整风反右’运动，我在政治上犯了错误，受到团内警告处分。接着是双反交心，下放农村劳动锻炼，我因病而休学一年。我在系里是一个落后学生，所以不好意思再去见石先生。直到 1962 年我留校工作，特别是第二年到教研室给他当助教，才重新有了较密切的联系。石先生是哲学系的老师，对我挨批评、受处分的情况肯定是知道的，但他从来没有跟我提起过这段历史。

“文革”中我与石峻先生在同一个群众组织参加学习等活动。当时人大两派斗得很厉害，特别是在“清理阶级队伍”阶段，有时半夜里大喇叭突然会喊把某某“大特务”（或“大叛徒”、“历史反革命分子”）揪出来，搞得人心惶惶。两派互相揪的对象主要是站在对方组织一边的老干部、老教师，主要是抓他们的政治历史问题，因此群众组织对本派的老同志也要做一些调查了解，以便心中有数。我被安排去了解本教研室石峻、杨宪邦两位先生的政治历史情况，方法是先同他们直接交谈，有什么问题搞不清楚，必要时再做外调。我分别给两位老师说明来意后，他们都很理解、很配合，交谈得很顺利。这些谈话对我来说，其实是一次深入了解老一辈知识分子丰富的人生阅历，学习他们追求真理、追求进步的执著精神的好机会。

我找石先生谈过两次，第一次谈得比较系统、详细，他还给我看了一份自撰简历的存稿；第二次将简历还给他时，又补充谈了一些情况。通过这两次谈话，我才知道石先生出身于下层劳动人民，家庭成分是下中农，亲戚关系也多为贫下中农；个人经历非常简单，除了读书就是教书，一直没有离开学校；从未参加过任何反动政党、社团、会道门之类的组织，政治历史非常清白；思想上同情人民革命，关心国家进步，在北大上学时参加过“一二·九”学生爱国运动，解放前夕在武大参加了党领导的进步组织“新民主主义教育协会”，为迎接解放、协助解放军接管武大做了许多工作；新中国成立后认真学习马列主义、毛泽东思想，用以指导教学和研究，是新中国第一个用马克思主义观点讲授中国近代思想史的高校教师。我给哲学系群众组织负责人汇报说："你们完全可以放心，石峻先生一点问题也没有。在从旧社会走过来的知识分子中，像他这样政治历史清白无瑕的恐怕还不多见。"通过这次谈话，石先生在我的心目中也变得更加可亲可敬了，相互间交往更加密切了。

我在"文革"后期调离了人民大学。在南开大学工作期间，我在学术上或教学工作中碰到什么问题，总是首先想到去求教求助自己的老师石峻先生，他也总是尽可能地帮助解决。上世纪80年代初，为了引导中哲史研究生重视研读古典哲学原著，我曾请京津地区的一些专家，各用一周左右的时间给南开中哲史研究生讲《周易》、《老子》、《肇论》、《华严金师子章》、《正蒙》、《北溪字义》等名著，其中的《肇论》就是请石峻先生讲的。他的渊博学识和平易近人的作风给那批研究生留下了深刻印象，他们后来一直与石先生保持着密切联系。我早期带的研究生撰写的博士论文，也大都请石先生评阅过，请他帮助把关。他读得非常仔细认真，用工整小楷写的评语多以鼓励为主，有的学生把先生的评语珍藏至今。1991年南开大学授予日本茶道里千家第十五代家元千宗室论文博士学位，其博士论文"《茶经》与日本茶道的历史意义"，我也请石先生帮助评审，并请他和朱伯崑先生来津参加博士论文答辩会。由于这是我国授予外国人的第一个论文博士学位，所以答辩和学位授予仪式都搞得十分隆重。

我在学术研究中得到石先生的指导和帮助，突出地表现在把握现代新儒学研究的正确方向这个问题上。石先生十分关注我承担的"现代新儒学思潮研究"这个课题，多次跟我说一定要用马克思主义立场、观点、方法来研究中国现代思想史，研究现代新儒学。在探索中国传统思想的现代价值方面，现代新儒学有一定的贡献，但它毕竟不是中国现代思想发展的主流和正确方向。现代新儒学是把封建正统思想（程朱、陆王）与外来的资产阶级思想结合在一起，融为一体，其作用是复杂的、多方面的，一个很重要的作用就是抵制马克思主义在中国的传播与发展。要防止抬高资产阶级哲学、贬低中国的马克思主义哲学的倾向。有些青年学者没有思想史的全局观念，研究谁就抬高谁、吹捧谁，把牟宗三等港台新儒家抬到不适当的地步，其实也是对他的老师熊十力先生的不尊重。1987年12月，我在中央党校召开的中国现代哲学史首届全国学术讨论会上的发言（题为"关于现代新儒家研究的几个问题”），其中就吸收了石峻先生的一些观点。石先生对我在现代新儒学研究中所持的理论立场是明确支持的，有一次跟他的研究生说我写的“全面评价冯友兰”是一篇重要文章，蔡仲德不了解张岱年为冯先生曲为解说的苦心，把冯在新中国成立后的努力说成是反面的了。石先生跟我也讲过一些对冯友兰的看法。他说有些人为冯的“贞元六书”辩护，显然站错了立场。《新事论》是反“五四”的，《新世训》后来代替了国民党的党训。冯友兰甚至比胡适还落后，胡适不写《中国哲学史大纲》下册，是因为其反封建的立场不能捧宋明理学，所以不写，只写反理学，新儒家却吹捧宋明理学。他说研究“贞元六书”要读胡绳的文章，他了解情况，其看法是正确的。

石先生对我的关心、扶持和帮助是多方面的，不可能在此一一列举，但不能不提到1984年特批教授时他和张岱年先生给我写推荐书一事。什么叫师恩深厚？我当时真是深有体会，感动不已。一切都发生在我出差外地的一周之内。如果没有上面的特殊政策、黄昭仪连夜填表、老一辈的倾力扶植和各级评委的大度，这个结果是根本不可想象的。我也自知学养资质不足而只能加倍努力，以不辜负党和政府、学界前辈对我的支持和信任。

黄昭仪也是石先生的学生，从他那里得到过不少教益。“文革”中没有事做，有次她跟石先生说，想读一两本文艺作品，石先生表示赞成，过两天就给她送来一个按照鲁迅《中国小说史略》列举的书单。黄昭仪同石先生的夫人王大夫比较谈得来，60年代王大夫来京探亲时她们就认识，黄昭仪回人大读研究生时，王大夫已调来北京，在北医三院工作。有时周末做好吃的，如包饺子，王大夫就让石先生跑腿到黄昭仪宿舍，叫她去家里吃饭。那时王大夫已在补习英文，准备出国进修。“文革”期间石先生也请我吃过饭，那时他一个人，亲自买菜下厨。我印象最深的一个菜是苦瓜肉圆，即把苦瓜洗净切成寸段，挖掉中间的瓜瓤，塞进调味好的肉末，放在蒸锅里蒸熟，吃起来清香可口。湖南人爱吃苦瓜，这可能是他家乡的一个传统菜。

我与石先生有40多年的交往，其中包含着世交情，但更主要的是师生谊。我是石先生培养出来的从事中国哲学专业工作的学生之一，受到他的诸多教育、指导、关怀和帮助，对石先生理应以师父事之。学界同仁包括前辈和后学都称他为“石公”，我在朋友交谈时也随众这样称呼，写信抬头亦称“石公吾师”，但当面却无论如何也叫不出来，总是喊他“石老师”，觉得师长的辈分不宜模糊。我感到十分惭愧的是在石师暮年衰病之际，不能给他以实质性的帮助。有一年王大夫从美国回来，我和黄昭仪去看望两位老人，虽然心里也想让王大夫留下来，但明知不可能，作为后辈也不便开口。有段时间是石先生的弟弟和弟媳轮流去照顾他，隔几天去一次，做许多吃的东西放在冰箱里。有的时间久了可能已不新鲜，也对老人的身体不利。病中的石先生仍十分关心国家和学术的发展，我们每次去看望他时，他都兴奋不已，说话很多，而且新话题不断，临别亦不愿终止。老人家已不能下楼，只能拄着扶圈送到家门口。回头看到他那无限留恋这人世间生活的眼神，总是止不住一阵心酸。石先生原来身体底子是不错的，从来不去医院看病，如果晚年的整体生活状况更理想一些，饮食起居有人精心照顾调理，他就不至于那么早病倒，完全有可能更长寿。无奈命运不遂人意！

（四）一个质朴的有特殊风格的学者

许多师友都讲到了石先生平生之最爱是书。他爱读书，爱买书，每周必去书店，工薪收入大部分用来买书。他藏书甚丰，精心保管，其中多有善本精品，包括一些国内很难见到的外文书籍。这些藏书已成为他生命的一部分，所以他的临终遗言也是“保书”。石先生不是一般的藏书家，他是我所见到的真正爱书、懂书、嗜书如命的读书人。关于这一点，与石先生交谊至深的任继愈先生在《石峻文存》“序”中有生动具体的描述，凡是去过石先生家的人都会有共同感受。那是一个凝聚着石先生数十年心血的收藏宏富、品位甚高的专业图书馆，造访者无不叹为观止。

石先生生活习惯中的另一个特点是喜欢散步。正常情况下，每天散步两次，上下午各一次，每次一小时左右。他到海淀和魏公村书店看书买书，来回都是步行。当然更多的情况下是在校园内散步。走路散步是他唯一的运动，有时走得很远，出人大校门往南一直走到紫竹院，这说明他的身体情况确实不错。他也经常在散步时思考问题，因此难免出现“目中无人”的情况。散步还是他人际交往的一种重要方式，弟子门生、校内友人都知道他有爱散步的习惯，并且很有规律，所以都喜欢陪他散步聊天、求教问学，无意中散步又成了一个特殊的课堂。20 世纪 80 年代以后到外地参加学术会议的机会比较多，石先生也经常在住地周围的街道、里弄、广场、河边散步，有时还去参观当地的早市，了解风土人情，这种散步又有扩大见闻、汲取新知的意义。

与此相联系，就要说到石先生爱旅游的特点了。我虽然没听说过他有“读万卷书，行万里路”的目标，但实际上他是这样做的。任继愈先生说他“喜旅游，全国名山大川，他没有去过的地方不多；他履幽谷深涧不怕险阻，有似徐霞客”，确为知友之言。“文革”期间（1969—1972 年），我和石先生等一起下放到江西余江人大“五七”干校，他不仅遍游江西境内的庐山、井冈山、龙虎山，而且利用每年的休假探亲时间，选择不同路线游览沿线没去过的城市和名山古刹、现代革命纪念地。“文革”后在各地召开的学术会议，一般都有游览当地名胜古迹的节目，石先生不顾年事已高，总是热心参加，行远登高都不输中青年学者。我与石先生同游过的地方就有山东曲阜、济南趵突泉、烟台蓬莱阁，浙江杭州西湖，湖南长沙岳麓书院、衡阳湘西草堂（船山故居），广西桂林七星岩，海南海口海瑞墓、三亚天涯海角，内蒙古呼和浩特大召寺等处。1993 年 6 月，石先生同我们一起去台湾花莲参加辅仁大学与内地四所大学联合举办的中国哲学研讨会，会后游览了台东太鲁阁、南部的垦丁公园和台北故宫博物院。那年他已 77 岁，是同行人中最年长者。此后他还曾去美国探亲，在那里住了几个月，由其哲嗣石山陪同访问了多所美国著名的大学、图书馆和博物馆，饱览大洋彼岸的异国风光，回国后给我们看了一厚册在美拍摄的照片。

石先生在自述中讲到，他在青年时代还有一个爱好，就是爱听名家讲课。北大的学风很自由，各系教授的课堂都是开放的，石先生除了听本系教授的课之外，还选听了中文、历史等系许多名教授的课。大学毕业后也是这样，在西南联大，他一面承担教学工作，一面选听著名学者的课程和讲座，继续当学生。他认为名师讲授的都是他们学问的精华，融会贯通了大量的知识成果，讲授出来深入浅出，富有启发性。听名家讲课是了解一门学问的捷径。

石先生爱交友也是大家都知道的，有些故事已在学界被传为佳话。其实在人际交往上，无论是师长、朋友还是学生，石先生都以诚相待，与人为善，叫人觉得这个人可交可信。他尊师重道，敬业爱生，扶掖后学不遗余力，在学界受到普遍赞誉和尊重。汤用彤先生是他的老师，石先生在佛学方面的深厚功底主要得益于汤先生的教育和传授，他对汤先生亦敬服、感念终生，其真挚感情集中表现在《〈肇论〉思想研究》的“附记”和“汤用彤先生的治学与为人”、“回忆汤用彤先生的治学精神及其两篇遗稿”等文章中。任继愈先生是石先生的同庚、同窗、同事、同行，相交相知大半个世纪。从任先生后来写的评价客观、褒贬适度的纪念文字，可以看出二人友谊之纯洁、真诚。据我观察，他们之间来往的密度并不大，有君子之交的特点，但持久、坚固，友谊终生不渝。哲学界的老辈都知道，石先生与北大的康德专家齐良骥先生是好朋友。他们也是北大同学，西南联大和后来北大的同事，不过齐先生高一班。石先生结婚较晚，长期单身生活，星期天除了与书为伴，也经常散步到朋友家去聊天，去得最多的就是齐先生家。有时在那里吃饭、午休，下午再走回来。他们趣味相投，性格相合，互相理解，亲如兄弟，曾相邀一起去山西大同游云岗石窟。石先生对晚辈后学的无私帮助、提携和关照，我和方立天、张立文等同志都有深切体会，我们能够在人大那样的环境中成长起来，与受到石先生学问和人格的影响是绝对分不开的。至于像宋志明、向世陵、杨庆中等后来直接受业于石先生的哲学博士，在新时期受到了更加系统严格规范的专业学术训练，就获益更大感受更深了。他们目前正年富力强，也更有条件准确地把握老师学问的精髓，将其传之后世并发扬光大。

所有与石先生有过交往的人，都认为他是一个非常质朴的老实人、厚道人。但在人际交往和现实生活中，他也并非十全十美，无所偏失。最遗憾的是他未能处理好个人的婚姻家庭生活，以至出现了晚年孤病无人照顾的情况。石先生 46 岁才结婚。张腾霄老师跟我们讲过，他也不是不想成家，但找对象的标准很高：一要长得漂亮，二要没结过婚，三要讲师以上。经人介绍认识的王大夫是连云港医院的主治医师，完全符合这三个条件，真是很不容易！婚后他们两地分居，第二年就有了儿子石山，由王大夫一个人带着。石先生 1963 年就已在人大评为教授，而且是校务委员会委员，是学校里重要的统战对象。只要积极争取，由统战部门出面，在“文革”前把王大夫调到北京是完全有可能的。但石先生对此事不太上心，一拖再拖，拖到“文革”也没有解决。王大夫调来北京时，儿子已上高中。她向黄昭仪多次倾吐过对此不满的心曲，也讲到石先生家里什么事都不管，有一些非常典型的小故事。比如他有时拿到工资后全部用来买书，不考虑家庭生活需要，有一次连理发的钱都是找王大夫要的。王大夫觉得跟这样的人在一起过日子没有意思，自己也是有专业技术的人，生活上并不靠谁，于是就念外语准备出国进修。儿子考上大学，她就去美国了，一家人在京团聚没有几年。后来石先生病倒了，王大夫在美国的养老院做保健医生，宁愿侍候异国的老人也不愿回来。要找造成这种悲剧的原因，石先生当然要负主要责任，因为他独身生活惯了，没有用心去经营这个家庭，不考虑对方的感受，已经伤了人家的心。石先生去世后，我们去看望王大夫，她也说石先生是个好人，但好人不一定能在一起过好日子。她有两句话给我的印象特别深，她说石先生“一生没有存款，一生没有病历”，生活在现代社会，这真是叫人不可想象！石先生解放前就已是副教授，新中国成立后工资水平也不低，他长期一个人生活，竟然是那么潇洒地有多少花多少，没有积蓄。他从来不去医院看病，身体里的隐患一无所知，也一无所虑；不适当的饮食习惯已经使他得了致命的疾病，而他却从不吃药，毫不防范。石先生就是这样一个有满肚子学问而又有点不食人间烟火的知识分子。王大夫的两句话，也可以作为对一些朋友所讲的“魏晋风度”的典型诠释。

但石先生并不是超然物外的闲云野鹤式的人物，也不是不通世情的书呆子，他的学问是为现实服务的，有明确的理论立场和政治方向。他研究佛学、玄学和理学，都注意揭露它们是怎样为当时的现实政治服务而成为中国封建统治思想的一部分的。石先生在政治上一贯要求进步，晚年加入了中国共产党。

众所周知，石先生的学术风格是积蕴丰厚，思想深沉，厚积薄发，惜墨如金。他特重学术资料建设，其主持编著的《中国近代思想史参考资料简编》、《中国佛教思想资料选编》、《现代中国思想论著选粹》、《汉英对照中国哲学名著选读》等书，为中国哲学史的学科建设做出了奠基性的贡献。他虽然述多著少，但并非述而不作，身后由弟子门人收集、挖掘整理出来的《石峻文存》，集中了他一生学问的精华，将长久地启迪后人、嘉惠学林。

石先生离开我们已经12年了，他永远是我心中可亲可敬的师长，其音容笑貌和反复讲的一些道理也永远不会忘记。在现代市场经济社会，像石先生这样进步、博学、理性、有古人之风的知识分子已经很难见到了，整个社会向钱看和学术界的浮躁之风日益严重，此时我们更加缅怀这位品行高洁、值得尊敬的前辈学者。12年后之所以觉得还有必要写一点纪念文字，是希望有更多的学者关注、了解和学习石先生，以他为榜样，做一个朴实率真的人和做朴实求真的学问。

方克立

（作者单位：中国社会科学院研究生院）

10. 石峻先生与中国现代哲学史研究会

石峻先生是我国中国现代哲学史研究的主要开拓者。我认识石峻先生是由从事中国现代哲学史研究开始的。石先生是中国现代哲学史研究会的第一任会长、学会的导师和掌舵者。我与石先生较深的交往则是在先生的领导下开展中国现代哲学研究会的工作中，他的道德文章给我很大的教益。

1964年7月，我在北京大学哲学系哲学专业毕业后留系任教。到10月，当了新生一个多月的班主任后就到农村参加“四清”运动，直到“文化大革命”爆发。“文化大革命”结束后，原来的辩证唯物主义与历史唯物主义教研室一分为三：马克思主义哲学原理教研室、马克思主义哲学史教研室和毛泽东哲学思想教研室，我被分在毛泽东哲学思想教研室。因学科的分割，那时我对石先生先生知之甚少，但有一点是知道的，石先生是中国哲学史的专家，很有学问。“文化大革命”结束后，学校恢复了职称评定工作，我有幸成为哲学系职称评定委员会的成员。评职称，除教学外，很重要的是看科研，看有多少文章、著作。我记得，在一次评审会上，有一位教授说，有没有学问，够不够水平，不能只看写了多少文章、著作。有的人写的文章不少，著作也有，但不一定就有学问。相反，有的人文章不多，不一定有专著出版，但很有学问，完全够教授的水平。在议论时，大家认同这一观点，并列举了一些教授，其中给我留下最深印象的一个是石先生。我由此了解到，石先生虽然论著不多，但很有学问，在中国哲学界口碑很好，为大家所称道。

在研究毛泽东哲学思想时，我很快就感到，不能孤立地就毛泽东研究毛泽东，而要把毛泽东放在20世纪的中国社会中加以研究，把毛泽东哲学思想放在中国近现代哲学思想中加以研究。这样，在上世纪80年代初，我就把自己研究的领域由毛泽东哲学思想拓展到整个中国现代哲学史。也正是在这种思想的主导下，北京大学哲学系毛泽东哲学思想教研室改为中国现代哲学教研室（毛泽东哲学思想研究室继续保留），由本人任室主任。中国现代哲学史研究从何处入手？第一步自然要对以往的研究情况调查一番，了解和掌握前人已有的研究成果，以便在此基础上前进。我发现，这方面的成果不多。在1949年以前，主要有郭湛波的《近五十年中国思想史》（1936年）和贺麟的《当代中国哲学》（1947年）。在1949年至80年代初，主要有石峻、任继愈、朱伯昆三位先生合编的《中国近代思想史讲授提纲》（1955年）和石峻先生主编的《中国近代思想史参考资料简编》（1957年）。可以说，这4本书是我开始研究中国现代哲学史的入门书。我把石先生看成是中国现代哲学史研究的重要开拓者和奠基者。

我与石先生第一次直接交往是在由《中国哲学史研究》杂志编辑部召开的中国现代哲学史研究座谈会上，时间是1987年6月24日－28日，地点是中国社会科学院哲学研究所在京郊昌平的爱智山庄。张岱年、石峻、杨宪邦、辛冠洁、余敦康等研究中国现代哲学的著名专家、学者与会。在会上、会下，饭后茶余，我作为研究中国现代哲学史的一名新兵向老一辈的先生和同行学到了许多书本上学不到的东西。张岱年先生在会上讲了中国现代哲学史的三个特点和四个评价标准，他的观点对我后来的研究工作具有重要的影响。他在为我与宋一秀、陈战难合著的《中国现代哲学史》一书写的序中做了书面的阐述。石峻先生在会上做了较长时间的讲话，我在22开的练习本上记了近3页。他一开始就讲了一个很重要的观点：提高中国哲学史的研究，要从提高中国现代哲学史的研究做起。历史从古到今发展，学习则要从今到古。石先生的短短几句话，点明了研究中国现代哲学史的意义。接着他对熊十力、金岳霖、陈荣捷、钱穆、李石岑、张东荪等人的哲学思想做了简明扼要的评论。对这些前辈的评论，石先生有的讲得多些，有的讲得少些，有的（在我的记录本上）只有几句。他对哲学家的评论有的即便只是一二句，对我来讲都很有启发、帮助。如，他讲，金岳霖先生的影响主要是在哲学界的上层。[在后来的交往中，他还对我说过，金先生是学院派，主要的影响在哲学界，冯（友兰）先生的影响主要是在社会上。北京大学哲学系有的先生也认为，金先生在哲学界的影响比较大，冯（友兰）先生受金先生的影响。] 石先生的这次发言讲得最多的是熊十力先生，其中给我留最深记忆的话是：熊先生的弟子之所以把熊先生捧得很高是有政治原因的。牟宗三表面上很推崇熊先生，骨子里是不推崇的，是反熊先生的，我们掌握了材料。后来的发展证实了石先生的话，当然不是牟亲自出来反，而是由他人出来反。对张东荪，石先生也有令人难忘的评论：张东荪先生有做哲学界领袖的野心。蓝公武翻译了康德的《纯粹理性批判》，但没给出版，要以张东荪的名义出，稿费给蓝公武。张东荪的政治活动超过了学术活动。他还讲，蒋介石的《中国之命运》是陶希圣起草的，陈立夫的《唯生论》是由唐君毅写的。这些情况，书本上难得见到，对没有经过那一段历史的研究者来说，无疑是十分重要的。在会下与石先的交往中，我切实感到石先生学识渊博，思想深邃，朴实诚恳，平易近人。

为推进中国现代哲学史的研究，中共中央党校、北京大学、中国人民大学和中国社会科学院哲学研究所等单位从事中国现代哲学史研究的同人，积极酝酿、筹备成立中国现代哲学史研究会①。大量的筹备组织工作主要是由中共中央党校的李振霞教授等做的。1987 年底，在中共中央党校召开了“中国现代哲学史首届全国学术讨论会”，梁漱溟、贺麟、张岱年、任继愈、石峻、韩树英、邢贲思等一百多位学者、专家与会，这次盛会成立了中国现代哲学史研究会。按照惯例，

① 中国现代哲学史研究会在成立时是全国性的一级学会。到了 20 世纪 90 年代，国家对学会进行整顿，重新登记，中国现代哲学史研究会并入中国哲学史学会，改称“中国哲学史学会现代哲学专业委员会”，成为一个二级学会。

北京四个发起单位一家出一位学会负责人。石先生被公推为会长，这是众望所归。李振霞为常务副会长，哲学研究所的于良华和我为副会长。石先生连任两届，到第三届时退下来，任学会的名誉会长。由于研究会的工作，加上我住在中国农业科学院，离石先生住地中国人民大学很近，于是向石先生请教、学习的机会就多了。每年春节都要向石先生拜年。研究会每年要在石先生家开一、二次会长、秘书长的工作会。

石先生思想年已花甲，但身体很好，精神矍铄。他不当挂名会长，而是十分重视研究会的工作。研究会的其他负责人也十分尊重石先生，主动向他请示、汇报研究会的重要事宜。每次在他家开会，他总是徐徐而谈，诲人不倦，我们这些听者，喝着香茶，如沐春风，获益匪浅。在研究会的工作方面，石先生主要是抓方向，管大事。在我的印象中，他经常讲、反复讲的主要有以下三点。

第一，坚持马克思主义的指导。他认为，中国现代哲学史的主流、核心是马克思主义在中国的传播和发展、毛泽东思想的形成和发展，是中国化的马克思主义哲学。要解放思想，反对“左”的教条主义，防止简单化，同时也要防止偏离、否认马克思主义指导的倾向，防止贬低马克思主义哲学、抬高资产阶级哲学的倾向。他对海内外少数学者鼓吹复兴新儒学很不以为然，对有些人用现代新儒学来取代马克思主义的图谋更是持反对态度。他十分关注中国哲学史研究的动态，几乎每次讲话、谈话都要提出值得注意的倾向和问题，强调要用马克思主义指导中国现代哲学史的研究。

第二，讲团结。他经常讲，要办好研究会，要取得好成效，必须讲团结。首先是研究会的领导要团结，其次是会员、从事中国现代哲学史研究的人要团结。他举过一个例子来教育大家。他说，他参加过的一个全国性的学术团体，因为内部不团结，矛盾很大，结果，只开了一次成立大会，之后再无活动，成立大会也就成了结束之会。学术研究要百花齐放，百家争鸣，但不能因学术观点不同而影响团结。从事中国现代哲学史研究的主要是两部人：一部分是原来从事马克思主义发展史研究的学者，重点研究的是马克思主义哲学在中国的传播和发展，研究毛泽东哲学思想的形成发展；另一部分是原来从事中国哲学史研究的学者，重点研究非马克思主义学者的哲学思想。这两部分学者对中国现代哲学史的看法有着较大的差异和不同。学术观点的不同、争论是学术发展的内在动力。这两部人应互相尊重，互相学习，互相切磋，共同促进学术的发展。他提出，研究会要团结愈来愈多的人来从事中国现代哲学史的研究。

第三，注重实事求是的学风。实事求是是中国哲学的优良传统，也是中国共产党的优良学风。石先生常讲，中国现代社会十分复杂，变动剧烈，相应的哲学思想也十分复杂，哲学家个人的思想在不同的时期也就有所不同，有的前后变化很大。因此，对哲学家的思想，必须详细地占有资料，进行深入的、具体的分析，防止片面性、简单化，防止从一个极端跳到另一个极端。他告诫大家，不要写空洞无物的文章。

对研究会的具体工作，石先生总是放手让常务副会长李振霞领着大家去做。我感到，对研究会来讲，他是把握方向的掌舵者，是研究工作的导师。在石先生的领导下，中国现代哲学史研究会坚持正确的方向，形成了一个好的传统，做了大量的工作，为推动中国现代哲学史的研究做出了一定的贡献。

在新的世纪，我们作为研究会的新的负责人，一定要学习和继承石峻先生留下的优良传统，把中国现代哲学史研究会的工作推向前进，为发展当代中国哲学而尽力。

许全兴

2007－1－21

（作者单位：中共中央党校哲学教研部）

11. 修德不堕虚拟 治经肯彰风要

——回忆石峻先生

1987 年 8 月，国家教委批准了山东大学筹办“首届国际《周易》学术讨论会”的申请，当年 10 月为了筹备这次大会，我专程到京一一拜访中国哲学史界的老一辈学者并邀请他们参会。依照拟好的名单，我先到北大拜访张岱年先生，张先生对这次大会非常重视，但说他的身体不如石峻先生，建议我去邀请石先生，并当场写了一个便条，让我带给石峻先生，希望石先生参会。正巧我原本计划拜访过张先生之后，就要去拜访石先生，于是我带着张先生写的便条来到人大。石先生精神矍铄，步履轻捷，看上去身体状况果然比张先生好。落座之后，我说明来意，并呈上便笺，石先生开玩笑地说："他把矛盾转移给我，自己做顺水人情。"但接着便痛快地答应了："这个会议极为重要，也很有价值，这个时间开会天是冷了些，但我一定要去。"石先生接着说："《周易》有天道，又有人道，但文字难懂。王国维、梁启超说《易传》可以看看，言外之意是《易经》经文不好懂；胡适开了'国学必读'，但无《易经》，梁启超批评说，可能是他胡适也不懂；陈独秀对《易经》不表态。所以，由于年代久远，《易经》的文字比较艰深难懂，这影响了它的传播，但历来研究《易经》的书很多，代代都有研究著作问世，因而由汉至宋元明清，《易经》著作可谓汗牛充栋。"文革"前，刘仁的岳父卢松安先生用毕生的精力收集了很多《周易》的书，几卡车都装不下，后来听说捐给你们山东图书馆了。"石先生与我侃侃而谈，看看时间已近中午，我遂起身告辞。虽是初次见面，但石先生的诚恳和博学，给我留下了深刻的印象。

石先生以古稀之龄如约冒寒于当年 12 月 4 日赴济南参会，同车到达的还有方克立、冒怀辛先生等人，我在火车站迎接。记得当时我们照了一张合影，但这张照片我一直未能见到，至今引以为憾。就在第二天的开幕式上，石峻先生做了热情洋溢的致辞，内容涉及《周易》与中国哲学的关系、《周易》的现代价值等方面，在今天看来仍然具有重要的指导意义，我们特转录如下：

> 我今天能有这样一个机会，来到济南参加"国际《周易》学术讨论会"，感到非常地兴奋。因为有关《周易》的讨论，并不是孤立的一本书的讨论，而是对整个中国古代文化遗产的研究，这和当前的社会主义建设有密切的关系。《周易》这部书，我们受它的影响时间之久，方面之广，可以说在世界上是少有的。《周易》这部书，它经历的时代是一个很长的时间，而且不断地经过中国古代著名的政治家、思想家的阐发，特别是在汉代以后在我们中国的经学里面，

《易经》是儒家所有经籍里面的第一部。我们要对汉代经学有所了解，就必须懂得《易经》。我们经常讲所谓的“天人之道”，即所谓的“天道”，“人道”，而汉代所有的研究天道的著作，主要的就是《易经》，它与汉代其他的科学、象数之学，种种的汉代学术文化也有关系。到了汉代以后，中国产生了魏晋玄学。魏晋玄学，大家知道，王弼是一个开创人。而王弼有关《易经》的著作，就是魏晋玄学最重要的著作。到魏晋玄学以后，我们中国的学问经过隋唐时代的三教合流到宋明理学，而宋明理学最重要的就是程颐的《程氏易传》，又与《易经》有着特别的关系。可以说，到宋明以后，中国儒家的学问、道家的学问、佛家的学问，都引用《易经》作它的根据。再往后，中国《易经》哲学又影响到欧洲的学术界。欧洲著名的哲学家莱布尼兹就专门写信给当时中国的康熙皇帝讨论关于《易经》的问题。至于到了近代，《易经》这部书同好些科学发生了关系。不仅中国清代的学者、科学家同《周易》有关系，而且一些现代的科学，像数学、像量子力学、像生物遗传学，这许许多多的科学，也同我们中国的《易经》发生了一定的联系。为什么《易经》这部书有这样多方面的影响呢？它差不多贯穿了我们整个中国的哲学史，其思想的演变规律是什么呢？我们今天有必要对它做出科学的总结。我们可以从《周易》这部书着手，总结中国整个哲学史演变的一些经验和教训。我们今天批判地继承中外哲学遗产，到底哪一些有借鉴的作用？对于我们建设具有中国特色的社会主义新文化，到底有哪些启发？对中国有几千年影响的这样一部著作，它影响的方面，包括文学、社会、宗教、哲学等，可以说各方面都有影响，而且国内外研究它的人都非常多。关于《易经》的著作注解那就更多了。我曾经到过北京一位研究《易经》学者的家，我看到他有两间房子，摆的全是关于《周易》的书，然而这两屋子书亦仅是全豹之一斑。可见中国关于《周易》这方面的著作之多。

通过对外开放，加强国际学术交流，通过开这样的会议，大家通过交流，肯定对于我们怎样利用、改造过去的旧文化和建设新文化具有重大的意义。（载《大易论集摘要》，山东友谊书社，1990 年版）

第二年，《周易研究》创刊，我专门赴京向张岱年、石峻、邱汉生、任继愈等先生呈上此刊之创刊号。1991 年，我又赴京专门到石峻先生家呈上“首届国际《周易》学术讨论会”的论文集《大易集成》，并同时呈上为此次会议编写的《大易论集摘要》。石峻先生见到文集和摘要后极为高兴。他告诉我，1987 年的国际《周易》大会开得很成功，这次大会之后在国内掀起了一股《周易》热，这是好现象，但也出现了一些偏差，如同《光明日报》所提到的，有人借宣扬中国优秀的传统文化之名，行宣传封建迷信之实，还有人把易学中的个别观念附会发挥出来，宣扬为现代科学，这些研究文章夸大精华的多，批判糟粕的少，任何一门学问，都不可能全是精华，没有糟粕。我们可以从《易经》的象数及卦爻辞中得到启发和启示，但绝不是最后科学研究的成果都是来自《易经》。像莱布尼兹的“二进制”，首先他是一个数学家，从数理的角度上发现了二进制，并不是像有人宣传的那样，他因为看到《易经》才创立了二进制。一个启发与启示与达到的成果有很大的区别，就像看鸟飞鱼游与造出飞机潜艇就有很大的差距，但现在有人把这些易理的启迪当成了科学。科学的“述”与“作”是有差别的，我们不能以“作”为“述”，何况有些东西连“述”的程度还大大不够。有人把现代的研究成果强加于古人，强加于《易经》。目前由民族虚无主义又走到了盲目崇拜过去了，因此我们应用“一分为二”的科学态度来研究《周易》，由于人们缺乏现代科学的训练，因而大加赞扬《周易》，这样容易走偏。

石先生一面讲，我一面记。这是我第三次拜访石先生。经过过去两次的接触，石师母已经知道我们是山东同乡，因此这次一定要留下我在家吃晚饭。石师母做了很多菜，我记得有一道烧墨鱼最好吃，她老人家说，这是她从小就爱吃的家乡菜。席间，我讲了一些自己去烟台的道听途说，石师母听了很高兴。石先生则仍是谈论做学问的事情，他说：“做学问，写文章，连同教学一样，都要深入浅出，不要‘深入深出’，更有‘浅入深出’者，本人研究很浅但写出的文章似乎很深奥，此种危害很大，千万不要‘浅入深出’。”石先生还谈到《周易》研究在现代社会中的现实意义问题，他说：“任何理论研究都应该有它的现实意义，不能仅为研究而研究，甚至仅一点点研究就洋洋洒洒写成一大本书，这叫一点酒掺入一桶水，不可取。‘言之有物’才是研究学问的好传统。”

1992 年冬，为《周易研究》创刊五周年，我再次赴京拜访石先生，先生还是那样精神饱满，心情淡定愉快。我说明来意：希望先生能为《周易研究》创办五周年写一个题词，先生立即应允，并当场书写了“积极发扬华夏优秀文化遗产，科学总结古代思维经验教训”。写完题词之后，话题自然又转到有关易学的问题上。石先生指出，研究易学，你们要注意与海外交流，将来有条件可以将一些好的易学著做翻译介绍到海外去，但也不要盲目崇拜国外的洋学者，国外有的洋学者水平并不高，有人说研究中国哲学要向海外学者学习，作为一种号召，我不同意，作为一种想法，我同意。重要的是，此次见面石峻先生特别向我指出了易学文献整理的重要性，并让我注意将 20 世纪易学论文专著的文献整理纳入到我们的工作规划之中，如果有条件，这一工作可以尽早开始准备。正是因为石峻先生的这一重要建议，十余年后，我们在人力与财力上终于“有条件”了。2005 年，在海内外学界朋友的大力支持下，本人带领山东大学易学与中国古代哲学研究中心的研究人员，开始了百年易学论著的编纂工作，经过五年多的努力，2010 年出版了分为八集十六开本三十册共计两千余万字的《百年易学菁华集成》初编，目前“续编”已列入国家社科基金重大项目，编纂工作正在进行之中。由此可见，石先生虽然已经离开我们多年了，但他的学思仍然影响着现代学术的发展，并激励着我们前进。

在以后的 1995 年与 1997 年，我曾两次拜访石先生，但他都不在家，后据方立天兄告诉我，因石师母去了美国，石先生经常在院中散步，故而常常不在家。不料 1999 年 4 月 15 日，石峻先生竟与世长辞，消息传到山大周易研究中心，我闻之极为悲痛，因当时我正在外地开会，无法书写挽联以悼之，遂电话告知相关人员在《周易研究》封二发表石峻先生当年为我刊书写的题词，并在刊物上发表对石先生生平及学术成就的介绍，以示纪念。而今年正是石先生诞辰九十五周年，向世陵教授希望我写一篇回忆文字纪念石先生。当我翻检当年几次拜会石峻先生的有关笔录时，发现石先生所言并无引经据典深奥惊人之语，皆是些平实真诚、切中学问风要的话，与之接触，淡定祥和，亦无气象高古、超凡脱俗之姿，然而就是这种平实，这种真诚，这种醇和，使我多年以来常常忆起，并由衷地敬服，难以忘怀。

在即将结束这篇文字的时候，我在想，石峻先生的人格和学术魅力究竟当如何概括？我思来想去就是“进德修业”四字，即《易》之《文言传》中所说：“君子进德修业。忠信，所以进德也；修辞立其诚，所以居业也。知至至之，可与言几也；知终终之，可以存义也。”这段话不正是对石峻先生与我几次相处之言行与学养的生动总结吗？有感于此，我书联语如下：

修德不堕虚拟；
治经肯彰风要。

以此作为对石峻先生诞辰九十五周年的献联，并兼作拙文标题以示对先生的无限怀念和景仰之思。

刘大钧

（作者单位：山东大学易学与中国古代哲学研究中心）

12. 回忆石峻先生

一、三老并列

我认识石峻先生，早在上个世纪六十年代。当时，我上本科，别人向我介绍老教授，就有石峻先生。研究马克思主义哲学的肖前先生是系副主任，研究西方哲学的苗力田先生，都还没有列入“老”的范围，还都是四五十岁的壮年学者。后来，哲学系成立四十周年时，他们三位代表马中西三学科坐在主席台前排，这时我发现他们的地位是并列的。上个世纪六十年代，我与石峻先生接触不多，印象最深的是他身体很好，每天早晨走到海淀绕一圈回来。在“文化大革命”后期，办学习班，工作组信任的同学都出去调查，走南闯北，而我每天与老师们在一起斗私批修，名为掺砂子。当时对学问都不感兴趣，与老师在一起，机会难得，却没有抓住，失去学习的良机。当时关注的还是马克思主义，而马克思主义也在运动中变形。中国哲学一节课也没有上过，只是听别科的课中偶然了解到一些皮毛，没有更深的理解。

二、登门拜访

开放改革以后，恢复高考，我考上中国社会科学院研究生院研究生，学的是中国哲学，这时才到母校中国人民大学哲学系找石峻、尹明、杨宪邦几位老师请教中国哲学方面的问题。尹明老师曾告诉我，在批儒评法中，说儒法对立斗争，但是，子产是大法家，孔子是儒家创始人，孔子赞扬子产是“古之遗爱”，这怎么解释？这对我启发很大。独立思考，实事求是，是学术创新所需要的重要观念。后来，我在《光明日报》上发表第一篇文章“王充反孔吗?”，就是这种观念的产物。我到石峻先生家的次数更多。我于 1979 年参加在太原召开的第一届中国哲学全国性会议，并带去一篇论文“王充天论的哲学意义”，这是修改了一年的稿件。先是请导师钟肇鹏先生指导，按先生的意见进行了修改，又听从钟先生的建议，请教别的专家，征求修改意见。我用复写纸复写三五份，分别送给三五位教授征求意见。一般是过一周去取回。再加修改，再复写，再送出，再收回。往返多次。我请教的教授有王明先生、石峻先生、陈元晖先生、张岱年先生。他们都提出了中肯的意见，对我帮助很大。请石峻先生看的次数最多。有一次，我约好哪一天去取稿，结果因为有别的事，未能登门取稿，又怕失约，让先生焦急，我让我的妻子替我去取。当时我家没有电话，无法通过电话联系。这篇稿件在一年中改了十稿，最后才送给张岱年先生看，他看了比较满意，特别帮助推荐。至今我还十分感佩许多教授对我的帮助与指导，其中就有石峻先生，他也花了心血。有许多先辈的心血凝聚成的这篇文章发表在山西人民出版社 1981 年 4 月出版的《中国哲学史论》上。时间已经过去 30 周年。

以后，我还经常拜访石公，他滔滔不绝地跟我谈前辈学者的奇闻逸事，其中有学术性的见解，也有生活性的态度。许多事，他如数家珍。可惜当时没有录音，也没有记录，现在想起来，常常感到有点遗憾，因为这些事不会写在书里，无法从书本上读到。例如谈到在西南联大的事，他说经常请几位学生一起用餐，说吃饭很便宜，六七人吃一顿也就是一块钱左右。那还是国难的日子。而我们在上个世纪，60年代饿过（1959－1963），70年代又饿过（1970－1978），80年代仍然在仔细计算如何计划用粮。几十年的粮票观念，给我留下很深刻的记忆，因此对石公很轻松地讲请客吃饭，多少有点敏感。

三、九龙壁前

我带着论文参加1979年的太原会议，会后，我们北京去的代表乘火车走大同回北京，10月19日到大同下车参观云冈石窟、九龙壁、上下华严寺。每到一处，石峻先生都给我们讲一些典故。到九龙壁时，他说这里的龙都是四爪的，这是王公级别的龙，皇帝的龙都是五爪的。九龙壁是大同先有的，后来才在北京建起九龙壁。九龙壁前有一池子，微风吹过，水面有小波浪，水中的倒影，好像龙在游动。这些关于九龙壁的逸闻，我是第一次听到。

四、执教50年

1988年10月25日，庆祝石峻先生执教50年，我到双安商场买了一个花篮，代表哲学系，祝贺石公执教50年。当时张岱年先生、任继愈先生，还有许多其他教授都到场祝贺。我记得张岱年先生的祝词是："兼通华梵，博贯古今。"任继愈先生的祝词是："坐拥石渠八千卷，出入陈蔡五十年。"我没有发言，只是听老先生说话，很受启发。当时没有详细地记下来，后来也就渐渐忘却了。

五、评审硕士点

1989年3月18日，我请张岱年、石峻、方立天、齐振海、杨寿堪、于凤梧、杨百顺评审中国哲学史硕士点问题。张岱年先生说这是全国中青年最强的中国哲学史点。石峻先生也认为北京师范大学中国哲学史学科的实力很强，符合硕士点水平。外请的三位著名的中国哲学史专家说行，校内的教授也表示赞成，一投票，全票通过。第二年，我们就开始招收中国哲学史专业的硕士生。以前，老教师任家麟招收硕士生，要到南开大学去答辩，由南开大学授予硕士学位。此后，我们也有授予权了。

六、同游三峡

1992 年 6 月 25 日乘火车到四川德阳参加“儒学及其现代意义国际学术讨论会”。这是我第一次入川，也是第一个在大会上发言。发言的内容是讲董仲舒的儒学思想。7 月 1 日到成都，游览了都江堰、二王庙、青羊宫、武侯祠、杜甫草堂、望江楼等。4 日到重庆，参观白公馆、渣滓洞、红岩村等。5 日乘船游三峡，同行有石峻、乔长路等老先生，还有李存山。8 日到达武汉，郭齐勇接待。这一趟旅行收获很大，首先是石公自强不息的精神，给我很大的教育。他以 80 高龄在游三峡中，各处景观都能登上去。有一处依山而建的多层阁楼，年轻人上去都气喘吁吁，大家劝他在下面等，好好休息一下，但他坚持也要登到顶，大家对他这种坚持到底的精神都很佩服。到武汉大学时，很多人出来接待，包括萧萐父、郭齐勇等许多教授，他们说石公曾任武汉大学图书馆馆长，大家都称赞石公的道德学问。

七、大会发言

我们后来经常与石峻先生一起参加学术会议，石先生曾任中国哲学史学会副会长，《中国哲学史》杂志主编，北京市哲学学会中国哲学史专业委员会主任，我们与石先生接触的机会就比较多了。由于他的地位，每一次会议总要请他发言，他激情发言，往往收不住，这样容易占用别人的发言时间。于是会议组织者经常将他的发言排在最后一位。如果讲的时间太长，就会影响大家吃饭，这样就逼着他压缩讲话的时间。现在我也当了中国哲学史学会副会长，也当了北京市哲学学会中国哲学史专业委员会主任，参加学术会议，主办方也经常请我发言，我也爱说话，但不敢多说，尽量不要影响大家吃饭。

八、学术隐者

我也曾到石公家登门拜访，只见很多书都放在地上，一摞一摞的，书架上的书也摆得满满的。别人说他爱看书，满肚子学问，就是不愿意写书。我在日本京都大学当客座教授时，也听说那里有一位老教授叫汤浅幸孙。2003 年元月 3 日 西胁常记教授请我到他家，我们进行了长时间的深入谈话。西胁教授向我介绍了京都大学中国哲学史专业的传承情况：小岛佑马的优秀学生有森、木村、平冈、西田、重泽。最后，小岛将重泽请回来接班。重泽俊郎在 50 岁之前学术水平很高，新见解很多，到 50 岁以后，开始用唯物证、唯心证来研究中国哲学史，就没有什么有价值的成果。重泽俊郎与中国关系密切，经常访问中国。我在第一本专著《王充哲学思想新探》中还引录了重泽俊郎对王充的评价。他的学生有汤浅幸孙、福永光司、本田济。他本来与福永接近，因福永后来研究道教，与研究儒学的导师关系逐渐疏远。重泽就让汤浅接班。汤浅是学术隐者，没有出版过著作，也很少写论文发表。有一句很典型的话："与其写论文，不如将这些时间用来多看一些书。"汤浅的学生优秀者很多，如池田秀三、木下、川原、山口、西胁。汤浅退休以后，学生将他的论文收集起来，印成一本著作，送到他家，他才惊奇地发现自己也有了一本专著。后来，汤浅让池田秀三接班。这样，在京都大学，中国哲学史学术继承关系就是：小岛佑马—重泽俊郎—汤浅幸孙—池田秀三。我在日本时，汤浅幸孙还在，我正要去拜访他的时候，却传来噩耗，让我后悔莫及。石公也是这样的"学术隐者"。现在这种隐者也不好当了，上头追得紧，逼着下面赶快出成果，急功近利，没有充分的时间与精力去打造学术精品。

有创新性的学术精品必须具备两个基础条件：独立的精神与自由的思想。没有独立的精神，人云亦云，如何创造？思想不自由，按一种规定的模式进行思维，创新就比较困难。老子、庄子、孔子、孟子都有创新思想，因而流传久远。我们从石峻先生与汤浅幸孙先生的情况来看，当教师的首要任务是教学，传承文化，而不是创新。创新不是每个人都可以做的，也不是每个人都可以做到的。当然，创新也不是某个人或者某些人的专利。要求每个人都要创新，还要快创新，自然就逼出抄袭等不正学风。现在明确反对抄袭，而隐性抄袭还无法避免。例如有些人看几本美国人的著作，然后进行综合，写成"专著"，这种"专著"就难以定为"抄袭"。美国学界的成果，国内许多人都很熟悉，有人就改从欧洲学界抄袭，再改到其他洲寻找现有的成果。社会科学如此，自然科学也如此，教师如此，校长也如此，如何教育学生不如此？虽然校长、教授是极个别的，但影响很坏。原先引进西方的竞争意识是有进步意义的，现在是否开始走向反面？我们是否应该反思这个问题？竞争是建立在优胜劣汰的基础上，过度竞争必然破坏和谐，并且带来贫富两极分化，给社会带来诸多危机，平民幸福感下降，社会也不会安定。辩证法总要讲两方面：不竞争，社会缺少活力、动力；竞争过度，社会不会安定、幸福。

周桂钿

（作者单位：北京师范大学哲学系与社会学学院）

13. 怀念石峻先生

岁月荏苒，逝者如斯。石峻先生离开我们已有将近 12 年了，转眼又迎来了他 95 周年诞辰的日子。石先生的道德人品、音容笑貌时时萦绕在我们的心头，激励我们后生晚辈努力前行。

石峻先生，按照人民大学的习惯尊为石公。如果照北京大学的说法，则称石先生。人民大学是沿袭陕北公学的传统。客随主便，学界同仁大都遵循人民大学的习惯，尊称石峻先生为石公。

我与先生相识，是 1979 年考入中国人民大学哲学系做石公的研究生时开始的，而对他的名气却早就闻知了。当时，先生与张岱老、任继愈先生并为中国哲学史界的三位泰斗，乃中国哲学史学会的三巨头。比他们年长一辈的哲学大师、中国哲学史家冯友兰先生虽依然健在，但已不大出头露面，真正活跃在中国哲学领域且在新时期为推进中国哲学史研究而不懈努力的，则是这三位德高望重的老先生。

给人印象最深并常常为学界所称道的，莫过于石公的学识渊博。参观佛教寺庙，他会给你讲述禅宗六祖慧能打神秀“不著相”的故事，讲七祖怀让“磨砖成镜”的故事。到山西晋祠，他会为你讲述赵光义焚毁古晋阳城的故事。到北京什刹海后海醇亲王府（现国家宗教局办公地），他会为你讲述纳兰性德的故事。到香山碧云寺，他会为你讲乾隆皇帝的罗汉造像以及孙中山先生衣冠冢的由来。到香山曹雪芹故居，他又会给你讲曹雪芹祖父曹寅刻印《佩文韵府》与《全唐诗》的历史。到了颐和园，他又会给你讲国学大师王国维投昆明湖自尽的悲剧以及“排云殿”取名的缘由。一同游览者无不敬佩赞叹，无不感到受了一次次传统文化的熏陶。

张岱年先生曾经称赞石公：“兼通华梵，博贯古今。”石公既深谙中国哲学，又精通印度哲学，对佛教有很深的学术造诣，主编有《中国佛教思想资料选编》；他既熟悉先秦诸子、魏晋玄学，又专攻近代哲学。20 世纪 50 年代初在北京大学执教时，就与人合作，主讲过中国近代思想史，后由人民出版社出版了《中国近代思想史讲授提纲》与《中国近代思想史资料简编》，成为第一本中国近代哲学的教材。“文革”后北京大学第一届中国哲学史研究生鲁军撰写“西学东渐”的硕士论文，答辩委员会主席就是石公。朱伯崑先生曾对我说，国内学术界真正懂得近代哲学的是石峻先生，所以这个主席非他莫属。也正因为如此，石公便名正言顺、理所当然地成了中国现代哲学研究会的首任会长。

石公学识渊博，大概是他丰富的人生阅历、虚心好学的品格所造就的。石公 1916 年出生于湖南零陵县，1934 年考入北京大学哲学系，曾跟随著名哲学史家、佛学家汤用彤先生研习佛学与玄学，1938 年留校任教。此后 60 余年间，先后在北京大学、西南联大、武汉大学、中国人民大学从事哲学史的研究与教学工作。在武汉大学期间，曾兼任武汉大学图书馆馆长，并与李达先生过从甚密。图书馆的工作给他带来了极大的好处，使他获得了博览群书的便利机会。与李达先生的交往，加深了石公对马克思主义唯物辩证法和历史唯物论的了解与景仰。每当讲起这些，石公总是流露出一股内心的满足与欣慰。

据石公自己讲，在北京大学毕业留校之后，他坚持听课达 14 年之久，一直到做副教授之前。举凡哲学、历史、中文以及东西方语言文学系，各名教授的课程，乃至学有专长的青年学者的讲座，他都听了个遍。石公曾用八个字总结他的人生原则，这就是：“虚心、务实、稳步、前进。”据此，他也常常教导我们后学晚辈，要多听多读，打好基础，不必急于发表文章。对于古典原著，要全力以赴，扎扎实实，做到能注出来，讲出来，没有捷径可走。如果能够讲出来，使人听得清楚明白，并不是一件容易的事情，丝毫马虎不得。

有一件事给我印象极深。大约在 20 世纪 80 年代中期，朱伯崑先生的《易学哲学史》上卷出版之后，让我给石先生送去。当时，石公主编的《汉英对照中国哲学名著选读》已送印刷厂排版，其中关于《易传》的引文依据高亨先生的著述，称为《周易大传》。看了朱先生的考证，石公非常赞赏，让我马上告诉出版社，要他们改为《易传》。其虚心务实的人格风范让我们深受感染。

石先生为学界所称道的另一大特点，是嗜书爱书。在当代学者当中，他是当之无愧的藏书家。任继愈先生曾赠送石公一副对联："坐拥石渠八千卷，出入陈蔡五十年。"他羡慕石公有像东汉国家图书馆一样的珍贵藏书。因藏书之巨，除自家居室摆满了图书之外，人民大学还专门辟出一间地下室，为石公保存图书之用。"文革"之前，琉璃厂和石公建立了专门联系，每逢有优秀的图书收进，总是先派人通知他。石公也每周必到琉璃厂去转一天，看到有什么好书，便不惜代价，不断买回。据石师母讲，石公每个月的工资几乎都用在了买书上，有时还要向别人借钱去买。

中国人民大学恢复建制之后，石公又增添了散步逛书店的习惯。他每天必散步一个小时，每周必有两三次走到魏公村新华书店或海淀旧书店，看看有没有新的图书上市。他每天上午十点出去，近乎雷打不动。有一次我们向他请教问题，到了十点钟，突然发现他手里拿着一把铁锁在把玩，我们不知就里，还谈个没完。过了不一会儿，石公开口说："我该去书店了。"

我到北京师范大学工作之后，石公听说师大图书馆收藏有章太炎的刻本《訄书》，说是最早的版本，比日本的木刻本还要早，保存了章氏早期的思想，其他的均为修改本，不足以反映章太炎思想的原貌，执意要我帮他复印。当时大家工资都不高，我就想，花五毛钱一页复印一本书，值得吗？可是，当我将复印好的《訄书》送给先生的时候，石公高兴得犹如孩童一般。他那贪婪的目光，那爱不释手的样子，既让我懵懵懂懂，又使我特别难受。我们怎么就不理解，先生对书的情感与嗜好？我们怎么就想不到，难得做一件什么事，竟然使老人如此开心。听说先生收藏有许多珍本善本图书，就连小说《金瓶梅》，石公也保存着最好的版本。难怪他临终之前，已不能说话，还亲手写了两个字，让家人“保书”。

每次购回新书，石公必定亲手用牛皮纸包好书皮，写上书名和作者，其书皮的整齐方正，字迹的娟秀典雅，都透露着石公精细文雅、一丝不苟的灵性。就连学生的论文（当时是用稿纸手抄的），他批改之后，也要加上封面，公公整整地写上各个章节的题目。这些都成了我们怀念先生的珍贵资料。睹物思人，石公的亲切形象在我们心中一次又一次地鲜活起来，高大起来。

郑万耕

（作者单位：北京师范大学哲学与社会学学院）

14. 纪念石峻先生

我认识石峻先生，首先是听说他的名字。上世纪 70－80 年代，在我们的心目中，石峻先生是和张岱年、任继愈先生齐名的老一代学者。后来有过几次晤面的机会，使我至今难忘的，有以下几件事情。

首先是在我的学位论文答辩会上，先生给我提的问题是：“一般认为自然科学促进了唯物主义的发展，你为什么说也促进了唯心主义的发展。”这主要指的是，我认为董仲舒的天人感应说是在当时自然科学新发现的基础上产生的。我认真回答了先生的问题，认为自然科学的发展只是给哲学提供了一个新的平台，至于哲学家们如何利用新的发现，是哲学家们自己的事。记得先生对我的回答还算满意。

第二件，是有一次学术会主义后，我们去爬司马台长城。当我走到半山腰的时候，先生已经从山顶下来了。同行的几位都不由自主地讲起先生的身体状况，认为他是老先生之中最为健康的人。我们也都认为先生一定能够长寿。

第三件，也是一次学术会议。大约是报到的第二天，吃过中饭，先生让我到他的房间去。我去了，大约还有另外一位，是谁我忘记了。先生拿出一只烧鸡，要我们分享。我很早就听人说过，先生为人厚道。当年和任继愈先生一起编写《中国哲学史》的时候，常常请年轻的学者们吃饭、吃西瓜。这次亲自领受先生的厚爱，心中很是感动。

多次和先生在学术会上见面，聆听先生发言。在我的印象中，先生每次发言，都非常认真。由于学识渊博，总是能旁征博引，给人启发。

和老一代严肃的学者一样，先生学风严谨，坚持原则，不为一时的潮流所动。记得有一次在中国哲学史的高级别例会上，先生批评某些年轻学者不恰当地抬高港台学者的研究成果，贬低大陆学者的成果。我认为先生的批评是正确的，只是由于人微言轻，未能发言支持。

由于种种原因，我觉得先生晚年是受到了某些冷落的。首先是几次会上没有见到先生，说是由于经费不足。每年分配到个人的出差费，据说是走不到半路。因此，有些距离较远的学术会议，先生都无法参加。后来大约有所改善，在一次距京较远的会议上，我见到了先生。先生德高望重，然而会议的组织者却没有安排先生作大会发言。在大会上发言的，记得有一个药厂的厂长，还有几位隔行的地方小官员。这件事，当时我感到很不平。会议安排我主持一个小组发言，我宣布先生首先发言，可以二十分钟。其他人，只能十分钟。先生慢慢地从口袋里掏出早已准备好的发言稿，那是一字一字手写的。我心里更加难受。大会发言的，非学者不必说，就是精心准备的学者发言，绝不比先生的水平高。

大约从那次会议以后，我就很少见到先生了。后来，听说先生病了。有一次万耕兄从先生处探病回来，说先生在病中还谈起了我，而我也决心要去看看先生。然而种种原因，竟始终未能成行。原因之一，就是我不相信那种老年人的常见病竟会夺去先生的生命。有一天，忽然听说先生已不在人世，先是愕然，接着就是悔恨难当。我悔恨自己的疏懒，悔恨自己把那点是否真有意义的忙碌置于情义之上！

今年春节期间，承向世陵教授之约，使我得有机会向先生在天之灵表达我的崇敬，也表达我的悔恨。

先生谦虚和善，坚持原则但又很少和人争竞，是那种在学者中被称为有“长者之风”的老者。由于忙于自己的事，我对先生的学识研究不深，但先生的为人却始终是我的榜样。每当想起先生，我都会减少一些牢骚和不平，认真地去做应当做的事。

仅以此纪念石峻先生。

李申

（作者单位：中国社会科学院宗教研究所）

15. 平凡造就卓越
——怀念石峻先生

前几天接到东南大学董群教授的电话，说中国人民大学的向世陵教授正在组编石峻先生的纪念文集，知我曾多次向石先生请益，约我撰稿，我欣然允之。已离开我们十多年的石峻先生那慈祥的长者形象也顿时浮现在我的脑海之中。

石先生是著名的中国哲学史专家，学贯中西，尤其是在佛学、魏晋玄学和近现代哲学等领域，成就卓著。石先生桃李满天下，张利民、董群、邢东风、向世陵等教授，现在都已成为中国哲学研究的中坚力量，他的教学与科研方面的卓越成就，他的弟子一定会比我说得更好。我这里只想说几个我脑海里一直挥之不去的小片断。愿以此小文来表达我对石先生深深的崇敬与怀念。

开始认识石先生是在上个世纪的 80 年代初。那时，我正在南京大学哲学系孙叔平先生和王友三先生门下读中国哲学专业的研究生，研究方向选了中国佛学，硕士论文则以魏晋时期佛学与玄学的合流为切入点，主要研究僧肇的佛教哲学思想。当时，研究资料不容易找，相关的研究成果也不多见。为了做好研究，写好论文，我曾多次前往北京，登门向任继愈先生、郭朋先生、石峻先生、方立天先生、张春波先生、许抗生先生等师长请教。那时石先生住在人民大学的教工宿舍，记得第一次去他家时，我就被他家那几个古朴的书柜所吸引。那时住房都很拥挤，石先生家堆满了书。当我告诉石先生我的论文选题并向他请教时，他的博学、谨严以及对相关文献资料的熟悉程度令我赞叹不已。就魏晋玄佛合流与僧肇哲学，石先生提到的两点我记忆犹新。一是他强调玄佛合流主要是玄学影响了佛学，僧肇的哲学就是受玄学影响的中国佛教哲学；二是他强调研究一定要掌握第一手资料。他一边说，一边就会随手从那老式书柜的抽屉里抽出几张学术卡片，以强化并佐证他的观点。那种对研究资料信手拈来的功底，给我留下了极为深刻的印象。而柜子抽屉里密密麻麻放满的卡片，就是他日积月累从而对资料游刃有余的最好说明。就是在他家，石先生将他早年发表的大作“读慧达《肇论疏》述所见”（载1944年《图书季刊》）相赠，此文成为我撰写硕士论文的重要参考文献，获益匪浅。我的硕士论文“论僧肇哲学——魏晋玄佛合流的终结和中国化佛教哲学体系的初创”能顺利完成（其主要内容先后在《世界宗教研究》、《中国哲学史研究》和《南京大学学报》、《复旦学报》上发表），与石先生的指导帮助是分不开的。

1984年我硕士毕业以后，先是留校任教，后又在次年考入复旦大学哲学系严北溟先生门下攻读博士学位，博士论文选择了禅宗为主要研究对象。在博士论文的写作过程中，只要有机会，我都要向石先生认真请教。

1988年夏，我的博士论文“禅宗的形成及其初期思想研究”完成，学校专门聘请石先生做论文评审。石先生十分细致地审阅了我的论文，并认真写下了审阅意见。在意见书中，他充分肯定了我的论文“在以马克思主义的基本原理为指导，同时阅读了大量有关原始思想资料的基础上，广泛参考国内外近人研究的成果，刻苦钻研，独立思考，去伪存真，用力甚勤……作者以实事求是的态度，叙述方法上，本史论结合的原则，从过去外来佛教中国化的悠久历史中，探索了后来在思想意识领域有广泛影响的所谓禅宗一派的形成、分化与发展的过程，力求克服过去学者各种带有不同片面性的见解，对许多前辈和今人的结论重加审核，既不作无原则的全面肯定，也避免不顾历史事实地加以全盘否定，而是从史料出发，注重作全面的具体分析，因此随时可以发现作者力求突破以往的某些成见，从而使本文获得不少独到的新意，成为一篇有较高学术水平的论文……总之，无论从理论修养或专业造诣方面考核，可见作者均有比较扎实的根底和可以独立从事创造性科学研究的能力。全文结构整严，条理清晰，行文流畅，实已完全达到可以授予中哲史专业博士学位的水平”。同时，石先生也对我未来的学术研究提出了殷切的希望，他说：“由于禅宗思想在中国哲学史、学术史、宗教史乃至文学艺术领域的广泛影响，希望作者今后能以此为起点，扩大研究范围，更进一步地为我国马克思主义佛学的系统研究作出更多的贡献。”可以说，石先生的鼓励与鞭策，成为我博士毕业以后继续从事中国佛学研究，撰写《禅学与玄学》、《中国儒佛道三教关系研究》等著作的重要动力之一。这份石先生亲笔撰写的论文评阅书，我当时就复印保存，并一直珍藏至今。这次为了撰写纪念文章，特地把它找了出来，20 多年之后重读石先生的谆谆教导，我感慨万千！

我的博士论文答辩也荣幸地邀请到了石先生前来参加，并担任答辩委员会主席。那时石先生正好到常熟参加一个学术会议，紧接着不顾劳累，就赶到了上海复旦大学参加我的博士论文答辩。我清楚地记得，在答辩会上，石先生在充分肯定我的论文的同时，还指出了我的一个小失误：“参考书目”中列出的梁启超的《中国佛教研究史》与《佛学研究十八篇》其实是同一本书的不同版本而已。由此也可见石先生的认真细致及对文献资料的熟悉。在由石先生亲笔签名，由冯契先生、黄心川先生、胡曲园先生、楼宇烈先生、潘富恩先生和胡啸先生等教授组成的答辩委员会的决议中，肯定了“本论文观点新颖，见解深刻，资料丰富，论证周密，结构严谨，语言流畅，可弥补国内学术界对早期禅宗研究的不足，对推进我国这方面研究具有重要价值。因此，本论文确属一篇优秀论文，与国内同行相比已进入先进的行列。该论文完全达到了出版水平和博士标准”。这对我是很大的鼓励，也是我的博士论文后来能在海峡两岸同时顺利出版的重要基础。在深切怀念石先生的同时，也深深地感恩！

博士毕业以后，我又回到了南京大学哲学系任教。在教学与科研活动中，仍时时从石先生处得到教诲。例如 1989 年在北京大学召开的“中日禅学研讨会”上，日本驹泽大学的冈部和雄教授发表了“中国佛教的研究状况与问题点”，认为僧肇的思想“不仅形式，连内容也是老庄思想”。石先生当即表达了不同的意见，认为僧肇的中观佛学思想是得到鸠摩罗什大师认可的，被誉为中土“解空第一”，不宜轻易加以否定。研讨会休息期间，石先生又把他的观点对我做了具体解说。他这种尊重历史、注重第一手资料的科学态度，使我深受教益。

石先生待人和蔼亲切，对学生十分关心。就在1989年“中日禅学研讨会”期间，他告诉我，他的弟子邢东风也准备撰写有关禅宗方面的博士论文，他介绍我们相识，并希望我把尚未出版的博士论文打印一份给东风，以便相互切磋。自此以后，我与东风结为学友，交往不断，在学术上共同进步。

石先生学术上成就非凡，但在生活上却非常简朴。记得有一次我去他在人大的住所拜访，他家没人，据说去拿牛奶了。果然，不一会儿，石先生手拿牛奶回来了。他说，正好散散步。原来他夫人小孩都在国外，他平时就自己照料生活，衣食都非常随意。也许正是在生活上的平凡与简朴，造就了他学术上的非凡与卓越吧！

洪修平

（作者单位：南京大学哲学系）

16. 石公诲人知雄守雌

我是1984年考入中国人民大学石公门下读中国哲学史的博士生。当时的一段经历令我直至今日仍不时地回味。

我的硕士不是在人大读的。读硕士时虽然很刻苦，但因基础差，成绩很不好，差点被除名。后虽然躲过除名之灾，却也经常被有关老师叫去训话。除名、毕不了业等利剑时时悬挂在我的头上，令我不安。周围的同学都很善良，有的常安慰我，有的常鼓励我，有的常在学习上给我直接的帮助。

可是我这个人好像缺心眼，硕士能否毕业还两说呢，竟然胸中包藏考博士的野心。考谁的呢？我上过的学校肯定不会要我，他们都知道我的底细。选择半天，最后决定报考中国人民大学石公的博士生。硕士快毕业时，一次在教室，我壮着胆子对我的两个主要老师说想考博士。说的时候心脏怦怦直跳，做好挨训的准备。两位老师倒是没有当面反对。我就蹬鼻子上眼让他们给我撰写推荐书，得到的回答是不想写，但是我厚着脸皮请求他们写。也可能是被我的精诚所感动，或者是不愿当面伤害我，他们答应了。推荐书写好了，学校工作人员交给我让我送到中国人民大学有关部门。这个工作人员的眼神有点异样，我感觉到了。回到家赶紧打开信袋看推荐书，眼前一黑。当晚没有吃饭，昏睡到第二天中午。所谓的“推荐书”其实是“死刑判决书”，通篇说的是该生业务素质差，不适合读博士。我仍然按照规定，把“死刑判决书”送到了中国人民大学，然后绝了考博士的念头。

后来奇怪的事情发生了。一天上午十点多钟，我正在宿舍看书，楼道有人喊我接电话。电话竟然是石公打来的，他说了一些鼓励我的话，希望我到他家坐坐，跟我聊聊，我回答了“嗯”。可是，我真的是不想去，觉得去了也白去，反正考博也没戏了。回家后对我父亲说了这件事，父亲说，老先生这么大岁数了，能够请你去见一面，这是天大的面子。你不去就是不尊重人家。于是我按照约定的时间去了。我十点到。进门之后，石师母为我倒茶。石公向我表示抱歉，说他身体不好，不能谈太多的时间。我对他老人家的接见表示感谢，说谈一小会就走。可是没有想到的是这一小会儿竟长达八九个小时，吃了午饭又吃了晚饭才走。走时我和石公都很高兴，我更兴奋，立即又投入考博的准备。

我和石公谈了什么？这要从我搞研究的特点讲起。我的成绩这样差，别人看不上我，按说我应该放弃研究，搞搞行政，或者用我原来的一个老师的话说顶多搞点资料整理。可我为什么还要坚持搞研究呢，因为我自信我是有一定学术研究能力和水平的，只不过在现有的考核体制之内，我的水平显现不出来。我经常用韩愈自我安慰。韩愈的水平很高，可是当时的考核体制不认可他，他被列为差等生。我对石公就是这样说的。石公不但没有讥讽我，反而饶有兴趣地希望我把自己的所谓“水平”显现出来，用什么方式都行。我对他说，《韩非子》里面大量地讲故事，为什么要讲故事呢？他讲的许多道理用抽象的概念、逻辑、体系表达不清楚，只能通过具体事物去体悟。石公眼睛一亮，接着我的话茬说，老子的“道”不可说，只能通过对天地、山水、风箱、石头这些具体的事物的描绘去体悟，“佛”不可说，只能在生活中的具体事务中去体悟。石公接的话茬顿时让我兴奋不已，我们俩一下子成了知音，我滔滔不绝起来，石公不住地点头微笑。一看表，快十二点了，我起身要告辞，石公阻止，还想聊，请我吃饭，饭后接着聊。石公对我学习外的很多事情感兴趣，我的父母、兄弟姐妹、老人、困难时期、文革、插队生活，甚至有什么高兴的事和难受的事是怎样应对的。后来我明白了，石公是要通过这些了解我的人生观与学术底蕴。

石公问我眼下最想研究谁，我说想研究王阳明。可是我原来的老师不让我研究，说我根本就没有这个能力。我就明着对石公说他们的观点其实很可笑，根本就没有弄懂。石公让我把懂的内容说出来，我一时语塞。石公说没关系，先谈别的，对王阳明你想到什么就说什么。我就山南海北扯了很多，特别是讲到了我插队、去工厂，讲着讲着就经常联系到王阳明的一些事和话，然后我对王阳明点评一番，石公随之就补充一些中哲史的资料做印证，石公越补充，我越兴奋，乃至“狂妄”地说不能与王阳明成为知音就别想读懂王阳明，言外之意我就是他的知音。石公不但没有阻止我的“狂妄”，还连连说“对”。不知不觉天色暗下来，灯亮了，石公请吃晚饭，饭后告别。石公送我下楼，鼓励我好好准备考试。以后的一段时间，我感觉自己已经是石公的博士生了，硕士或许毕不了业的烦恼全忘了。

回忆与石公的这次见面，石公为什么对我的“死刑判决”不屑，让我活下来呢？我想，这是石公深厚的中国哲学底蕴使得他能够善解我意。比如，石公对老子之“道”的理解不但至深，而且善于应用。

老子之“道”是什么？长期以来这是个让人头疼的问题。《道德经》开篇就设卡堵路——不许使用语言名称诠释“道”：“道可道，非常道。名可名，非常名。”（《道德经》第一章）“道”如果能够直接表达出来，就不是真正的“道”，“道”如果能够直接给予确定的名称，这个名称一定不是真正反映“道”的名称，所以老子不给“道”下定义。一旦下定义就破坏了“道”的本义。“常”者真也，被定义出来的“道”一定不真了。

但“道”却可以被形容描绘出是什么样子，老子的《道德经》各章是从各个角度描绘“道”是什么样子。怎样描绘？用喻象性的表达方式。所谓喻象性就是通过对具体事物的描绘启发人体悟“道”。佛教禅宗认为“佛性”不能被概念化、条理化，只能在具体事物中体悟，故提出“搬柴运水无非佛事”，“在在处处皆是道场”，以至驴鸣狗叫、拉屎撒尿皆有“西来大意”。其实老子的“道”就是生活之“道”，剥离生活就不可能领会“道”，只有寓于生活，才能参透“道”。东郭子问于庄子曰：“所谓道，恶乎在？”庄子曰：“无所不在。”东郭子曰：“期而后可。”庄子曰：“在蝼蚁。”曰：“何其下邪？”曰：“在稊稗。”曰：“何其愈下邪？”曰：“在瓦甓。”曰：“何其愈甚邪？”曰：“在屎溺。”（《庄子·知北游》）别看庄子对“道”的形容玄不可测，但他也意识到，了解“道”应通过接触眼前卑微琐细之物——粪便、昆虫、野草、瓦砖之类。

深受道家影响的王阳明其所说的“道”就是“良知”，他要求学生在具体事物中体会“良知”。王阳明的学生请求老师用语言解析“良知”概念，王阳明认为，若脱离具体事物单独解析会越解越糊涂，只有入于事情中才能弄懂“良知”。他说：“政事虽剧，亦皆学问之地。”（《王阳明全集》卷四《文录一答徐成之》）“郡务虽繁，然民人社稷莫非实学。”（《王阳明全集》卷五《二答路宾阳》）甚至“饥来吃饭倦来眠”也是求“良知”的活动。

从庄子到佛教禅宗再到王阳明，虽然都使用喻象性的方式，但最先使用喻象性方式表达“道”的是老子。老子说：“上士闻道，勤而行之；中士闻道，若存若亡；下士闻道，大笑之。不笑不足以为道。”生活在上层的士整天养尊处优，不了解基层情况，听说了“道”，只做文字理解，以为简单，赶紧推行，务求立即成功；生活在中层的士听说了“道”，因其对上层下层都只是一知半解，对“道”的认识模糊不清，所以不知所措；生活在下层的士听说了“道”不由得哈哈大笑，因为下层的士生活在基层，入于民众琐细之事中，发现“道”就寓于他们频繁接触的日常生活之事中，没有什么神奇的，所以不由得哈哈大笑。不哈哈大笑说明不懂得日常生活，不懂得日常生活就不可能弄清楚“道”，也就不能行“道”。绝对的“道”就寓于相对的具体事物中。老子说：“天长地久。天地所以能长且久者，以其不自生，故能长生。”（第七章）天地的长久只能通过无数具体的生存运行来实现。《道德经》始终没有直接说“道”是什么，而是喻象“道”是什么样子。是什么样呢？“天地”、“水”、“气”、“石”、“飘风”、“骤雨”、“江海”、“橐龠”、“母”、“婴”、“虚”、“无”、“烹小鲜”、“张弓”……那些样子。所以，笔者以为，《道德经》通篇都在讲“道”，但又通篇没有给一个定义，只是形容“道”是什么样。

反观石公，石公从我和他谈的内容中肯定是发现了我有一定的学术基础，有一些独到的学术见解，只是这些见解不适合直接用通常的话语范式表达出来，所以石公跟我海阔天空地聊，用我的实际生活来考察我的学术见解和水平。

许多人把“道”解读为规律、法则，这大错特错。从对“道”的形容描绘中我体会出：“道”就是生命力。《道德经》探讨了如何把事物的生命力激发出来。如何激发呢？老子说：“知其雄，守其雌，为天下溪。”（28 章）“雄”就是生命力；“知其雄”就是发现生命力；“守其雌”就是为学习打乒乓球的学员喂球，就是为激发某人的长处而甘当他的垫脚石。石公在聊天中是发现了我头脑中的“雄”，主动用适合我的方式诱导我，激发我，扮演了“雌”的角色。所以他见面不是教训我该怎样做学问，而是找有利于我发挥水平的话题，这就是为我搭台。我的独到见解一有所展露，他马上补充材料为我做论证，并进一步诱导我做更深一步的思考，激发出我的“雄”。

考取石公的博士生后，石公说你想写什么就写什么，不要受招生方向局限（我想研究王阳明，可是石公招的是中国近代哲学方向）。按照规定，撰写博士论文之前必须提交论文提纲。我对石公说提纲表达不出我对王阳明的个人见解，我能否直接撰写论文，这在当时是不符合程序的，可是石公竟然同意了。老子说：“圣人常无心，以百姓心为心。”（49 章）“故以身观身，以家观家，以乡观乡，以邦观邦，以天下观天下。”（54 章）老子激发事物生命力的方法是自然无为，即根据事物自身的特点和脉络激发事物自身的能量，不是强行将事物纳入我的模式。对待“个人”、“家族”、“乡”、“诸侯国”、“天下”，要根据其各自不同的特点和脉络来加以激活。“故从事于道者，同于道；德者，同于德；失者，同于失。同于道者，道亦乐得之；同于德者，德亦乐得之；同于失者，失亦乐得之。”（23 章）从事于“道”（宏观层次），就按“道”的本性去做，“道”与我和乐；从事于“德”（微观层次），就按“德”的本性去做，“德”与我和乐；从事于“失（淘汰性工作）”，就按“失”的本性去做，“失”亦与我和乐。石公对我应该说就是用这种自然无为的方式激发我的生命力。

回到宿舍后，我先静默，使自己进入到王阳明的境界，几年中形成的哲学见解伴随着郁积于胸中的百味心绪喷涌而出。夜以继日，奋笔数天，论文完成，石公阅毕，连称优秀，一稿通过。后来，当年反对让我读博士的老师审读我的博士论文之后也称，这是一篇优秀的博士论文，并祝贺我的成功。

当然，石公也没有放任我不善概念逻辑表达的缺点而不管，在表扬我的同时也时不时地敲打我，帮助我修改作业，教我怎样更好地用规范性的概念逻辑表达学术观点。

方尔加

（作者单位：中国政法大学马克思主义学院）

17. 温胡老教诲 思开拓进取

——关于胡老与石公的断想①

10月30日，参加“马克思主义哲学与21世纪”国际学术研讨会，听龚育之教授讲胡绳同志病危，我坐在那里，感到震惊，转念又想，现在医疗技术发达，他是高级领导，一定会得到最好的治疗，现在学界不少年过九旬的长寿学者仍不断参加学术活动，而且时有佳作，胡老刚过80，他一定能恢复健康，率领我们的学术大军继续前进的。

没几天，报上登出了胡老逝世的消息，读着简略的文字，看着遗照，一股悲痛之情涌上心头。

胡老才华出众，青年成名，参加革命后，在党的思想理论战线上发挥了重要的作用。胡老的一生也并不是完全平坦的，但在风浪和逆境中，他有所谦退，有所守，有所为，即使是在“文革”那样黑白颠倒的日子里，一有条件，便默默地耕耘，写出了《从鸦片战争到五四运动》这样广有影响的大作。1949年后到“文革”结束，思想文化界风浪不断，不少知识分子或凋零，或误入歧途，而胡老处此环境，经受各种考验，走过逆境，在“立德、立言、立功”方面都达到一定的高度，一生称得上是功德圆满。这几日我常想，胡老在史学论著之外，一定有很多高超的人生智慧值得我们挖掘、学习。

---

① 原文副标题为“关于胡老的断想”，但内容实为纪念胡老与石公二老，故征得作者同意添加“与石公”三字。

我与胡老并未有直接的交往，但我的导师石峻教授与胡老曾在北京大学有一段同窗之谊。在中国人民大学读书时，有很多次石公和我们谈起胡老，可以看出，对于有这位杰出的同学，石公是自豪的。石公说胡绳很年轻就成名了。他的《帝国主义与中国政治》是研究中国近代史的名著，是根据毛泽东的一个观点展开论述的。石公曾自己买来多本胡绳的《枣下论丛》，送给我和其他学生。现在想想，石公除了推崇胡绳的文章，更深的意义是希望我们认真学习马列主义理论，像胡绳前辈那样，运用马列主义指导学术研究工作，可惜当时领会得并不深刻。

有一次，石公对我们说，《辩证唯物主义　历史唯物主义》主要是胡绳指导写的，但他不愿署名，最后就写了艾思奇，当时听了很新奇，《辨证唯物主义　历史唯物主义》是广泛流传的马克思主义哲学教科书，但胡老为什么不愿署名呢？石公没有讲，我也没有深问。石公在哲学界活动50余年，交往广泛，我想他这么说必有依据，不是随便讲的。这个线索提醒我们研究艾思奇、胡绳的思想乃至中国马克思主义哲学传播发展史需注意的问题。我想，现在知道详情的人可能还健在，希望能对此有所补充或更正。再过若干年，怕是更弄不清楚了。1988年夏，我的博士论文打印出来了，石公嘱咐我把论文《文化选择的冲突》寄一本给胡绳，我推想：一来石公深知胡绳多年从事文化问题研究，可能对该题目有兴趣；二来，石公也有向老同学展示自己工作的含意，“看，我又培养了一个学生”。那一年石公年过七旬了，精神健旺，老一代学者的心理也是很有意思的。

博士毕业，我到中国社会科学院哲学研究所工作，胡老是院长，可以说，我就成为胡老账下的一名小兵。现在想想，很奇怪，那时竟没有想过，比如由石公引荐，去胡老那里请教请教学术问题。初到社科院几年，疲于解决生存琐事，全没有这样的心情和想法，也是不谙世事怕见名人吧。岂非鲁哉！

1996年开始，在石公指导下，我与学术界几位朋友着手编“现代中国思想论著选粹”丛书，整理重印中国20世纪确有价值而现在又不易找到的思想著作，为正在兴起的20世纪中国思想文化研究工作做一点基础的工作。胡绳的《理性与民主》当然在我们的首选之列，当时我想，如能借重印之机，请胡老写一篇“重印前言”之类的文章，回忆一下当时思想文化界斗争、论辩的情况，一定是珍贵的文献，对我们研究那一段思想文化会有很大帮助。重印整理他的著作，要先与他联系，征得他的同意，当时他仍是院长，那么忙，恐不宜打扰，先放一放吧，第一辑出来了，第二辑出来了，第三辑也已编定，但胡老那里却一直没有去联系。如今，这一设想便成为我永久的遗憾！岁月真是无情啊，欲向胡老请教学问，岂可得乎？但好在胡老一生的著作最近都由人民出报社精美地出版了，可供我们研读学习。

由于石公的教导，我对胡老的文章是注意学习的，我的体会，他是真正的马克思主义理论家，近十几年的文章，行文没有盛气凌人之势，深入浅出平易地讲道理，思想也是很解放的，努力从理论上推动着我们的改革开放伟业。

近两年，我对胡老言论印象最深刻的要算是他从院长位上退下来时，对如何办好社科院的那些希望：

> “中国社科院在现有的基础上，可以有新的办法，可以走出新的路子。我们不可能像过去那样，把全国最好的第一流的人才都集中到我院来，现在再要说它是全国最高水平的恐怕也不行。过去主要是计划经济体制，现在要研究社会科学研究怎样和市场经济结合。我看要流动起来，要想办法把国内著名的专家学者邀来，就某一个项目进行研究，对国外著名专家学者也可这样做。社会科学研究搞近亲繁殖不行。美国的研究机构流动性就很大。如果我们的社科研究体制能流动，就可能把国内甚至国外的优秀人才集中起来搞研究，就可能出精品。我希望中国社科院能走出一条新的路子来，多出人才，多出精品。”（引自“感谢您，胡老！”载《中国社会科学院通讯》1998 年 4 月 22 日）

说得多么精辟啊！可以看出，胡老深刻了解社科院存在的问题和危机，对如何办好社科院也认真考虑过，更有一些新颖的想法。

一声惊雷，胡老仙逝。离胡老讲这番话，两年多过去了，实现胡老的理想，还有很长的路要走。社科院上上下下确需要常温胡老的教诲，并切实工作，更有新的开拓，“多出人才、多出精品”——这大概可视为一生从事思想文化工作的胡老对社科院的遗嘱！

对胡老光辉多彩的一生，一定会有更了解、深入研究过他的人，生动、深刻地写出来。十几年来不断受教于胡老论著的我，只能以这样简略的文字表达我对他的怀念之情。

张天行

（作者单位：中国社会科学院哲学研究所）

——原载《中国社会科学院院报》2000 年 11 月 23 日

三　思想梳理

1. 石峻的中国哲学史观

——纪念石峻先生诞辰 95 周年

石峻先生（1916 年～1999 年）是中国人民大学哲学院的元老之一。哲学院的前身是哲学系，人大哲学系创建于 1956 年，我是哲学系的首届本科学员。当时我们共有 200 多名同学，分为 7 个班，我在 4 班（1960 年合并为四个班）。上学期间，有幸聆听了石峻先生给我们讲授的中国哲学史，他那侃侃而谈的音容笑貌还时常浮现在我的眼前，他那带有湖南腔的普通话还不断萦回在我的耳边，他那深沉、凝思、谦和、宽厚的哲人风范总是激励着我度过无数难关。1961 年，我们毕业了，毕业后我留在伦理学教研室，后奉调到山东大学任教。在山大期间，我曾拜访过石峻先生多次，每次都是请他再度授业、解惑，其中给我印象最深的是请他主持研究生论文答辩和来山大讲学。1982 年 5 月，山大哲学系中国哲学史专业的研究生举行毕业论文答辩，请石先生做答辩委员会的主席。答辩结束后，他向我们畅谈了学习和研究中国哲学史的一些问题。1984 年秋天，我请石峻先生和张岱年先生来山大讲学。张先生讲的是对中国传统哲学的继承与创新问题，石先生讲的是关于中国哲学史研究要实现科学化的问题。1987 年他来济南参加“周易国际学术研讨会”，我又请石先生到哲学系讲学。石先生特别重视中国哲学史研究的方法论问题，因此他的几次演讲给我留下的印象特深。他的这些思想也见于他公开发表的文章中，即“有关中国哲学史研究方法论的几个问题”（载《中国哲学史研究方法论讨论集》，北京，中国社会科学出版社，1980 年）、“中国哲学史研究要进一步科学化”（载《中国哲学史研究》1981 年 1 期）、“哲学史研究随感录”（载《中国哲学史研究》1982 年 4 期）。现通过我的回忆并结合他的文章，对石峻先生有关中国哲学史研究的一些观点简述如下。

一、中国哲学史研究的对象和范围

石先生说，哲学是对自然、社会和人类思维的科学抽象和总结，中国哲学也不例外。任何哲学都是文化的产物，是精神的创造。中国哲学则是中国文化的产物，是我们中华民族的精神创造。中国文化宏富的内容和多彩的风姿，为中国哲学提供了肥沃的思想土壤，孕育出了中国哲学。中国哲学作为中国文化的核心内容，无疑凝聚着中华民族的实践经验和精神智慧。中国哲学史的任务，就是运用科学的方法即马克思主义的辩证方法，对中国哲学发展的线索、内容和表现形态予以整理、加工和理论化，从而揭示中国哲学自身的发展规律，为祖国的现代化服务。有研究生问，哲学在古代是一门无所不包的学问，我们研究古代哲学是否也要把它还原到初始状态？比如说，起初的哲学把伦理学、美学、政治学甚至物理学等都包括在内，我们研究古代哲学是否也要包括对这些具体门类的研究？石先生回答说，这涉及到哲学史研究的范围问题。随着人类认识的发展和提高，各门具体科学都从哲学中分化出去，成为各自独立的学科，因此回答这个问题不能用绝对的方法来对待，而要用发展的辩证的眼光来处理。哲学史的范围当然是有关哲学及其发展方面的历史，但它又跟许多学科有着密切的联系，如社会史、经济史、政治史、宗教史及科技史等，如果仅仅注意哲学理论及其思维方式即是说单凭哲学思想资料，而不顾及其他学科领域的研究成果，我们的哲学史将会是干瘪的，但也要防止把一些具体科学的内容无原则地堆积到哲学史中来。总之，我们要求理论必须结合实际，要通过具体的情况来说明抽象的法则，反对把兴趣只放在脱离实际的空洞理论上，但也不能将涉及到的政治学、伦理学和美学的具体事例同带有普遍性的世界观、哲学思想并列起来，否则就不成其为哲学史了。

中国哲学史基于中国的文化传统和中华民族的心理结构，因而具有自己的特殊的主题，这就是“究天人之际，通古今之变”。中国哲学史上所讨论的一些概念、范畴，如道理、性命、形神、名实、有无、动静、理气、心物、知行等等，归根结底都是以“天人之际”为中心而展开的，因此也可以说中国哲学是一种“天人之学”，每种新哲学的产生，也就是一种“天人新义”的出现。在这种“天人之学”中，中国哲学家往往有注重生活方式和工作态度的优良传统，他们更多地发挥了伦理（道德）、实践理性和心理（精神）、情意理性方面的思想，并特别注意“知”、“行”结合的修养功夫，如所讲的性命、动静、理气、心物等哲学范畴的关系，实际上并不限于专指外界事物的变化和生成（结构组合），还包含了人们思想活动的某些更深刻的特点，乃至道德情操、精神境界等。如果把这些问题完全排斥在中国哲学的范围之外，显然是不妥当的。

二、中国哲学同西方哲学的关系问题

中国哲学与西方哲学本来分属于不同的文明，中国哲学属东方文明圈，西方哲学属西方文明圈。由于文明类型的不同，必然形成不同的民族传统和哲学系统。明朝末年，伴随着西学东渐，中学也逐步传入西方。但在西方文明中心论的支配下，中国哲学长期遭到贬低和鄙视，有的甚至认为中国根本就没有哲学，只有一些不成体系的思想。个别所谓的汉学家，也有特意吹捧中国古代文化的，但目的是欣赏中国文化的落后面，在根本上是反对中国走向现代化的。一般国外的“中国学”的专家，好心的居多，但是他们对于我国哲学史的研究，多注重个人专题的探讨，对一些小的问题往往搞得比较细密，而对全面的情况则往往缺乏了解，结果难免是只见树木不见森林。同时，在中国哲学史界的个别人，仍自觉或不自觉地把西方哲学作为唯一的标准和范式，用这种范式来剪裁和规定中国哲学的一切，并完全套用西方哲学的范畴体系来诠释、解读中国哲学，从而使中国哲学完全变了样，走了形，成了西方哲学的附庸。石先生认为，这种情况如果出现在中国哲学史学科的初创时期，还是可以理解的，也是难以避免的，但是，当中国哲学史走过近八九十年的历程之后仍然有这种错误的倾向出现则是不应该的。在整个世界哲学的大背景下，西方哲学固然是一种类型，中国哲学当然也是一种类型，二者之间并无高下和尊卑之分，实际上各有其长，亦各有所短。我们只有努力把握中国哲学的特点和个性，才能说明和显示中国哲学的民族特色。要做到这一点，则又必须加强对中国哲学史和东方各国哲学史、西方哲学史的比较研究。只有通过广泛的、不同思想资料的比较，才能真正做到区分异同，从而了解它们各自的特点。只有这样，才能看出中国哲学对世界哲学的贡献，也才能去丰富世界哲学史的内容。

三、学习和研究中国哲学史的方法

石先生说，学习和研究中国哲学史必须有正确的方法，而一切正确的方法都必须遵守实事求是的原则，从客观历史事实出发，而不能从主观意志出发，为了某种目的而任意涂抹历史、篡改历史、歪曲历史，弄得面目皆非，这同严肃的学术研究是不相容的。对于历史上的哲学家及其思想，人们往往有不同的认识和评价，这是很自然的，也是很正常的现象。只要是完整地、系统地把握了某位哲学家及其思想的“实事”，并从中求出其“是”来，真正做到持之有故，言之成理，即可成为一家之言。石先生强调，研究中国哲学史必须以马克思主义作指导，但是也不要把这种指导简单化和庸俗化。马克思主义的历史方法和逻辑方法是最基本的方法，它能帮助我们揭示中国哲学的发生、发展及渊源流变的历史轨迹，又能发现其内在的逻辑层次、逻辑结构和发展规律。

石先生认为，研究中国哲学史，必须反对形式主义和教条主义。形式主义和教条主义者只从抽象的概念出发，见到书本上或字面上几句话，就把这位哲学家划归××阵营，贴上××阵营的标签，戴上××阵营的帽子，其结果往往是哲学家们彼此之间的争论，变成了这一顶被凭空扣上的帽子同另一顶被凭空扣上的帽子的空中对舞，没有任何实质内容。研究中国哲学史，还要防止简单化和“应时主义”，这是形而上学的一种表现，“说好就一切皆好，说坏就一切皆坏”。于是对历史上主观认为进步的哲学家就无往而不向好的方面拉，相反则又无往而不向坏的方面拉。甚至有这样的现象，对同一个人，为了“应时”（或特殊目的）采取表扬即通盘肯定的办法，在另一种情形下，也为了“应时”，则采取批评即通盘否定的办法，这种态度和文风是十分有害的。对马克思主义要灵活运用，不能生吞活剥。例如，列宁关于哲学史圆圈问题的论述，实际上经典作家是要说明社会思想发展的曲折性，即反复性和非直线性。有的人把它搬到中国哲学史中来，把圆圈画得那么圆，甚至一个比一个圆，这即违背了列宁的原意，也不符合中国哲学史发展的实际。至于西方哲学家运用的研究方法，譬如语义分析法、结构分析法、比较研究法等，只要本着实事求是的原则，我看是可以参照或借用的。

四、中国哲学史研究的回顾与展望

石先生指出，中国哲学史源远流长，至少不比西方晚。从人类的文明历程看，在古希腊、古印度、古中国等地，几乎同时涌现出一批伟大的思想家如苏格拉底、柏拉图、释迦牟尼、孔子、老子等，他们对人类共同关心的问题提出了自己的独到见解。这些不同地域的不同类型的文化，都是独立发展出来的，他们并未意识到也不可能意识到与之同时的其他文明的存在。西方文化其学科分类比较早，特别是哲学。中国文化有着自己的学科分类，如《目录学》所讲的，只是在中国传统学术中，没有哲学这一门类。“哲学”语源出自古希腊，是“爱智”的意思，先后曾被我国译作“玄学”或“理学”，但很容易跟我国历史上的“魏晋玄学”、“宋明理学”等相混，难免产生误解，最后始从日本人译作“哲学”（他们根据中国最早的字典《尔雅》一书，有“哲，智也”的解释）。因此中国哲学、中国哲学史作为一个独立的学科而被确立是比较晚的。中国的学问或称学术，在古代社会中，一直是在所谓经、史、子、集的形式下存在的，中国哲学和中国哲学史当然就隐藏其中，特别隐藏在“经学”和“子学”中。20世纪初期，较早接受西方影响的一些学者如严复、梁启超、章炳麟、王国维等，他们在研究中国学术思想的变迁中，开始以西方哲学作为参照系，钩稽并论及有关中国哲学史的一些内容。但是，他们的工作还不成系统，尚未突破原有“国学”的框架和传统经学史、学术史的窠臼。五四运动以后，不少学者参考西方哲学史的研究成果，冲决道统的狭隘观念，扩大了取材范围，获得了不少成绩。1919 年胡适写的《中国哲学史大纲》出版了，但只有上卷。他的《大纲》以西方实用主义为指导，只关注实证理论和逻辑学说，因此有人甚至说，胡适的《中国哲学史大纲》“简直是介绍美国杜威一派实用主义的教科书”。1931 年，冯友兰出版了他的《中国哲学史》上册，1934 年出版了下册。这是一部中国哲学的通史，其影响远远超过了胡适的《中国哲学史大纲》。但是冯先生的这部通史是以新实在论作指导的，有很大的片面性。20 世纪 30～40 年代，侯外庐、杜国庠、张岱年、吕振羽等人，在马克思主义的指导下发掘中国学术思想自身所蕴含的哲学思想，侯外庐等出版了《中国思想通史》，张岱年写成了《中国哲学大纲》。特别值得指出的是张先生的《中国哲学大纲》，以哲学问题为纲，分别叙述其源流发展，以便显示中国哲学的条贯系统，其学术品位至今为学界所公认。50 年代以来，中国哲学史的研究虽然曲折、反复，但通过广大哲学史工作者的辛勤工作，仍然取得了很大成绩。进入 80 年代以来，中国学术界迎来了一个新的时代。在老、中、青三代学者的共同努力下，出版了一大批有功力、有创见的中国哲学通史、断代史、专门史或人物评传，开辟了中国哲学史研究的新局面。

中国哲学史是一门开放的学科，是一门不断发展的学科，其中有许多问题需要我们不断地去探索、去研究。这个问题解决了，另一个问题又来了。只有扎扎实实地工作和坚持不懈地努力，才能将中国哲学的无穷的生命力展现出来。我相信，在将来的 21 世纪，随着中国政治、经济的发展，随着社会的进步，中国文化、中国哲学和中国哲学史的研究一定会进到一个新的高度，以更加辉煌的成绩，迈进现代，走向世界，面向未来。

以上是我对石峻先生论述中国哲学史研究问题的回顾。先生虽已驾鹤归西，但他那严谨的治学态度，诲人不倦的精神，永远是我们学习的楷模。

最近一段时间里，中国哲学史界开展了一场有关“中国哲学合法性”问题的讨论，其中有些提法似乎回到了过去，甚至回到了更为原始的元点。这使我想起了石峻先生在很久以前讲过的话。他说，在过去的一段时期内，尚有中国究竟有无所谓“哲学”的争论。在这里至少又有两种倾向，或者认为中国根本没有“哲学”，夸大了那种特殊性，以至于最后根本否定它们之间有一致性；或者主张有所谓的中国哲学，只能是简单地按西方哲学思想的模式来选取中国的资料，等于取消了中国哲学的民族形式，从而产生了只用西方哲学的框框，生搬硬套中国哲学的做法，他们是夸大了西方哲学的普遍性形式，无形中取消了中国哲学的特点（参见《石峻文存》257～258 页）。在我看来，关于中国哲学“合法性”问题的焦虑和思考并非老问题的旧调新弹，而是面对全球化的新境遇和东西方文化在 21 世纪出现的新格局彰显出来的新话题，它的关注点在于反思中国哲学和中国哲学史的建构历程及其所存在的问题。如果这种反思带有某种妄图否定一个世纪以来几代中国学人在中国哲学和中国哲学史学科领域所取得的光辉成就的话，当然是不应该的，是会遭到非议的。如果这种反思是探讨中国哲学或中国哲学史如何面向未来、如何走向现代和走向世界，那么这种反思是非常必要的。依我个人之陋见，上个世纪几代中国学人的努力是将“哲学中国化”，而并未建成“中国哲学系统”（包括逻辑层次、逻辑结构、范畴体系、思维方式等），虽然在这方面已作了许多的工作，也出版了某一方面的专著，但整体性的工作刚刚开始，21 世纪的任务就是要建成“中国哲学”这一系统工程，以便与西方哲学和别国哲学并驾齐驱。由“哲学中国化”到“中国哲学”是一个过程，我们要尽量缩短这一过程，实现我们中国学人特别是青年一代学人的宏伟目标。

周立升

（作者单位：山东大学哲学系）

2. 和石公讨论中国哲学的主体性问题

1993 年夏，应台湾辅仁大学校长李震先生之邀，本人随大陆高校学术代表团，前往台湾访问。代表团由中国人民大学、北京大学、南开大学、吉林大学四校从事中国哲学研究的学者组成。我有幸与石峻师同行。我在与会的发言中涉及中国哲学的主体性问题。会后石公提醒我，讲主体性应十分谨慎，不然容易导向唯心主义。我听取了石公的意见，对发言稿进行了认真修改。

石公的提醒并非无的放矢。上世纪八十年代，始作俑者张扬主体性，继之者众矣。石公注意到这股思潮是伴随西风而来的。哲学上的西来之风主要是现代西方哲学和西方马克思主义。对于现代西方哲学各流派，中国还处于引进消化阶段，很难说已登堂入室。

自卢卡奇、葛兰西以来的西方马克思主义和东欧新马克思主义反对人的劳动异化和物化，凸显并弘扬主体性。他们的思想有其产生的历史环境，自然有其存在的理由，而它的东方转型，特别是从葛兰西到南斯拉夫实践派的“实践哲学”的中国变态，主张改变哲学的思维方式和思维范式，令人关注。

所谓“改变哲学的思维方式”，即从两极到实践（中介）。两极即唯物唯心。经过片面弘扬主体性，达到“实践哲学”，从而消解唯物唯心的对立，以主客体融一的所谓实践把握对象，只认“属人世界”的意义。“属人世界”之外的存在，对主体而言是无法指认的“无”，毫无意义，有人甚至主张“要扩展和深化哲学观念的变革，必须破除唯物主义的戒条，必须把马克思主义理解为实践哲学，而不必附加上唯物主义的后缀”，从而实现“对唯物论和唯心论的超越”，并美其名曰“创新”。实际上这是南斯拉夫实践派“实践哲学”的翻版。这个体系把主体性过当弘扬至神性的地步，终于和“法”轮功挂上了钩，沦落到为“法”轮功作论证的可悲地步。

而“改变哲学思维的范式”和上述体系有异曲同工之妙。“范式”的改变，在库恩那里往往意味着科学的革命。哲学范式的改变意味着世界观的改变，这是个十分严肃的问题。

他们所谓的“实践”不同于马克思的实践。马克思的实践是指人改变世界的能动活动，首先指人类社会赖以生存的生产活动（生产资料和生活资料的生产），以及与生产活动相关联的科学与艺术活动等等。而他们所谓的“实践”，主要指作为人的存在的本体论结构和主客体相互依存的关系，存在不过是和主体相关的存在，或曰主体的对象化存在，这无异于列宁批判过的“自我与环境不可分割的原则同格”（《唯物主义和经验批判主义》）。他们以马克思早期著作和西方马克思主义、东欧新马克思主义为依据，制造青年马克思和老年马克思的矛盾以及马克思和恩格斯的矛盾。诚然，如毛泽东同志所说：

"一棵树的叶子，看上去是大体相同的，但仔细一看，每片叶子都有不同。有共性，也有个性，有相同的方面，也有相异的方面。这是自然法则，也是马克思主义的法则。"（《同音乐工作者的谈话》）每个人的思想，从青年到老年都有一个发展进程和成熟过程，前后会有所不同，但不能用他的早期思想去反对他的后期思想。马克思和恩格斯也会有所不同，但他们共同创立了马克思主义，这是尽人皆知的。至于批判列宁的《唯物主义和经验批判主义》是机械论的反映论，这只能说各人的立场和出发点不同，解读也会不同。至于说反对意识哲学，无非是搞"非意识形态化"。有人批评本体论视之为"独断论"，实际上是批评马克思主义哲学的思存关系。他们也批评理性，也视之为"独断"，然而他们批评理性，恰恰用的是理性，这使他们自己陷入不可解的悖论。这显然是在用半生不熟的后现代哲学的解构方法对待本体论和理性。似乎只有他们才注重生命，注重社会生活，重视实践。马克思自不必说，看看列宁是怎么说的，一切就都明白了。列宁说："如果要研究逻辑中主体对客体的关系，那就应当注意具体的主体（=人的生命）在客观环境中存在的一般前提。"又说："实践高于（理论的）认识，因为它不但有普遍性的品格，而且还有直接现实性的品格。"（《哲学笔记》）毛泽东同志还专门写了《实践论》。可见具体主体和实践在马克思主义经典作家思想中的地位。马克思主义哲学没有刻意地把自己的哲学区分为本体论、认识论、方法论，但它的思存关系却具有本体论的意义，也没有把实践单纯地限定在认识论的范围内。确认外部世界的存在，不是逻辑推断和主观臆测，只能是实践。马克思主义哲学从来没有低估过实践。那些制造马、恩、列之间矛盾的人士，大都对唯物辩证法和唯物史观加以漫画化的涂抹，再冠以"正统的马克思主义"予以贬斥，不知道这是哪门子的马克思主义。

故此，我们才说石公的提醒并非无的放矢，也可以看出石公坚持马克思主义唯物主义的原则立场和敏锐性。

马克思主义哲学把主客体关系建立在思存关系的基础上，即存在决定思维，社会存在决定社会意识，在认识论的范围内主客体是相互依存的。马克思主义哲学既然承认主客体关系，当然不否定主体性。马克思早在《关于费尔巴哈的提纲》中就曾明确指出，旧唯物主义不重视“能动的方面”，反而被“唯心主义抽象地发展了”。这“能动的方面”自然包括主体性，当然必须首先承认客观世界的先在性，而不只是“属人世界”。

有关马克思主义哲学的主体和主体性的问题，中国人民大学哲学系陈先达师写过一篇文章，题目是“关于主体和主体性问题”，发表在 1991 年第 15 期《求是》杂志上。文章简练而准确地阐述了马克思主义哲学的主体观。马克思关于主体的理论还有另一个维，即主谓词关系，这是针对黑格尔的“绝对主体”而提出的“现实主体”。原吉林大学哲学系许景行教授也发表了一篇题为“关于马克思的‘现实主体’范畴”的文章，载《哲学研究》1990 年第 6 期，可供参考，此不赘述。

对中国哲学而言，主体性及主体价值一类概念并非固有，而是西方近代哲学概念的移用，但不能说中国哲学连主体及其规定都没有。这是关涉人类哲学文化的共性问题。中国哲学是重视人的，所以不可能不涉及人性和主体性问题，陈先达教授的文章说：“主体作为人的规定性称之为人性，而人作为主体的规定性是主体性。”主体性运用于中国哲学，是人作为主体的认识能力和实践能力，认识能力和实践能力这两个因素合起来便构成人能动的创造力。而人性则是人的善恶本性，作为价值判断具有相对的性质。当善恶的道德因素构成主体的认识要素时，人性便和主体性具有难于摆脱的相关性。这正是中国哲学的特征，其表现就是认识过程与伦理过程的统一。中国古代哲学的“能所”关系便典型地表征了这种能动的主体与客体之间的关系，近代哲学才有了明确的主体、客体概念，当然这是近代学者引进西方哲学的结果。

本人简要回顾上述一些哲学问题，主要是和石公有关主体和主体性的对话所引发的。我们都知道，石公是当代研究中国哲学的大家，同时又是恪守马克思主义原则的学者。他和张岱老保持着真挚的友谊，这不只是因为他们都以中国哲学为研究对象，而且都坚持马克思主义原则，并运用马克思主义方法来研究中国哲学史，可谓志同道合。

中国哲学史的研究经历了极“左”时期简单化、极端化、教条化的过程。把中西哲学史都看做是唯物、唯心两军对战的历史，显然是受日丹诺夫哲学史定义的影响。这种观点把确定某一哲学形态为唯物主义还是唯心主义作为终极目的，从而忽视了其丰厚深刻的内涵。比较典型的实例就是老子哲学的讨论，唯物唯心各执一端，忽视了其养生延命通于神明之道的揭示。

对待现代西方哲学，则将之视为帝国主义反动腐朽的哲学和唯心主义垃圾而加以排斥。对西方马克思主义也讳莫如深，从而把自己封闭起来，不食人间烟火。所以，当前国内人本主义马克思主义的流行，也是对极“左”时期特别是“文化大革命”惨无人道的惩罚。

然而，不论是石公还是张岱老都认为，研究中国哲学应以西方哲学为参照，所以，他们决不忽视西方哲学，包括现代西方哲学。用行政的办法没收人家的思想是愚蠢的，但辨析、讨论、争鸣、批判却是应该提倡的。所以，他们认为对西方的各种哲学思潮，既不能简单地加以排斥，也不能盲目地跟在人家的屁股后面跑，应批判地吸收其中积极的养分以充实自己。石公就懂多种外文，所以他对西方哲学也有深入的了解。为研究佛学，他还懂梵文。这在中国可谓凤毛麟角。

1996 年 11 月，中国人民大学和美国黄兴基金会在中国人民大学联合举办了“儒学与中国文化现代化学术讨论会”，本人也应邀出席。会上遇见张岱老，他问我道：你去看石公了吗？我说我即刻就去。我早听说石公中风，因路途遥远，未及看望，来此出席会议正是良机。我便到石公寓所看望石公。见石公恢复得很好，思维依然敏捷，语言清晰，已能拄着手杖外出散步了。我异常高兴，并为石公的健康祝福。当我要离开石公寓所时，石公便把他主持编辑的《汉英对照中国哲学名著选读》上下卷签名送我。现在这已成了永久的纪念。能把中国哲学古典名著翻译成英文，没有深厚的语言功底和思想功底是很难完成的。由衷地敬佩石公学问的深厚。

三年后噩耗传来，石公仙逝。此次拜访，竟成最后的相见。

更使我难忘的是，1988 年本人草成《中国近代启蒙哲学》一书，请石公为之作序，石公欣然命笔，也成了永久的纪念。

我作为中国人民大学哲学系首届本科生，有幸聆听石峻师和杨宪邦师讲授中国古代哲学。石公操着浓重的湘音，杨公操着浓重的川音。对于我这位东北学生，听他们讲课，活像是听美妙的音符在跳动。在这美妙的音符后面，则是深厚的哲理，使我终生难忘。石公学识渊博，含藏古今中外。只要向他请教，不但直接当下的问题告知你，相关的问题也告知你，可谓诲人不倦。石公虽驾鹤西归，带走了满腹经纶，但留下了极丰富的藏书。石公嗜书如命，又懂行，他的藏书，可谓珍藏也。

陈庆坤

（作者单位：吉林大学哲学系）

3. 石峻先生和伦理学研究

已故中国人民大学哲学系教授石峻先生，是中国哲学史特别是中国现代哲学史名家，为学界所熟知。实际上，在伦理学研究方面，石先生也有深邃的造诣。石先生 1938 年毕业于北京大学哲学系，此后他一直从事哲学教学和研究工作，并于 1940 年开始为学生讲授伦理学课程，约 7 万余字的《伦理学讲义》，是他在这个时期留下的教学和研究的重要成果之一。他在 1944 年发表于《哲学评论》上的“略论中国人性学说之演变”，是石先生研究人性学说的论文，他以伦理视角探讨人性学说的内涵意蕴，将人性探讨与伦理探讨结合起来，从一定意义上说，这是他探讨伦理问题的名篇。建国后，石先生在关于哲学学习和研究的一些讲话中，特别是在上世纪 80 年代初，他在全国伦理学第一、二次学术研讨会和《伦理学与精神文明》（后更名为《道德与文明》）杂志第一次顾问编委会上所作的学术报告与讲话中，对伦理学的研究和道德建设问题发表了许多有价值的看法，表明了他对伦理学的研究素养和一贯关注。下面拟从四个领域谈一下石先生伦理学研究的主要之点。

一、伦理道德问题须提高到哲学的高度来解决

石先生在《伦理学讲义》中谈“意境问题——论人格之扩充”时讲：“哲学的——认识万物一体的道理，离开一切外物即无自我，合内外，一人我，不患得患失，是最高的境界，所赖解决之问题皆为人生最根本而共同的问题，故有永久的意义。”（《石峻文存》第 438 页，下引此书只注《文存》）他强调从形而上学本体论角度来解决伦

理道德的根据问题。他讲："我们可以知道'性其情'的意义，我们可以说在理论上或修养上，必须以性为体，以情为用，换句话说，必须有更高一层的境界作根处……方可以使情表现得恰到好处，若是执著一方面，必将有所蔽而不能自由，为感情的奴隶，为情所束缚而不能达到道德的目的。"（《伦理学讲义》，《文存》第413页）他指出"伦理学应以形而上学为根据"（同上书，第415页），因为它智慧地"使人明了人与宇宙之关系，一切之真相，人与社会之关系有所根据耳"（同上）。又讲："最高的是了解宇宙，进而实现人生。"（同上书，第439页）哲学的知识讲人生目的或理想，"各部门的知识皆须与人生目的或理想配合，始有意义可言"（同上书，第438页）。他还讲哲学的研究应是伦理学研究的重要方法："宇宙观和人生观不可分，人的宇宙观影响人生态度，故欲人生观正确，必先于宇宙存正确之认识。宇宙（知）和人生（行）的关系，感情与知识的关系，'内'（心）'外'（物）的关系……目的论的解释，求得'行为'与'至善'、'自由'与'必然'之关系。个人与宇宙之关系，此与社会科学所以不同也。美与丑的关系或距离，善恶与苦乐的关系等不可以概念上之分别作为事实上之分别。伦理学为哲学之一部分，必须以形上学为基础（求出体用原则），求出一切与至善之关系以及至善与道德标准。求出道德之必要条件，换言之，无如是条件者即不得称之道德行为。"（同上书，第389页）总之，石先生认为宇宙观决定人生观、人的道德标准和道德行为，伦理道德的客观性、普遍性和绝对性皆由此而获得根据，否则，就不会有道德标准和道德行为。

这一认识，在1983年9月在天津召开的《伦理学与精神文明》杂志第一次顾问及编委会上，石先生又结合实际加以重申，他讲："我觉得伦理道德问题一定要提高到哲学的高度来解决。现在要防止某种把伦理学从哲学中分出来的倾向，要加强二者的联系。朱熹编《近思录》，坚持编哲学理论部分，讲无极、太极，而我们有的人是头痛医头、脚痛医脚，用现象说明现象。怕讲理论，把理论误解成抽象化、不着实际。古人讲'洒扫应对以至性命'，这种经验要借鉴，割裂了是修身教科书。不能把普及化、通俗化与提高对立起来，重点在提高。现在有的刊物只是堆积材料，这是汉学水平，并不是看轻资料工作，但思想性、理论性要提高，要高水平地回答现实的道德问题。"

石先生主张宇宙观决定人生观、道德观，伦理道德须提高到哲学高度来解决，哲学为伦理学的基础和形上学的根据，具有重要的方法论意义，对于纠正一些人对伦理道德的功利化、技能化、权谋化、低庸化以及主观、片面、表面的理解，具有极大的帮助。

二、传统人性学说中包含着丰富的伦理意蕴

中国古代人性论与道德论是密不可分的。人性论中包含有伦理意蕴，讲伦理道德离不开人性分析。对于这一点，石先生有许多深刻的认识和精辟的论述。他讲："我国传统思想精神，无论任何一家，最后皆求切中人事。"而"人生（人事）的最根本方面的探讨是人性问题"（《略论中国人性学说之演变》，《文存》第357页）。"儒家孔子对人性的善恶问题虽然没有明确的议论，只不过说'性相近也，习相远也'（《论语·阳货篇》），但是他读《诗》到'天生烝民，有物有则，民之秉彝，好是懿德'曾叹称知'道'（见《孟子·告子上篇》）！可见他是如何注意宇宙的法则性，难怪特别留心过去的文物制度，所以是极端推崇'礼教'的人，换句话说，他的人生学说'伦理的'意义特别深刻"（同上书，第358页）。"荀子跟孟子两人，一个道'性善'，一个称'性恶'，学说似乎全面冲突，其实不过于同一问题——道德行为'根本'的追求，彼此着重的方面不同，遂成相反的结论罢了。至于他们注意人生伦理的意义则是一贯的，就是皆用相对的'善'或'恶'的判断去解答人性问题，这或者可以说是先秦儒家人性论的特点"（同上书，第359页）。这里讲了两点，一是提出人生（人性）与宇宙法则的关系规定了伦理道德的依据；二是指出先秦儒家人性的特点富有伦理意义，他们用善恶的判断解答人性问题。石先生按照他所提出的人生——人事——人性的逻辑轨迹，说明先秦道家人性学说虽与先秦儒家不同，但其用静、动解说人性问题，也是在用静去说明人的本真（性），规定道德行为的根据、道德修养的境界和修养方法。

石先生认为，先秦人性学说严格地说不过儒道两家，并从调和儒道（以及调和儒道释）为特征的秦汉之际、两汉、魏晋、隋唐、宋元明的人性学说的角度给予了深入的分析。他讲，秦汉之际的人性学说

是儒道人性学说的“混合”（同上书，第362页）。两汉人性学说是一种二元论，即“大都讲‘性’与‘情’的对立”，“以善归之于性，以恶归之于情。他们依然从善恶方面去谈论人性问题……特别看重伦理方面的意义”（同上书，第363页）。魏晋玄学家王弼的人性学说是“不性其情，何能久行其正”（《周易》王注，同上书，第367页），认为情不离性，性不离情，性为内为体，情为外为用，体用不二、性情不二（同上书，第367页）。向秀、郭象一派的玄学“也是主张人‘性’不可‘系于一方’，泥于形迹，而失其本真”（同上）。王、郭学说的面目虽有不同，但是他们对于人性问题存在共同点：王弼可谓从宇宙不变的理则上（宗统）求契于真（性）；郭象是从万物变迁的行迹上说性（真）何得离。他们又皆认定真的方是人“性”……同在“名教”之上，更求“自然”（性）作根据，都可算是先秦道家思想进一步的发挥，且有调和儒道两家思想的企图（同上书，第368页）。魏晋玄学家于人性学说的贡献，在把人之“性”与“情”的关系，根据一种形上学的眼光，扩大到宇宙“性”与“相”的关系，同时这种观点在知识论上的意义也比较深入，避免了两汉以及后来南朝涅槃佛性各家把“人性”看做是固定的或者不变的“质料”的矛盾（同上书，第369页）。隋唐时期无论佛学还是儒学在人性问题上仍然是关于“性”与“情”的一种讨论。至李翱作《复性书》，在“性”“情”问题上调和了各家之说。一方面他在分别“性”与“情”，另一方面又以“性”与“情”不可相无。在他看来，“性”“情”本为一体，其所以必须分别，则归本于人的知识上有“明”与“昏”或“觉”与“惑”的不同，不能说是“内”、“外”或“善”、“恶”或相对的“静”、“动”的问题。隋唐人性学说研究的贡献即在于此。这表示一切伦理学说或人生哲学最后的根据须从“绝对”出发，方可不致陷于矛盾（同上书，第373页）。宋元明先是延续唐末以后三教合流的人性学说，到张载、程颐提出“天地之性”与“气质之性”的区分及“变化气质”的学说，试图以此说明善与恶的来源和道德修养问题。到程颐特别提出“性即是理”的主张，这个“理”或“理性”，一则有丰富的“伦理”意味，也可以象征一种“外在的秩序”，再则又有恍惚行为者的纯真动机，即那种大公无私的心境。同时这种“理性”又不受个人的限制，人人本于一性，“圣人可学而至”也有理论的根据（同上书，第378页）。陆象山、王阳明不同意人性二元的说法，王阳明提出“无善无恶是心之体”，认为人“性”（指“本体”）是绝对的，而善恶是相对的。他以“良知”为“本体”，不着意于善恶，与程朱一系不忘“气质”为“性”的学说，思想面目又是不同（同上书，第380页）。

石先生这些深刻的论述，不仅深化了古代人性学说的研究，同时也对人性与伦理学的内在联系给予了详尽透彻的分析，从而也深化了古代伦理学的研究。石先生这一人性论的研究成果发表后为国内外学者所瞩目，不是偶然的。

三、关于中外伦理思想比较研究和民族传统伦理思想的批判继承

石先生学贯中、西、印，在《伦理学讲义》中，广泛引用西方和佛教伦理思想材料，介绍评价国外各种伦理学派和著名代表人物的思想学说，对中外伦理思想进行了比较研究。如他讲：“柏拉图、亚里士多德借以伦理学为政治学之一部，中国所谓内圣外王，该政治建筑于伦理学上也。”（《文存》，第390页）“道教与佛教，面目相似——如打坐与禅定以及各种戒律。但前者在求长生与吾身，后者主无我以永恒，其‘文化精神’绝不一致也。”（《文存》，第393页）“西洋道德进展之批判，本于‘知’，故先团体而后个人。中国道德进展之批判，本于‘情’，故先个人而后‘团体’。”（《文存》，第395页）“在中国哲学中，与西洋伦理学家有类似‘善恶’与‘苦乐’对立之论，曰‘性’与‘情’之研究，关于‘性’的善恶问题是中国哲学史上最热闹的问题。”（《文存》，第411页）石先生强调尊重世界各民族文化的特点，反对民族文化歧视。他讲：“故凡文化之民族，其礼教虽可因时制宜，加以变通，但不可无礼教也。礼教为一民族文化精神之具体表现，凡人莫不有情感，欲表示情感，须有一定之程式，否则，即或过或不及”，“各民族礼教取义不同……故不可以西洋伦理强诋中国伦理也。”（《文存》，第392页）这里不仅表现了对民族文化特点的慧识卓见，而且也是对五四以来一味贬斥礼教的潮流的一种大胆的反思。

石先生非常重视中国伦理学的特点，并给予了中肯的分析。他

讲："中国古代伦理学的特点是大量的伦理思想材料……如天人、理气、心性、动静等，都不是单纯的物理性概念，而是包括道德修养与道德情操的。"（"马克思主义伦理学的现实意义与研究方法"，《文存》，第445页）中国哲学不能与西方的伦理简单类比。西方认为中国哲学是伦理型的，这种观点一般地讲，是指中国哲学重视人与人的关系，但他们认为是伦理型的，就贬低了中国哲学，人与人的关系是重要的问题，忽略了这一点是个缺陷，我们对自然研究不够，但注重人与人的关系不能说是缺陷，中国哲学在这一方面有贡献。"（"附录一：关于中国哲学研究的谈话"，《文存》，第491页）他的这些论述给人以有益的启发。石先生具体分析了中国古代伦理思想中的合理的有价值的东西。他讲："中国先秦儒墨道三家皆有一种'全体的观念'，影响后来深大。"（"伦理学讲义"，《文存》，第395页）中国古代伦理学强调"男女正当结合，非纯为个人享受，亦非仅解决个人性欲的问题，乃有深长之道德意义，并于家庭社会民族乃至人类皆有其责任也"（同上）。"道德是有继承性的……不了解过去，就不了解现在……忠君忠人民是相辅相成的关系，不能割断历史"（"马克思主义伦理学的现实意义与研究"，《文存》，第445页）。"理学演变成'以理杀人'，戴东原'以理杀人'，很深刻，但不是所有人都以理杀人"（"关于中国哲学研究的谈话"，1991·12—1993·2，《文存》，第502页）。这就是说"以理杀人"固不可取，但作为理性、规律秩序的理、人的纯正动机和道德修养境界的理还是有价值的。石先生认为，对有价值的传统伦理应该继承，而不应该否定。他在谈新旧道德时讲："以新旧作好坏之时代已成过去，中国现在已到批评时代"，"不明了过去，即不能把握现在，该过去对于现代人生活有影响。凡对过去采一种完全藐视态度，是为一切真正改进之障碍（劲敌）。""学术思想须以过去之结论为起点，始有进步可言。"他认为这是有历史文化之改革之所以与野蛮民族不同之所在。因此，他讲"解决其所以为前代文化思想最合理一部继续发展之事实，非为退步，或为进化"，"凡过去真有价值之大思想家，皆为当代之革命家"（均见"伦理学讲义"，《文存》，第397—398页）。不难看出，石先生这些论述，是对近现代以来特别是五四以来新与旧的争论的回答，石先生从哲学的高度把握新旧问题，其认识是比较全面的、深刻的，于上世纪40年代发表这样的议论也是很有理论勇气的。

在中外文化关系问题上，石先生强调民族伦理思想的独立性，反对崇洋媚外。他讲："任何科学无国界，而凡社会伦理科学则必有国界，有传统，不可以任意移植也。"（"伦理学讲义"，《文存》，第436页）他提出"不可以西洋伦理强诋中国伦理"（同上书，第392页），批评"西洋人好以'多神'、'拜物教'之名以污中国"（同上书，第391页）。1992年10月，他在纪念《道德与文明》创刊10周年座谈会上，作为杂志顾问发言说：现在有一个倾向，是把西方的现代哲学、意识同西方的现代科学技术等同起来。刊物应必要地、适当地批评对待外国的不正确思想。不要认为西方的一切现代思想、现代哲学都是新的、进步的。我们要绝对防止在伦理道德方面的崇洋媚外，同时也要防止伦理道德方面的复古。要以科学的态度对待民族的文化遗产。他的这一讲话是很有针对性的。

四、关于坚持马克思主义伦理学的研究方法

石先生于上世纪80年代初，曾在全国第一次、第二次伦理学研讨会上作过两次学术报告。《文存》根据手稿以"关于伦理学研究的几个问题"、"马克思主义伦理学的现实意义与研究方法"、"有关马克思主义伦理学的讲话"为标题刊印出来。两篇学术报告都着重讲了伦理学的研究方法问题。

他强调伦理学研究"不能单从概念定义出发，要从客观事物出发"（《文存》第443页），他进一步深刻地指出："道德不是一种孤立的社会历史现象，要研究它与经济、政治、宗教……的关系。道德是一种上层建筑，要研究它与生产斗争和阶级斗争的关系及其反作用和相对的独立性。"（同上）强调研究道德的发展规律，道德"有不以人们意志为转移的客观规律，虽然非常复杂，但有规律可循，因此才可能成为一种科学"（同上）。在具体研究方法上，他提出"现状的调查"、"历史的考察"和"理论的研究"。他特别强调"马列主义哲学的指导是研究伦理学的根本，否则要犯方向性的错误"（《文存》，第444页）。提出要坚持"历史唯物主义——社会意识是社会存在的反映，不可颠倒"，"对立统一规律是研究伦理学理论的根本思

想”，要运用这一规律研究“阶级社会道德的对立与统一”、“批判继承的对立统一”、“哲学范畴的内在矛盾的统一”、“理想与现实的矛盾的统一”以及知识与道德、自由与必然、根据与条件等问题（同上）。他还指出“马克思主义伦理学的（科学）研究是共产主义道德教育的指导”（同上书，第445页）等伦理学研究的方法论原则。石先生关于坚持马克思主义伦理学研究方法的学术报告给人们有益的启发，这在伦理学科刚刚恢复之际显得弥足珍贵。在学术报告中，他联系实际，批判“知识越多越反动”、讲道德修养是“黑修养”等谬论，揭露林彪、江青一伙“假话说尽，坏事做绝”，表现出老一代知识分子强烈的社会责任感。石先生学识渊博，在学术报告中广征博引，如他分析封建社会最高道德“忠”的矛盾时，引用汉景帝时道士与儒生辩论“汤武革命”对不对的故事。儒生说对，道士则说是篡权，鞋子再漂亮也不能戴在头上，上下不可混。汉景帝知道后，不叫他们辩论了，说“吃马肉不吃马肝不叫不识味”，最后不了了之。他说不然汉高祖又该怎么评论？这个矛盾是贯穿封建社会不能解决的矛盾。这段话是《文存》刊印的手稿中所未见的，可能是他作学术报告时的发挥。他讲了不少这样生动的典故，人们听了很感兴趣，并从多方面受到启发。

石先生曾任中国伦理学会前几届理事和伦理学专业杂志的顾问，他对伦理学研究和刊物的工作一直很关心，在多次讲话发言中提出过许多很好的意见和建议。他对我的工作也给予很多支持，鼓励我坚持正确的办刊方向，把刊物办得更有质量。最近我拜读了石先生的文集，并回忆了全国伦理学会成立以来聆听的石先生的多次教诲，特撰写此文，以表达对老师和前辈的缅怀之微忱。

温克勤

（作者单位：天津市社会科学院）

4. 石峻先生对中国近代思想史研究的贡献

在新中国建立后，石峻先生是最早进行中国近代思想史研究的学者之一。他在这方面的贡献，主要表现在以下两个方面。

一、20 世纪 50 年代关于中国近代思想史研究的三本书

1.《中国近代思想史论文集》

1952 年，北京大学哲学系中国哲学史教研室组织教师写了 27 篇关于中国近代思想史的论文，参加这一工作的有冯友兰、周辅成、任继愈、黄子通、马采、王维诚和石峻先生等。石公写的是“李大钊与陈独秀的思想”，此文前面有一篇“绪论——五四运动与革命知识分子的道路”，论述了五四运动中革命知识分子如何从拥护德先生和赛先生转而学会用无产阶级的宇宙观作为观察国家命运的工具的历史过程，接着分别论述了李大钊的革命活动、革命思想及其对李大钊思想的评价。石公在“评价”中指出：

> “在近代思想史上，李大钊同志的功绩是：在鸦片战后，一群先进的中国人，在向西方寻求救国救民的真理的艰苦过程中，他首先系统地传播了革命的马克思主义，明确了中国革命的方向，坚持走苏联的道路。他在中国的资产阶级民主革命中，即在人民大众反帝反封建的思想斗争中，初步应用唯物史观的理论，驳斥了作为中国两千年来封建制度上层建筑的孔子学说，提出了把共产主义的理想作为奋斗的目标，说明了今后人人都将变为工人的事实。他与代表资产阶级右翼的改良主义路线进行了不可调和的斗争，主张用革命的办法，对于中国现实社会的各项问题求得一个根本的解决。但是在中国共产党没有正式建立以前，他所从事的介绍马克思主义的工作限于历史条件，因之不能要求他的思想的科学系统足够整严，而且事实上他的思想也确有误解的地方。”①

石公的这些分析在当时来说是比较准确和公允的。

在分析陈独秀时，文章介绍了陈独秀的生平和他的早期思想，其中包括反封建文化的斗争和提倡“科学”与“民主”的思想、社会主义思想的宣传，最后对陈独秀思想做了批判。在“批判”中，石公

① 《中国近代思想史论文集》，上海人民出版社 1958 年版，第 187 页。

指出：

> "陈独秀是五四运动前中国激进民主派的代表，属于资产阶级的左翼。他首先提倡'民主'与'科学'的思想，在当时半封建半殖民地的中国社会，作为无产阶级及其政党领导的新民主主义革命还没有正式登上舞台、展开斗争以前，在人民大众反帝反封建的思想战线上，尤其是反封建文化的革命战争中，起着一定的积极的作用。通过陈独秀主编的《新青年》杂志，团结了一批进步的知识分子，在五四新文化运动中，成为传播新思想的主流。在伟大的十月社会主义革命以后，陈独秀有机会接触到革命的马克思主义，通过中国工人运动的兴起，提高了自己对于资本主义发展到最高阶段必然成为帝国主义的认识，从完全倾倒于西洋资本主义制度文明的思想家，转变为当时影响颇大的社会主义宣传者，因此与代表资产阶级右翼的改良主义者划清了界线。陈独秀思想一贯的错误是理想脱离群众，不能结合中国革命的实践，在立场上始终没有得到彻底的改造。"①

这种评价还是比较客观和实事求是的。

可能是由于当时忙于编写《中国近代思想史讲授提纲》，所以直到 1958 年，石公等人才从这 27 篇文章中选出 15 篇，编成《中国近代思想史论文集》，由上海人民出版社出版。

2.《中国近代思想史讲授提纲》

此书由石峻、任继愈、朱伯崑先生三人编写而成。作者在此书出版后记中说："本书着重叙述近代中国思想发展总的趋势，只能选择各个时期富有代表性的人物作为重点，同时对每一个思想家的分析和批判也只限于所代表的时期，没有涉及他一生思想的全部内容。"②全书分六章，第一章"绪论"，第二章是"外国资本主义势力开始侵入后地主阶级社会改良思想"，第三章是"农民革命运动高涨时期太平天国的革命思想"，第四章是"半殖民地半封建的统

---

① 《中国近代思想史论文集》，上海人民出版社 1958 年版，第 196 页。

② 《中国近代思想史讲授提纲》，人民出版社 1955 年版，第 176 页。

治秩序形成时期资产阶级的改良主义思想”，第五章是“资产阶级革命运动时期资产阶级和小资产阶级革命思想的发展及其对改良主义思想的斗争”，第六章是“五四运动时期资产阶级和小资产阶级革命思想的分化及马克思主义在中国的传播”。此书由人民出版社在1955年出版。据有关资料介绍，这个提纲写出之后，主要是由石公向学生讲授的。

3.《中国近代思想史参考资料简编》

正是由于当时北京大学哲学系的中国近代思想史的课程主要是由石峻先生讲授的，所以这本资料简编便是由石公主编的。《简编》与《讲授提纲》“密切配合，目的只是为了适应当前教学的需要，使同学们在不多的备课时间内，有直接阅读原始资料的机会”①。正是由于此书是为了配合《讲授提纲》而编的，所以其体例也就是按照提纲的篇章而设置的。此书由生活·读书·新知三联书店1957年出版。

以上三本书，是新中国成立后不久对中国近代思想史第一次全面和系统的研究，具有开创之功。

二、这一研究的特点

1. 对象明确

石峻教授等在《讲授提纲》的绪论中明确指出：“中国近代思想史不同于一般的中国近代史，是着重说明中国近代文化思想这一方面发生和发展的历史……中国近代的革命是中国人民大众反帝反封建的革命。因而，中国近代思想发生和发展的历史，就是近百年来中国人民大众反帝反封建的思想发生和发展的历史；同时也是资产阶级和小资产阶级思想发生、发展及其衰颓和没落的历史；也是无产阶级思想的成长和壮大乃至最后在中国获得胜利的历史。”②

2. 方法科学

石公在《资料简编》的“编者的话”中强调在马克思主义指导下具体问题具体分析，认为“不能简单地以历史唯物主义——社会发

---

① 《中国近代思想史参考资料简编》，生活·读书·新知三联书店1957年版，第4页。

② 《中国近代思想史讲授提纲》，第10页。

展史的基本原理来代替各种人类社会历史的研究”。这一见解在当时来是很高明的。这种具体分析表现在以下几个方面:

一要看到“近代中国社会的复杂性”。这就是半殖民地半封建社会的特点:既有资产阶级和无产阶级的矛盾,又有地主和农民的矛盾,还有帝国主义与中国人民的矛盾,又有统治民族和被统治民族的矛盾。

二是变化迅速。“比较任何时期都要变化得快”,“一种‘新’思想不久就会变成旧思想,为更‘新’的思想所代替,一个人暂时具有进步意义的观点,一旦停留不前,很快就会被人民革命的风暴、时代的巨轮把他推到后面去了”。在这种情况下,一个早年是进步的思想家,很可能晚年就变成了反动的人物,因此,我们对近代人物和思想的全面评价,不能不特别留心他们发表作品的年代,注意他们的思想先后不同的历史意义。此外,在分析他们的思想来源和组成部分时,根据他们引用的个别论点,就简单地把他归之于某家某派,显然也是不很妥当的。

三是中国资产阶级自身的特点使其思想极其复杂。“因此在某些问题上,既要说明他们思想的来源,又要在政治上区别与他们西方露骨的反动的老师们之间一定的界线,特别是要注意把其中采用的个别观点跟近代中国的现实的社会阶级斗争结合起来进行思考,才可能得出大致正确的结论”。

四是中国近代思想既是对西方思想的吸收,又是对古代优秀文化的继承,要正确地认识这两个方面的关系。“近代中国的思想绝不是孤立发展的,它随时要受到外来思想的影响,特别是先进的中国人为了摸索救国救民的真理,不断地向西方学习,因此,研究中国近代思想史要是忽略了国际的环境,简单地只是看做是本国思想家的继承和发展,这样也是不能说明中国近代思想发生和发展的规律的”。

五是不能只限于一些杰出的思想家,还要注意报刊所反映的思潮。“中国近代的进步思想在不同时期的表现也往往成为一种思潮,多少带有群众性的文化运动特点,因此近代著名的各种期刊和报纸就成了重要的思想史料,所以,在每一个阶段,虽然也可以选出一些人物作为重点来加以研究,但事实上绝不是这样几个人物就可以完全代表的,跟中国古代哲学及社会政治思想的研究比较,情况颇有不同”。

这些方法都是比较科学的，即使在今天仍然有指导意义。

3. 重点突出

“选择材料的标准：力求重点突出，以近代中国影响较大的社会政治思想和哲学思想为主，一些带有专门学术性质的论文则一概不选。我们着眼在中国近代思潮发展总的趋势，因此对于一个思想家来说，更多的是注意他比较起进步作用的东西”①。

三、不足之处

1. 由于着眼于进步思潮，对于一些“反面人物”，如曾国藩等人的思想没有涉及。

2. 对于历史人物的一些评价难免受时代的影响，因而有偏颇之处。如说陈独秀在《欢迎湖南人的精神》一文中，“讴歌代表清朝政府封建统治镇压太平天国农民革命的刽子手曾国藩、罗泽南”②，其实此文在当时曾极大地支持了青年毛泽东在湖南的革命斗争，而现在则是研究近代湖湘文化的一篇重要著作。

王兴国

（作者单位：湖南省社会科学院）

5. 中国近现代哲学史学科的奠基人

——石峻学术思想评述③

石峻教授有两个学界公认的学术贡献：一是佛学研究，二是中国近现代哲学史研究。1934 年，他到北京大学哲学系读书，毕业后留校

---

① 《中国近代思想史参考资料简编》，第 1—5 页。

② 《中国近代思想史论文集》，第 196 页。

③ 为纪念石峻先生诞辰 90 周年，《中国哲学史》杂志特辟“纪念著名学者石峻先生诞辰 90 周年”专栏，发表宋志明、向世陵、董群、杨庆中等四位学者研究石峻先生学术思想的论文，依次见后。

作汤用彤先生的研究助教，就开始致力于佛学研究。在佛学研究方面，他并不是学科的奠基人；而在中国近现代哲学史研究方面，称他为学科的奠基人，可谓是实至名归。1952 年，全国高校院系调整，只保留一个哲学系，就是北京大学哲学系。北大哲学系最早开设的中国哲学史方面的课程并不是中国哲学通史，而是中国近代思想史。这门课程的教学任务由石峻、任继愈、朱伯崑三位年轻的教师承担。他们共同备课，由石峻先生一人出面主讲。三人共同编写教学参考书《中国近代思想史讲授提纲》，石峻为第一作者，承担的写作任务最多。石峻还主编了 80 多万字的《中国近代思想史参考资料简编》，为中国近代哲学史学科的建设奠定了基础。

石峻当时没有使用“中国近代哲学史”的称谓，而是采用了“中国近代思想史”的称谓，是经过认真的考虑的。从 1840 年鸦片战争开始，帝国主义列强凭借坚船利炮，野蛮地撞开了中华帝国闭关锁国的大门，使中国古代社会被动地开始了近代化的进程。古老的中国不但在军事上吃了败仗，在思想文化上也吃了败仗，西方的思想文化犹如潮水一般涌入中国。这种巨变为人们始料未及，纷纷发出“千年未有之大变局”的惊叹。这种巨变已超出了“哲学史”的范围，将其纳入“思想史”的视角似乎更为贴切。当然，思想史也可以称为广义的哲学史，但毕竟有别于以研究哲学思维发展规律为主要任务的狭义的哲学史。也许是出于这种考虑，石峻先生初期没有采用“近代哲学史”的称谓，而采用了“中国近代思想史”的称谓。不过，他所说的思想史还是以哲学史为重点。他后来的提法则是“中国近代哲学思想史”，并不把哲学史和思想史严格地区分开来。

一

在 20 世纪 50 年代初，中国近代哲学思想史研究还是空白，没有多少可资借鉴的资料，必须大胆地去探索。石峻先生勇敢地担当起开拓者的重任。他认为，中国近代哲学思想史是整个中国哲学史的重要组成部分，因而不能孤立地研究近代哲学思想史，必须回顾这一断代史的前提——中国古代哲学史。反过来说，研究中国近代哲学思想史也可以促进对于中国古代哲学史的研究，正如研究人的生理构造可以深入了解猿的生理构造一样。研究中国近代哲学思想史，既要有回顾，也要有前瞻，因为它是中国哲学的转型期，是西学传入中国之后新的发展阶段。不了解这段历史，就不能把握中国哲学的未来走向。“中国的新社会是从旧社会发展来的，我们从事建设的现实基础是从近现代的历史中演变过来的。脱离了这个基础，割断历史，不从实际出发，不考虑中国的国情，不注意克服旧的影响，其结果就会误入迷途或陷入空想。在这些方面，若能认真地研究近代思想史，会从中得到很多有益的启示”（《石峻文存》，第195页，北京：华夏出版社，2006年。下引该书只注页码）。如果把古代哲学比作“前天”，那么，近代哲学史就像是“昨天”。研究“昨天”对于我们来说显然比研究“前天”更为重要。

石峻先生指出，研究中国哲学史应当特别重视两个重要的时期。一个是先秦时期，即中国社会从奴隶制社会向封建社会转变并建立多民族的统一大帝国时期；另一个就是近现代时期，即中国从封建社会的没落、外国资本帝国主义势力的侵入而逐步沦为半殖民地半封建社会，再由半殖民地半封建社会，经过长期的革命斗争，最后在中国共产党的领导下，建立了社会主义新中国的时期。相比较而言，后一个转变比起前一个转变更重要。这段历史虽然才一百多年，但情况非常复杂，思想内容十分丰富，研究起来相当不容易。令人遗憾的是，中国哲学史学界对于这段历史的研究长期以来重视不够，以至于使这方面的研究成为薄弱环节。石峻先生强调，研究近代哲学思想史应当注意把握以下几个问题。

第一，必须掌握马克思主义的立场、观点和方法，坚持以历史唯物主义为指导。

他说：“研究任何历史科学，只有根据马克思列宁主义的立场观点和方法，才有可能做出合乎事实的结论，这个一般的原则在新中国的科学界是很少有人怀疑的，但是理解了这个总的原则并不等于已经解决了所有的问题，因为每一方面的具体矛盾虽是体现了客观事物普遍发展的规律，但皆有其特殊存在的形式，这些都需要深入钻研，具体分析，才有可能得出正确的答案，这就说明了为什么不能简单地以历史唯物主义——社会发展史的基本原理来代替各种人类社会历史的研究。”（第189页）他反对在马克思主义经典作家的著作中寻章摘句的做法，反对以引证代替论证，反对用现成的结论代替深入细致的研究。对于这种教条主义的学风，他深恶痛绝，经常告诫自己的学生：千万不要人云亦云，千万不要当思想懒汉。他指出，作研究必须从实际出发，不能从抽象的原则出发。要尽可能充分地占有第一手资料，入乎其内，出乎其外，贯彻“论从史出”的原则，不要搞“以论代史”的名堂。掌握第一手资料，不能仅限于文本资料，还应当了解当时的社会实际状况。只有结合当时的实际状况读文本，才能读得懂、读得通，才能得出正确的结论。

第二，从实际出发，把握中国近代社会的特殊性和复杂性。

中国近代社会不同于比较稳定的中国古代社会，也有别于西方的近代社会，并不是一个典型的社会形态。中国近代社会作为半殖民地半封建的社会，实则处于传统社会与现代社会之间，这是其特殊性之所在。“中国这个历史时期的突出特点，就是逐步陷入了半殖民地半封建社会。它既不同于我国过去单纯的封建社会，也不同于外国发达的资本主义社会。既不同于侵略成性的帝国主义，也不同于单纯的殖民地。”（第 198 页）因此研究中国近代思想哲学史，不能照搬中国古代哲学的研究模式，也不能照搬西方哲学的研究模式，必须从实际出发，找到适合中国近代社会特点的研究方法。中国近代可利用的思想资源不再限于儒、释、道三教。中国哲学走向了世界，西方学术也走进了中国：中西学术交汇成为中国近代区别于古代的一大特点。这对研究者提出更高的要求，牵扯的知识面比较广。研究者既要有中国哲学的素养，又要有西方哲学的素养，并且熟练地掌握具体事物具体分析的方法。石峻先生提出的忠告是：“必须力求做到思想性和科学性的高度统一。既要重点深入，同时也要避免以偏概全，因小失大。真正做到既见树木又见森林。要做好这方面的工作，我们以为，只掌握丰富的历史资料，而指导思想和研究方法错了，也有可能事与愿违，走上一条歧路，不但不能达到为我国实现四个社会主义现代化服务的目的，同时也与哲学史研究的科学化背道而驰。所以，我们必须以马克思主义基本原理为指导，详细地占有史料，史论结合，从事创造性的研究，得出合乎历史规律的结论来，同时还要注意它的直接的应用方面，在目前，可说是既有重要的理论意义又有重大的现实意义。”（第 201 页）他指出，研究中国近代哲学思想史，应当充分认识到它的复杂性，抓住中学与西学或旧学与新学的矛盾这条线索，揭示中国人民思想启蒙的历史进程，从而科学地概括出中国近代哲学思想史的发展规律。

第三，实事求是，动态地把握中国近代思想家思想状态的多变性。

近代中国社会各种矛盾迅速激化，社会发展的速度非常快。面对民族危亡的严峻形势，面对中国向何处去的尖锐问题，思想家没有从容思考的条件，必须迅速做出反应，这就造成了他们思想状态的多变性。“一个人从青年、中年到晚年往往经过几度转变，前后有很大的不同，像孙中山和鲁迅这样伟大的先行者，他们一生事迹的前后变化，大家都很清楚，无须赘言。就以中国人民大学校长吴玉章同志为例，他少年时期在前清旧式书院求学，读的全是《四书》、《五经》一类的儒家经典，接受的基本上都是旧学，后来转而相信资产阶级改良派，即以康（有为）、梁（启超）为代表的那套。经过‘百日维新’失败的惨痛教训，中年时期则又进而追随孙中山，积极从事推翻清王朝封建专制政体的资产阶级革命。此后，在第一次国内革命战争时期，通过社会实践和个人思想上的飞跃，又变成了无产阶级的先锋战士，并成为全国著名的马克思主义教育家。”也存在着相反的情况，有些人由有影响的先进的中国人逐步变成落后、保守的顽固派。鉴于这种情况，研究近代人物必须具有动态的眼光，必须善于作辩证的评判。“要从中国近代思潮发展史的总规律出发，再结合各人的特点，具体分析它的前因后果，才有可能把问题搞清楚。不宜实行一刀切的办法，而强求形式上的划一，走上简单化、公式化的道路。”（第199页）

二

石峻先生既是中国近代哲学思想史研究的开拓者，也是中国现代哲学史研究的开拓者。早在20世纪60年代，在担任中国人民大学哲学系教研室主任时，他就曾与教研室的同志们开展中国现代哲学史的研究，并共同编写了讲义和资料选编。由于当时学术界“左”的思潮占主导，致使这项研究无法顺利地开展，只得半途而废。直到党的十一届三中全会召开以后，逐渐清除了“左”的思潮的影响，才迎来了学术研究的新时代。这时，关于中国现代哲学史的研究终于引起了学术界的重视。

石峻先生是新时期中国现代哲学史研究的主要推动者之一，他多次参加有关的学术会议，与学术界同仁商讨开创中国现代哲学史研究新局面的办法。1982 年，他撰写了“有关中国近现代哲学史研究的几个问题”，呼吁把研究重点转移到“五四”以后，改变当时中国哲学史研究“从孔夫子到孙中山”的局面。1983 年，我有幸成为先生指导的第一个博士生。在他的指导下，我选择中国现代哲学作为研究方向，确立的博士论文选题是“现代新儒家研究”。这在当时并不多见。1987 年，他主持召开中国现代哲学史研究会（后更名为“中国现代哲学专业委员会”）暨第一届年会，有上百位专家学者出席了会议。他任研究会第一任会长，以后又任名誉会长，主持学会工作长达十年之久。

石峻先生认为，中国现代史同近代史的最大区别在于，无产阶级取代资产阶级并成为新民主主义革命的领导者。马克思主义哲学传入中国改变了近代以来中学与西学对峙的局面，形成了西方哲学、中国哲学、马克思主义哲学竞长争高的新格局。中国的马克思主义者以马克思主义为指导，结合中国的革命实践，吸收中国哲学和西方哲学的合理内核，推进了马克思主义中国化的进程，使之逐渐成为中国现代哲学史的主流，极大地改变了中国人的思想面貌。在中国化的马克思主义的指导下，中国共产党领导全国人民推翻了压在头上的三座大山，赢得了新民主主义的伟大胜利，建立了中华人民共和国。但是也应看到，由于当时处在武装革命时期，对敌斗争是压倒一切的主要任务，学术思想方面的工作也只能暂时地服从于武装斗争这个主要任务，不可能有充分的时间和条件开展学术研究，来不及系统而深入地研究基本理论，也来不及对各种思潮及时地做出回应。“一些初步掌握了马列主义基本理论的同志们，当时限于主客观条件，还无暇从事大量搜集整理和研究这些方面的思想资料，进行由此及彼、由表及里的深入剖析的工作。然而只有做到这一点，才能克服教条主义的影响，避免生搬硬套一些外国学者的现行结论；才能很好地结合中国社会的历史和实际，从而在这一研究领域内防止产生简单化与庸俗化的倾向。”（第 245 页）当时中国的马克思主义哲学理论工作者由于受到主客观条件的限制，无暇从事大量搜集材料、系统的整理、深入的分析等工作。现在，我们已经具备了前人所不具备的条件，有责任完成前人当时无法完成的工作，进一步推进中国化马克思主义哲学理论的发展。

石峻先生指出，五四新文化运动以后，各种非马克思主义哲学思潮也很活跃，这也是值得认真研究的文化现象。过去在“左”的思潮的影响下，通常对非马克思主义哲学思潮一概加以否定，统统视为马克思主义哲学的敌人，看不到其中的合理内核，这是不符合辩证法的。他主张对各种学术思想问题都应当作全面的、具体的分析，再也不能走以政治批判代替学术研究的老路了。一个有学识的中国现代哲学史的研究者，必须注意到哲学家思想体系的复杂性。“当然要看到它的政治影响，但这是不够的，还必须深入探讨它在理论思维上的成就，有无合理的内核可供进一步提高认识水平的借鉴。为此，即使同是含有封建主义旧思想的作品，也要区分不同的类型，再进行深入的解剖，认真做到‘有的放矢’。在这里，徒然标榜什么‘一贯正确’，那就只能成为一种不切实际的空话。毫无疑问，这种作法是一种地地道道的形而上学，它不自觉地违背了马克思主义哲学的基本原理，肯定会妨碍社会的进步和理论水平的提高，甚至还有可能带来意想不到的后果。”（第 204 页）对于唯心主义的哲学体系，不能仅仅宣布其为错误就算完事，还应当作同情的了解、科学的分析、批判的超越。“作为哲学体系的唯心主义或形而上学，可能包含着合理的思想因素，这是需要深入发掘的，不能只从局部的表面现象看问题。好比一栋过了保险期的房屋，必须推倒，但是一些被拆下的砖瓦，则仍可利用再造新房。这些具体工作都需要耐心地加以抉择。对于旧房子来说，还得分析它将要倒塌的原因，作为借鉴，用以加固新建筑的设计，不能放下不问；何况作为理论体系的问题，比这情况还不知道要复杂多少倍呢！”（第 246 页）不能说非马克思主义哲学家的每句话都是错误的，应当承认，他们在一些理论问题上确实有较深入的研究，提供了基本可信的情况和论据，做出了有价值的探索。如果不承认这一点，那就不是历史主义的态度。石峻先生在指导我写作博士论文“现代新儒家研究”时，多次叮嘱我一定要充分占有第一手资料，实事求是地分析评判，掌握科学性原则，不可以简单粗暴地对待每一个研究对象。

石峻先生强调，研究中国现代哲学史必须面向现代化、面向世界、面向未来，根本目的还在于进一步推进马克思主义哲学理论的发展，解决中国社会发展中遇到的实际问题。“中国现代哲学史的研究既是历史，又与现实密切相关，进行系统地科学总结，不仅具有重大的现实意义，而且具有深刻的理论意义。它是正在大力建设具有中国特色的社会主义新思想新文化的一项重要的具体内容。因此这一非常重要而在目前又比较薄弱的学术领域，它已经并将会越来越受到重视。这反映了我们时代的要求，是当前全国上下实行改革、开放、搞活这一时代精神的充分体现。”（第 201－202 页）他经常鼓励自己的学生，不但要立志做一个有学问的哲学史家，而且还要立志做一个有创新思想的哲学家。

三

石峻先生既重视对中国近现代哲学史的宏观把握，也重视对有代表性哲学家的个案研究。他曾对洪秀全、郑观应、章太炎、孙中山、胡适、熊十力、李大钊等著名思想家，都做过个案研究。他在 1983 年写的《胡适评传》可以说是个案研究的典范。在《胡适评传》中，石峻先生具体贯彻了他上述提出的关于如何研究中国近现代哲学史的指导原则。

本着把握中国近现代思想家思想状态的多变性的原则，石峻先生对胡适的成长过程和思想演化过程作了动态的概述。首先他介绍胡适的家世和青少年时代，然后依次评述“留美学习阶段的胡适”、“从事白话文运动和‘中国哲学史’研究的胡适”、“作为实用主义积极鼓吹者的胡适”、“科学与人生观论战中的胡适”、“资产阶级改良主义路线彻底破产中的胡适”。在 20 世纪 80 年代初，石峻采用这样的研究思路是颇有新意的。那时刚刚进入新的历史时期，“左”的思潮的影响还未来得及彻底清除。在许多人的眼里，胡适还是“反共老手”，还是“文化买办”，还是“反动文人”，还是被打倒的对象。在这种情况下，石峻敢于从新的视角研究胡适，是需要拿出理论勇气的。他选择的研究路径突破了当时通常采用的模式，即从本体论、认识论、方法论、历史观等四大块以及唯物主义和唯心主义两军对战的两条线的模式，在学术上有创新意义。

本着实事求是、客观公正地看待非马克思主义思潮的原则，石峻抱着同情的态度，客观地绍述、科学地评判胡适的思想，既不溢恶，也不溢美。对于胡适在五四新文化运动中的贡献，石峻作了充分的肯定。他指出："胡适一直在提倡白话文学，不能说他只是把文学革命的范围局限在语言形式上，从来也没有去触动一点封建主义的内容。应该说，他是以一定程度的资产阶级新思想和新题材取代了一部分封建主义的旧内容的。"（第224页）胡适创作的新诗《尝试集》、创作的剧本《终身大事》应当在中国新文学的发展史上占有一定的地位；胡适介绍"易卜生主义"，支持演出《娜拉》一类的剧本，"从历史主义的观点来看，自然应该说是一种进步"（同上）。胡适的《红楼梦》研究也有值得称道的地方。"观点显然受到西方资产阶级的影响，但比起过去全凭臆测的'索隐派'，应该说，多少还是一个进步"（第225页）。

对于胡适的《中国哲学史大纲》，石峻也作了中肯的评价。尽管"这部书的主导思想是'实用主义'的，即是一种唯心论的，可以说，在不少地方，真是大胆歪曲了我国古代的思想资料，但在当时我国贫乏的学术界，却是起过一定的积极作用的。胡适这册《中国哲学史大纲》在五四新文化运动时期的历史意义，诚如我国著名的民主主义教育家蔡元培为该书所作'序言'中说的，其中最重要的一点，就是所谓'平等的眼光'"。不过，他也不完全同意蔡元培在"序言"中的看法，认为蔡先生出于奖励后学的用意，不免作了一些过分的赞许。石峻的看法是："胡适在两千多年来一向尊儒家为正统、奉孔丘为'至圣'、离经等于叛道、非圣即是违法的年代，敢于用这种'平等的眼光'来对待它，应该承认是难能可贵的。"（第226页）他认为胡适对于现代意义上的中国哲学史学科建设有开创之功，应当在中国哲学史学史上占有重要的地位。

石峻承认胡适是一位实用主义者，但反对把他仅仅说成是美国实用主义的贩卖者。他指出，胡适的实用主义哲学有别于美国的实用主义哲学，乃是中国现代史的产物，有其出现的历史合理性。"处在社会制度发生根本动摇的时候，发展中的资产阶级只有建立一种新的宇宙观和新的人生观，才能适应他们所处的新环境。所以在当时，实用主义思潮对于反对社会黑暗势力和旧的封建教条来说是有历史的进步意义的。不管实用主义哲学在欧美思想界原本所处的地位是如何的反动，但由于相同的哲学思想在不同的社会历史条件下可能起不同的作用，因此也不可一概而论，还要作具体分析。”“实用主义被应用于五四时期的旧中国，从资产阶级方面来说，仍不失为一种很好的思想手段，它叫人暂时且不必管什么传统的封建礼教，只要怎样能发展你自己，那么你便怎样去干好了，这是完全可以理解的。而实用主义的哲学，刚好能用它的积极进取的方面，不尚空谈理论，只管实际行动的特点，来暂时满足这种需要。因此，它在中国五四时期其所以能得到比较广泛的传播，实在是与第一次世界大战期间，由于帝国主义国家正忙于瓜分殖民地的战争，不免暂时放松了对中国的侵略，使中国的资本主义特别是轻工业方面取得较大的发展，兼及资产阶级上层知识分子带来的幻想，肯定是有一种内在联系的。”（第 229 - 230 页）从马克思主义哲学的观点看，胡适的实用主义哲学无疑是错误的。胡适与李大钊等马克思主义者确实存在着根本的分歧，但这只是问题的一个方面，还应看到问题的另一个方面。胡适的实用主义对中国马克思主义者也有一些积极的影响，“在客观上也起到了某些揭发当时一些人空谈进步、实行政治投机的作用，所以李大钊同志在‘再论问题与主义’一文中也说自己的看法其中有的或可与胡适的主张‘互相发明’”（232 页）。

长期在北京大学学习和执教的石峻先生，对于同在北大执教并担任过校长的胡适的学术思想是十分熟悉的。但是，他在动笔之前，还是仔细地阅读胡适的全部著作，查阅了大量的有关资料。他写的《胡适评传》，挖掘出大量有说服力的、典型的思想资料，披露了许多鲜为人知的事情，文风朴实，娓娓道来，评判切中肯綮，使读者在轻松的阅读中领略胡适的思想全貌。他和胡适同为北大学人，从个人的角度说，他对胡适是有感情的。但他在《胡适评传》中，严肃地把胡适当作研究的对象，决不牵扯个人的感情。对于胡适的错误的思想倾向，他非但不表示认同，而且做了深刻的批判。他在《胡适评传》的结语中写道：“胡适和他的实用主义的破产说明什么呢？概括说来只

不过一句话：历史发展的规律是不可抗拒的。”（239 页）

石峻先生离开我们已经 7 年了，他给我们留下的是一座学术丰碑。他提出的关于研究近现代哲学史的指导原则，他创造的研究方法，他的许多学术观点，至今仍有理论意义和现实意义。哲人虽逝，薪尽火传。我们应当继承石峻先生的未竟之志，开创出中国近现代哲学史研究的新局面。

宋志明

（作者单位：中国人民大学哲学院）

——原载《中国哲学史》2007 年第 1 期

6. 石峻先生“略论中国人性学说之演变”研究

‘略论中国人性学说之演变’是石峻先生 60 多年前发表的一篇长文，它体现了先生对从先秦孔老到宋明儒学绵亘两千余年的中国人性论发展史的思考。

石先生以为，中国哲学的人性问题，从思想史入手进行研究，会遇到很多的困难。譬如，同一时代的思想家，会有不同的理论水准、认识方法、思想情感和政治立场；前后时代思想家的某种讨论“面目相似”，然形似而实未必是，有延续更有变化。“尤其时代越晚，牵涉过去越多，困难更是增加”（《略论中国人性学说之演变·附记》，第 380～381 页）[①]。积累的资源越多，分析的负担也就越重。要能穿透如此厚重的历史积淀而把握住中国人性理论的实质和精髓，并不是那么容易。

前辈先贤，从王夫之、章太炎到王国维都有“知性”、“原性”之说，都试图对人性问题做出自己的说明，但又都未能阐释清楚。根本的原因就在于，他们对中国人性学说的演变没有给予足够的重视。所以，石先生认为，要想真正“知性”，不得不从梳理中国人性学说

① “略论中国人性学说之演变”，载《石峻文存》（华夏出版社 2006 年版）第 357～381 页。下引该文，只注篇名（朝代）和页码。

的发展史着手。

一、从善恶、动静说人性的两派

石先生关于中国人性论发展史的阶段划分，是以历史朝代为参照。至于将秦汉之际单列，体现了那个时代将《礼记》、《易传》诸篇收入其中的学术遗产的价值。

先秦作为中国人性学说的起步阶段，其思想主要以儒家之孔孟和道家之老庄为代表。就儒家来说，孔子在直接意义上只有“性相近也，习相远也”（《论语·阳货》）之语，但在石先生的书中，他参照其他文献转引的孔子言论作出了分析。例如从《孟子·告子上》载孔子读《诗》到“天生蒸民，有物有则，民之秉彝，好是懿德”而感叹其“知道”中，能看出孔子是将宇宙的法则与人世的常规联系在一起的，而民有同样的秉持爱好正是“性相近也”的一个基本注脚。所以，石先生说孔子的人生学说是“伦理的”，其意义特别深刻。

“伦理的”按其本意也就是（适宜的）类别之分。石先生以为：“凡是‘伦理的’问题，要更进一步地研究，从形式上的差别转到内容（意义）的区分，构成今日所谓的‘道德命题’，那便是善恶的判断。”（《先秦》，第358页）父子（有亲）、夫妇（有别）是形式差别，然而，这种形式差别中包含的内容就是人性善和爱有差等。当然，这种思想由提出到完善是一个逐步推进的过程。就先秦儒家的两大派说，孟子注重先天和内在性的方面，肯定“人皆有不忍人之心”（《孟子·公孙丑上》）和“人心之所同然”（《孟子·告子上》），所以圣人人格虽最为理想，却不妨说“圣人与我同类者”（同上）。人性的生来平等是性善论的一个基本的预设，当然是差异的而非绝对的平等。

与孟子有别，荀子“特别注重事实的结果，或外在的‘分’与‘辨’”（《先秦》，第358页）。因为仁爱在荀子主要是以礼义的形式表现出来的，而礼义的基本规定就是讲“辨”讲“分”。至于说“涂之人可以为禹”（《荀子·性恶》），则是从“积善而全尽”的意义上讲的，圣人便是积善的结果。所谓“其善者伪也”（同上），正在于说明善是靠人为的不断积累而造就的。孟子与荀子两人虽然形式上一道“性善”，一称“性恶”，完全冲突，但“其实不过于同一问题——道德行为根本的追求，彼此着重的方面不同，遂成相反的结论罢了。至于他们注意人生伦理的意义则是一贯的，就是皆用相对的‘善’或‘恶’的判断去解答人性问题，这或者可以说是先秦儒家人性论的特点”（《先秦》，第359页）。是不是儒家人性论，石先生的划线标准十分简便，那就是看它是不是从善恶、从“伦理”论人性。

由此，儒家孟、荀两家的冲突就不具有实质性的意义，因为二者的共性在以同一的伦理价值去解答人性。从功用或效果看，如此的共性突出表现在解答人性的善恶判断的相对性上。即：孟子的人性善并不能阻止人走向恶；荀子的人性恶反而鼓励人走向善。以此由善到恶或由恶向善的对立机制来解释人性，说明无论性善还是性恶都有待于进一步的推敲。

与儒家不同，道家一方重在从动静的角度观察宇宙和人生。老子云“归根曰静”（《老子·十六章》），“静”既是万物之“根”，也是人性（命）之本。石先生尤为注意万物之“本”与人性之“本”这二“本”的相互协调，万物本静而人性亦静。老子之后，庄子同样讲静。《庄子·庚桑楚》称“正则静，静则明，明则虚，虚则无为而无不为也”，“不是很明白在用‘静’去摹拟人的本真（性）或修养可能到达的境界？《庄子》书中又讲‘心斋’、‘坐忘’等方法，我想与此也不无关系”（《先秦》，第360页）。只有立足于静、虚的角度才能去心之累而使人安适。老庄人性论的一大特点，就是反对以外在的秩序规范、仁义教化来束缚人性，要求抛开这诸多的心理牵累。

据此，石先生将先秦人性学说分为多以“善”“恶”说明而“伦理的”意义比较深刻的儒家和多以“静”“动”说明而“心理的”意味比较丰富的道家两大阵营。其中，儒家强调外在的类别秩序，体现了其人性学说重在服务于社会的目的；道家注重对社会的批判，要求虚静无为则成为心灵的最好慰藉。

当然，如前所述，这里尚未包含《礼记》和《易传》这两部表述了“通乎儒道两家的人性学说”的著作。例如《礼记·乐记》讲

“人生而静，天之性也。感于物而动，性之欲也……夫物之感人无穷，而人之好恶无节，则是物至而人化物也。人化物也者，灭天理而穷人欲者也”一段，前半段用“静”、“动”分别“性”、“欲”可以通于道家；后半段主张“不化于物”以存“天理”，特别注重好恶的节制，“伦理的”意义颇深，又吻合于儒家。

但是，如果按传统的观点将《乐记》判归儒家，再以“静”、“动”作为道家思想的标志，在逻辑上便会出现问题。一种可能的解释是，战国初中期虽有《老子》、《乐记》诸篇不同的著作，但并没有形成儒道两家壁垒分明的态势，学兼两家或者数家的学者能够方便地将自己的所好汇编在一起。因此，如果按思想内容分类，即形成后来道家、儒家等派的典籍；如果按篇章结构汇总，便有石先生所认为的《乐记》、《易传》等儒道供奉的著作出现。

就《易传》而言，其实已不只是讲动静，而且还揭示了“寂然不动”与“感而遂通”相对应的由静到动的具体的心理过程。如此“用感应的道理说明宇宙人生”，跟《乐记》的思想可以说是大同小异，因为二者都以由静到动、由本性到现实的机制解释人性的善恶。这在石先生的逻辑中，它们都是通乎儒道两家，并将最后的根据指向了天道性命的本体。天性静而人由感而动，于是产生了善恶。性善的根据就存在于天命自身。相对来说，《中庸》讲“天命之谓性，率性之谓道，修道之谓教……”，却“既未用‘善’‘恶’的分别，也不会用‘静’‘动’去说明”，如此天道性命的模糊性却正好使其“跟儒道两家的思想皆不冲突”（《秦汉之际》，第361页）。那么，上述《乐记》引文的儒道各取一部与这里的《中庸》的两家均不相似，或许可说明《礼记》诸篇在先秦，与《易传》的情况类似，即都具有某种公共资源的性质，并非是儒家学者的专著。

《易传》中有“故神无方而易无体，一阴一阳之谓道。继之者善也，成之者性也。仁者见之谓之仁，智者见之谓之智，百姓日用而不知，故君子之道鲜矣”之说。就此“见仁见智”的现象看，人们通常是以认识主体的才智或立场去解释。石先生却将眼光放到了背后的原因上，推论“作者在思想上，毫无疑义地假定有不限于‘仁’与‘知’的‘本体’”（同上）。就是说，正是由于“本体”

超越于仁、智之上，人们无论从仁从智都只能把握到它的片面，所以谁也不握有完全的真理。至于前半段的《易传》“继善成性”，则突出了性自身的“成就”问题，在后来尤其是宋明时期影响很大。宋明理学的人性论本是儒、道加上释教和合的产物，这本身就不妨看做为理解秦汉时期儒道调和的一条途径。当然，对于分别从善恶和动静出发的儒道两家来说，此时“两方面似乎只能说在形式上求得一种暂时的‘混合’，前提未经合理的批判，实际不曾解决这个问题”（《秦汉之际》，第361页）。后来程颢重提“生之谓性”，并从天道生生的角度解释《易传》这段话；王夫之则讲“性日生日成”，善先而性后，在这里都可以找到一定的渊源。至于近年来一度流行的关于《易传》与道家关系的讨论虽亦有所创新，但大都限于宇宙论的领域，从人性论的层面发其蕴奥，在石先生之后尚有待于进一步推进。

二、性情二元、体用不二与“反本”

秦到两汉，由阴阳家而来的重在构成的宇宙观普遍流行。人性论的发展以此为基础，天道之阴阳遂成为人世之性情的最好底本。所谓“身之有性情也，若天之有阴阳也。言人之质而无其情，犹言天之阳而无其阴也”（董仲舒：《春秋繁露·深察名号》）。人生而有的性情虽统一为人之性，但性提供的是善质，情则是这先天质地在后天的实现。由于善质本身不能归于恶，情就因此承担了恶的罪名。如此的性、情为二元虽以阴阳结构为基础，但“以善归之于性，以恶归之于情”的善恶判断，仍然是站在儒家立场上规划人性的。到西汉后期，刘向等人讲性情相应，则已从内外一体着手分析，重在未发已发的呼应而不在善恶之本身了。

刘向观点的意义，在于将《中庸》的未发已发导入《乐记》而改造了由静到动的理论架构，再连接上《易传》的阴阳套路，遂成内阴外阳相互发明而具有本体论思辨色彩的义理取向。这是与董仲舒为代表的性阳情阴说相背离而符合道家立足阴柔、不作善恶判断的精神的（《两汉》，第363～364页）。随后，出现了扬雄不脱离“象数”而讲“玄道”的“杂牌”人性论及人性论史上颇有影响的“性善恶混”说。“性善恶混”的基础是气，但扬雄讲气并不十分明确，王充则提出了明确的气禀善恶说。“根本上已经用道家的一种‘自然主义’，代替了阴阳家的‘天人感应’说，以宇宙是‘一气所化’的见解，代替了过去的‘阴阳二元论’”（《两汉》，第364页）。

然而，从董仲舒以阴阳、性情论善恶到王充的元气自然论，尽管有所谓的二元（阴阳）一元（气）的问题，但汉代学者“多把‘人性’解作‘质料’”这一点却没有发生根本性的变化。石先生以为这“可算是一种唯物的说明”（同上书，第366页）。以唯物论的观点来解释汉代的人性学说，在20世纪40年代属于新潮的思想。之所以如此，是因为唯物论是建立在物质第一性基础上的，否认善恶观念的先天性。人先天只有“质料”，人的善恶意识和道德评价生成于后天的社会实践，是受一定的社会关系所决定的。

在这里，王充的气禀善恶说虽可从唯物论的角度去解释，但若归类，总体上只能属于庸俗唯物论，因为王充否认意识的特殊性和相对独立性，把善恶观念完全归结于气禀的自然过程①。同时，人一旦禀气（善恶）则不可移易，一切都是先天命定的。结果，“从一方面讲来，便是一种‘个性论’，而且属于一种‘命定论’，换句话说，只有这个人的性跟那个人的性，没有所谓的‘一般的人性’论了”（同上书，第365页）。人性之个别与一般的关系，在石先生这里显然已有高度的自觉。当然，这不是说王充不承认后天人为与环境的影响，但这一影响之起作用，实际上只针对中人，王充说到底是要为他的性三品说作论证的。石先生因故评价甚低，因为王充将孔子的“中人”说与“上智下愚”说糅合在一起去弥合与孔子“性相近也”的观点的差异，这样的折中只是“一种方便的说法，并不能算是孔子人性论的根据”。事实上就是王充“自己也觉得这个从权的说法是不十分圆满的，所以接着便说：‘若反经合道，则可以为教；尽性之理，则未也’”（同上）。

按石先生的归结，汉代人性论的主要任务是要设法解决先秦性

① 王充认识到人心可以决定人的善恶行为，但是，王充所述的“心善”或“观心”都是指后天的人性而言，人心并无矫正先天气禀的作用。参见《论衡·定贤》。

善或性恶论带来的理论困难："追问到善恶起源的问题：假如人性是善的，恶从哪里来呢？如果人性是恶的，善又从哪里来呢？因此他们主张的'性'、'情'二元论或人性三品说，都避免了这个困难。"（《两汉》，第366页）但这样的"避免"实际上也是有问题的：譬如由性情二元走出的性善而情恶，倘性情一致，则性善则情亦善，如何会有恶？倘性发为情却导向恶，则性善的意义又何在？而且，如果说后天的污染导致了性善本性的改变，如何才能回到本性的问题就必须被提出和思考。然而，这尚未成为当时学者的自觉。至于性三品说，如果上下品人善恶均有定，只有中人因善恶混而可有上下，那中人凭什么能以内在的善去克服内在之恶或者以外来教化湮灭本有之恶呢？

魏晋玄学兴起，人性问题在本体论层面予以展开。石先生特别提举王弼的"不性其情，何能久行其正"（《周易·文言》王注）作为代表。认为"这里所谓'性其情'，论理应该是说情不能离性，性不可无情。若果以性属内而情发于外，即是'合内外之道'"（《魏晋》，第367页）。要想使情之发永远不离正道，就必须以性去制约其情，实现性情的统一。性内而情外，体内而用外，内外、性情合一，就是"体用不二"。玄学的另一位代表郭象强调性体与形迹的区分，性是所以迹，是内在原因；仁义、礼乐都统属于迹，属于外表。这与王弼的"贵无"、"崇本"在现象上有区别，但石先生却从中看到了一致的方面：郭象主张人性不可"系于一方"，不可泥于形迹而失其本真，要求内在真性与外在形迹相呼应，亦即本末、体用不二。这一性迹不离说与后来才彰显的佛教般若宗的空有、性相不二学说在相当的层面可以协调起来。

石先生从性情、本末入手，将佛教有关空有、真俗或性相的论辩与玄学人性论结合起进行讨论，人性的问题因而扩大（参见同上书，第368页）。当然，佛教除了一般的性相架构之外，还有自己特殊的佛性本有、始有的问题。石先生说：

> 更浅明地说，若果人人本有佛性，依理则人人当下是佛；若果人人不即是佛，则可说明，人们必须成佛后方有佛性。但若谓佛性要成佛后方有（始有），佛性则是后天的，

经验所得，有生灭的，照印度思想，但凡有生灭的即不能说是佛性。这样，就有所谓佛性“本有”、“始有”之争或“当常”、“现常”之辨，因为“常”者佛性之别称。这个问题，若用中国过去性善性恶等说来譬比，即是：若说性善，应不须教；若谓性恶，则虽教不成，两方面问题的性质大略相似……但是佛性本有或始有的问题，特别是在中国涅槃家成为一大公案，作者疑心还是因为我国原有人性善恶等问题的讨论作背景，一旦与不同性质的印度思想接触，对于相近的问题，容易启发所致。(同上书，第369页)

佛性本有、始有的问题在中国社会能得到特别的关注，是因为中国有性善、性恶说的思想基础，即善为人性本有，则人皆可以为尧舜；善为后天始有（教化），则人的后天努力亦即如何把握情的问题就成为关键。但是，由于中国传统的性善、性恶说都不具有绝对的意义，孟子只是讲人皆“可以”为尧舜，荀子的重心亦在强调“化性起伪”，理论上都留有一定的余地，所以不会出现善不须教和恶教不成的理论窘境。

可以说，不论从玄佛交际的性情、性相还是佛学自身的因果关联去推论人性，在理论上都意味着本体论的思辨形式的普遍流行。由于此种性情学说的通达实际上都是在心上做，所以宇宙论的阴阳气化说到隋唐都转向了本体论的心性、性情说。佛家宗密也就能够杂糅诸家之说而成就他的“本觉真心”，并最后归结到他的“一乘显性”教上（参见《隋唐》，第370～371页）。

然而，尽管唐代学术通常以佛学作为理论水平的代表，但总的发展趋势还是儒佛沟通并逐步向儒家倾斜。这一方面是佛教在唐武宗毁法以后大加改革，以求适应中国伦理社会的需要；另一方面则是儒家自己开始统合三教而力求变通。韩愈作《原道》、《原性》各篇，“一方面排斥佛老，一方面奢谈性道，我们便看出儒家人性学说即将变通的象征”（同上书，第371页）。如此变通的标志性成果就是李翱的《复性书》。

石先生高度评价《复性书》是中国哲学史上划时代的作品，因为李翱“以心通”《中庸》而“调和各家”，阐发了融合三教的性情学说。李翱将历来从内外、善恶、动静去解释的性与情之别，按照佛教的思辨理路，统一为明与不明（昏）的差别。性本无过，而情则有昏，所以根本的问题是去昏而就明，灭情而复性。《中庸》而外，《乐记》的“人生而静”之说，《易传》的“不动感通”之说，也都是三教理论融合的基础。道家自身，《淮南子》便讲性善和人性本来清净，动而不正则“失性”，所以需要“反本”。在石先生看来，《中庸》、《乐记》与《易传》这些先秦文献在李翱这里完成了一个初步的综合，加上从梁武帝、梁肃到慧能、柳宗元等唐代诸家人士的共识，三教人性论的和合已成为历史的大势。

可以说，汉人虽已开始关注性情问题，但重心却在气禀的“质料”上。到隋唐，性情的二分已不再是气禀的构成，而是利用佛教的思维，立足心性主体的明与不明作出区分。结合善恶观看，以相对的善恶解释人性，自身存在着理论的困难，所以才有“相对的‘善’、‘恶’不能说，乃至相对的‘静’、‘动’也不能说，表示一切伦理学说或人生哲学最后的根据须从‘绝对’出发，方可不致陷于矛盾”（同上书，第 373 页）。就此而论，以李翱为代表讲性善的“绝对”成立，将恶归之于情的混浊，对后来的影响确实非常之大。但是，如果只是依靠这个先天性善而不可变异的“绝对”去解释主体意识为何会有明与不明的问题，在理由上仍是不充足的，气禀的方面也就仍有存在的价值。

关键的问题其实在能否“反本”：荀子由于主张性恶，不能适应返本复性的理论需要，在后来被排斥也就是十分自然的。“反本”之“本”既是道德论上的至善，又是本体论中的绝对，它并不会因为人的情欲昏聩而消灭，所以反本复性的要求既有根据又是可能的。

三、性气之际与“理性”和心体

宋明理学的兴起是中国哲学史上的重大事件，“在中国哲学史上可以划一新的时代”（《宋元明》，第 373 页）。这一新时代从人性学说来说，首先给人以新印象的就是王安石的性本情用论。

王安石就本（体）与用之分合言性情的统一，本来是继承前人又有所创新，是有积极意义的。而且，讲性无善恶并将善恶系之于情，也能够解释本性与善恶之情的差异，“确有承先启后的思想，在宋明哲学史上实有特殊的意义。可惜他只明白‘性’‘情’之不二，却未了然‘性’‘情’之非一，因此难免成就一种‘无定性论’”（同上书，第 374 页）。如王安石所说：

> 盖君子养性之善，故情亦善；小人养性之恶，故情亦恶。故君子之所以为君子，莫非情也；小人之所以为小人，莫非情也。（《临川先生文集·性情》卷 67）

按石先生的推论，王安石的“伦理行为既无内在的根据，势必流于一种‘情的一元论’”；“自然不能不另求善恶的标准于外，这样，何能‘反本’或‘复性’，叫他在理学史上不能居正统的地位，我想也不是偶然的了。”（《宋元明》，第 374 页）

就是说，将人的一切行为都归之于情，完全由后天因素决定，也就根本消解了绝对和至善的道德基础，不但道德理想无从谈起，就是人为何要向善亦成了问题。当然，这应当不是王安石的主观意图。他之所以如此，在于强调道德主体的价值选择和后天道德教化的意义，以服从他“一道德”而整肃社会风气的改革大局。但理论的价值总是有它相对的独立性，其在思想史上的定位，并不能都从政治需要的层面去解释。如此“情的一元论”只知“一”而不知“二”，实际上拖累了他的性本情用说得不到彰显，因而不能成为主流。

当然，就算是正统的理学家，其人性论的研究亦有深浅层次之不同。石先生认为，周敦颐、邵雍等的人性论便是一种过渡，直到张载、二程诸人，分别天地之性与气质之性，才创造了新的理论结构。不过，张载分天地、气质为二性只是一个方面，另一方面，他实际上又主张不能执著于二性。这即是他以性为万物之“一”源的思想。① 太虚则是性之渊源，性既“一”源于太虚，也就不可能分性为二，人于是当以直接体现太虚本来面目的天地之性为性。这种对张载性论的分析，颇显石先生之睿智。

---

① 张载云：“性者，万物之一源，非有我之得私也。”见《正蒙·诚明篇》，《张载集》，第 21 页。

程颢与张载稍有不同，因他是从“生之谓性”出发，讲气性的一致。性善既成为相对，于是善恶皆是人性。在如此背景下的性善都是后天的相对的性善，它本身并没有必然如此（为善）的理由；“但是不说‘性善’，则何以圣人‘可学而至’，亦即宋明理学的根本立场如何建立？因此不得不分‘性’与‘气’为二”（《宋元明》，第377页）。从气上讲善恶而性则属于理，即程颐所谓“性即理”也。

张、程分性为天命、气质之二，既有先天根据（太虚或理），又能解释后天善恶，故石先生认同朱熹对张、程“气质之说”的评价，肯定“这是理学史上一大贡献”。但是，朱熹的评价是由气质之性而来，立足点在解释现实的善恶；而“性即理”维护的却是本性善的主张。这样一来，“把先秦到两汉一切比较注重伦理意义的人性学说，如或善或恶乃至善恶对立等，在伦理上似乎皆可以多一种解释，同时给传统的儒家思想一个新的面目”（同上）。这个新的面目就是在强调“理性”善的同时，反对将气质与“理性”割裂开来。石先生强调，程子之讲“论性不论气，不备；论气不论性，不明。二之则不是”，正是说明他注意到了这一点。要不然，“理性”本身便失去了作用。但是，从程颐到朱熹，由于过分注重“性即理”的原则，所以在石先生眼中，其二元论的嫌疑是始终存在的。譬如朱熹虽注意到“理”、“气”相依的关系，却又不能不说“理在气先”，因为从逻辑上讲，“理性”本有在先的意味。如果过分强调天地或本然之性与气质之性的差别，就必然会走向二元论。

按照石先生的分析，程朱由性（理）、气双方构成人性的架构，“可能是表示现实道德的一种限制，‘全’与‘偏’的关系、‘形上’与‘形下’的区分”（《宋元明》，第378页）。在这样的区分中，“全”意味着普遍无限，“偏”则意味着特殊有限，理性是普遍无限的本体，是无任何缺失的圆满、至善；气质则是特殊有限的形迹，而在形迹之中者永远不可能圆满。如此一种架构，石先生认为：

> 这个“理性”，一则有丰富的“伦理”意味，可以象征一种“外在的秩序”，再则又能恍惚行为者纯真的动机，那种大公无私的心境。同时这种“理性”又不受个人的限制，

人人本于一性，“圣人可学而至”也有理论的根据。因此可以说，政治的极则源出于心性，一而非二，理学的系统实际上就算完成了。（同上）

从人性论的角度阐明儒家内圣（外王）之学何以能成就，迄今仍不多见，石先生的推导仍有现实的意义。“理性”在这里意味着“至善”的秩序规范，它是外在的必然；但由于“天命（理）之谓性”的前提，人生而有此内在的道德性并成为一切行为之当然动机。由此，“性善”可以说是内外交相合的。而且，既然是天命之性，则为人人所共享，常人学为圣人便不存在理论的障碍。那么，理学家所仰慕的“天理流行”的王道政治，便是由内在心性亦即内在道德性而开出，这也就是儒家学者理想的内圣外王之道。

进一步，“但凡一切事物的‘本性’，即某事某物之所以为某事某物的‘理’，似乎决不能不包含它自身的‘存在’，因为不包含‘存在’的理必定是空的，恐怕只能当作行为的一种‘法规’，或见闻之知的一种‘名相’，何能做万有的根源”（《宋元明》，第379页）？理学家之批佛，立足点之一就是以儒家之实理去批驳佛家之性空。这种对理为实理的当然信念，实际上已预设了作为某事某物之所以然的理，其自身的“存在”是不容置疑的。道理很简单，如果自身的存在都不能确定，又“何能做万有的根源”呢？当然，这里有“一物”之存在和宇宙全体的关系问题，人不能脱离开宇宙全体去单独论说自身的“存在”，即陆九渊所谓“宇宙不曾限隔人，人自限隔宇宙”（《陆九渊集·语录上》）也。既然人与宇宙不能自间隔，所谓天理与人欲、静与动的人性二分就是全然不能接受的（参见《陆九渊集·语录下》）。

到明代，王守仁讲“无善无恶是心之体”（《传习录下》），肯定“心之体”作为天命之性或他的哲学本体的绝对性。在这一层面是不能言善恶的。善恶在王守仁那里是相对的范畴，到底是善是恶实际上取决于人的特定需要。比方“去花间草”事，花并不比草为善：“天地生意，花草一般，何曾有善恶之分？子欲观花，则以花为善，以草为恶；如欲用草时，复以草为善矣。此等善恶，皆由汝心好恶所生，故知是错。”（《传习录》上）就是说，由于“人的需要不能一定，则这时认为‘善’的在另一时又成为‘恶’了”（《宋元明》，第379

页）。石先生还根据王守仁的《谕泰和杨茂》（见《王阳明全集》卷24）引申说，“经验世界虽是善恶对立，但是那个‘恶’并不能算是‘宇宙的缺陷’”。经验世界虽然像是无处不有善恶，然对一人为恶转到另一人或许正为善，如聋哑人不能言听，这应是恶，但由于刚好省去了言听是非烦恼，可能还更为快活！因而这“恶”并非天生就置于被否定的地位。“因此‘本然之性’与‘气质之性’的分别，在伦理思想方面虽不失为一种颇有意义的学说，但在‘本体论’上实在没有充分的根据”（同上书，第380页）。石先生这一论断的意义在于，本然与气质的人性二分，在伦理学中有坚持以（向）善为本并能解释现实的善恶等优长所在，但是这一人性论的二分法并不能直接代入到本体论中。善恶作为经验世界的现象存在具有相对的性质，是无法直接用来规定本体的。实际上，宋代性本论派的“善（恶）不足以言性”（参见《胡宏集·附录一·知言疑义》）说便是石先生这一观点的很好的注脚。

结合人之情欲来说，“七情顺其自然之流行，皆是良知之用，不可分别善恶”（《传习录下》）。顺其自然意味着不能执著于情，执著于情便是有蔽，但良知既谓之良知，就有“自觉”的性能，它能够即刻觉察而去蔽，“觉即蔽去，复其体矣”（同上）。石先生评价说：“他（阳明）以良知为本体，不意着于善恶，与程朱一系不忘气质为性的学说，思想面目又是不同。”《宋元明》，第380页）良知为本而不分善恶，气质为性则坚守善恶，王学和朱学“思想面目”的不同，其实是各自的本体论的基础不同，所以得出了不同的结论。这说明分析历史上的人性学说，不仅要看到表面上的观点差异，而且要考虑到深层次的理论立场。人性理论的发展，往往是与本体论架构亦即“思想方面”的创新相联系的。事实上，由于入清以后学术重心的转移，思想的研究陷入沉闷，“未敢‘前无古人’”，也就不再有人性理论的发展。石先生倡导的这一思路，对于恰当地审视先秦以来中国人性学说的发展，或许会有一种新的启迪。

向世陵

（作者单位：中国人民大学哲学院）

——原载《中国哲学史》2007年第1期

7. 石峻教授与中国佛教哲学的研究

石峻教授（1916 年～1999 年）的学术生涯中，佛教哲学研究是其重要的一个方面。他认为："作为世界三大宗教之一的并且有其悠久的历史和丰富的典籍以及各种文物资料的佛教，是值得人们认真研究的。"① 他这样解释佛教哲学：佛教哲学不是指广义的佛学，它一向重视宇宙和人生"常"和"变"的关系；一般和特殊的关系；各种相互对立的思想范畴之间相互依存、互不分离的关系。② 他对于中国佛教哲学的研究，有着整个宗教研究的背景，而不是单纯地就佛教研究佛教，他专门撰有《世界三大宗教》介绍宗教的基本观点和三大宗教的内容，也有中印佛教比较的背景，从比较中突出中国佛教的特点，又有着中国哲学与文化的朴素关系的研究的背景，从这种关系中显示佛教的重要性。至于其研究的重点，则重在魏晋和隋唐，尤其重僧肇和宗密。其研究注重马克思主义的方法论，不是简单化地对待佛教，而是全面、深入地分析之，因此其研究结论，富有深刻的见解且有科学依据。本文仅以其形成文字的论文为据来叙述其研究成就和贡献，除此之外，还必须提及的是他牵头编著的《中国佛教思想资料选编》对于佛学研究的贡献。

学术渊源和研究方法

一、学术渊源

石峻教授的佛教研究的渊源和汤用彤先生有关，是汤先生的学术传人之一。石先生在北京大学读书期间，就是汤先生的学生，1938 年北京大学毕业后，汤先生建议他留在西南联大任教。他写成《僧肇学述》，汤先生为其修改，并将抄录的续藏经本《慧达肇论疏》相赠。

---

① 石峻："佛教与中国文化"，《石峻文存》，华夏出版社 2006 年 10 版（下同）。

② 石峻："佛教与中国文化"，《石峻文存》。

汤先生在修改其另一篇文章“读慧达肇论疏述所见”一文时，写上“素好肇公之学”、“今读此疏，颇有所得”两句鼓励。[①] 大约在1938～1938年间，汤先生决定在西南联大哲学系开设“佛典选读”课程，让刚刚毕业不久的石峻在课外回答学生们的提问，并专门为他撰写了一个必读书目“‘佛典选读’叙目”，对此书目，石先生有着特殊的体会，认为它反映了汤先生对于印度佛教思想史的一般看法，因此，它不是单纯地依据这些书过去对于中国思想影响的大小来选定的，而是更注重印度佛教哲学中心思想的变迁，除了原始的佛教思想外，还留心“说一切有部”在理论上的发展。对于如何阅读原始佛教典籍，汤先生专门对石先生有过指导。1944年，英国牛津大学的汉学家休士（E. R. Hughes）在联大和汤先生讨论中国哲学文选。汤先生选目，石先生做记录工作。这一选目反映了佛教作为外来思想在我国的传播、发展、对抗、融合以至衰落的全过程。[②] 石峻教授论文中的一些观点也继承自汤先生。

二、研究方法

对于研究方法，石峻教授非常强调马克思主义方法的重要性，并视其为根本。他比较了佛学研究领域中体现出的一些方法，特别是有些著名学者的方法，指出这些方法都有其局限性。第一种是信仰者的信仰主义研究方法，这以印顺为代表。石峻教授非常肯定印顺法师在佛学研究中的贡献，但他认为，信仰主义的方法思想性会受到限制。第二种是西化的方法，以日本的铃木大拙为代表，他以西方思想解释禅学，将禅学和存在主义、心理分析等相结合，这迎合了西方的文化心理，但并不能反映禅的本来面目。他主张，“中国哲学不能与西方的理论简单类比”[③]。中国哲学有中国哲学的特色和贡献。第三种是历史主义的方法，以胡适为代表，注重考证历史史实，但是轻于阐发思想。纯粹以考证来研究宗教问题，并不能真正深入其中。第四种是罗列材料的方法，没有个人的独立见解，看不出思想的规律。要“避

① 石峻：“肇论思想研究”之“附记”，《石峻文存》。

② 石峻：“回忆汤用彤先生的治学精神”，《石峻文存》。

③ 石峻：“关于中国哲学研究的谈话”，《石峻文存》。

免简单的客观式的写作方法，否则就看不出思想如何解决社会问题"①。

马克思主义的方法体现的基本特点是什么？他认为根本是辩证唯物主义和历史唯物主义的方法，"唯物史观是指导我们研究佛学史和哲学史的根本指针"②。具体的阐述涉及到这几个方面。第一，否认离开社会历史时代的"纯研究"。这个方法并不是为学术而学术、为研究而研究的孤立式的研究的方法，而是要从思想所在的历史中来研究其变化，对于思想史的研究，注重历史上经济、政治和社会诸方面的情况，要研究其现实的影响和意义，不是将古今割裂为两截。比如说如何看待宗教斗争？它背后常常是寺院经济继承权的斗争。宗门的不同不只是理论的不同，也是势力范围的不同。他评论日本方面有些研究不懂中国佛教与中国传统思想、政治、哲学的关系，这就不是真正地理解中国佛教。他指出，对于抽象的问题，要站在具体的历史时代作具体的了解，再回到抽象，从而作出理论概括。这样才能体现出小中见大的特点，同时站得也高，比如宗教中讲得越是高超的东西，越要把它拉到地上来。第二，理论和历史相统一。他分析两种片面性的研究方法，一种是历史主义的方法，只重历史，不重思想，他指出，"讲历史并不是没有思想，而是要从历史的发掘中体现思想的规律"③。另一种是纯思想的研究，而忽略思想背后的历史。铃木大拙是此种研究的代表，否认历史的研究，认为没有哲学史，只有哲学。石峻教授主张要从思想方面"把理论和历史统一起来"④。第三，实事求是。这就是如实地反映研究对象的内容、特色和贡献，而不是任意夸大，要"从历史事实出发，从客观思想实际出发，实事求是地进行研究，以理服人"⑤。有一种研究，研究什么就吹捧什么，这既不客观，也不全面。有的研究，看不到研究对象中的糟粕，或者故意回避。比如研究佛教，而看不到佛教徒也有庸俗的一面，这都不是实事

---

① 石峻："关于中国哲学研究的谈话"，《石峻文存》。

② 石峻、方立天："论魏晋时代佛学和玄学的异同"，《哲学研究》1982 年第 12 期。

③ 石峻："关于中国哲学研究的谈话"，《石峻文存》。

④ 石峻："关于中国哲学研究的谈话"，《石峻文存》。

⑤ 石峻："在'隋唐佛教学术讨论会'上的发言提纲"，《石峻文存》。

求是。第四，同情和批判。对于佛教研究，“要有批判的和同情的态度”①。没有同情的态度，就不知道其贡献所在，而没有批判的态度，则不能超越。

马克思主义的方法还表现出研究的全面性。为了体现这种全面性，石峻教授还提出了一些具体的研究方法，比如，要从与中国本土文化的互动关系中研究佛学，比如对于魏晋佛学的研究，就必须研究魏晋玄学以及佛学和玄学的关系，“如果不能研究魏晋玄学，就不能真正把魏晋佛学研究透彻”②。同时，必须从反对佛教思想中研究佛学，“系统地研究佛教的思想，还必须同时研究反佛教的思想，才能总结出它发展的客观规律”③。应该从整个中国文化中研究中国佛教哲学，关注各种学术思想的相互影响的先后发展问题，把中国佛教哲学史看做是“中国文化思想史的一个有机的组成部分来研究”。④

他强调，马克思主义的方法并不是挂一个牌，而是要体现为具体的科学研究中的立场、观点和方法，使研究有思想性和科学性。⑤

以此方法，再加上对于佛教原典的重视，构成他所认为的佛教哲学研究方法上的“两头”，一头是马列主义的基本原理，一头是读懂佛教的原始资料。⑥

印度佛教和中国佛教

石峻教授坚持从社会历史的背景来考察印度佛教，认为佛家思想绝不是哪一个人可以凭空想象出来的，它是古代印度社会历史的产物，不能简单地认为是释迦牟尼坐在树下空想出来的。从佛教的发展过程看，原始佛教是古代印度社会各种现实矛盾的反映，是印度社会反婆罗门思潮的一种，多少反映了民众对于婆罗门上层的抗议。它既不是空谈，也不完全是迷信。它重视人生的实质问题，强调一个人在

---

① 石峻：“关于中国哲学研究的谈话”，《石峻文存》。

② 石峻、方立天：“论魏晋时代佛学和玄学的异同”，《哲学研究》1982 年第 12 期。

③ 同上注。

④ 石峻：“在‘隋唐佛教学术讨论会’上的发言提纲”，《石峻文存》。

⑤ 同上注。

⑥ 石峻：“略论中国佛教哲学思想的发展——《原人论》导读”，《石峻文存》。

各方面应该符合正道，过清净的生活。部派佛教结合各种现实矛盾而发展，将释迦牟尼神化，从人变成了神，佛教演变成为“神教”。大乘佛教针对复杂的现实生活，需要有思想上的更大的灵活性，它的思辨成分增加了，理论也更系统化，也是十足的烦琐哲学。当印度佛教越来越脱离社会的现实时，就日益衰落。因此，从佛教发展史的角度看，佛教原本不是古代印度的正统思想，他反对有人把佛教说成是古代印度思想文化的全貌或印度文化基本精神的观点。①

中国佛教的发展一方面受到印度佛教的影响，在教义上，先小乘后大乘，大乘教义兴而小乘衰；另一方面，大乘教义又和中国的儒道思想渐渐趋向融合沟通。② 他反对有些学者简单地根据印度佛教和中国佛教的差异来贬低中国佛教的做法，这种观点认为，中国佛教是一种假佛教，印度佛教才是真佛教，其价值大大超过中国的假佛教，因此中国佛教徒的著作不值得研究。他认为这种观点不能接受。中国佛教有不同于印度佛教的特点，这正反映了中国传统思想文化的特点，和印度佛教相比，哪一种更高，哪一种不高，不能作空洞的议论，要依据具体的社会条件作具体分析。③

关于魏晋南北朝佛教哲学的研究

魏晋时期的佛教哲学是石峻教授研究的重点领域之一，他从玄学和佛学的关系中，从反对佛教的思想中研究佛教哲学，至于具体的佛教人物，他尤其重视僧肇及其《肇论》，这是他终身关注的一个重点。

一、玄学和佛学的异同

石峻教授非常注重玄学和佛学的比较，他认为两者相互影响，但反对笼统地讲这种影响，而是有先后次序的，玄学先影响了佛学，然后佛学又再反过来影响了玄学。虽然佛学对于玄学有影响，但也不能说玄学的产生是受佛教影响的结果，相反，魏晋佛学本身还需要依附

① 石峻：“佛教与中国文化”，《石峻文存》。
② 石峻：“中国佛教”，《石峻文存》。
③ 石峻：“佛教与中国文化”，《石峻文存》。

于玄学才得以流行。就相异点而言，概括出四个方面，一是内容不同，佛学是出世的，讲众生成佛的，而玄学讲治世的。佛学是超越政治的，而玄学是有浓厚政治色彩的。二是思想渊源不同，玄学是中国原有的儒道等演变而成的，魏晋佛学则是印度佛学和魏晋玄学以及中国先前迷信观念演化而成的。三是地位不同，玄学居正统地位，佛学则是玄学的助手，处附属地位，只是到东晋末年开始，地位才有所上升。四是作用不同，玄学对于人们摆脱神学目的论和烦琐哲学的支配、解放思想、发展哲学思维起过积极的作用，同时也有消极作用的一面，而佛学从总体上讲起的作用主要是消极的。从这个角度讲，玄学不同于佛学，他反对将玄学和佛学完全等同的观点，认为这是不符合事实的。就相同点而言，他概括出四个方面：一是唯心主义的思想性质相同；二是都有较为丰富的辩证法因素；三是对于儒家思想的态度有着相同之处；四是都是门阀士族的统治工具。①

二、《肇论》研究

石峻先生最为重视的是对于僧肇的研究，他认为对于《肇论》至少要读20遍，说明此论之重要和难以把握，非反复玩味不能理解其旨趣。

通行的《肇论》诸篇，对于“宗本义”，石峻教授认为不可能是僧肇所作。他在1944年的“读慧达肇论疏述所见”一文中就阐明了这一观点，证据之一：慧达的《肇论疏》中未见此篇；证据之二，此篇内容杂糅各家之谈，对于名相之辨实在不算精当。到1990年他作“肇论思想研究”，仍然主张这一点，认为僧肇没有可能作这一篇序文，只是究竟是何人何时作的这篇“宗本义”，已不可详考了，并提出了新的证据。

对于“般若无知论”，石峻教授认为必须从其和刘遗民的辩论中来理解，他阐明说，陆澄在《法论目录》中对此论加上一条“刘遗民难，肇答”是非常恰当的。僧肇的思想是以大乘佛教般若中观一系列理论为依据，主张双遣有无，以显示无所得的实相，而刘遗民等人则

① 石峻、方立天：“论魏晋时代佛学和玄学的异同”，《哲学研究》1982年第12期。

认为有与无是永远对立的，并且不可加以混淆。他反对将此论理解为不可知论，认为这种观点没有抓住这个宗教哲学问题的实质。对于“不真空论”，他认为这是“正宗的大乘佛学”①，其中心思想是“诸法假号非真”，但这个“不真”即“空”，不是指什么都没有，更是在说“空”即不真，是“即万物之自虚。”对于“物不迁论”，他认为这绝不是在专言绝对的“静”，不是根本反辩证法的形而上学，而是强调动即静，迁即不迁，坚持了“不二”的立场，谈的是宗教哲学上很成问题也很重要的根本问题。对于此论，他认为不能单纯地从概念推演的形式上，从一般的哲学的认识论角度去理解，而要考虑到信仰的宗教实践的体验，否则难得要领。

对于“涅槃无名论”的真伪，他表示出了怀疑，因为其体裁、文笔和思想与前三篇都有不同，他继承汤永彤关于“此论是否僧肇所作，还可以研究”的观点，主张“还可以不忙于下结论”②，并提出了此论强调的涅槃之妙有与《不真空》论等的空观有所不同，这种不同须有合理性的解释才能证明此论为僧肇所作。这是一种审慎的科学研究态度。

对于《肇论》在思想史上的意义，石峻给予了高度的评价，认为是以印度大乘空宗的学说来总结深受魏晋玄学影响的各派的一种理论，企图结束其间的各派的争论，真实地反映了中国佛教从依附于玄学理论而开始走向独立发展的道路，是中国佛教发展史上的转折点。

三、范缜对于佛教的批判

对于魏晋佛学，他注重从当时反对佛教最有典型性的神灭论者范缜的观点中来研究。中国佛教的思想核心之一是神（灵魂）不灭论，范缜提出与此相反的神灭论，以梁武帝为首的佛教一方对此进行有组织的批判，范缜与之进行了多轮的论辩，体现出两种思想的对立和冲突，也使佛教的神灭论充分展现。石峻教授详情分析了这一论战的过程，具体剖析了范缜的观点，揭示其贡献和局限，并指出了这场论争

① 石峻：“关于中国哲学研究的谈话”，《石峻文存》。

② 石峻：“《肇论》思想研究”，《石峻文存》。

的表面形态和深层本质。他认为，佛教一方想以佛教实现两大目的，一是以佛教的因果学说充实儒家的孝治论，二是以有神论支持君权神授论。这一斗争表面上反映的是佛教信仰的基础问题，似乎是学术问题，实际上涉及的是哲学斗争与政治斗争的关系。①

隋唐佛教研究

一、隋唐佛教宗派的形成和特点

石峻教授从深厚的社会历史背景下探讨隋唐佛教形成的根源，认为“隋唐佛教宗派是我国特定历史条件的产物，是隋唐时代社会经济、政治作用的结果”②，由此强调中国佛教有着与印度佛教不同的特点。

至于什么是宗派，石峻教授强调有四点不同于学派：一是宗派有其独立的寺院经济；二是有不同的传法系统或法统；三是有不同的宗经和理论体系；四是有不同的生活节律和传教的势力范围。学派则是一种学说或一部分经典的专家学术观点的不同③。

他认为，隋唐佛教宗派形成的政治原因是和当时的中国从长期的分裂到统一的政治局面直接联系的。封建帝国统一的政权需要有相应统一的宗教，而隋唐政治的统一，也为佛教宗派的形成提供了历史条件。从经济上看，寺院经济的高度发达是佛教宗派形成的经济基础，“独立的寺院经济为大师们独立地发挥佛教理论、制定独特的宗教轨范制度、据有特定的势力范围，提供了物质基础”④。同时，由于寺院经济的强大，佛教也需要用宗派的形式来加强本集团的组织，以维护既得的经济权益和地位。从思想的逻辑看，隋唐佛教宗派又是汉以来中国佛教理论长期发展的逻辑结果。除此之外，他还强调了隋唐佛教宗派的两个基本的共同点：一是宗派的独创性，宗派各有宗经（除禅宗外），各有判教；二是组织方面的排他性，以法统体现出来。

---

① 石峻：“范缜评传”，《石峻文存》。

② 石峻、方立天：“论隋唐佛教宗派的形成”，《哲学研究》1981 年第 8 期。

③ 石峻：“略论中国佛教哲学思想的发展——《原人论》导读”，《石峻文存》。

④ 石峻、方立天：“论隋唐佛教宗派的形成”，《哲学研究》1981 年第 8 期。

至于隋唐佛教的特点，石峻教授认为不能完全割裂历史，不能划分得那么斩钉截铁，隋唐佛教中，有些内容在先前是存在的，有些内容则是影响后世的。以这种原则来看隋唐佛教，他概括出六大特点①。

一是判教。各宗派都有自己的判教学说，将佛教的思想内容方面的各家学说做一个统一安排，把自己信奉的一种理论放在最高的地位，有的佛学家则把儒道也包括在一起判教了。判教是隋唐佛教中国化的一个重要标志。二是言意之辨。在魏晋的基础上更加推广和应用，成为把“宗”和“教”对立起来的理论根据。三是以佛教理论紧接中国的传统思想，比如报应论，将中国传统的报应思想理论化和系统化了。四是利用中国古代哲学一时未能解决的问题宣扬佛教的思想。五是有选择地集中传统哲学中有争议的、有现实意义的问题做重点发挥，比如宗密的《原人论》。六是以俗讲制度宣传佛教，成为佛教中国化的方法之一。他又从另一种角度谈隋唐佛教的特点，概括出四点，即统一性、系统性、宗派性和国际性。②

二、关于玄奘的研究

石峻教授早年对于玄奘的研究着重于探讨其发愿西游的原因。他认为玄奘的西行求法并不是一件单纯的拜佛求经的小事，而应当联系有关中国佛教思想史的一些问题来考察。他具体地分析了玄奘西行的四个方面的原因。一是佛典的翻译问题。许多译典经有不周，义有所阙。二是当现二常的分辨问题。佛教的一贯之旨被分别为当常和现常两派，当、现之争就是佛性的始有和本有之争，本有主张佛性先天具有，是先天佛性，始有从当果上说，佛性必须成佛后始得到，是后天佛性。对于当、现的关系，不同的学派有不同的处理方法，玄奘不能满足于当时的各种解释。三是正因佛性问题。他解释正因佛性为成佛的内因，当常与现常只是讨论了正因（内因）与缘因（外因）的相互作用关系，正因佛性则是与此相联系的同一问题的两个方面。当时对于正因佛性的解释，玄奘受学的真谛的摄论派和地论师派的观点不同，玄奘难以得到一个确切的答案。四是地论师的相州南北两派之

---

① 石峻：“在‘隋唐佛教学术讨论会’上的发言提纲”，《石峻文存》。

② 石峻：“略论中国佛教哲学思想的发展——《原人论》导读”，《石峻文存》。

争。对于这些原因，石峻教授强调虽有外来学说的影响，但“实在也是我国社会政治乃至文化在发展中特有的一种反映”。[①]

这些都构成玄奘西行的原因，而这些原因是和中国佛教思想本身的发展相联系的。玄奘西行后，对于这些问题的解决思路是：第一，对于佛性问题的讨论，玄奘采用五种性的说法，特别是第五种性——有情无性，这和传统的一切众生皆可成佛有所不同；第二，对于轮回主体的精神依据，玄奘主张本有新熏合成种子论，不同意种子是固定本有的，新起行动的影响也可以掺合进去成为种子。石峻教授认为，这是采取了一种折中的态度；第三，玄奘提出非常有名的“真唯识量”说来建构其思想体系。

三、关于宗密及其《原人论》的研究

隋唐佛教人物和著作的个案研究中，石峻教授特别关注圭峰宗密，尤其是其《原人论》。他在指导博士论文时，建议笔者以宗密为研究对象，在给研究生上课时，他专门讲授过《原人论》，并且承担了中华书局《华严原人论》一书的校释。

为什么宗密很重要？他认为，佛教对于中国文化的影响当推华严宗和禅宗最重要，而宗密将两者结合了起来。同时，他不只是个佛学思想家还是个学者。惠能只是思想家，而不是学者。[②] 宗密在中国佛教史上占有重要的地位，他既总结了过去，又影响了将来，他的本觉真心论影响了宋明理学，在中国哲学史上也是一个值得重视的人物，但过去的中国学者对其却研究不够。

石峻教授研究了宗密的生平事迹，探讨其教禅一致论，分析其教禅一致的十大原因，认为虽然有一定的道理，但总体上讲是牵强的，宗密为了统一佛教，竟把不一致的地方都回避了。他概括宗密的三教关系论时以人的本原为核心，将包括儒道佛在内的三教从低到高分成六教[③]。在宗密的三教关系的判教中，石教授还注意到，宗密找到了儒道思想以及一些唯物主义理论的缺陷，他对于儒道提出的许多社会

---

① 石峻：“论玄奘留学印度与有关中国佛教史上的一些问题”，《石峻文存》。

② 石峻：“关于中国哲学研究的谈话”，《石峻文存》。

③ 石峻：“略论中国佛教哲学思想的发展——《原人论》导读”，《石峻文存》。

伦理问题的批判都是对的，他贬低儒道也不是完全没有根据的。宗密做的文章是“原人”，而不是原鬼、原天，印度人讲天、讲地狱，而少讲人，宗密讲原人，是中国化了。①

四、禅宗研究

禅宗研究也是石峻教授关注的重点之一，他在对学生的谈话中每每涉及到这一点。他认为禅宗是一种“心的修证或心学”②，它不是纯粹的一种理论，而是注重心的自证。禅宗的根本理论同于传统的禅法，但新的方法则是中国人创造的。

对于南宗的真正创始人惠能，他强调其两大特点：一是出身于劳动人民，且有可能是少数民族；二是文化水平不高，但不一定是文盲。③ 说惠能是文盲，他认为不可信，不过禅宗强调这一点也有其用意，“表示佛教的最高智慧不在文字”④。南宗的思想主张人不分地区南北、种族界限，都有佛性，提倡自悟自度，不迷信教条、崇拜偶像，不一心向往西方的净土，是名副其实的教外别传，没有一般教派的僧侣贵族的特征。南禅后来分派，成为一种近乎地道的中国思想、学术，并带有某种规律性的内容。⑤

宋明佛教哲学研究

石峻教授对这一部分的研究相对来说比较少，他根据从反对佛教的思想中研究佛教、从与中国文化的关系中研究佛教的思路，对于这一时期佛教哲学的研究，着重放在分析宋代正统儒学的反佛理论方面。

他认为，宋代正统儒家接触的佛教主要是禅宗与华严宗，而且更多的是限于中国学者理解和发挥的佛教，很少系统地研究过印度佛教的本来面目，因此他们的反佛理论也是针对一些带有中国思想特色的佛教信仰。

---

① 石峻：“关于中国哲学研究的谈话”，《石峻文存》。

② 石峻：“禅宗、华严宗等”，《石峻文存》。

③ 石峻：“禅悟之道——南宗禅学研究序”，《石峻文存》。

④ 石峻：“关于中国哲学研究的谈话”，《石峻文存》。

⑤ 石峻：“禅悟之道——南宗禅学研究序”，《石峻文存》。

张载以其元气论批评佛教的空论，但是张载所反对的空原本就是佛教也在批判的断灭空，什么也没有的顽空，从这一层面看，石峻认为两者倒是比较接近的。因此，张载的反佛态度虽然很坚决，但在哲学理论上并不是针锋相对的，“并没有完全击中佛教空观的要害”①。张载对于佛教的认识论的批判，是简单地以感性认识的大、小来比喻佛教的物与心的关系论，这是一种粗疏的理论，这种批判也不能说是很正确的。石峻由此概括说，凡是用朴素唯物主义自然观来反驳带有复杂的社会性的宗教信仰和人生哲学，必然会使自己走向反面，陷入历史唯心主义。

至于朱熹对于佛教的批判，石峻认为他是用一种唯心主义来反对另一种唯心主义，或者说是用一种本身也很难说是正确的观点来反对另一种他认为是错误的观点，这是不能解决问题的。朱熹又说中国佛教的经典除了《四十二章经》以外，都是中国人的伪作。石峻教授分析说，如果这是针对禅宗语录而言的，大体上还可以这样说，但如果是指以往整个的中国佛教，那他的话就太不严肃了，是不顾历史事实的谎言。

佛教与中国文化

为什么要从佛教与文化的关系角度研究佛教，石峻认为，佛教不是一种孤立的信仰，它一直跟不同时代、不同地区的各种哲学思想、民间风俗习惯、社会道德乃至政治经济、文学艺术等结合在一起的，佛教和中国文化的关系问题涉及到两个方面：一是外来的佛教如何影响了中国古代文化；二是中国传统思想文化如何影响了佛教，他觉得后者也许是更重要的。

从佛教影响中国文化的角度看，他总结出多个方面：一是因果报应学说的影响；二是佛教的在家的生活方式和对于先人的追忏方式对于巩固中国社会秩序的影响；三是从生产关系方面看，佛教使中国封建社会的发展更加缓慢；四是隋唐佛学对于宋明理学的影响；五是寺院经济的发达为保存古代的历史文物产生了某些有利的条件；六是佛教的用语、概念或范畴丰富了我国思想史的内容和表达思想的方法；七是对于中国文学艺术的影响。对于这一点，石峻教授的叙述更多一

① 石峻：“宋代正统儒家反佛理论的评析”，《石峻文存》。

些；比如佛教的艺术夸张手法影响和丰富了中国的文学和艺术，长篇小说的写作也受佛经的影响，有些佛经本身如《法华经》和《维摩诘经》就是优美的文学作品，同时，佛教也影响了中国的俗文学、白话文化，梵文对于中国的音韵学有所影响，佛教对于中国的雕塑和壁画、建筑等艺术形式有重大影响。①

董群

（作者单位：东南大学人文学院）

——原载《中国哲学史》2007 年第 1 期。

8. 石峻先生的中国哲学史史料学研究

中国哲学史史料学是中国哲学史研究的基础学科之一，目的在于为中国哲学史的研究提供可靠的史料依据。上世纪以来，中国哲学史研究的大家都很重视史料及史料学方面的研究工作，如冯友兰、张岱年、朱谦之等著名学者，都曾撰写过中国哲学史史料学方面的专著。著名教育家、中国哲学史家、佛学专家石峻先生生前亦十分重视对中国哲学史史料学的研究，曾于 1983 年、1984 年、1986 年、1988 年等，先后数次为中国人民大学哲学系研究生讲授“中国哲学史史料学”，也曾应邀在其他院校讲授相关课程，影响很大。石先生生前虽未出版相关的著作，但其讲授提纲的体系完整，内容丰富，特色鲜明，计由八讲构成，分别是：

第一讲　中国哲学史史料学的性质和范围

第二讲　论有关工具书的使用

第三讲　（上）目录与版本

第三讲　（下）版本学略论

第四讲　校勘与训诂

第五讲　辨伪与辑佚

第六讲　分期与分类

第七讲　哲学理论与思想史料

① 石峻：“佛教与中国文化”，《石峻文存》。

第八讲　论史料的引证

从这个简单的目录可以看出，与冯、张、朱等先生的相关著作所讲的内容有所不同，石先生的史料学研究是很有特色的，本文即据此讲授提纲（以下简称《讲义》）①，对石先生的中国哲学史史料学研究作一评介，以期引起关注。

一、实证精神

石峻先生的中国哲学研究始于上世纪三十年代就读于北京大学哲学系时期，据任继愈先生回忆，当时的北京大学注重中西哲学史及佛教哲学②，这一传统与胡适、汤用彤等大师积极倡导实证精神不无关系。应该说，石峻先生的中国哲学史史料学研究正是这种实证精神的继承和体现。从石先生的《讲义》中不难发现，其史料学研究的基本的思想脉络系源于胡适先生的《中国哲学大纲》，胡先生在其《中国哲学大纲》的“导言”部分曾花大篇幅讨论“哲学史的史料”、“史料的审定”、“整理史料的方法”等问题，而在“整理史料的方法”专题中，又特别介绍了校勘、训诂、贯通等三方面内容。石先生的中国哲学史史料学研究颇受其影响，可以说是对胡适《中国哲学大纲》中相关思想的继承和发展。石先生于上世纪七十年代末八十年代初撰写的《胡适评传》中，对于胡适的史料功夫曾经作过这样一个评价：“在我国学术界中，有一些人看到封建资产阶级学者经常歪曲历史，于是便以为在他们所有书上的每句话都是错的。这是不妥当的。我们应当承认封建资产阶级学者并非在任何问题上都在撒谎，他们有可能并且确实在一些历史资料问题研究方面提供了若干基本可信的情况或论据。不承认这一点，便会走上历史虚无主义。”在当时复杂的历史背景下，石先生虽然用语委婉，但敢于正面肯定胡适的学术贡献，无疑是对其实证精神的认同。

当然，石先生之重视实证精神，较之胡适先生更有进境，这得益于石先生对胡适实用主义方法论的超越，对马克思主义唯物史观的深刻体会，和对实事求是的精神实质的准确把握。石先生之研究中国哲

① 《石峻文存》，华夏出版社，2006 年 10 月。

② 《石峻文存·序》，第 1 页。

学，首先特别强调的一点是破除迷信，不盲从。石先生说：

> （研究中国哲学史要）彻底摆脱一切盲从和迷信。不仅要从封建的、资产阶级的各种教条中解放出来，就是对无产阶级革命领袖的言论，也敢于持科学分析的态度，力求做到一切以客观真理为依归。至于社会上的名流、专家，更不能把他们的每一句话当作格言。①

石先生进而认为，要认识到，马、恩、列、斯并没有仔细地研究过东方各国的哲学，对于中国哲学史的一系列问题，乃至一些历史上著名的哲学家，很少作过什么理论上的分析和科学的评价（当然像孙中山这样个别的人是例外）。即便毛泽东论到过的中国历史人物和思想，虽然富有启发，可供参考，但是除近代部分以外，也非常有限。②所以，石先生认为研究中国哲学，不盲从、不迷信是十分关键的。而要做到不盲从，就需要自己亲自动手，“从前人积累的思想资料出发，或从今人研究古人的思想的不同见解出发，从过去和当前研究中存在的问题出发”③，大量掌握经过批判审查的思想资料，并对之进行全面的分析。所以，石先生之研究中国哲学特别强调的又一点是靠史料说话，有一分证据说一分话。石先生说：

> 实事求是是从事中国哲学史史料学研究的基本指导思想。在博览群书和深入研究的过程中，坚持严谨的态度和历史的观点至关重要。一个证据可证的范围有一定的限度，不随意扩大，也不随意缩小；信则传信，疑则传疑；证据不足时不轻下判断，这是从事史料学研究的基本方法和科学态度。中国古代典籍都具有自身的时代特点，坚持实事求是的思想方法，就需要尊重历史的本来面目；用历史发展的观点对待史料，不用其他时代的思想和观点去涂改史料，不把后人的思想观点灌注于前人留下的史料中。④

---

① 《石峻文存》，第301页。

② 同上注，第281页。

③ 同上注，第342页。

④ 同上注，第355页。

靠史料说话，有一分证据说一分话，其“证据”本身也是需要证明的，所以石先生又强调运用史料要注意旁证和反证，避免主观臆断。判断一词的意义，除了主要证据之外，还须有旁证，避免以孤证下判断。同时要注意是否有反证，一个确凿的反证就足以推翻某一结论。对于似是而非的反证也须加以分析和说明。力求以证定论，避免想当然。①

石先生博览群书，其读书之广，在中国哲学界大概鲜有人能及。其一生最忌讳也最讨厌望文生义、想当然的曲解、乱用史料。例如《庄子·逍遥游》：“北溟有鱼，其名为鲲，鲲之大，不知其几千里也，化而为鸟，其名为鹏，鹏之背，不知其几千里也。怒而飞，其翼若垂天之云……”这分明是一个喻言，而有人偏要去考证这个北溟（海）在哪里，是否就是现在那个贝加尔湖，又说这个鱼就是现在所谓的鲸，那个鸟，是否就是凤凰。石先生把这种研究讥讽为浪费精力，不会读书②。这些都体现了石先生不仅强调实证，还强调科学的实证。在其讲授提纲的第八讲中，石先生还特地就史料引证的体例加以论述，也表明了其对史料之认真考察、规范引用的重视。

总之，石先生的史料学研究及中国哲学研究，处处体现一个“实”字，这一点对于今天的年轻学者来说，应该是有启发意义的。

二、国学传统

石先生指出：“就哲学史工作者来说，我认为第一步须学会批判审查思想史料的方法，这些方面的内容很广泛，史料学中所涉及的目录、版本、校勘、训诂乃至思想的历史的阶级局限性的研究，都与此有关。”③这里所谓的目录、版本、校勘、训诂，是传统经学研究的基本功夫，独盛于清乾嘉时期。由于现代学科分类的限制，大学哲学系一般不再讲授这些内容，但出于中国哲学史研究的需要，石先生对这种国学基本功夫的训练非常重视。

例如关于目录学，石先生认为，中国历史悠久，地广人多，图书浩如烟海，如何选择资料，如何在选择资料的同时既照顾到“全”，

---

① 《石峻文存》，第 301 页。

② 《石峻文存》，第 469 页。

③ 同上注，第 180－181 页。

又照顾到“精”，例如同一部书，先后为之作注的人甚多，版本之间也有出入，如何审查鉴别其优劣，了解其注释、研究其源流，乃至于书籍存亡的情况，都需要懂得一点有关目录学的知识，以便于利用相关的工具书，如检阅历代正史中的《艺文志》或《经籍志》，以及其他历代私人所著或公家所修的目录书，解决相关的问题。不仅如此，甚至于大图书馆的分类卡，一般学术著作后面附列的参考书目也都值得认真阅读。虽然它看上去只是一个书单子，但也非常有用，因为这不但可以丰富我们关于书籍的知识，还可以帮助我们确定所查资料的范围。如果是比较详细的目录书，还可以让我们从中初步了解各种书籍的时代、著者、性质、内容、历代学人的评价等。乃至于一个时代的学术情况，在目录中也是有所反映的。因此，研究中国哲学史，如果不懂一点目录学，那就好比瞎子摸象，不知道从那里下手。

又如关于版本学，石先生认为，整理、研读古书，审别版本好坏，对读者选读古书大有关系，所以版本学的知识也是研究中国哲学史的基本功之一。版本学所涉及的范围相当广泛，举凡原写本（稿本）、历代刊本、历代传录本（名家）、批校本、稿本（初、定）以及每一书的雕版（先后）源流、传抄源流，孰为善本，孰为劣本，孰为原刻，孰为翻刻、再翻刻，以至印刷用纸、墨色、字体刀法等（历代不同，楷书、仿宋、颜色、字体），藏书家印记、哪一家的刻本、版式行款、装潢式样（卷子本、蝴蝶装、本装等）等等，都在版本学的研究范围之内，内容可谓丰富之至。对于中国哲学史的研究者来说，特别专业的知识也许没有必要了解得特别清楚，但与中国哲学有关的书籍，其版本流传的情况还是应该熟悉的，因为这关系到资料的可靠性。传说过去有考官因此出错了题目的，弄得考生不知如何下手。有大夫因此出错了方子，威胁到人的生命。研究中国哲学史，若不了解相关书籍的版本流传，也难免张冠李戴，以讹传讹。

又如关于校勘、训诂，石先生认为，中国木版刻印术发明较早，许多典籍自宋代以来一刻再刻，同一部书的不同版本或同一版本的不同卷次之间往往存在着文字差误，需要相互对照，对差误之处进行说明，如果不懂一点校勘方面的知识，将很难判断其间的是非及其致误的缘由。训诂也是一样，研究中国哲学史史料，需要精确地了解古籍的原意，倘若不懂文字训诂，就难免曲解文义字义，过去有学者为此闹过笑话，即与缺乏相关知识有关。石先生指出，寻求先秦古典字义，可以查甲、金文方面的字典以及《尔稚》、《说文解字》等，同时还要注意考查比较重要的古代注解。唐宋以后的文章典故增多，可查清人编纂的《佩文韵府》和今人编纂的《辞源》、《辞海》。总之，准确地理解史料的原意对于中国哲学史研究是相当重要的。为此，石先生甚至认为有必要懂一点印度各国的历史情况和哲学流派，因为汉代以后，佛教及佛学资料已经成为中国哲学史料的一个重要组成部分。例如，汉魏时期读佛教书有合本的法子，把几种样本对照来斟酌它的意义。但是由于不懂原文，难免凭主观综合，无法辨别是非。后来又有所谓格义的方法，即以比较接近佛教思想的中国书籍和它结合比附来讲（即以老庄解佛书），如以本无译“真如”、以“无”译空等。如果不了解这些情况，对于相关时期的观念范畴就无法做出准确的训释。即使到了现在，语言的研究也仍然需要放宽眼界，马克思主义传入中国，有人以“四海之内皆兄弟也”来翻译“全世界无产者联合起来”即是一例①。因此，对于一个哲学史研究者来说，文字的功夫是相当重要的。有人写文章，对重要概念范畴的解释似是而非，模棱两可，就是缺乏文字学训练的表现。

总之，石先生的史料学研究特别重视对传统文献学的基本知识的了解，也特别重视这些方面的训练。这表明，在石先生的学术研究中，国学的传统是得到了肯定和继承的。这一点，尤其值得今天的青年学者学习。

三、现代眼光

不但重视继承和弘扬国学传统，石先生的史料学及中国哲学研究还特别提倡要有现代眼光，具体而言就是不厚古，重视今人的研究成果和放眼世界。

石先生指出，研究过去是为了将来，是为了向前看，而不是复古，不是拜倒在古人的脚下。因此，需要站在时代的高度来总结过去，不断前进。前人的成就都只可能是研究的出发点，而不是最后的归宿点。因

① 《石峻文存》，第254页。

此，石先生十分强调要注意掌握现代学者的研究成果，认为熟悉本领域的研究现状也是一种史料功夫。不但如此，石先生还特别强调在史料的运用方面不要过于尊信古人，鄙蔑今本，应该根据客观情况，具体问题具体分析。石先生说："研究过去是为了将来，是为向前看，是为思想的革命。符合中国社会主义现代化的要求，不是复古保守，是为建设具有中国特色的社会主义精神文明。技术方面特别是语言也要力求现代化、准确化。要站在今天更高的观点来总结过去，而且不断前进，而不是拜倒在古人和洋人的脚下。"①也许正是基于这样的认识，石先生才非常重视对中国近、现代哲学的研究并成为这一领域的拓荒者。

与这种现代眼光相关，石先生还特别强调研究中国哲学史料和中国哲学要放眼世界，注意吸收外国先进的研究成果。石先生指出，由于现代科学研究的国际化，索引的范围已经不能只限于中国过去人的研究成果了，还应该放眼世界，包括国外人的研究成果。日本人的索引工作做得很细，如白居易、李白的诗，都编有索引。佛教方面，有《大正新修大藏经目录部》，各种《高僧传》都有统一的索引。美国国会图书馆有统一的图书目录卡片。"要搞科学研究，做到可能赶超世界先进水平，绝不能采取闭关自守、闭门造车的办法。因为所谓贡献，就是能在前人的成就的基础上继续有所前进。这当然也要求研究者不能忽略同时代人的研究成果"②。处在今天这样一个全球化和信息高度发达的时代，吸收国外学者的研究成果，意味着我们的学术研究与国际接轨，与国际同步。在这方面，石先生不仅说到了前面，也走在了时代的前列。他学贯中西印，非常关注外国汉学界的研究动向，并亲自主编《汉英对照中国哲学名著选读》，就是证明。

不仅如此，石先生的放眼世界，其更大的雄心是，将中国哲学作为世界哲学的一部分，努力将它推向世界。石先生慨叹，中国是世界上最早的文明古国之一，对人类文化的发展曾作出了不可磨灭的贡献，但在过去很长一段时期内，由于自然地理条件等的限制，特别是语言文字的隔阂，因此在国外，除了极少数的所谓"汉学"（Sinology）专家之外，对于产生在中国，尤其是作为一种"时代精神的精华"的哲学，人们

---

① 《石峻文存》，第297页。

② 《石峻文存》，第311页。

知之甚少，也很难有正确的理解。[①] 因此石先生呼吁：

> 今后要将中国哲学史作为世界哲学史的一部分来研究。要面向世界，搞中哲史的要懂外哲史，不能孤立。既反对过去欧洲文化中心论，说中国没有哲学，一切外来，也要反对中国文化中心论，一切都是中国的好，东方精神文明高于西方物质文明。
>
> 学习别人是为了超过别人。要创造性地研究，要能独立思考。不能人云亦云，结合我们的历史和现状，开创学术的新局面。要把中国学问贡献于世界，翻译中国的东西给外国也是重要的。现在外国有人看不起中国，如说汉学发生在中国，但研究中心却在日本东京。中国哲学史研究的中心理应在中国，最高水平应在中国。大家要努力，力求将来做出更多的贡献。[②]

这何尝不是老一代知识分子的心声呢？何尝不是老一代知识分子爱国情怀的流露呢？何尝不是老一代知识分子对人类文明走向的关心呢？何尝不是老一辈哲人对晚学后辈提出的殷切期望呢？假以时日，石先生的宏愿将一定会变成现实的！

四、贯通意识

石先生的史料学研究还有一个突出的特点，就是注重贯通。“贯”是从纵的方面来说的，就是要注意总结中国哲学史学史；“通”是从横的方面来说的，就是要注意与哲学史相关的各个领域的研究成果。

石先生在其《讲义》第七讲“哲学理论与思想史料”中指出，研究哲学问题，须从前人积累的思想资料出发，尤其是古代学者对于其之前及同时代学者的评论，更值得引起重视。石先生梳理了中国哲学史的资料，举例指出，《庄子》的“天下篇”和《荀子》的“正名篇”和“非十二子篇”就是最有代表性的古代哲学史著作。他们批评别家，就间接地说明了自己。汉代司马谈的《论六家要旨》，就是汉代初期黄老学派的哲学史著作。《史记·孔子世家》和《汉书·儒林

---

① 《石峻文存》，第 484 – 485 页。

② 同上注，第 296、第 297 页。

传》是站在当时正统儒家的立场上撰写的哲学史著作。南朝梁刘勰的《文心雕龙·论说篇》则是一篇关于魏晋玄学史的论文。僧肇的《不真空论》是魏晋佛教般若学的总结性的论文。僧佑《弘明集后序》反映了魏晋时代佛教与反佛教斗争的历史。《魏书·释老志》则是一般佛教史的著作。隋唐时期，佛教各宗的判教学说是以自家为主的佛教史研究，《高僧传》、《续高僧传》、《宋高僧传》、《大藏经》的“史传部”都属于佛教史的著作。《景德传灯录》、《五灯会元》反映的是禅宗的历史。《宋史》有“道学传”和“儒林传”，虽然分作两传，也均属于宋代儒学史。南宋朱熹的《伊洛渊源录》更是一部有代表性的理学史著作，濂、洛、关、闽成为正统就是从里这开始的。“道学传”也是根据这部书的思路编撰而成的。虽然就宋代而言，当时的司马光、范仲淹、王安石的影响更大，但由于思想路数不同，所以未能居于正统的地位。朱熹的《近思录》是一部理学一派的思想资料选，与《伊洛渊源录》是互相配合的。《朱子语录》中关于这些人的议论也可以看做是理学史的材料。清张伯行编有《续近思录》、《广近思录》，均属于理学史的著作。明末清初学者孙奇逢编《理学宗传》也未能免去这种影响。只有到黄宗羲编《明儒学案》，此种局面才有所改观，它可以称为中国第一部哲学思想史。后来的《宋元学案》100卷，经黄宗羲、黄百家、全祖望等三人之手完成。全祖望的思想不全同于黄宗羲，所以观点已不完全与《明儒学案》一致了。《宋元学案》还是以理学为中心，材料有点多而杂，如象数之学的东西（邵康节、司马光等）很多，王荆公的地位不很重要（《荆公新学略》）。前有“序录”说明宗旨，仿“太史公史记自序”。清代理学家唐鉴（曾国藩的老师）作《国朝学案小识》（即《清学案小识》），在清以考据学为中心，有反理学的思潮，但此书仍以道统的观点作线索，所以不如《明儒学案》，并且不如江藩的《汉学师承记》（附《宋学渊源记》）来得踏实。北洋军阀徐世昌有《清儒学案》，编成于众手，杂而不成体系，仅有资料价值。近代学者梁启超和章太炎是最早用资产阶级观点研究中国哲学史（学术思想史）的学者，系统的著作反在胡适之后，特别是章太炎的《国故论衡》和《检论》里的一些文章颇有发明。皮锡瑞（《经学通论》、《经学历史》）和四世传经的刘师培（申叔）的中国经学史方面的著作也有一定的参考价值。蔡元培先生的《中国伦理学史》是较早出版的系统著作，但多参考日本人的研究成果，也有个别见解是自己的。一般说来，日本人用资产阶级观点研究中国哲学史早在明治维新时期就发展起来了，专业人员反比我国为多。这实际上影响了早期的中国哲学史研究者。

石先生认为，今天研究中国哲学史，前人的这些研究成果必须熟悉，这不仅对于掌握中国哲学史的史料有帮助，对于理解中国哲学的发展历程也很有启发。这是石先生所谓的“贯”。所谓“通”，主要是就横的方面而言，即是指对同时代各学科的研究情况要有必要的了解。石先生指出：

> 中国哲学史是一门边缘科学，要借助中国通史、中国社会史、经济史、政治史、科技史、宗教史等的帮助。为了增加感性认识，我还主张看小说，如《水浒传》、《封神榜》、《红楼梦》……要注意精与博的关系，没有适当的博便不能做到精。还要借助近代最新科学的成就，如研究先秦名家和墨家的逻辑学，就要借助现代外国逻辑科学的理解（当然不能牵强附会）等。以《墨辨》为例，不懂得力学、光学等，很难看懂墨经。研究中国近现代哲学史，还要懂一点西方哲学，因为那是它的思想来源之一。①

石先生本人学识渊博，对印度哲学、欧美哲学（特别是大陆理性主义、近代哲学）有着深入的研究，直到晚年，他还能用英语大段地背诵笛卡儿的《哲学沉思录》（在美探亲期间，曾将美国各大学关于中国哲学研究的情况搜索了一遍）。另外，对于与哲学相关的领域，石先生也非常关注，以中外文学史为例，在读大学期间，石先生就曾根据鲁迅先生的《中国小说史略》中所论及的中国古代小说资料一一加以研读。不仅如此，石先生还嗜书如命，直到晚年行动不便时，仍请保姆用轮椅推着自己到书店买书。据任继愈先生说，石先生“每次买回新书，必先亲手用牛皮纸包书皮，其技术整齐方正，无人能及。我们老朋友去他的书房提出书名，请他把包着书皮的书取出，他能信手取下，百试不爽。我们都说他有‘特异功能’”②。这也难怪在学

---

① 《石峻文存》，第 308 页。

② 《石峻文存·序》，第 3 页。

术圈内，石先生向有“活字典”之美誉了。而事实上，石先生不仅仅是一部“活字典”，他对问题的研究之深，体悟之透，绝非一般徒有虚名之辈可比。这一点，大凡聆听过先生教诲或有幸与先生交流过思想、请教过问题的人大概都会深有感触，惜乎先生不立文字，一般人难从字面上见到先生的博大精深了。不过，从最近出版的对石先生的“造诣和学术来说，不过百分之一”①(任继愈先生语）的《石峻文存》来看，也足见其对于中国哲学的各领域涉猎之广、研究之深了。

总之，石先生之研究中国哲学史，特重史料学的研究和史料的梳理，其史料学既重实证精神，又重国学传统；既强调现代眼光，又强调贯通意识，表现了一个大学者的深厚功底和宽博视野。石先生一生没有离开过教育战线，除解放前后一度在武汉大学担任图书馆馆长外，主要是在北京大学和中国人民大学从事教学和科研工作，他是北大精神的传承者，人大精神的开拓者，马克思主义中国哲学史学科的奠基人之一，其中国哲学史史料学的基本思路，必将会对中国哲学史学科的发展及中国哲学研究者的知识结构的培养起到非常积极的作用。任继愈先生说：“环顾当前我国学术界，学风浮躁，自己没有读过的书也敢乱发议论，甚至以讹传讹，抄袭剽窃，不以为耻，反以著作等身自诩，欺世盗名，泛滥成灾。对照石公为人治学，岂能无愧疚?”②任公之言，值得深思！

杨庆中

（作者单位：中国人民大学国学院）

——原载《中国哲学史》2007 年第 1 期

9. 关于朱弁的追迹调查
——作为一种去概念化的佛教历史文化研究的尝试（邢东风）③

本文专门考察朱弁以及相关的人物、史实、遗迹等等，其实笔者也是边调查边学习，原来对朱弁并不了解，只是因为数年前开始从事

① 《石峻文存·序》，第 3 页。

② 同上注。

③ 本文原作于 2008 年，2011 年 3 月修改于日本松山。

佛教历史遗迹的调查，偶然发现善化寺朱弁碑颇为值得注意，就像走到一个小小的山洞入口，表面看去似不起眼，但是越往里走越发现宝藏，于是从这篇碑文的考察入手，然后进一步搜寻相关的文献记载和历史遗迹，再把观察的视野从空间和时间上加以扩展，最后大体上弄清了大同和杭州的历史文化中与朱弁相关的一个侧面。本文不作任何概念的预设，也不追求所谓的“理论意义”，而是沿着史料线索探察下去，直到弄清事实为止，可以说是一种去概念化的研究。在笔者的治学经历中，这是一次不再从概念到概念的研究尝试，如果说它多少还算成功的话，那么首先要感谢石峻先生当年的教诲。

一、朱弁碑与善化寺的历史

“人说山西好风光。”三晋大地，历史悠久，文物璀璨。山西北部的历史文化名城大同至今保存有许多珍贵的佛教历史遗迹，诸如云冈石窟、悬空寺、应县木塔、上下华严寺等，都是闻名遐迩的名胜古迹。此外还有一座善化寺，早在 1961 年就被列入全国重点文物保护单位，可是相形之下似乎不大受人瞩目。笔者曾于 2002 年和 2007 年两次到此参访，尽管都在 8 月的观光季节，但是这里门可罗雀，游人无几。不过，光环之外未必没有光彩，常人不大光顾处其实也有辉煌，善化寺就是如此。①

大同历史上先后名为平城、云中，辽代改为今名。这里自古为兵家必争之地，历代设有军事重镇，北魏时期曾为国都，辽金两代为陪都西京。此地一向汉、胡杂处，又曾多次处于北方少数民族治下，但

---

① 大同善化寺是迄今保存相对完整的辽金佛教寺院，善化寺内朱弁碑兼有重要的文物价值和史料价值。碑文的作者朱弁是苏武式的民族英雄，也是中国历史上讲忠义、重气节的代表人物之一。在山西大同和浙江杭州，都有朱弁留下的遗迹，它们是当地历史文化的一部分。朱弁的故事还被搬上戏剧舞台，是历史悠久的非物质文化遗产。然而，关于朱弁的经历以及与他相关的史实和遗迹，迄今极少有专门的研究。本文根据实地调查和文献记载，就朱弁碑文的内容以及相关的人物和历史背景、朱弁本人的经历及其与佛教的关系、朱弁身后的相关史实和遗迹等等进行考察，揭示出大同和杭州历史上与朱弁相关的历史侧面，填补此一方面的研究缺欠，最后说明本文作为一种去概念化的佛教历史文化研究的方法论意义。

是佛教之盛不让中原，自北魏时代起就寺院密集，“宣武之世，专尚释氏，普修梵宇。云中号为平城，乃其旧都，故所建为独多”①，至今保存的佛寺、道观遗迹尚有196处②，其中辽金佛寺有17处③，如果考虑到历史上还有很多随着岁月流逝而消失的寺院，不难想象昔日的佛教辉煌。正是由于当初佛刹林立，所以至今还有许多遗迹保存，善化寺便是其中之一。

善化寺，当地俗称南寺，始建于唐玄宗时，原名开元寺，五代后晋时改名普恩寺，明正统十年（1445年）改为今名。善化寺位于大同市内小南街附近，原大同城南门内侧，这里今为市区，辽金时代则为大同城南郊外，大概明清时期才被圈入大同城内。善化寺占地面积2万多平方米④，目前保存有辽金时代建筑的山门、三圣殿、大雄宝殿、普贤阁等；山门内有明代塑造的四天王像，三圣殿内有金代塑造的华严三圣像（毗卢遮那佛、文殊菩萨、普贤菩萨），大雄宝殿内有辽金时代的五方佛像（东方阿閦佛、南方宝生佛、中央毗卢遮那佛、西方阿弥陀佛、北方妙声佛），以及二十四护法诸天像，寺内另外还有明代建筑、匾额以及清代壁画等。善化寺是迄今保存相对完整、规模宏大的辽金佛教寺院，整体布局保存了唐代的建筑风格，建筑和造像体现了辽金时代高超的技艺水平，因此，这里不仅是辽金建筑的珍贵遗存，而且是辽金佛教文化的综合宝库。

其实善化寺的精彩除了建筑和造像以外，还有寺中保存的碑刻。沿着碑刻提供的线索追踪溯源，可以把握与善化寺相关的历史侧面。本文的话题就从善化寺内的朱弁碑说起。

---

① 《重修善化寺碑记》，转引自水野清一《大同善化寺石刻录》，《东方学报》第10册第4分册，第126页，1940年，京都。

② 参见李福伍主编《三晋名胜》第78页，山西古籍出版社，1998年，太原。

③ 据大同下华严寺内《辽金西京寺院分布示意图》，辽金时代大同城内有华严寺、善化寺、南堂寺，大同附近各地有武周山大石窟寺、观音堂、开佑寺、南堂寺、禅房寺（在今怀仁）、荆庄大云寺、圆觉寺、永安寺、悬空寺（以上在今浑源）、佛宫寺释迦塔、净土寺（以上在今应县）、崇福寺（在今朔县）、觉山寺、曲回寺（在今灵丘）。

④ 关于善华寺的占地面积，相关资料有不同说法，这里根据张晢红的《朱弁碑贴》序。参见《朱弁碑贴》第1页，大同市古建筑文物保管所编，2002年印制。

善化寺虽然历史悠久，可是很少见于史籍记载。迄今为止，对于这座寺院历史的了解基本上只能依靠寺内保存的碑文。善化寺内今存碑刻4通，依时代先后说，一为“大金西京大普恩寺重修大殿记”，朱弁撰于金皇统三年（1143年），大定十六年（1176年）立碑；二为“金西京普恩寺重修释迦如来成道碑铭并序”，唐代王勃撰文，金明昌元年（1190年）立碑；三为“重修善化寺记”，张时中撰，明万历十一年（1583年）立碑；四为“重修善化寺碑记”，张朝良等撰于清乾隆五年（1740年）。其中题名“大金西京大普恩寺重修大殿记”的碑刻，当地俗称“金碑”或“朱弁碑”，在善化寺所存的碑碣中刻立最早，碑文所记又是后来有关善化寺历史记载的张本，因此最有价值。这篇碑文通常不易见到，这里不妨全文照录（文中标点系笔者所加，“/”号表示另起一行）：

大金西京大普恩寺重修大殿记

诸佛菩萨之应世也，亦犹哲王之捄弊，或忠，或质，或文，虽制治不同，其趋一也。世人循达摩对萧梁氏之言，遂疑有为功德，不可复作，而/不知指示神地，以植五王之福，补理故寺，当获二梵之报者。释迦遗训，具存贝典，则崇饰塔庙，兴建寺宇，以示现佛菩萨境界，盖将诱接/众生，同归于善，其为功德，讵可测量哉？彼达摩大士，方以妙元明心，亲提教外别传之印，则于有为功德，不无抑扬，是亦因时捄弊耳，非/实贬也。具愿力苾蒭，能克遵付属，而成就兹事，其为功德，尚何訾耶？/

大金西都普恩寺，自古号为大兰若。辽末以来，再罹锋烬，楼阁飞为埃坋，堂殿聚为瓦砾，前日栋宇所仅存者，十不三四。骄兵悍卒，指为/列屯，而喧寂顿殊，掠臧俘获，纷然错处，而垢净俄变。残僧去之而饮泣，遗黎过之而增欷。阅历滋久，散亡稍还，于是寺之上首通玄文慧/大师圆满者，思童戏于画沙，感宿因于移础，发勇猛心，得不退转，舍衣盂凡二十万，与其徒合谋协力，化所难化，悟所未悟，开尸罗之坛，/阐庐舍之教，以慈为航，遂其先登之志，以信为门，咸怀后至之耻。于斯时也，人以须达自期，家用给孤相勉，咸蕴至愿，争舍所爱。彼髓脑/支体尚无所吝，况百骸外物哉？于是辇币委珠金、脱袍鬻裘裳者，相系于道。累月逾时，殆无虚日。经始于天会之戊申，落成于皇统之癸/亥。凡为大殿，暨东西朵殿，罗汉洞，文殊、普贤阁，及前殿、大门、左右斜廊，合八十余楹。瓴甓变于埏埴，丹雘供其绘画，榱椽梁柱，饰而不侈，/阶序牖闥，广而有容。为诸佛萨埵，而天龙八部，合爪掌围绕，皆选于名笔；为五百尊者，而侍卫供献，各有仪物，皆塑于善工。睟容庄穆，梵/相奇古，慈悯利生之意，若发于眉宇，秘密拔苦之言，若出于舌端。有来瞻仰，莫不钦肃，五体投地，一心同声，视此幻身，如在龙华会上百/宝光明中，其为饶益，至矣大矣，不可得而思议矣。圆满今年七十有四，自惟君恩佛恩，等无差别，成此功德，志实有在，非独为前途/津梁也。然此功德，为于治安无事之时，则其成也甚易，图于干戈未戢之际，则其成也实难。圆满身更兵火，备历韄鞴，视己财货，犹身外/影，既捐所蓄，又哀檀信，经营终始，淹贯时序，皆予所目睹也。则其成就，岂得以治安无事时比哉？始予筑馆之三年，岁在庚戌冬十月，乃/迁于兹寺，因得与寺众往来，首尾凡十四年如一日也。众以满之意状其事，以记为请，记事之成，要得其实。今予既身亲见之，其可辞哉？/按寺建于唐明皇时，与道观皆赐开元之号，而寺独易名，不见其所自。今楼有铜钟，其上款识乃是清泰三年岁在丙申所铸造也。其易/今名，当在石晋之初，或唐亡以后，第未究其所易之因耳。后之作者，见其阙文，傥得其本末，为我著之，乃予之志也。非特予志，亦寺众之/所欲闻也。皇统三年二月丁卯，江东朱弁记。/

少中大夫同知西京留守大同尹兼本路兵马都总管府事上轻车都尉济阳郡开国伯食邑

七百户赐紫金鱼袋丁暐仁篆额/

中宪大夫西京路都转运副使上骑都尉鲁县开国子食邑五百户赐紫金鱼袋孔固书/

通玄文慧大师赐紫沙门 圆满 提点/

大定十六年丙申八月定酉初一日癸酉三纲寺主沙门惠蠲

尚座行完都维那栖演 立石 雁门解遵一刊/

朱弁碑记的内容主要包括以下诸项：第一，说明“补理故寺”在佛法上的根据。针对人们否认“有为功德”的观点，强调“崇饰塔庙，兴建寺宇”不仅可以积累福报，而且可以显示诸佛菩萨境界，引导众生同归于善，因此功德无量。第二，说明普恩寺（即善化寺）被破坏的状况以及修复的经过。辽末以来，该寺屡遭战火，饱受摧残，军队入驻，寺僧离散；荒废已久之后，圆满大师与徒众发心修复；他们以戒律严整和慈信精神感召人心，得到信众的协力和捐助，最终成就修复事业。第三，描写修复后的普恩寺。修复以后，寺内有大雄宝殿、东西朵殿、罗汉洞、文殊阁、普贤阁、前殿、大门、左右斜廊等等共80余间，装饰精美而不浮华，阶梯门窗宽广开阔，绘画塑像出自名家手笔，佛像神态庄严慈祥，生动感人。第四，称赞圆满大师的功德。为修复古寺，圆满大师不仅倾其所有，而且历尽艰辛坚持不懈，“经营终始，淹贯时序”，不图个人前途利益，只为报答君恩佛恩。作者感慨地说，成就此等功德在和平时期已属不易，在战乱时期更是难能可贵。第五，回顾作者与寺僧交往的经过，并追溯该寺的历史。作者朱弁自天会八年（1130年）移住寺内，“因得与寺众往来，首尾凡十四年如一日”，亲眼目睹修复过程，于是写下这篇碑记。普恩寺建于唐玄宗时，原名开元寺。作者根据当时寺内尚存的清泰三年(936年）所造铜钟上的铭文，推测寺名改于五代后晋初期，期待后人弄清改名的原因。

除了这些内容以外，前人曾指出碑记中别有“志意所在”，不过那是言外之意，不是碑记的直接话题，姑且留待下文另说。

关于碑文中提到的普恩寺“辽末以来，再罹锋烬”之事，虽不见于其他史料的记载，但参照辽末金初的史实，可以大致了解当时的背景。公元1115年，女真人完颜阿骨打称帝，国号大金，之后连年对辽作战，攻城略地，势如破竹，仅十余年之间，不仅淹有辽国之地，而且攻占开封，灭掉北宋。很显然，普恩寺遭到战火破坏，就在金兵追击辽末天祚帝和攻取西京大同期间。据《辽史》记载，辽天祚帝于天庆九年（1119 年）九月和次年冬两次到过西京大同。[①] 保大二年（1122 年）正月，天祚帝被金兵追击至云中（今大同），遗传国玺于桑干河；至保大四年（1124 年）四月，“金已取西京，沙漠以南部族皆降”[②]。又据《金史》记载，金天辅六年（1122 年）三月，天祚帝被金兵追至西京，西京投降；不久西京复叛，金兵于四月再取西京。[③] 根据这些记载，不难想见金兵当时攻势迅猛，而辽军为了保住西京以为退守基地，也曾极力抵抗，于是大同成为辽金两军激烈争夺之地。在这样的形势下，普恩寺便难逃池鱼之殃，从而受到战火摧残。根据碑文“再罹锋烬”的提法，恐怕当时普恩寺的遭难不只一次，所以破坏的程度也很严重。更有甚者，骄兵悍将进驻寺内，致使清静的寺院变得乱乱哄哄，僧人被迫离散。碑文虽未明言入驻者系何方军队，但是从金兵最终占领大同的结局来看，很可能就是金兵。

普恩寺的修复始于金天会六年（1128 年），完成于皇统三年（1143 年），竣工时间与碑文的写作刚好同年。修复工程历 15 载，可见进展艰难。工程的发起人和主持者为圆满大师。当朱弁写作这篇碑记时，圆满 74 岁，然则当其发起修复工程时，已是花甲之年。关于圆满的生平事迹，不见于其他史料记载，幸亏有朱弁碑的保存，后人才得以知道大同善化寺的历史上曾有这样一位功德无量的高僧。

根据朱弁碑的落款部分，可知当时题写碑额的是丁暐仁，书写碑文的是孔固，刻碑人叫解遵一，主持立碑的是当时普恩寺内的三纲，即寺主惠躅、上座行完、都维那栖演。由于史料有缺，其中大部分人物的情况今已无考，但是关于丁、孔二人，尚可略知消息。

碑额“西京大普恩寺重修大殿之记”12 个篆体文字工整秀丽，出自丁暐仁手笔。碑文落款处，在他的名字之前标有“少中大夫、同知西京留守大同尹、兼本路兵马都总管府事、上轻车都尉、济阳郡开国伯”等一系列头衔，其中与大同有关的官职为“同知西京留守大同尹”，由此可知他是当时大同的地方长官。

据《金史》本传，丁暐仁（？ –1181 年），字藏用，大兴府宛平

---

① 《辽史》卷二八，天祚帝本纪二。

② 《辽史》卷二九，天祚帝本纪三。

③ 《金史》卷二，太祖本纪。

（今北京西部）人。皇统二年（1142 年）进士，先在武清（今属天津）、磁州（今河北磁县）、和川（今山西安泽）等地任官，大定三年（1163 年）以后任定武军节度副使，又在各部任职，以后历任祁州（今河北安国）刺史、同知西京留守事、陕西西路转运使等职。①史传中没有说明丁氏在大同任职的具体年代，但根据碑文的记载可知，当大定十六年（1176 年）此碑建立之时，他已在大同任职。

丁暐仁乃好学之士，史传说他“冲淡寡欲，读书之外无他好。辽季避难，虽间关道途，未尝释卷”。他在各地任职期间，曾多次兴办学校，来到大同以后，“首兴学校，以明养士法”②。恢复文教，创办学校，似乎是他为官生涯中比较突出的业绩，如果再考虑到他为此碑题写碑额的情况，可知他在大同期间不仅兴办过学校，而且参与过佛教复兴的事业。

显然，朱弁碑的建立得到了当时大同地方长官丁暐仁的支持。丁氏此举大概不单取决于他的个人素质，而且也和当时的社会环境相应。综观他的任官经历，大致相当于金世宗（1161 年 – 1189 年在位）统治期间。金世宗在当时就有“世宗之仁”的美誉，在他当政期间，金国出现了自建国以来难得的和平时期，政治比较安定，对外没有大规模的战争，因而被史家称为“世宗之治”。正是在这样的环境下，包括佛教在内的文教事业才遇到了恢复的契机。丁氏题写碑额，就是在此背景下发生的一幕。

再看为碑文书丹的孔固。

此碑除碑额以外，通篇碑文由孔固书写，颜体正楷，苍劲浑雄，极见功力。碑文落款处，在孔固的名字之前标有“中宪大夫、西京路都转运副使、上骑都尉、鲁县开国子”等一系列头衔，其中与大同相关的官职为“西京路都转运副使”，由此可知他当时在大同担任转运副使；此外还可知道他当过骑都尉，封地在鲁县③。那么，他究竟是

---

① 《金史》卷九〇。

② 《金史》卷九〇。

③ 金代有无鲁县，目前尚不清楚。此处所说鲁县，很可能为古县名，其地在今山东曲阜一带。参见史为乐主编的《中国历史地名大辞典》下册，第 2583 页，中国社会科学出版社，2005 年，北京。

怎样的人物呢?

孔固的传记不见于正史，只在其他史料中有零星记载。其中之一是南宋徐梦莘的记载:

> 孔固，字德远，孔子四十七代孙，状元王堪榜及第，葛王立，除宣徽少卿。①

徐梦莘（1125 年 – 1205 年）的《三朝北盟会编》收录政和七年（1117 年）至绍兴三十一年（1161 年）共 45 年间的史料，书中第 245 卷除了收录范成大的《揽辔录》之外，还详细记述了金国的制度和人物，孔固也在其中。根据徐的记载，孔固于葛王登基之后升任宣徽院少卿，其中提到的葛王就是金世宗。世宗原为葛王，大定元年（1161 年）登基，孔固于是年任职宣徽院。《三朝北盟会编》记录的历史刚好也到这一年为止，其中记录的孔固显然活跃于金世宗在位期间，与作者徐梦莘时代相同，朱弁碑的建立（1176 年）也在这一时段，因此，徐梦莘所记的孔固与朱弁碑的书写者应为同一人物。

另一条记载见于《山东通志》:

> 孔固，宁海州人，骑都尉。②

这里提到的孔固在《山东通志》中为金代人物，而且也是骑都尉，与碑文书写者应系一人。金代海宁州的辖境包括今山东烟台、威海、牟平、文登、荣成、乳山等地，治所在牟平，孔固就是这一带出身。不过，《山东通志》为清代编修，不知其所据资料何在。

今将朱弁碑、徐梦莘以及《山东通志》的记载综合起来，可知孔固字德远，孔子第 47 代孙，宁海州人，进士出身，骑都尉，金世宗时曾在宣徽院任职。朱弁碑建立前后，他在大同任西京路都转运副使。朱弁的碑记作于皇统三年（1143 年），碑立于大定十六年（1176 年），孔固的书丹自然不出在这一期间。不过，按照通常情况来说，他的书丹很可能完成于立碑之前不久，即公元 1170 年代前期。

和丁暐仁一样，孔固也是由于曾在大同任官而得以和善化寺结缘，并为朱弁碑的建立作出了贡献。由于他的书法非常出色，所以他

---

① 〔南宋〕徐梦莘:《三朝北盟会编》卷二四五。

② 《山东通志》卷一五之一。

的手笔也为善化寺和朱弁碑增添了光彩。如今朱弁碑的拓本得以流传，也是因为这篇碑文作为书法作品具有很高的艺术价值，若无孔固的书丹，在通常情况下难得一睹这篇碑文的全貌，从而也不易了解其中的具体内容。

二、朱弁的生平与佛教

说到朱弁，也许在某种场合妇孺皆知，例如传统戏剧中有《朱弁冷山记》、《朱弁回朝》等，剧情都是朱弁出使金国的故事。不过剧中的情节有杜撰的成分，舞台上的朱弁并不完全符合历史原型，何况这些剧目今已很少上演。离开戏剧的场合，恐怕很少有人知道朱弁为何许人也，即使在朱弁曾经生活过的杭州，如今还能记得这位英雄的人也是寥寥无几。学术界对他的关注基本上只限于他的生平经历和文学作品，在此范围之外，很少有详细的专门研究。总之，朱弁这一人物或被忽视遗忘，或被改造变形，或只受到片面的关注。那么，历史上的朱弁究竟是怎样的人物呢？

对于大多数人来说，朱弁的名字的确比较陌生。不过，如果提到和他相关的一个人物，也许就显得不那么陌生了。这个人就是大名鼎鼎的朱熹（1130年－1200年）。朱弁者，朱熹之叔祖父也。朱熹不仅是朱弁的侄孙，而且还曾撰写过《奉使直祕阁朱公行状》①，详细记述了朱弁的生平。后来《宋史·朱弁本传》就是根据朱熹的这篇《行状》缩写而成的②。通过朱熹和《宋史》的记载，可以了解朱弁的生平。

朱弁（？－1144年③），字少章，徽州婺源（今属江西）人。少时聪慧好学，20岁后入太学，受到太学教授晁说之的赏识。后曾一度在史馆奉职④，又随晁说之归新郑（今属河南），娶晁氏侄女为妻。

---

① 以下简称《行状》。此文收在《朱文公文集》卷九八，《朱子全书》第25册，第4552－4557页，上海古籍出版社、安徽教育出版社，2002年，上海。

② “朱弁本传”见于《宋史》卷三七三。

③ 关于朱弁的生年，未见于史料记载，有的资料作1085年，但未提供证据。参见马良春、李福田主编的《中国文学大辞典》第2023页“朱弁”条，天津人民出版社，1991年，天津。

④ 参见小栗英一：《朱弁について》，静冈大学人文学部社会学科·人文学科报告书《人文论集》第36号，第75－76页，1985年，静冈。

新郑位于开封附近，又离古都洛阳不远，地处当时的政治文化中心，朱弁在这里跟随博学多才的晁说之游学，见闻日广，陶醉于学问掌故，以至对科举仕进也失去了兴趣。朱弁在这里生活了20年①，这是他一生中仅有的一段安逸而又惬意的时期。

可惜好景不长，公元1126年12月至次年3月，金兵攻占开封，俘虏徽、钦二帝，北宋灭亡，史称“靖康之难”。当金兵入侵之际，朱弁一家曾到大隗山（今河南新密）避难②，结果还是未能躲过劫难，落得家破人亡。公元1127年5月，宋高宗在应天府（今河南商丘）登基，南宋建立。此后不久，便往临安（今杭州）迁都，在经过扬州（今属江苏）的路上，急忙招募使者前往金国，名为慰问两宫（指被俘的徽、钦二帝），实则企图对金求和。当时战事未休，朝中竟无人敢应，朱弁正在南归的路上，闻讯之后自告奋勇前往应募，于是被朝廷派为通问副使。建炎二年（1128年）正月，与正使王伦一道出使金国，从此踏上了长达17年的留胡之路。

朱弁入金之后，曾对金相粘罕申明和解之意，但是不被理睬。后被安置在云中（大同）使馆，表面受到礼遇，实则形同软禁。当时金国对宋朝来使往往扣留不还③，所以朱弁使金原本就是九死一生的冒险。公元1132年，金人告知可以和议，但只允许朱、王二人中一人回朝复命，于是要二人抽签决定去留，朱弁严词拒绝，毅然决定留下。王伦临走前，朱弁留下使者印信，从此怀抱印信，起卧不离于身。公元1130年，刘豫在金人扶植下建立傀儡政权，号称大齐。此后金人胁迫朱弁出任伪齐官职，并以其地接近南方作为利诱。朱弁拒绝说：“吾受命而北，不受命而南。且豫国贼，吾常恨不食其肉，又忍北面而臣之哉？吾有死耳，不愿归之。”朱弁的回答激怒了金人，金人断其食物，朱弁不仅毫不畏惧，而且从屋中反锁自己，“忍饥待尽，誓不为屈”。金人无奈，只得重新以礼相待。此后，金人又要朱

① 《人文论集》第36号，第77页。

② 大约10年之后，朱弁曾在诗中提到“往年避难大隗山”之事。参见阎凤梧、康金声主编《全辽金诗》上册，第146页，山西古籍出版社，1999年，太原。

③ 《宋史》卷三七三洪皓传：“金法，虽未易官而曾经任使者，永不可归。”当然事实上也有例外。

弁出任金国官职，朱弁回答说："自古兵交，使在其间，言可从从之，不可从则囚之、杀之，何必换其官哉？吾官受之本朝，今日有死而已，誓不易以辱吾君也。"又上书金国要人，说："上国之威命朝以至，则使人夕以死，夕以至则朝以死。"表现了宁死不屈、绝不放弃使命的气概。此外，金主曾因得子实行大赦，允许宋使自便还乡，当时有些宋使自称家在淮北，以求侥幸靠近江南，只有朱弁和洪皓、张邵明言家在江南，不图侥幸接受恩赐，不尽使命绝不南归①。朱弁不屈不挠，金人最后只得不再勉强。

不肯屈从金人在当时要冒生命危险，对于死，朱弁毫不畏惧。他曾致书洪皓以告诀别，说："杀行人亦非细事，吾曹不幸遭之，亦命也。命出于天，其可逃哉？要当舍生以全义耳。"又与羁留大同的其他宋使友人共饮，酒至半酣说道："吾已得近郊某寺之地，一旦毕命报国，诸公幸瘗我其处，且识其上曰：'有宋通问副使朱公之墓。'于我幸矣。"众人不胜感伤，朱弁谈笑自若，说："此臣子之常分，诸君何悲也？"面对生死的选择，朱弁的态度是舍生取义、视死如归。

不过，朱弁还算不幸中的万幸。他在大同期间，不少金国达官贵人请他为师，以为子弟传授知识，许多人还争相传颂他的作品，并以得到他的作品相夸耀。金人虽为异族，但是并不排斥汉族的文化，对宋使的知识学问也颇为尊敬，因此除了朱弁以外，如洪皓、张邵等留金宋使也都为金人子弟当过教师②。

公元 1143 年 8 月，宋金达成和议③，朱弁与洪皓、张邵一同回到临安（今杭州）。回朝以后，受到高宗接见。朱弁建议高宗把握时机，在遵守和议盟约的同时，不忘收复失地的准备；又献上在金国得到的六朝御容及宣和御集书画，并将北方十余名忠臣义士的死节事迹上奏，请求朝廷褒奖。高宗感其艰苦忠贞，欲授官职，却遭奸相秦桧作梗，结果只落得直秘阁（相当于文史馆）的闲职。次年四月在临安

① 参见《宋史》卷三七三洪皓和张邵的传记。洪、张二人于建炎三年（1129 年）分别使金，被金人扣留。

② 《宋史》卷三七三洪皓和张邵的传记。洪、张二人于建炎三年（1129 年）分别使金，被金人扣留。

③ 《宋史》高宗本纪。

病逝。

朱弁使金的经历感人肺腑。他原本只是一介“草野诸生”，不曾享受多少朝廷的恩惠，当国破家亡之际，衮衮诸公畏缩不前，朱弁却忠肝义胆挺身而出，冒死出使敌国，威武不能屈，富贵不能淫，坚贞不屈，不辱使命，在孤独寂寞中苦熬十七寒暑，“忠义大节，终始凛然”（朱熹语），堪称苏武式的人物，顶天立地的英雄。诚如史家所云：“孔子曰：‘使于四方，不辱君命，可谓士矣。’当建炎、绍兴之际，凡使金者，如探虎口，能全节而归，若朱弁、张邵、洪皓，其庶几乎！”①

朱弁除了作为南宋使节之外，还是一位诗人和学者，生前写过很多著作，如《聘游集》、《奏议》、《尚书直解》、《曲洧旧闻》、《续骪骳说》、《杂书》、《风月堂诗话》、《新郑旧诗》、《南归诗文》等等，内容包括诗文、诗话、杂著以及经典解说。他在留金期间也不曾荒废岁月，著述不断，如《聘游集》、《曲洧旧闻》和《风月堂诗话》都是这一期间所著，可惜至今流传下来的完整著作只有后两种。他的诗作在元好问编辑的《中州集》中有若干收录，还有一些作品散见于其他历史文献。

朱弁既是晁说之的学生和侄女婿，又受其师影响，他本是一位倾心古学、怀疑训诂的新儒家学者②。不过，在他的思想视野中，对于佛教的问题也曾寄予关心，他关于佛教问题的议论至今还有保存，朱弁碑就是其中之一。从这篇碑文可以看出，他对佛教相当了解，而且与普恩寺的关系也非常密切。但是关于朱弁与佛教的关系，既未见于史传论述，又不见于今人的研究，这里不妨作一探讨。

上文提到，朱弁在碑记的开头，首先就“有为功德”的问题发表了一番议论。在他看来，人们依循菩提达摩对梁武帝的说法而否认有为，实际上佛教的教义必须通过经典来传达，诸佛菩萨境界也要由寺庙来体现，有为不仅可以积累福报，而且可以诱导众生，因此功德无量；达摩提出的只是解救一时弊病的权宜之说，并非真的否认有为功德。关于达摩与梁武帝的对话，原本出自唐代禅僧的杜撰，意在说明

---

① 《宋史》卷三七三传论。

② 小栗英一：《朱弁について》，《人文论集》第36号，第78－80页。

皇权扶持下的佛教徒有表面的堂皇，其实缺少真正的宗教性内涵①，后来一般当作禅宗提倡的道由心悟、不在事相的典型说法。宋代以后，禅宗流行各地，即使在北方的金国，佛教也很流行，且以禅宗为盛，② 于是此说也广为流传。修复善化寺需要浩大的工程，若从注重修心的观点来说，也属“并无功德”之类。但是朱弁认为，达摩的说法并不适合善化寺的场合，而且有为并非没有功德，从而否定了禅宗信奉的达摩关于造寺度僧并无功德的观点。

其实，尽管禅宗否认有为功德的说法流行甚广，但是持相反看法的也一直大有人在，所以朱弁的观点并不新鲜。这里值得注意的是他何以会有这样的看法。关于这个问题，由于史料有缺，今已不知其详，不过从他与晁说之的密切关系来看，不排除他受到后者影响的可能，因为晁说之刚好既信奉佛教，又持有类似的观点。

晁说之（1059 年 – 1129 年），字以道，号景迂生，潭州（今河南濮阳一带）人。元丰五年（1082 年）进士，曾为太学教授。元符三年（1100 年）任无极县（今属河北）知县，因上书批评王安石的政策而被贬，历任陕州（今河南三门峡市一带）集津仓监、明州（今浙江宁波）船场监、鄜州（今陕西富县）通判、成州（今甘肃成县一带）知府、秘书少监、中书舍人等职。他是司马光的弟子，又私淑邵雍之学，博通儒家经典，多才多艺，晚年信佛弥笃，“日诵《法华》”③。晁家世代为书香门第，原有兼崇儒释的家学传统④。晁说之也是一样，他在明州期间，与天台宗僧人明智有过直接交往，从此倾心天台教法，自称“天台教僧”或“洧上老法华”，后来被《佛祖统纪》

① 邢东风：《中国禅宗的地方性》，“禅宗与‘禅学热’”，第 243 – 249 页，宗教文化出版社，2006 年，北京。

② 宇文懋昭：《金国制》“浮屠”条：“浮屠之教，虽贵戚望族，多舍男女为僧尼，惟禅多而律少”（《说郛三种》第 2 册，第 1188 页上，上海古籍出版社，1988 年，上海）。

③ 关于晁说之的经历和思想，可参见《宋元学案》卷二二《景迂学案》、《佛祖统纪》卷一五、《建炎以来系年要录》卷七、小栗英一：《朱弁について》、晁明旺：《宋代昭德晁氏家族文化传统研究》（晁氏宗亲网，http://www.sytianqi.com）等。

④ 据《宋史》卷六四，晁说之的先祖晁迥“善吐纳养生之术，通释老书，以经传师傅致，为一家之言”。

列入宋代天台宗明智中立的弟子。政和元年（1111 年），晁说之受托为明智的祖师四明尊者法智当年得到的赠诗作序，序中说“此我高祖文元公与杨文公（指晁迥与杨亿——引者）之所称叹者”①，足见他有清醒的家学传统意识。

晁说之倾心天台和净土，而于禅宗多有批判，例如，他曾批评人们对净土信仰持有的两种错误态度：一是“疑而不信”，二是“信而狂且愚”。其中后者“不知悟心以入观，明因以克果，但言我能心净，孰非净土？”他认为这种看法表面上“似能为维摩之言，而身实天魔之民也”②。众所周知，禅宗推崇维摩诘，主张心净则佛土净。他在这里批评的显然就是禅宗。

此外，晁说之还作有《明智法师碑论》，记述天台宗的传法谱系并说明天台教法的正统性，其中关于达摩说：“摩（指达摩——引者）在梁时始来东土，于六度中特以禅名，虽云顿示，岂能无方便？虽云不立文字，初传则有《楞伽》。后五、六叶则尚《般若》，览教照心，不在兹乎？”就是说禅宗标榜的达摩顿旨，实际上并不能离开经典文字。文中谈到“不立文字，教外别传”时说：“或曰教外别传，不知教无等等，何外之有？传授圆成，何别之有？或曰不立文字，不知文字非真非妄，乃以何者为文字？”就是说佛法圆成，无分内外，文字微妙，禅宗所说“文字”的意义不明，因此所谓“不立文字，教外别传”并不成立。最后他干脆直接抨击禅宗，说：“又曰传道益微，言禅最病。今之空空愚夫纵傲自我者，皆诬禅以乱其教，冒乎嚣昏，放乎淫荒，吾将合马鸣、龙树之道焉。”③显然，在晁说之看来，禅宗的教法并不符合大乘佛教的精神，禅宗信徒不过是一些狂妄自大之徒、扰乱佛教的异端。

上述晁说之否定“不立文字，教外别传”的观点，与朱弁碑记中肯定有为功德的看法一脉相通。朱弁与晁说之交往密切，意气相投④，

① 《晁待制作纪赠法智大师诗序》，《四明尊者教行录》卷六。

② 〔北宋〕晁说之：《净土略因》，《乐邦文类》卷四。

③ 本段引文均出自《明智法师碑论》，见《佛祖统纪》卷五〇。

④ 《景迂生集》卷八存有晁说之和朱弁诗若干首，其中之一云：“喜就三冬学，仍开橘秫齑。星霜吴地客，风雨郑人鸡。逸兴逢蓬藋，高怀绝石梯。五言何富丽，种玉不论畦”（《次朱少章韵》）。应为歌咏二人情谊之作。

他长期跟随晁说之游学，知识学问深深受其影响。小栗英一曾指出与晁说之的相遇决定了朱弁一生的学问立场①，其实这一判断同样适合于朱弁看待佛教问题的场合。

朱弁自号“观如居士”②，这个字号本身就显示出它的主人深知佛理。关于朱弁与僧人的交往，史传没有记载，但是根据朱弁碑文的记述，可知他在使金期间绝大部分时光是在善化寺内度过的。大概朱弁初到金国时期，金人千方百计迫使他屈从变节，但是威逼利诱不见效果，于是将他弃置冷落，结果善化寺成为朱弁的栖息之地。他长期住在善化寺，显然与寺内僧人的关系非同一般。朱弁在碑文中对圆满大师称赞备至，显然不仅孰知其人，而且深怀敬意。另一方面，善化寺僧请朱弁撰写碑记，也表明寺僧对他恭敬有加。关于这一点，清人朱彝尊早已指出：“当其时，宋诸臣留于金若宇文虚中、吴激、蔡松年之徒，多以文学自命，顾寺僧独以公之言为足重于世，亦以见恭敬之不可弃，而忠信所行者远也。”③在朱彝尊看来，寺僧偏偏选中朱弁以为碑记的作者，并不仅仅是因为看重他的文才，而是因为更尊敬他的忠信。如此说来，朱弁与圆满之间应是惺惺相惜。不仅如此，朱弁嘱托朋友日后将自己埋葬其处的“近郊某寺之地”，朱彝尊认为就是善化寺④。善化寺位于当时大同城的郊外，朱彝尊的推测应当不误。果真如此，则善化寺对于朱弁来说就不仅仅是可以一时栖身的去处，而且是可以生死相托的所在。当然，后来的结局是朱弁回到了南宋，最终长眠在西湖旁边的上智果院。这个地方虽非善化寺，但毕竟还是佛教寺院，他的生前与死后都与佛教结下了不解之缘。

在这篇碑记做成的前两年，亦即皇统元年（1141 年），朱弁还写过一篇《台山瑞应记》。文中记述雁门使君侯文彦在五台山见到的奇异光景，并对此类“瑞应”加以解释。朱弁认为，诸佛菩萨与大阿罗汉由于悲悯众生，经常变现奇异以化导迷情，凡在名山胜地现示的境界皆为

---

① 小栗英一：《朱弁について》，《人文论集》第 36 号，第 77、第 81 页。

② 朱弁：《风月堂诗话序》。〔清〕朱彝尊：《大同府普恩寺碑跋》，《曝书亭集》卷五一。

③ 〔清〕朱彝尊《大同府普恩寺碑跋》，《曝书亭集》卷五一。

④ 同上。

有目共睹，五台山的文殊菩萨也为诱导迷情而以“瑞应”出示方便；昔日世尊曾经身放金光，因为须达乃大檀越，所以佛光先照其家，侯家世代奉佛，于五台山多有施舍，所以文殊菩萨所现奇迹“亦犹世尊之于须达”。张商英曾于元祐年间（1086年－1094年）游五台山，将他遇到的神奇变异记录下来，为的是化导众生，可是却遭到喜好禅悦之人的诟病，其实张商英既是“黎民所宗仰”的高官，又是“释子所依赖”的外护，侯使君与张商英有着同样的心境，且其所见“瑞应”乃众人共睹，因此必定真实不妄①。通过这篇文章，可知朱弁不仅于佛教中的“瑞应”，即诸佛菩萨身放光明变现奇迹之类的现象深信不疑，而且认为此类现象是诸佛菩萨为了引导众生而施舍的方便。在这里，他再一次附带着对那些追求禅悦而轻视“事相”的人们作了旁敲侧击。

说到朱弁对于禅的态度，似乎并非一概排斥。例如他在留金期间，有一次得到虞侍郎赠送松皮，朱弁按照北人的办法，将松皮与园中蔬菜一起进食，感觉“珍美可喜”，于是作诗答谢。诗中说：“吾老似出家，晚悟愧根钝。滋旨却膻荤，禅悦要亲近……跏趺得一饱，万事皆可摈……宴然默不语，草木雷音震。得法于此公，骨髓传心印。应怜持节人，饷此为问讯。欲将无上味，为我洗尘坋。食之不干余，感激在方寸。”②大概朱弁的父亲信奉禅宗，而这位虞侍郎又曾从之学禅得法，所以朱弁由食松皮菜的美味而想到禅悦的清心之乐，从习禅者的角度对虞侍郎表示感谢，其中露出他对禅者的欣赏之情。

除了佛光之类的“瑞应”以外，朱弁还相信定光佛转世的说法。定光佛又名燃灯佛，佛教经典中一般把他作为释迦牟尼佛以前的古佛，说他曾为释迦授记，预言释迦成佛。大约从五代起，始有定光佛转世普度众生的信念，并有相应的各种传说，其中有一种说法认为宋太祖就是定光佛转世③。朱弁的著作里也有多处关于定光佛转世的记载，其中之一云：

> 予书定光佛事，友人姓某，见而惊喜曰：“异哉！予之

---

① 《续清凉传》卷下，《大正藏》第51卷，第1133页b－c。

② 《全辽金诗》上册，第147页。

③ 林国平：《定光古佛探索》，《圆光佛学学报》第3期，第223－240页，1999年2月，中坜。

外兄赵，盖宗王也。丙午年春，同居许下，手持数珠，日诵定光佛千声。予曰：'世人诵名号多矣，未有诵此佛者，岂有说乎？'外兄曰：'吾尝梦梵僧告予曰：世且乱，定光佛再出世，子有难，能日诵千声，可以免矣。吾是以受持。'予时独窃笑之。予俘囚十年，外兄不知所在，今观公书此事，则再出世之语昭然矣。此予所以惊，而又悟外兄之梦为可信也。公其併书之。"予曰："定光佛初出世，今再出世，流虹之瑞，皆在丁亥年，此又一异也。君其识之。"①

这里提到的友人乃赵宋宗室，与朱弁同样囚禁于金，其人最初不相信念诵定光佛的名号可以消灾弭难，当看到朱弁关于定光佛的记述之后，始相信定光佛转世之说。朱弁认为，定光佛初出世和再出世都在丁亥年，这不仅是与真命天子降生相应的"流虹贯日"之瑞应，而且这种年代上的巧合本身也是一大奇异现象。所谓定光佛初出世的丁亥年，是指宋太祖赵匡胤出生的年代（927 年）；而定光佛再出世的丁亥年，则是指宋高宗赵构出生的年代（1107 年）。宋太祖建立北宋，结束了五代的混乱局面，宋高宗建立南宋，保住了宋室的半壁江山。在朱弁看来，这两位帝王的降生都是定光佛转世普度众生，保佑天下太平的具体表现。

上文提到，朱弁回朝后曾将北方十余名忠臣义士的死节事迹上奏朝廷。在他举奏的义士当中，有一位五台山和尚真宝。当金兵占领代州（今山西代县），对五台山大肆搜索之际，真宝聚兵抵抗，杀伤甚众，被捕之后，敌方百般诱降，真宝不为所动，对敌方主帅说："吾法中有口四之罪，我既许大宋皇帝以死矣，岂妄言邪？"然后慷慨就义②。朱弁将真宝看做忠臣义士，对真宝"外死生，威武莫能屈"的气概以及忠贞不渝的精神怀有深深的敬意。

综观朱弁与佛教的关系，可以概括为以下几点：一是他与善化寺僧人有过直接的交往，关系密切；二是他对佛教中一般流行的功德、

---

① 朱弁：《曲洧旧闻》卷八。

② 朱弁"上朱昭等忠义奏疏"，〔明〕程敏政：《新安文献志》卷四，奏疏。"四"，原作"囬"，今校改。《成化杭州府志》谓"卜葬钱塘县积善峰下"，今据以补。

果报、瑞应、境界、转世等说法深信不疑；三是在佛法抉择上推崇天台和净土，而对禅宗心法有所不取，但也不是一概否定；四是他的佛教观点与晁说之基本一致，或者说他直接受到了后者的影响；五是他的佛教信仰与忠君爱国的观念互为表里，正是因为这样，他才特别尊敬既深信佛教又忠于国君的僧人，相信宋太祖和宋高宗为定光佛转世的说法。此外，他的《曲洧旧闻》记录了北宋的逸闻故事，其中有一部分就是佛教故事，这些轶闻大多得自晁说之的传授，同时也表现了朱弁本人对佛教的关注。

三、朱弁身后种种

从朱弁去世直到现在，在他生活过的大同和杭州，都有哪些与他有关的人物、事迹和遗迹呢？探讨这个问题，可以了解这两个地方历史上与朱弁相关的侧面。

金大定十六年（1176 年）朱弁碑建立，他的碑记从此昭示天下，然而当时距碑记的作成（1143 年）已有 30 余年，朱弁本人也早已不在人世。朱弁的碑记为什么搁置了很久以后才得以刻立，今已无从知晓。

朱弁的生平事迹因朱熹撰写《行状》而流传青史。这篇《行状》作于何时，史料中没有记载，不过根据文中的记述和其他史料，可以判断《行状》的写作年代，并可了解朱弁身后的一些情况。《行状》云：

> 后（指朱弁南归之后——引者）六年，熹始得拜公之殡而读其遗文。又三十有四年，乃复得官浙中，则公之殡犹在智果院也。方将为谋葬故，而遽以罪逐。今密院检详尤公袤、临安帅守张公杓闻而悲之，相与悉力经纪其事，而太学录张君体仁又为得吉卜于钱塘县积善峰之下。①

由此可知，当朱弁南归 6 年之后，朱熹才第一次看到他的灵柩和遗著；又过了 34 年，朱弁的灵柩还停放在智果院，朱熹当时在浙江任职，曾经想为朱弁下葬，结果未成；当朱熹写作这篇《行状》时，尤

① 《晦庵先生朱文公文集》卷九八，《朱子全书》第 25 册，第 4556 - 4557 页。文末“钱塘”二字原缺，《浙江通志》卷二三五引《成化杭州府志》谓“卜葬钱塘县积善峰下”，今据以补。

袤、张杓参与了安葬之事，还有当时的太学录（太学长官之一）张体仁，以占卜的方式选定钱塘县（今杭州）的积善峰下作为墓地。

史料中没有交代朱熹的《行状》作于何时，今可以根据尤袤的经历加以推断。尤袤（1127 年－1193 年[①]），字延之，号遂初居士，绍兴十八年（1148 年）进士，官至礼部尚书，是南宋著名的诗人和藏书家，也是朱熹的好友。朱熹在《行状》中提到尤袤当时的官衔，即密院检详，尤袤担任此职是在淳熙十一年（1184 年）八月至次年正月[②]，由此可知《行状》作于这一期间。

就在同一年，尤袤受朱熹之托为朱弁撰写碑铭，次年三月完成[③]。后来这篇碑文刻于朱弁的墓碑，直到明清时期，方志资料中还有提及[④]。遗憾的是，该碑文不见于书册记载[⑤]，朱弁墓碑也不知下落，现在无从得知碑铭的内容。不过，朱熹在收到碑铭以后曾给尤袤回信，信中有如下述评：

> 志铭之作，雄健高古，曲尽事情，虽或节用《行状》之词，而一经点化，精神迥出。正襟伏读，使人魄动神悚，知君臣之义与生俱生，果非从外得也。窃谓此文实天下名教之指南，寒乡冷族，何幸而独得！[⑥]

从朱熹的述评可知尤袤在碑文中记述了朱弁的事迹，又阐发了“君臣之义”，而且文章感人，所以朱熹认为此文足以作为名教指南。朱熹提到尤袤文中有对《行状》的引用，这表明尤袤的碑铭作于《行状》之后，而且参考了《行状》。一般来说从碑铭写成到刻于墓碑还需要一些时间，因此朱弁墓的最后完成应在《行状》和碑铭作成之后。朱熹在信中还提到他被任命主管云台观之事，此事发生在淳熙十二年

---

① 关于尤袤的生卒年有多种说法，本文姑从吴洪泽《尤袤年谱》之说。

② 吴洪泽：“尤袤年谱”，《宋人年谱丛刊》第 9 册，第 5964 页，四川大学出版社，2003 年，成都。

③ 吴洪泽：“尤袤年谱”，《宋人年谱丛刊》第 9 册，第 5964、5966 页，四川大学出版社，2003 年，成都。

④ 《浙江通志》卷二三五引《万历杭州府志》说朱弁墓“在智果院后，尤文简公袤作铭”。

⑤ 尤袤的大部分著作在他生前已毁于火，现存遗稿中无此碑文。

⑥ 〔南宋〕朱熹：“答尤尚书”，《晦庵续集》卷三。

(1185）的四月①，由此可知朱熹的回信写于此事之后不久。

《行状》中提到的另一人物张杓，字定叟，是宰相张浚之子、湘学宗师张栻之弟，也是朱熹的朋友。张杓多年担任临安知府②，所以朱熹把他称为"临安帅守"。关于他为朱弁的下葬提供帮助，除了朱熹在《行状》中提到之外，南宋末期的黄震（1213 年－1280 年）也有记载③。大概张杓当时作为杭州的地方长官为朱弁的安葬提供了便利。

根据上面的考察，可知朱熹的《行状》作于淳熙十一年（1184年），第二年尤袤写成朱弁碑铭，朱弁的安葬或者说朱弁墓的完成大致应在这一期间，此时已是朱弁去世 40 年之后了。朱弁生前九死一生出使敌国，羁留异域孤苦艰难，回朝以后又遭奸臣压抑，死后按遗嘱本应归葬故里，但是子孙贫困无能为力④，遗骨停放智果院长达 40 年，最后由于侄孙朱熹的努力，他的英灵才终于入土为安。

到了元代，朱熹六世孙朱圭任庆元路（今浙江宁波）学官，在朱弁墓旁修建了一座"永思堂"⑤，代表了朱氏后人对朱弁的怀念。说到朱弁祠，后来明代也有修建。据清代文献记载，万历三十八年（1610 年），浙江学官陈大绶曾在朱弁墓前建祠⑥。陈大绶，字长卿，浮梁（今属江西）人，万历二十三年（1595 年）进士，曾任浙江督学，官至福建布政使参议⑦。不过，陈氏所建朱弁祠，与朱圭所建朱弁祠的地点可能不同。关于这一点，留待下文再叙。

---

① 淳熙十二年四月，朱熹受命主管华州（今陕西华县）云台观（〔清〕王懋竑:《朱子年谱考异》卷三，《朱子全书》第 27 册，第 295 页）。云台观在华山，实际上朱熹并没有到过那里。

② 《宋史》卷三六一本传。有的学者说张杓于淳熙十六年（1189 年）以兵部尚书兼领临安府（周磨:《宋朝那些事儿》第三章"世相变态·西湖盛不下许多欢乐（1）"新浪网"读书频道"，http://book.sina.com.cn），不过《宋史》本传中没有关于张杓曾任兵部尚书的记载，此说不知何据。

③ 〔南宋〕黄震:《黄氏日抄》卷三六。

④ 朱熹曾说，朱弁死后"藁殡西湖之智果院三十年矣。其孙照者，贫悴亡聊，不能归葬故里，今欲只就左近卜地以葬"（《晦庵续集》卷三）。

⑤ 《浙江通志》卷二三五引《成化杭州府志》:"熹六世孙庆元路学录圭作永思堂于其侧。"

⑥ 〔清〕梁诗正:《西湖志纂》卷八，〔清〕翟灏、翟瀚:《湖山便览》卷五。

⑦ 《江西通志》卷九〇，《续文献通考》卷一七〇。

朱弁生前写过很多诗文，但是他的诗集没有流传下来。大约在金国灭亡前后，诗人元好问（1190 年 – 1257 年）收集金代诗作两千余首，编成《中州集》一书①，其中包括朱弁的诗作 38 篇。《中州集》收录的范围本限于金人作品，朱弁是南宋使者，并非金人，但是元好问独具慧眼，不拘一格，将朱弁的诗作一并收录，从而使之流传后世，后人得以从中了解他留金期间思乡忧国、孤苦凄凉的心境。

从文献记载来看，在明清时期，朱弁的遗迹曾引起一部分人的关注。特别是在明末清初，或许因为异族入侵、天下剧变给人心中留下深深的伤痕以及国破家亡的隐痛，于是有些熟悉历史的人，当见到朱弁的遗迹时，不免抚今追昔感慨无尽。目前所知当初曾经写过凭吊朱弁作品的有向杰、彭孙贻、朱彝尊、厉鹗等人。

向杰是明代诗人，生平事迹不详，目前仅知他号培竹，浙江慈溪人②，作有《朱行人祠》一首，收在清代翟灏、翟瀚编著的《湖山便览》一书，其诗云：

苏卿使节已多年，朔漠风高鬓皓然。
二帝无魂归魏阙，孤臣有泪洒冰天。
倾葵白日心常赤，横草黄沙志亦坚。
遗像一龛崇俎豆，芳名应与鄂侯传。③

此诗显然是作者参访朱弁祠后抒发的感慨之作。诗中以苏武留胡比喻朱弁使金的经历，描写朱弁在冰天雪地、黄沙漫天的北国心系二帝、忠于朝廷的赤胆忠心，说明他与岳飞同样是流芳千古的民族英雄。大概作者曾到过杭州，而且颇负诗名，因此这首诗篇才被收录下来。

彭孙贻（1615 年 – 1673 年），字仲谋（一字羿仁），号茗斋，明

---

① 《中州集》又名《翰苑英华中州集》、《中州鼓吹翰苑英华集》。关于它的成书年代，或说编于金亡之后，或说始编于金亡前夕（1233 年），金亡不久已有初稿，至蒙古海迷失二年（1250 年）成书；关于书中收录的作者人数，或说 249 人，或说 251 人；关于收录的作品数量，或说 2259 首，或说 2062 首。前说可参见黄华珍《宮内庁書陵部所蔵宋元版の一考察》二之 6（http://www.ha.shotoku.ac.jp），后说可参见百度百科网“中州集”条（http://72.14.235.104）。

② 《明诗综》卷六九。

③ 翟灏、翟瀚：《湖山便览》，第 121 页，上海古籍出版社，1998 年，上海。

末贡生，入清不仕，在家奉母，专心著述。他的诗文收在《茗斋集》，内有《拜宋朱少章墓》一首，诗云：

马上惊题识，披榛拜俨然。
清风樵採绝，遗事史书传。
宿草眠香麝，幽花奠杜鹃。
湖山余恨在，北首望冰天。

诗中描写作者偶然发现草丛中隐蔽的朱弁墓，于是下马肃然参拜，在清风瑟瑟、人迹绝踪的墓前，不禁想起史传中墓主生前的故事，觉得草丛之下还有英雄的香气，寂寞开放的花朵祭奠着杜鹃啼血的辛酸，墓主心怀国破家亡的遗恨，望着冰天雪地的北国。彭孙贻生当山河破碎之际，这位既熟悉历史又不肯与满清合作的志士，面对朱弁的墓碑，心中感慨与墓主同然，所谓“湖山余恨”，既是替古人道心事，也是倾诉作者的心声。

上文提到前人曾指出朱弁的碑记别有“志意所在”，此人就是清初著名的学者、诗人和藏书家朱彝尊。朱彝尊（1629 年 - 1709 年），字锡鬯，号竹垞，曾任翰林院检讨、《明史》编修。自康熙三年至七年（1664 年 - 1667 年），朱彝尊在山西做幕僚，其间很长时间就在大同。他“在山西时常策马纵游，见废墟冢墓碑文，祠堂佛刹碑记，皆广为搜集，以资考证”①，因而不仅到过善化寺，见过朱弁碑，而且为此碑写了一篇跋文，名曰《大同府普恩寺碑跋》。跋文的要点在后半部分，其文云：

史载公被留时，尝具酒食，告僚友曰：“吾已得近郊某寺地，一旦毕命，诸公幸瘗我其处。表曰：宋通问副使朱公之墓。于我幸矣。”而公碑文亦曰：“予筑馆之三年，岁在庚戌冬十月，乃迁于兹寺。”然则所谓近郊某寺者，殆即普恩寺非邪？史又载公以文字教金之贵人子弟，使之就学，因得以和好之说进。盖公之文，有不得已而为之者。当其时，宋诸臣留于金若宇文虚中、吴激、蔡松年之徒，多以文学自命，顾寺僧独以公之言为足重于世，亦以见恭敬之不可弃，

① 《朱彝尊年谱》，国学论坛网，www. guoxue. com/minrennianpu。

而忠信所行者远也。呜呼！士君子不幸生丧乱之际，又不幸以文章为世所重，得其文者，或不原其志意所在，辄更易以就时人之耳目，至使大节皎然若朱公者，几无以自白于后世。读普恩寺之碑，其亦可感也夫！①

在这里，朱彝尊推测朱弁所说的“近郊某寺”就是指普恩寺，并指出普恩寺僧对朱弁情有独钟——关于这两点，上文已经提到；此外就是感慨人们没有真正理解朱弁碑记的寓意。那么，在他看来，朱弁碑记的真正含意是什么呢？关于这一点，朱彝尊并未说明，但我们还是可以从字里行间窥见他的想法。他在文中提到，朱弁出使金邦，怀印起卧，悲歌慷慨，不辱君命，忠贞不渝，是一位苏武式的英雄；朱弁在当时的环境下写作此文，“有不得已而为之者”，就是说有些话是不能明白说出来的；人们看重朱弁的文章，但只是从后人的眼光去理解，看不出朱弁碑记原本的“志意所在”，于是“大节皎然”的朱弁无法被后世理解。显然，在朱彝尊看来，世人在朱弁碑中没有看出他的“忠信”和“大节”，换句话说，就是人们没有从中看出朱弁的忠君爱国精神和苏武式的气概，而这种精神气概恰恰是朱弁碑记中真正寄托的“志意”，但是在金人的眼皮底下不能直接道破，而只能隐含在文中；后人不解，这对朱弁来说实在是不白之冤，令人遗憾。

那么，朱彝尊是根据什么看出朱弁的“志意所在”呢？他也没有说明。他生活在满清的统治之下，与朱弁也有类似的难言之隐，所谓“公之文，有不得已而为之者”，恐怕并不只是朱弁的苦衷，同时也是朱彝尊的夫子自道。如果沿着朱彝尊的提示进一步观察，不难从朱弁的碑记中发现若干伏笔，其中第一个是关于普恩寺“辽末以来，再罹锋烬”的话题，历数寺院遭金兵破坏的状况，看上去只是同情寺院和僧人的遭遇，实则隐含着对金兵的愤慨和谴责。第二个是关于寺僧圆满的话题，作者肯定圆满视“君恩佛恩”为一体的看法，赞扬他为了“成此功德”而不计个人利益以及坚忍不拔、矢志不渝的精神，表面上只是在赞扬他人，实际上也在表达作者自己不畏艰难、志节不改的决心和立场。第三个是关于普恩寺历史的话题。在碑记的末尾部分，

① 《曝书亭集》卷五一。

朱弁根据清泰三年（936 年）铸成的铜钟上的款识，推测该寺大约在“石晋之初，或唐亡以后”改名为普恩寺，然后特意叮嘱后人探究改名的原因，并强调这是他和寺众的期待。然而问题是，弄清普恩寺改名的原因真有那么重要吗？他真正期待的难道仅仅是要人了解这么一个细节问题吗？恐怕未必如此。朱弁把这个问题留给后人，大概是醉翁之意不在酒，因为只要提到清泰三年和石晋，自然会让人想起当年一段痛心的历史：

> 石敬瑭初为后唐河东节度使，废帝清泰三年，移镇郓州，拒命，诏讨之，敬瑭求援于契丹，契丹册立敬瑭，国号晋，尽得后唐故地，以燕云十六州入于契丹，后得蜀金州，又增置威州，有州一百九。①

恰恰就在普恩寺的铜钟铸成的那一年，卖国求荣的石敬瑭（892 年 – 942 年）为了作得儿皇帝，把燕云十六州拱手让给契丹。从此以后，包括大同在内的北方大片国土归入辽国，辽灭以后又归金国，最后连北宋王朝也被金人毁灭。清泰三年石晋种下的祸根，给以后带来无穷的祸患，朱弁真正期待的，难道不正是要人们牢记这段历史吗？

以上几处伏笔，朱彝尊没有揭破，也许在满清统治的条件下，他的话只能到此为止，但是他已经点明朱弁的碑记还有言外之意，可谓慧眼分明，深识其意。

康熙年间，杭州诗人厉鹗也曾作诗凭吊朱弁。厉鹗（1692 年 – 1752 年），字太鸿，号樊榭，康熙五十九年（1720 年）举人，乾隆元年（1736 年）参加博学鸿辞科考试不中，此后南归，终身不仕。他是当时江南著名的诗人和学者，又于辽史独有研究，他的诗文集中有“过宋通问副使朱公少章墓”一首，诗云：

> 突兀残碑立古阡，行人犹记绍兴年。
> 青衣已见君王辱，白发何期使节旋。
> 老泪冰天他日恨，遗闻曲洧至今传。
> 一抔筑并花宫地，夕呗晨钟更惘然。②

---

① 《续通典》卷一二三。

② 〔清〕厉鹗：《樊榭山房集》卷一。

康熙五十五年（1716年），24岁的厉鹗路过朱弁墓地，不禁感慨，于是写下这首诗篇。诗中描写作者路过朱弁墓地时，看到残留的墓碑，想起当年的往事：靖康之难，徽、钦二帝被金人废为平民，脱下帝袍换上青衣；朱弁出使金国，白发而归，羁留期间，曾为死去的徽宗撰写哀辞，内有“泪洒冰天”之句，又撰《曲洧旧闻》，一直流传至今；朱弁的英灵就安葬在寺院附近，作者为墓主加上一抔黄土，听着日暮之下寺院里传出的梵呗钟声，心中无尽怅惘①。

到了清代中期，朱弁的碑记第一次被编入书册，编者是当时著名的学者和藏书家张金吾。张金吾（1787年–1829年），字慎旃，号月霄，藏书甚丰，博通经史，精于校勘。他曾用13的年时间（1810年–1822年）编辑《金文最》，专门汇集金代文章，朱弁的碑记收在书中第65卷。不过，张金吾收录的朱弁碑文多有错误，误字、衍文、脱字之类合计28处②，因此并非善本。

近现代以来，善化寺和朱弁碑成为学术研究和文物保护的对象。从事这方面研究的既有中国的学者，也有外国的学者，前者是著名的建筑学家梁思成，后者是日本学者水野清一。

1933年9月，梁思成（1901年–1972年）和他的考察组来到大同，从建筑学的角度对善化寺、上下华严寺、云冈石窟等进行实地考察。之后，他与刘敦桢合著“大同古建筑调查报告”一文，同年十二月发表于《营造学社汇刊》第4卷③。其中关于善化寺的部分，是首次将善化寺的文物价值和建筑价值披露于世。当初若无梁思成的调查，还不知国人要到何时才能知道善化寺的价值，也不知善化寺能否躲过后来多少劫难，它能够得到完好的保存，梁思成首当其功。

水野清一（1905年–1971年）是研究中国佛教美术史的专家。从1938年到1944年，他在大同对云冈石窟等佛教遗迹进行了长达7年的研究考察，后任京都大学人文科学研究所教授。1938年4月，水

---

① 关于此诗的解说，可参见吴伯娅：“‘诗魔’厉鹗”（《清史论丛》，2006年，http://www.qingstudy.com）。

② 水野清一：“‘大同善化寺石刻录’校勘记一”，《东方学报》第10册第4分册，第131页。

③ 该文后来收入《梁思成全集》第2卷，中国建筑工业出版社，2001年，北京。

野对善化寺进行调查，当时由来自北京的徐立信作碑拓，他本人在寺内拍照。关于此次调查的经过，水野在“云冈石窟调查记”中作了介绍①。以后他把朱弁碑等4篇碑文抄录下来，又参照《金文最》的相关部分作成校记，并根据这些碑文的记载编成“大同善化寺营造年谱”，以“大同善化寺石刻录”为题公开发表②。水野文中除了附有校勘记之外，还附有朱弁碑拓片的照片，于是以更逼真的方式将朱弁碑公之于世。不过，在水野记录的朱弁碑文中，“瓴甓变于埏埴”句中的“瓴”字空缺，所以还是留下了一字之差。

1985年，日本学者小栗英一发表了“关于朱弁”一文③，通过朱弁的遗著对他的生平经历和诗作内容进行了专门的考察。2002年，大同古建筑文物保管所编印《朱弁碑帖》，首次将朱弁碑文一字不差地展现出来。2005年，日本学者远藤纯祐发表论文，根据善化寺的佛像布局的考察，认为该寺的信仰形态属于华严和密教融和的产物④。作者身为国外学者，曾经两次亲到善化寺考察，并写出专门的研究论文，亦足令人感佩。2007年，大同有关部门对善化寺三圣殿加以翻修，修复之后焕然一新，朱弁碑仍保存在殿内。

再说一下戏剧中的朱弁。在历史上，朱弁的故事被搬上戏剧舞台，可算他身后最大的哀荣。目前在一些地方戏中，如梨园戏、莆仙戏、粤剧等，仍保留有以朱弁的故事为题材的传统剧目，名曰“朱弁回朝”或“朱弁冷山记”，剧情是朱弁出使金邦，被金扣留，冷山放牧，志节不改，与金国公主相恋，最后返回南宋的故事。剧中情节与历史上真实的朱弁经历有所不同，实际上是将朱弁当时许多出使金国的南宋使者的经历加以凝缩，又结合其他历史剧的情节处理手法并经过不断的加工改编而成的。梨园戏和莆仙戏形成于宋代，主要流行于闽南方言地区和人群当中，是历史悠久的古老戏种，而“朱弁”戏又是这些剧种的主要传统剧目之一，例如在梨园戏里，“朱弁”为小梨

---

① 《东方学报》第9册，1938年10月，京都。

② 《东方学报》第10册第4分册。

③ 日文原名《朱弁について》。

④ 远藤纯祐：“善化寺（山西省大同市）の伽藍構成について”、《现代密教》第18号，第167–190页，2005年3月，东京。

园戏的十八棚头（保留剧目）之首。粤剧形成于明代，主要流行于粤方言地区和人群当中，粤剧“朱弁回朝”编成于上世纪六七十年代。关于朱弁戏的记载，最早见于明代祁彪佳（1602 年 - 1645 年）的《远山堂曲品》，其中有题为“破镜”的曲目，描写的是“朱弁之忠”，据有的学者推测，大概是根据宋元或明代前期的剧本改编而成①。尽管目前还不清楚朱弁戏最初形成于什么年代，但是可以肯定，它最晚在明代已经出现，迄今至少有 400 年的历史，其中小梨园戏和莆仙戏中的朱弁戏的历史最为悠久。由于这些传统剧目的保存，所以朱弁的名字在闽、粤方言地区一直为人们所熟知。戏剧中的朱弁也是历经磨难，但是能够得到金国公主的爱情，比起历史上真实的朱弁还算万幸，这样的“戏说”或许表达了历史上人们对这位忠贞不渝的民族英雄的敬意和同情。然而到了视忠贞为愚蠢，为了利益而不择手段的今天，还有多少人识得朱弁？这位苏武式的民族英雄的故事以及相关的地方戏，都已变成被冷落的历史文化遗存。关于朱弁戏曲的种类和历史演变情况，中国台湾“中央”大学研究生金玉琦在其硕士论文“朱弁戏曲故事研究”里有详细的考察，可以参考。

四、关于朱弁的遗迹

朱弁使金期间曾住大同善化寺，晚年回到杭州，死后亦葬于此。与他相关的历史遗迹，今有大同善化寺和朱弁碑保存依旧，那么杭州的情况又是如何呢？根据史料记载，在杭州历史上，与朱弁相关的地点主要有以下几处：一是白龟池，附近曾有朱弁的寓所；二是智果寺，朱弁死后，灵柩曾在该寺停放 40 年；三是朱弁墓，由朱弁的侄孙朱熹于淳熙十二年（1185 年）前后建成；四是朱弁祠，系后人为纪念朱弁而建的祠庙。下面分别作一考察。

先说白龟池寓舍。

据朱熹《奉使直祕阁朱公行状》，绍兴十四年（1144 年）四月六日，朱弁“以疾卒于临安府白龟池之寓舍”，黄震《黄氏日抄》也有大致相同的记载。由此可知，朱弁回到临安以后，住在当时临安城内

---

① 金玉琦：“朱弁戏曲故事研究”（台湾“中央”大学图书馆硕博士论文系统，http://thesis.lib.ncu.edu.tw，2011 年 4 月 6 日下载）。

白龟池附近，直到病逝。白龟池是古代杭州城内由西湖引入的人工饮水池，唐代李泌开凿，后来白居易、苏轼都曾重修，为杭州历史上著名的“钱塘六井”之一，苏轼的《钱塘六井记》中曾有记述。关于它的位置和规模，明清时期的记载说在钱塘门城墙的内侧，面积约4亩①。钱塘门为古杭州城的西城门之一，位于今杭州市内湖滨路与庆春路的交叉口，现有“古钱塘门”石碑以为标志，白龟池和朱弁生前的住所就在附近。朱弁当年住在这里，抬头可望钱塘门楼，俯身能取白龟池水，可惜曾几何时，白龟池不复存在，钱塘门夷为平地，星移斗转，人事皆非，连朱弁当年经常接触过的杭州城里标志性的设施也已踪迹全无。

再说智果寺。

据朱熹记载，朱弁生前曾“遗命归葬故山”，死后未能如愿，故“权厝西湖上智果院”②；黄震也说朱弁卒后“厝智果院”③。朱弁遗骨停放智果寺，当初只是权宜之计，可是由于机缘不契，直到40年后才得以迁出下葬。朱熹和黄震所说的“上智果院”或“智果院”，也叫做“上智果寺”或“智果寺”，是杭州历史上的著名佛寺之一。杭州历史上先后有过多处名为“智果”的寺院，关于宋代智果寺的情况，可从下列史料知其大略。

一是北宋智圆的记载：

> 智果院者，西湖鉴映，孤山屏倚……建创之岁，即后唐同光三年也。④

二是明代吴之鲸的记载：

> 智果禅寺，旧在孤山，吴越王所建，宋绍兴间徙筑于此。……元末毁。洪武初，僧可祥、惠炬重建，徐一夔作记。⑤

---

① 〔清〕梁诗正：《西湖志纂》卷七：“白龟池，在钱塘门内城下。”《西湖游览志》：“袤广四亩许，池底通西湖。”

② 〔南宋〕朱熹：《奉使直祕阁朱公行状》。

③ 〔南宋〕黄震：《黄氏日抄》卷三六。

④ 〔北宋〕智圆：《钱唐孤山智果院结大界序》，《闲居编》卷三一。

⑤ 〔明〕吴之鲸：《武林梵志》，第104页，杭州出版社，2006年，杭州。

三是明代张岱的记载：

智果寺，旧在孤山，钱武肃王建。宋绍兴间，造四圣观，徙于大佛寺西……后寺破败。崇祯壬申，有扬州茂才鲍同德字有邻者，来寓寺中……寺得再葺。时有泉适出寺后，好事者仍名之参寥泉焉。①

绍兴十六年建四圣延祥观，尽徙诸院刹及士民之墓。②

四是清代梁诗正的记载：

智果禅寺，在葛岭上。《咸淳临安志》：开运元年钱氏建。……绍兴间徙北山，有泉适出，仍名参寥，其梁亦自孤山移置于此。元末毁，明洪武初僧可祥、慧炬重建，国朝顺治间重建。③

五是清代翟灏、翟瀚的记载：

智果观音院，旧在孤山，晋开运元年吴越王建。宋元祐五年，苏公重建法堂，并题岁月于梁……绍兴二十年，改充延祥道院，徙葛岭。④

上智果禅寺，旧在孤山，名智果观音院。宋绍兴间，分为二：一徙栖霞岭阳，后改忠烈祠；一徙葛岭，标“上”字别之。⑤

从上引史料可以大致了解智果寺的源流变迁。智果寺原在孤山，全称“智果观音院”，始建于后唐同光三年（925 年），这个始建年代比后代通常认为的开运元年（944 年）还早 20 年。在北宋时代，苏轼曾与僧人诗友参寥子（道潜）在此交往，并为该寺重建法堂，后代传为佳话。南宋绍兴年间，因宋高宗在孤山兴建四圣延祥观，将山上寺院墓冢尽数迁出，智果寺也在迁徙之列。关于智果寺的迁出年代，史料中或谓绍兴十六年（1146 年），或谓绍兴二十年（1150 年），然而根据朱弁去世后即安放在上智果院的情况来看，可知上智果寺至晚

---

① 〔明〕张岱：《西湖梦寻》卷一。

② 同上书，卷三。

③ 〔清〕梁诗正：《西湖志纂》卷七。

④ 〔清〕翟灏、翟瀚：《湖山便览》，第 47 页，上海古籍出版社，1998 年。

⑤ 同上书，第 93 页。

在朱弁去世前后已经建成，因而智果寺的迁移应早于史料记载的年代。迁移后的智果寺分为上、下二院，其中下院位于栖霞岭，宋孝宗时，岳飞遗骨迁葬于此，这里后来成为专门奉祀岳飞的祠庙，今日名为“岳庙”。上智果院位于葛岭，自元末以来几经兴废，大概由于下院改为岳庙以后，下智果寺实已不存，上智果寺的“上”字也已失去意义，于是寺名后来改为“智果禅寺”，此名一直延续至今。如今，智果禅寺遗迹犹存，门楼主体基本完整，“智果禅寺”门额赫然在上，寺宇房屋大多还在，只是早已变为民居，房屋也显得破旧零乱。该寺遗址在今杭州市内葛岭路 1 号，据说现存建筑为清代遗构。这里就是当年曾经停放朱弁遗骨的上智果寺。

接下来说朱弁墓。

据网络资料介绍，朱弁墓于 1957 年被当时的杭州市政府指定为杭州市级文物保护单位①。若此报道属实，则意味着朱弁墓在新中国成立初期仍在。然而遗憾的是，这座英雄墓冢不知何时被毁，今已荡然无存。木已成舟，后人无可奈何，但是如果能确认朱弁墓的地点，也还可以保存一点历史的记忆，些许告慰先烈的英灵。

按理说，朱弁墓如果真的曾在 50 年前作为市级文物，那么距今尚不太远，当地应有相关的档案记录，甚至还有知情人在，通过调查档案记录以及实地访问，应该不难了解朱弁墓的位置。为了寻找朱弁墓的遗迹，笔者于 2007 年 11 月和 2008 年 2 月两次赴杭州进行调查，但是均未得到预期结果。调查期间曾得到杭州市园林文物局洪尚之先生的热情帮助。洪先生对西湖的文物史迹了如指掌，也是笔者在杭州遇到的唯一知道朱弁的人，因此希望他也从事相关的调查，但是洪先生对此调查不抱希望，因为在目前的条件下，档案调查和实地查访并非那么方便。

无可奈何之下，目前只能诉诸文献考证。自宋代以来，关于朱弁墓的地点不乏记载，但是异说纷纭，莫衷一是，令人无所适从。大而别之，相关记载可分两类，一类是“积善峰说”，另一类是“胭脂岭说”。

属于积善峰说的记载主要如下。

---

① “杭州市市级文物保护单位”，中国杭州网，http：//www. hangzhou. gov. cn。

一是朱熹的《奉使直祕阁朱公行状》，其中提到当时在尤袤、张杓的协助下安葬朱弁的遗骨，“而太学录张君体仁又为得吉卜于钱塘县积善峰之下”。就是说下葬的地点由张体仁卜定，其地就在钱塘县的积善峰下。

二是黄震的《黄氏日抄》卷三六，其中提到朱弁卒后起初安放在智果院，“后张定叟（即张杓——引者）为之迁葬积善峰下”。此说与朱熹的记载大致相同。

三是南宋吴自牧的《梦粱录》卷一五：“秘阁朱弁墓，在西湖。”

四是明代的记载，如清代雍正年间编修的《浙江通志》卷二三五引《万历杭州府志》讲道，朱弁墓“在智果院后，尤文简公袤作铭”。

五是清代乾隆年间编修的《大清一统志》卷二一七，其中杭州府二云：“朱弁墓，在钱塘县西湖智果寺后，积善峰下。弁卒……后四十年，其从孙熹官浙中，卜葬积善峰下。”

以上所举第一至三项为宋代的记载，其中朱熹是为朱弁安葬的当事人，他的记载当然最具权威性。朱熹和黄震明确指出朱弁葬于积善峰下，这样的记载相当具体，可是积善峰之名今已消失，又不见于其他史料记载，因此目前无法确定积善峰到底是现在杭州的哪座山。不过，朱熹提到“钱塘县积善峰”，意味着积善峰在钱塘县。宋代钱塘县包括西湖周边一带，与临安府城毗邻，积善峰就在这一范围之内。吴自牧说朱弁墓“在西湖”，所谓“在西湖”者，显然是说在西湖附近。如果把上述宋代的记载综合起来，可以说朱弁墓在钱塘县西湖附近的积善峰下。

以上第四、五项为明清时期的记载，其中最值得注意的是在积善峰说的基础上增加了“在智果院（寺）后”的说法，从而使关于朱弁墓位置的说明变得更加具体，将其概括起来，可以说朱弁墓在钱塘县西湖附近积善峰下智果寺后。这种记载与朱熹以来的积善峰说相符合，因而具有较高的可信度，但是由于没有说明究竟是哪一座智果寺，所以还是存有疑问。这里所说的智果寺，如果是指记录的当时亦即明清时代的智果寺，那么，由于当时杭州城外附近只有上智果寺或智果禅寺，因而只能是指葛岭的智果寺；如果是指南宋时代的智果寺，那么在朱弁下葬的当时（1185 年），孤山智果院早已不在，而栖霞岭的下智果院也因改为岳飞祠庙而于 20 年前（1165 年）更名为

“褒忠祠”，当时西湖附近的智果寺只有葛岭一处，而且这座寺院自南宋以来一直存在，因此这里所说的智果寺非葛岭莫属。与此相应，假如“在智果寺后”的记载确有实据，那么朱熹和黄震所说的积善峰也就是葛岭，因为上智果寺一直就在那里。不过，笔者于 2008 年 2 月 20 日曾到葛岭智果禅寺后面调查，发现山坡上有大约 20－30 平方米的平地，或许昔日曾有建筑，但是未见有朱弁墓的遗迹。另外，葛岭之名在宋代已有记载①，它与积善峰是否同为一山，还有待进一步的考察。

再看属于胭脂岭说的记载。此类说法包括在九里松、仙芝岭、胭脂岭等多种大同小异的表述。

一是明代田汝成的《西湖游览志》卷一〇，其中将朱弁墓列入北山胜迹加以记述，云：“九里松旁，旧有……朱弁墓，并废……朱弁墓，弁，徽州人，绍兴初授官，副王伦使虏，见执……后归，卒，葬于此。”

二是清代《浙江通志》卷二一七中“朱行人祠”的注文所引孙縠《通问副使朱公祠记》的记载，云：“宋秘阁朱公，讳弁……副王伦使金，留十七年……时以和议成，与洪皓、张邵俱归，卒，葬钱塘九里松仙芝岭下。”

三是清代梁诗正的《西湖志纂》卷八：“弁以建炎元年，副王伦使金，拘留十七年，仗节不屈，和议成，放归，卒，葬仙芝岭下。”

四是清代翟灏、翟瀚的《湖山便览》卷五：“弁以建炎元年，副王伦使金，拘留十七年，仗节不屈，和议成，放归，卒，葬胭脂岭下，地为其从孙晦庵先生所卜。”

以上诸说出自明清时期的记载，其中第一项说朱弁墓在九里松旁，第二、三项说朱弁葬于仙芝岭下，第四项说朱弁葬于胭脂岭下。九里松是从今杭州市内洪春桥通往灵隐寺、天竺寺方向的林荫道路。唐代开元年间，在当时的杭州刺史袁仁敬主持下，于道路两旁各植松树三行，绵延九里，因此得名。《西湖游览志》的作者田汝成（1503 年－1557 年）是杭州本地出身，不知他的朱弁墓在九里松旁之说依据何在。此说既不同于积善峰或智果寺说，也不同于胭脂岭或仙芝岭说，比较特殊。不过，由于九里松与胭脂岭的方位大体一致，所以此

① 〔南宋〕吴自牧：《梦粱录》卷一一：“葛岭，在西湖之西，葛仙翁炼丹于此，有初阳台。”

说亦可归入胭脂岭说。至于仙芝岭和胭脂岭，二者名虽有异，实则为一。杭州西湖史料中关于这两个山名的记载，其实都是指同一地方①，其中以《湖山便览》卷五的记载最为清晰：

> 胭脂岭，在九里松西南，其地土石独红，因名。今以胭脂音近，致讹称仙芝岭。又以普福寺在其上，称普福岭。下有仙芝泉，通小溪，经茅家埠入湖。②

根据这些记载，可知胭脂岭和仙芝岭互为别称，由于山上原有普福寺，因而还有“普福岭”的别名，其山就在茅家埠附近，而茅家埠的地名至今未改。那么，朱弁墓在胭脂岭或仙芝岭的记载是否可信呢？如果这些记载依据可靠的资料或经过作者的亲证，那么自然可信；但如果是沿袭错误的记载，或者根据道听途说，那就值得怀疑。在上引记载中，就存在着明显的问题。首先，《浙江通志》关于朱弁墓的记载自相矛盾，书中卷二三五引《万历杭州府志》说朱弁墓在智果院后，而卷二一七又说朱弁葬于仙芝岭下。智果院在葛岭，与仙芝岭（胭脂岭）风马牛不相及，同一书中相反之说并存，二者必有一伪，《浙江通志》未作甄别。其次，在上引《湖山便览》的记载中，自“弁以建炎元年”至“葬胭脂岭下”一段，与《西湖志纂》卷八的相关记载一字不差。之所以如此，要么是因二者之间存在着互相抄袭的情况，要么是因二者全都原样照搬了另一史料的记载。然而《湖山便览》更有甚者，作者在这段记录之后，又画蛇添足追加了一句“地为其从孙晦庵先生所卜”，此说明显与朱熹所谓张体仁“卜于钱塘县积善峰之下”的史实相背，从而暴露了作者既不曾对朱弁墓作过实地调查，又没有对以往的史料记载充分把握。如此看来，明清时期的记载确有不少破绽，须要谨慎对待。不过，既然前人有此一说，那么在得到档案记载或遗迹实物的证实之前，暂不排除此说为真的可能。

最后再说朱弁祠。

---

① 〔南宋〕吴自牧：《梦粱录》卷一一：“胭脂岭，在九里松曲院路西。”〔明〕田汝成：《西湖游览志》卷一〇：“（自九里松——引者）折而南，为仙芝岭、普福讲寺、葛翁井。”〔清〕梁诗正：《西湖志纂》卷八：“仙芝岭，在九里松南。”《西湖游览志》：“俗称胭脂岭。”又：“普福寺，在胭脂岭。”

② 《湖山便览》，第 121 页。

在杭州历史上，大概曾有多次朱弁祠的修建，目前见于记载的有元代朱圭修建的“永思堂”和明代陈大绶修建的“朱行人祠”。从相关记载来看，这两个朱弁祠似乎并非一事。“永思堂”的记载见于《浙江通志》，其中先引《万历杭州府志》说朱弁墓在智果院后，然后引《成化杭州府志》说朱弁卒后40年，朱熹卜葬积善峰下，后来朱圭作永思堂于其侧①。按此说法，永思堂应在积善峰下智果寺后朱弁墓的附近。“朱行人祠”的记载也见于《浙江通志》，其中先引《钱塘县志》说“在九里松”，然后引孙縠《通问副使朱公祠记》说朱弁卒后葬九里松仙芝岭下，后来“浮梁陈公大绶来督两浙学，表彰忠义，卜地普福寺北天医院左构祠”②。如此说来，朱行人祠在普福寺北，亦即胭脂岭的附近。此外，《西湖志纂》说“朱行人祠，在九里松”，又说朱弁“葬仙芝岭下。万历三十八年，提学佥事陈大绶建祠，春秋致祭”，然后又引《钱塘县志》说“祠久废”③。就是说朱行人祠在九里松，其地距胭脂岭下朱弁墓不远。与此相近的记载还有《湖山便览》卷五的“朱行人祠”条目，其中说朱弁“葬胭脂岭下，地为其从孙晦庵先生所卜。明万历时，提学佥事陈大绶就墓前建祠”④。就是说朱弁墓在胭脂岭下朱弁墓前。根据上述记载可见，永思堂为元代朱圭所建，位于积善峰下智果寺后朱弁墓旁，朱行人祠为明代陈大绶所建，位于九里松胭脂岭下朱弁墓附近，二者并非一事。

史料记载中的两个朱弁祠，其修建人、构筑时间、所在地点都不一样，但是都在朱弁墓附近。如果两种记载均为属实，那就意味着杭州历史上曾有两处朱弁祠和朱弁墓，即一处在葛岭智果寺，一处在胭脂岭。但是历史上真的曾有朱弁墓的迁移以及随之而来的朱弁祠移建吗？这种情况，就通常的情理而言，恐怕全无必要，从史料记载来看，亦无相关证据，因此这种可能微乎其微。如果两种记载一个属实，一个谬误，那

① 《浙江通志》卷二三五：“宋秘阁朱弁墓，《万历杭州府志》：在智果院后，尤文简公袤作铭（原注：……《成化杭州府志》：弁卒于临安府白龟池之寓舍，遗命归葬，不果，权厝西湖智果院，后四十年，其从孙熹官浙中，卜葬钱塘县积善峰下。熹六世孙庆元路学录圭作永思堂于其侧）。

② 《浙江通志》卷二一七。

③ 〔清〕梁诗正：《西湖志纂》卷八。

④ 〔清〕翟灏、翟瀚：《湖山便览》，第121页。

么究竟孰真孰谬？对于这个问题，目前不宜轻下断语，在单凭文献考证无法得出结论的情况下，最终的结论只能有待于档案记录或遗迹调查的证实。不过，目前仅从文献记载来看，由于智果寺说符合积善峰说的大前提，而明清以来的记载多有破绽，因此朱弁墓、祠在葛岭智果寺的可能性相对较大。除了上述两种情况以外，还可以考虑另一种可能，即朱弁的墓、祠不在一处，具体地说，就是朱弁墓在葛岭，朱弁祠在胭脂岭。关于这个问题，可以洪尚之的看法作为答案。

> 关于朱弁祠，参照西湖上古今名人祠墓的情况，基本上凡有墓有祠者两者皆在一地，前祠后墓或左祠右墓，未闻有祠、墓分处的（有也只见墓在湖上而祠在市区的）。至于朱祠的兴建时间、次数已比较清楚，而位置却同样不能确指，问题还是出在积善峰究竟在哪里。据现今智果寺遗构所在的地形地貌和环境来看，未必就能确定不曾有祠的建造。南宋与朱弁事迹相似的洪皓殁后也曾先葬于葛岭（大致在今岳庙东侧、杭州饭店西部一带）并建“洪忠宣祠”，另外，智果寺旁的陈文龙墓至少在清代墓前曾建过祠。湖上祠的规模未必会很大，有时仅为一小间飨堂，便称之为祠了。①

洪先生举出了相关事例以为参照，颇有参考价值。根据他的分析，可以排除朱弁墓、祠分开的可能。如果是这样，那么朱弁的墓、祠或在葛岭或在胭脂岭，二者必居其一。

杭州是著名的观光胜地，山青水秀，文物璀璨，历史悠久。朱弁曾在这里生活，死后长眠于西子湖畔，无论他本人的经历，还是在他身后出现的相关人物与事迹，都为这座美丽的城市增添了光彩，也为这里的文物古迹赋予灵气。朱弁的遗迹是杭州历史上遗留下来的珍贵文化遗产，然而遗憾的是这些遗迹大多已毁，作为后人，实在愧对这位历史上的民族英雄。为了缅怀先烈，也为了保存中华民族的精神遗产，笔者衷心希望杭州当地的有关部门和有识之士能为确认朱弁遗迹尽一分义务，付一分努力。

---

① 引自洪尚之先生 2008 年 3 月 5 日给笔者的复信。

五、余论

苏武留胡节不辱是千古流传的佳话，随着这个故事的流传，讲忠义、重气节的精神也成为中华民族的宝贵传统。在中国历史上，曾经出现过许多苏武式的英雄人物，其中之一就是本文的主人公朱弁。当金灭北宋、南宋初期，朱弁舍生忘死出使金邦，被金扣留 17 年，不惧威逼，不受利诱，表现出铮铮铁骨、冲天浩气，他是宁死不屈的好汉、可歌可泣的英雄！朱弁生前，他在当初留金的宋使中羁留时间最长，志节最为高洁，但是在历尽磨难回朝以后，“忠义之声”并不那么显赫①，而且还遭奸臣压抑。朱弁身后，他在后人的记忆中并非那么清晰，即使有幸被搬上戏剧舞台，但是也只限于东南一隅，其身后哀荣与生前付出远不相应，他的名声与他生活过的善化寺一样，似乎常遭世人冷落。在他生活过的大同与杭州，都曾留下英雄的遗迹，历经岁月沧桑、人世代谢，有的遗迹至今完璧如初，有的早已踪迹全无。然而世俗的眼光并不能抹去朱弁的光彩，庄严的善化寺，朱弁遗文历历犹在，美丽的西子湖，朱弁英灵默默长眠，名胜古迹，水色山光，皆由英雄气概而得其灵。古来多少朱弁那样的英雄遭冷落、被遗忘，他们的身上虽无光环，但是在光环之外别有异彩，他们也是“中国的脊梁”。本文的考察如果能够帮助人们多少恢复一些关于朱弁的记忆，揭示大同和杭州的历史文化中与这位英雄相关的光辉一页的秘密，就算没有枉费笔墨了。

笔者于 1982 年考入中国人民大学，先后在石峻先生的指导下攻读中国哲学史专业硕士、博士学位，留校任教以后，也经常向石先生问学请教。在跟随石先生求学期间，得到最多的教诲就是中国历史文化的研究“不能从概念到概念”，而“要有历史感”。笔者当时主要从事中国禅宗思想史的研究，每当向石先生请教的时候，他总是强调这样的观点。在石先生看来，包括中国佛教史上的思想学说在内，古人的思想往往有着现实的历史背景，他们的学说看似抽象的议论，其

---

① 《宋史》卷三七三洪皓传：“同时使者十三人，惟皓、邵、弁得生还，而忠义之声于天下者，独皓而已。”

实并非单纯的概念游戏，而是以抽象概念的方式谈论当时的现实问题。由于我们对当时的历史缺乏具体的了解，所以就很容易把古人的思想错误地当作单纯的概念体系，这样写成的哲学史（包括佛教史）往往流于概念的堆积和推演，既不能与当时的现实联系起来，也不能揭示古代思想中原有的丰富内涵，因而显得抽象空洞，缺乏应有的历史感。若要切实理解古人思想的真意，那就不能仅仅停留在概念分析的层面，必须具体地把握当时的历史背景，这样才能比较全面地揭示哲学史和佛教史的本来面目。石先生是一位学识渊博、视野开阔、文史哲兼通的学者，他在治学上特别强调历史感，反对从概念到概念的研究，在他的理解中，中国传统的思想文化并不是干巴巴的概念体系，而是有血有肉的、生动具体的，各种思想学说都与当时的社会、政治、历史事件以及历史人物的活动等等有着密切的关联，因此，即便是所谓纯哲学史的研究，也不应忽略历史的考察，否则便只会“从具体到抽象”，而不能“从抽象到具体”。就佛教史的研究来说，那种只顾概念分析的研究看似深奥，其实不过是对佛教历史文化的片面了解，由于缺乏具体的历史考察，结果往往是把丰富多彩的佛教历史文化割裂肢解，只能给人提供一套没有血肉、脱离历史的概念堆积。正是基于这样的理解，石先生在史料学的教学上特别重视哲学史资料以外的历史资料，其目的就是使学生打破文史哲的分科限制，从而加强哲学史研究的历史感。

笔者当初对石先生的教导并不理解，很长时间也是只关心佛教史上的思想学说，即使是走到佛教的名山古刹前，对于当地丰富的历史文化也茫然无知，甚至还经常以当地人不关心抽象的佛教理论而觉得人家不够档次。后来经过多年的观察与思考，终于明白佛教不等于“佛学”，佛学也不等于“佛教哲学”，无论在历史上还是在现实中，学者们津津乐道的佛教思想理论其实不过是佛教中小小的一部分，在这个部分之外，佛教的历史文化还有更广阔的领域，面对这个世界，包括笔者在内的大部分从事佛教思想研究的人都显得非常幼稚。本来就很幼稚的笔者，后来转到日本工作，突然置身于以历史文献研究为主的学术环境之下，曾经习惯的那套概念把戏再也派不上用场，一时间茫然无措，此时才真正感到自己对石先生当年的教导明白得太晚，于是不得不深刻地反省，重新进行研究方法的探索，结果抛开概念的框框，发现通过文献资料和遗迹调查来研究中国佛教的历史文化，可以进入更广阔的天地，那里有许多未知的领域有待探索，有大量的课题需要研究。对这些问题的考察，不仅可以充实我们对佛教历史文化的了解，而且比概念化的研究更有现实意义。几年来沿着这样的道路不断探索，每当取得一点小小的成果时，总是更加深刻地体会到石先生的教导千真万确。

再看目前国内的佛教史研究，和十几年前相比，研究条件大大改善，学术队伍壮大了，论著数量增加了，优秀的研究成果也有一些，但流行的是一些大项目、大题目之类的“大工程”，除了大而全以外，很少有真正的创意和新问题的探索；在研究方法上，居于主流的基本上还是着眼于佛教思想或学说的历史，很多人笔下的佛教还是一些概念的堆砌和理论的推演，再加上空洞的议论和任意发挥，大多缺乏实证性和历史感，似乎佛教只有单一的理论层面，佛教成了狭隘的“佛学”，“佛学”又成了更狭隘的“佛教哲学”，于是佛教的历史便成了思想学说的演变过程。总之，石先生当年经常批评的情况并没有多少改观，那种从概念到概念的研究还在泛滥，因此石先生的教导至今仍有现实的意义。针对目前的现状，笔者认为有必要提倡去概念化的研究，因为从概念到概念的研究往往是用来掩盖无知的遮羞布，其实质是缺乏具体的历史知识，其功能不过是云山雾罩忽悠世人而已。笔者衷心希望年轻一辈的学者肯于用大学问作小课题，作一些实证性的具体研究，只有这样，中国佛教历史文化的研究才可能取得比较扎实的成果，而不至于总是停留在陈旧的概念圈子里来回打转。

从概念化的研究来看，本文的考察或许显得零碎散乱不成系统，甚至还可能被认为题目太小，没有所谓的“理论深度”。不过笔者相信，本文虽不是值得夸耀的研究成果，但是有比较翔实的文献记载和遗迹调查作依据，以史实的考察代替空洞的议论，比起那种从概念到概念的研究应有更强的历史感，它虽然没有虚无缥缈的“理论意义”，但是更有现实意义，至少可以为历史文化遗产的确认提供一点帮助。对于笔者来说，通过这样的尝试终于找到了一条不从概念到概念的研究途径，从此不依靠概念也照样可以作研究，实在受益匪浅，因此在这里修改发表，聊以寄托对石峻先生的深切怀念。

邢东风

（作者单位：日本爱媛大学法文学部）

10. 石公论善

善恶问题是伦理学的一般性问题，也是伦理学研究中最困难的问题。这一问题是那样的扑朔迷离，令许多研究者感到困惑。就连庄子这样绝顶聪明的人也曾发出如此感叹："自我观之，仁义之端，是非之涂，樊然肴乱，吾恶能知其辩！"① 尽管善恶问题让许多伦理学人望而却步，但还是有相当一部分杰出的前辈学者对其进行了无畏的探索。石峻先生就是道德真理探险者中的一位。

石峻先生不仅是一个学识渊博的中国哲学史家，还是一位有真知灼见的哲学、伦理学思想家，这在其关于"善"的论说中可见一斑。石公论善，从生活至上目的、理想与其他学科的关系上论，从客观存在与理性自觉的结合上论，从理性自觉与内心真情相需上论，从善的确定与时变上论，从学理与社会历史现实的互证上论，形成了一个思想深邃而结构完整的理论体系。研读他的伦理学，念及他的为人与学识，不由得从心里产生出由衷的敬佩之情。

石公认为，善是伦理学的研究对象，而善正是人类生活的意义和价值所在。如果说人类的生活没有意义和价值，那无异是说人类的生活是不值得活的；如果肯定人类的生活没有意义，没有价值，那也就无所谓善恶之分，因而伦理学亦无存在之必要。他说："生活是有意义的，有价值的，否则只有一切否定，无善恶之分，无伦理学可言。"② 伦理学的使命就在于揭示出作为人类生活的意义和价值的善，使之成为人类生活追求的最终依据。

善作为生活的意义和价值之所在，必然是人类一切活动、一切学科的目的，因为如果失去了生活的意义与价值，人类的一切活动、一切学科也都变成可有可无的了。善是生活之第一的或至上的价值。正是因为有善，人才有道德之理想，人类的一切生活才变成值得过的生活。正是在这个意义上，石公认为："就一切科学之可以为实现道德

---

① 《庄子·齐物论》。

② 《石峻文存》，第 391 页，华夏出版社，2006 年。

理想之工具言，亦只有相对的价值。从一方面说，各种科学皆为‘工具’，而伦理学所研究之对象‘善’只为目的而不得为手段。”①

石公在这里无疑说出了一个毋庸置疑的真理。经济学的价值在于增殖社会财富，但这一价值只能是相对的，因为增殖财富本身并不能成为人类的最终追求。军事学的价值在于战胜，但战胜也同样不是人类的最终追求，因为人类并不是为了战胜而存在的。积累和增殖财富，通过战略战术而达到战胜，只有在服从于善目的的时候才是有价值的。法律也是一样，不是为了赏罚而赏罚，它必以一种道德理想为归宿。法律只有在服从并服务于正义的时候，只有在配合道德并救道德之穷的时候，其价值才能真正显现出来。一切科学的发明正是因为可以促进道德的生活，才使其具备了价值合理性，其存在和发展才是可能的。试想，如果核科学的发明只有摧毁整个人类的意义，那么它必将不能长久。正是因为它可以用来和平利用，可以用来帮助人类消除自然危害，它才具备了存在并且不断发展的可能性。与此相反，如果我们否定“善只为目的而不得为手段”这一命题，那么一切科学都必将变成害人的东西。如果把增殖财富作为经济学的至上目的，那么人将沦为机器；如果把战胜作为军事学的至上目的，那么人将沦为军事家手中的棋子和任意屠杀的对象。这显然是任何一个正常人都不能认同的。

作为生活意义和价值的善具有至上性和终极目的性，那么，它是自然存在的还是人为地创造的？对此，石公运用历史唯物主义的观点给出了正确的解答。他说：“在未有道德学研究之前，已有若干好的行为，因为不如此，社会将不能存在也。又在已有道德学之研究后，仍有若干无知者之行‘含于道德者’，但严格言之，亦如蚁蜂之合群，犬马之义无别，不可以言真道德也。古真道德必以‘自觉’为唯一前提也。”② 这里讲了两个重要的思想：其一，善并不是伦理学家或道德学家的凭空捏造，而是根源于人类的社会生活。人类社会之所以能够诞生、存在和发展，就在于人类有“好的”或“善的”行为，而这种“好的”或“善的”行为在伦理学或道德学存在之前就已经存

① 《石峻文存》，第389页，华夏出版社，2006年。
② 《石峻文存》，第393页，华夏出版社，2006年。

在了。其二，尽管这种“好的”或“善的”行为道德是一种自然的存在，但没有人的“自觉”，此“好”、“善”不能称其为作为伦理学研究对象的善。蚁蜂之合群互助，犬马对于主人的忠诚，亦有利于其种群的存在与繁衍，但这只不过出于其生存的本能，不可以道德善名之。这如同水火一样，水性润下，“善利万物而不争”，火性炎上，可给人带来光明与温暖，但它们的作用都不是道德上的善。道德善必赖“自觉”，即行为主体能够认识到其行为的意义与价值。道德善源于有利于人类社会存在的客观性价值以及人类行为主体对于这种客观性价值的自觉这两个方面的结合。

在这里，人类的理性自觉具有决定性的意义。没有反省的生活，是一种受本能支配的浑浑噩噩的生活。不能对生活进行反省，生活的意义和价值则不能凸显，故其生活也无由改进和提高。反省和自觉基于人的理性能力。人的理性能力愈强，对其行为的反省就愈深刻，其自觉的程度也就愈高。

人的理性能力和知识水平与道德善是一种正相关关系。知识水平低总是与愚昧、野蛮联系在一起的，知识水平高总是与智慧、文明联系在一起的。石公说：“知识有高低，道德亦随之有高低，大道德家必有大知识者也。但是有相同的知识不一定有相同的道德，知识是一种工具，可以为善亦可以为恶，故教育可以产生大道德家，亦可以产生大坏人，皆此例也。换言之，各部门的知识须与人生目的或理想配合，始有意义可言。”① 这也就是说，知识与道德善虽然是两类事物，知识多的人不一定道德高，但是，大道德家则一定有大知识。我们讲道德善，不能不讲理性和知识。“四人帮”之流说“知识越多越反动”，用无知、愚昧来否定道德和文明，实在是违背常识，开历史的倒车。

道德善取决于人的自觉程度。暂时的、偶然的自觉只能达到暂时的、偶然的道德善，深入的、系统的自觉才能达到高级的、较少弊端的道德善。石公曾说过一句颇令人费解的话：“生活无一贯的理论基础，则其为善为偶然的（合于善，与行善不同）。”② 这应该是针对人

---

① 《石峻文存》，第 438 页，华夏出版社，2006 年。

② 同上，第 400 页。

类群体的生活而言的。个人要达到道德善，需要有理性的反省与自觉，需要有道德的基本观念和道德的理想的指导。群体的生活更应该是这样，需要有经过群体理性的反省与自觉，需要社会统一的、一以贯之的道德理念和理想，并把这种道德理念、理想贯通于社会的政治、经济、法律、军事、文化等方方面面。一个群体的自觉程度决定着这个群体所达到的道德善的程度。

在石公看来，善不仅与理性自觉相关，还与人的"内心真情"相关。他说："不与人发生关系，不能有道德的行为，人无喜怒哀乐等,则改变不可得，所谓人的关系亦不可能，人之所以不同于机械而有道德者以此，故在理论上不能无情，适度之情与不适度之情为善恶之根据，而不能谓无情也。"① 现实的人有理性，也有情感，故而论善只讲理性而不讲情感是不全面的。机器是人依照理性的思考制造的，机器可以依照人的理性的指挥进行工作，但机器没有情感。撇开人情论善，那无异于对机器讲道德。因此，善恶与人的情感具有紧密的关系，情感适度是善的根据，不适度的情感是恶的根据。

石公进一步论情与善的关系说："凡无内心真情伴随之形式，皆是躯壳，其弊在不能持久，不能应变，如舞台上表演温凉定省何等逼真，犹不可称孝，盖即以无其相应之情也。"② 戏子在舞台上表演对父母行孝，冬温夏凉、昏定晨省之类，只因没有亲生儿子对生身父母那样的感情，故而演员演得再逼真，人人也都知那是演戏，不可当真。善是基于人的内心深处的真性情，无情不可称善。石公的这一思想表现出了他作为一个学者耿介的内在信念和品质。在过去的"文化大革命"时代，唱高调、尚表演成为一种弥漫在中国社会的社会病。即使在"文化大革命"已经过去三十多年后的今天，这种病仍然没有完全消除。石公此论对于那些不曾真诚地实践道德却又喜唱道德高调的"戏子"们无疑是一记棒喝。

一些道貌岸然的道学家常常避讳谈情，尤其对饮食男女之类的人情嗤之以鼻。石公却并不认为饮食男女一定是件丑事或恶事。他几句

① 《石峻文存》，第 414 页，华夏出版社，2006 年。

② 同上，第 398 页。

经典性的话语表明了一个具有真德性的高士在这一问题上所持的立场："又如饮食男女，如果以自私之心行之，则将产生不道德之结果，若以道德的心为它求之，则饮食男女即为道德的条件。换言之，即必须从'欲'方面去行施道德也，如一切制度法律皆须合乎人情。无欲（情）则道德亦无根据，将成为超人矣。"①

石公论善不仅注重善的确定性，还关注善的时变性。在宋儒看来，夏商周三代以前才有至上的道德善，之后则每况愈下，一代不如一代了。石公则认为："原始社会虽表面上若无种种恶德，但亦无大的美德，此固然也。"② "由文明之进步，而社会分化，新生种种恶德，诚所不免，然种种美德，亦由是而生，不可忘也。"③ 文明进步了，道德文化也会随之而进步。愚昧的社会而有至善的道德，是一件不可想象的事情。

善恶总是随着时代的变化而变化的，故而应当以辩证的眼光看待善恶问题。在一个时代是至善的事情，随着社会条件的变迁，在新时代则不一定被认定为至善。例如，在封建社会，等级制是一种"天经地义"，那时大多数人都不会要求绝对的平等。在新社会，封建等级制被推翻了，个性解放和自由成为一种新的"天经地义"。个性解放和个性自由在许多人心目之中当然是与人和人的"平等"齐观的，而石公却有一个新的解释："所谓'发展个性'，换一句话说，当然就是表现一种'差异'，同时由于现代社会的必须'分工'，更无法让所有人们的生活方式一致，于是'差异'（或个性的自由发展）乃成为近代思想的要素……善恶上下不分，取消一切价值观念，则人类失其求进步之动力，最后一切必陷于停顿也……我们要追求平等，其实是追求'真的差异'。"④ 在这里，石公肯定了差异的永恒性和合理性，指出道德上的至善不应以消灭差异为务。我们知道，石公并不是等级制的卫道士，而是接受了马克思主义的革命学者。他正是从马克思主义的哲学辩证法那里得出了上述这一结论的。如果把消灭差异作为社

---

① 《石峻文存》，第 413 – 414 页，华夏出版社，2006 年。

② 《石峻文存》，第 409 页，华夏出版社，2006 年。

③ 同上，第 408 页。

④ 同上，第 432 页。

会至善，那么，其最后结果必然是社会因丧失动力而导致停滞，所谓的至善也就变成至恶了。说到这里，我想起了儒家的“大同”理论，千百年来它一直被人们推崇和赞颂，而石公以他那深刻的辩证思考提出了不尽相同的见解。不唯古、不唯众，求真理、尚公言，是石公的品格。

不仅如此，石公还进一步得出了更为惊世的观点：“任何一种有价值的道德行为，若果听其发展，最后就会变成不道德的行为了。如‘优生’是一件好事，但‘优生的办法’要实行到极端，就非淘汰所有的人不可，因为没有一个人可以说是毫无缺点的。”① “人人纯持利他主义而行之社会，则直非吾辈所能想象矣……若纯然之利他主义实行，则人人各注意于他人之利害，而于己无与，社会将有土崩瓦解之势，其为不可行也至明。”② 这也就是说，善与恶之间没有一条不可逾越的鸿沟，它们是可以转化的。优生、利他主义这样的在所有人看来都无法说其不善的思想，石公却发现了其中所隐含的极大弊端。善只有其相对的意义，把善推到绝对就变成了恶。人们不妨认真地思考一下，在我们这个社会中，有多少人是在把本来具有道德价值的善事推向极端，使之由神奇化为腐朽啊！

石公论善并不限于仅仅从伦理学的学理上的探讨，更强调社会历史结果与善的互证。对共同的整体做出切实贡献方可称为真正的善。“所谓善者，皆系行动中之重视他人的幸福，正不减于其重视自己的幸福者。所谓正义者，乃是行为于其所及的范围内结合各人彼此间相互冲突的兴趣及志向以形成兴趣及志向上的一个共同整体者。”③ 每一个个体都在社会共同体中生活，因而，善必然是能实际地解决社会共同体面临的重大问题、造福共同体中的所有成员者。置共同体中的他人疾苦于不顾，专营个人之利、个人之名，算不得真正的善。

“凡过去真有价值之大思想家，皆为当代之革命家。”④ 石公此

---

① 《石峻文存》，第433页，华夏出版社，2006年。

② 同上，第422页。

③ 同上，第419页。

④ 同上，第398页。

说，是一位精研思想史半个多世纪的真学者所得出的“天下之公言”！周公姬旦如此，孔子如此，毛泽东何尝不是如此！笔者清晰地记得，石公讲授“中国哲学史原著选读”课程的时候有感而发：有人说中国传统文化的浩劫源自“五四新文化运动”，这个案可不能翻啊！我们不能忘记历史。没有“五四新文化运动”，就没有中国近代的革命，就没有中国今天翻天覆地的变化。国人如果都不顾当时处于水深火热中的中华民族，只在书斋里读书，以接续儒家传统为己任，封建帝制能不能被推翻？列强能不能被赶跑？后来的抗日战争和解放战争能否取得胜利？中国人民能不能得到解放？对此，笔者打从心底里认同。善不在于一个人的自我标榜，也不出自后世同流者的标新立异的吹嘘，而在于其对社会共同体的切实贡献和舍生忘死的奋斗。

焦国成

（作者单位：中国人民大学哲学院）

11. 论石峻对中国近代思想史、哲学史研究的学术成就

石峻（1916 年—1999 年）是我国著名的中国哲学史家、佛学家，为中国哲学史、宗教学等学科的发展做出了重要的贡献。① 20 世纪 50 年代，石峻在国内首次主讲中国近代哲学史，负责编写《中国近代思想史讲授提纲》（人民出版社 1955 年版），主编《中国近代思想史参考资料简编》（生活 · 读书 · 新知三联书店 1957 年版）。他发表、出版的中国近代思想史、哲学史的成果对推动和促进教学与研究产生过

① 杜寒风：“中国当代著名社会科学家选介 · 石峻教授”，《社会科学家》1994 年第 1 期；杜寒风：“石峻”，方克立、王其水主编《二十世纪中国哲学》第二卷 · 人物志上册第 593 – 597 页，华夏出版社，1994 年；杜寒风：“走向世界”（石峻主编《汉英对照中国哲学名著选读》上册书评），《读书》1992 年第 6 期。

积极的影响。① “思想史也可以称为广义的哲学史，但毕竟有别于以研究哲学思维发展规律为主要任务的狭义的哲学史。也许是出于这种考虑，石峻先生初期没有采用‘近代哲学史’的称谓，而采取了‘中国近代思想史’的称谓。不过，他所说的思想史还是以哲学史为重点。他后来的提法则是‘中国近代哲学思想史’，并没把哲学史和思想史严格地区分开来”②。《中国近代思想史讲授提纲》中谈到中国近代思想史的对象时说，中国近代思想史不同于一般的中国近代史，是着重说明中国近代文化思想这一方面发生和发展的历史。把中国近代思想史与一般的中国近代史等区别开来，避免了一些重复的内容，确定了中国近代思想史有自己特有的研究对象。本文尊重石峻所写著述中的不同提法，不作统一名称的改动。石峻在“有关中国近代哲学史研究的几个问题”一文中提醒人们，在我们中国的历史上，有两个值得特别注意的重要时期：一是先秦时期，二是近现代时期，后一个转变时期，比起前一个转变时期来显然更重要，其内容更丰富多彩，道路更复杂曲折。《中山先生的思想（提纲）》中说，中国有两个变革的时代——先秦、近代，近代比古代更为重要。石峻在此绝不是单就时间的长短看其重要性的。由于种种原因，与研究古代哲学史比较起来，中国近代哲学史的研究成为薄弱环节。为了建设高度的社会主义精神文明，建成独立自主的社会主义强国，建成具有民族特点的社会主义新文化，需要科学系统地总结我国近现代思想战线方面的经验和教训，他身体力行，倡导以马克思主义哲学、毛泽东哲学思想为指导研究中国近代思想史、哲学史。本文主要对石峻在中国近代思想史、哲学史领域发表、出版过的一些研究成果进行介绍与评论。

---

① 王忍之、徐宗勉在《哲学研究》1956 年第 1 期上发表《评〈中国近代思想史讲授提纲〉》，认为该书是“一本系统地论述中国近代思想史的著作，这本书综合和整理了这方面已有的研究成果，给中国近代思想史勾画了一个轮廓。应该肯定，这本书对于推进中国近代思想史的研究工作是有积极作用的”。书评者认为“在这本书中也还存在着不少的缺点和错误”，此文主要是对此书的批评意见。意见中有商榷之处，似也有苛责之处。

② 宋志明：“中国近现代哲学史学科的奠基人——石峻学术思想评述”，《中国哲学史》2007 年第 1 期。

一、对中国近代思想史、哲学史的总体研究（上）

1. 中国近代史的社会历史特点

石峻看到反帝必须反封建，中国的近代道路是一条特殊的道路。近代中国社会具有它的复杂性，其过程就是由一个统一的大帝国逐步陷入半殖民地半封建社会的过程。“有关中国思想史的几个问题（提纲）”说道：

> 封建统一但不平衡。少数民族（满族）统一的封建大帝国。鸦片战争的失败，与西方帝国主义势力的侵略。中国逐步地陷入半殖民地半封建社会，与一国的殖民地不同。新经济（资本主义）和新阶级的产生。西学与中学（或新学与旧学）之争。帝国主义与封建统治势力的勾结。人民大众的团结反帝反封建的矛盾是主要矛盾，要求独立富强是一切爱国人士的共同愿望。亦中亦西，亦古亦今，很不调和。

以上大体可见石峻的逻辑思路，中国发展不平衡，少数民族执政与汉族等民族存在着矛盾。西方帝国主义势力的侵略，加深了社会矛盾，封建大厦就将倒塌，封建统治势力还在苟延残喘，为维护统治不惜向外国列强出卖中国利益，而帝国主义势力并不是由一个国家所控制，造成了复杂的局面。而中国资本主义的发展也使无产阶级登上了历史的舞台。人民大众斗争的矛头指向帝国主义、封建主义，为救亡图存，不同阶层的人向西方学习，探索中国的出路，新学与旧学的争论自不能免。近代社会作为过渡的社会，近代思想确如石峻所言“亦中亦西，亦古亦今”。石峻指出：“中国这个历史时期的突出特点，就是逐步陷入了半殖民地半封建社会。它既不同于我国过去单纯的封建社会，也不同于外国发达的资本主义社会。既不同于侵略成性的帝国主义，也不同于单纯的殖民地。孙中山先生曾称它为‘次殖民地’，也不是毫无理由的。因此，它的革命性质也自有特点，即人民大众的反帝反封建的。在不同的历史阶段，曾实行过暴力的和非暴力的斗争。而这种革命又发生在一个有悠久历史文化和辽阔国土的多民族国家里，情况更加复杂。因此，不论是本国的某种传统思想，或是刚接触到的外国新思想，中国人民，包括它的先进分子，都来不及作全面而系统的研究，并结合中国社会历史的具体情况从容地加以消化，便立即加以引用，作为行动的口号。至于其具体内容，即使是对同一家外来学说，各人的理解和各人所侧重的方面也很难说是完全一致的。他们都是各取所需，甚至望文生义，借题发挥，其间当然也有创造。所以，从形式到内容，跟原来的思想学说往往都有某种不同程度的差别，这要结合社会时代的特点和人们不同的阶级立场做深入的具体分析，才能搞清它的本来面目和它的'来龙去脉'，彻底明白它们之间的'同中之异'和'异中之同'。"① 中外思想文化本身就存在着显著的不同，在中国近代特殊的时代环境下中国人接受外来思想存在着差别，吸取外来思想而进行自己的创造也存在着差别。石峻所指出的对同一家外来学说，各人的理解和各人所侧重的方面也很难说是完全一致的情形，出于外来学说被接受的实际情况，提示我们不要忽略了原来的思想学说和接受后的思想学说的不同，具有方法论的意义。需知，中国近代思想史不是外国思想史的照搬，不是外国思想史的简单复制。中国近代思想家有其一定的自主性，这一点不容抹杀。

"中华民族有悠久的历史，创造了灿烂的古代文化，产生过许多伟大的思想家、科学家、政治家、文学家和艺术家，中国人民又有抵抗外来侵略和反对专制压迫的优良传统，因此我们要是简单地认为近代中国一切进步的思想都照搬西方，就抹杀了我国进步思想的继承性，等于割断自己的历史。这种民族文化虚无主义的观点显然是非常错误的。但是近代中国的思想绝不是孤立发展的，随时要受到外来思想的影响，特别是先进的中国人为了探索救国救民的真理，不断向西方学习。因此，研究中国近代思想史，要是忽略了国际的环境，简单地只看做是本国思想家的继承和发展，这样，也是不能说明中国近代思想发生和发展的规律的。"② 石峻既反对民族文化虚无主义的观点，又承认中国近代思想受到了外来思想的影响，这是全面的看法、辩证的看法。看到中国近代思想的发展不只是自身内部的发展，而且是受到外部思想的影响而发展的。

---

① 石峻："有关中国近代哲学史研究的几个问题"，《石峻文存》，第 198 页，华夏出版社，2006 年。

② 石峻："中国近代思想史参考资料选编·编者的话"，《石峻文存》，第 190－191 页，华夏出版社，2006 年。

2. 研究中国近代思想史的现实意义

石峻“开展中国近现代哲学思想史研究的重要意义——中国近现代哲学史研究（笔谈）之一”一文中讲：“中国的新社会是从旧社会发展而来的，我们从事建设的现实基础是从近现代的历史中演变过来的。脱离了这个基础，割断历史，不从实际出发，不考虑中国的国情，不注意克服旧的影响，其结果就会误入迷途，或陷入空想。在这些方面，若能认真研究近代思想史，会从中得到很多有益的启示。”中国资产阶级有唯物论哲学，也有唯心论哲学，中国资产阶级的两面性决定了其哲学上的矛盾性，既要看到唯物论哲学对当时人民解放思想、进行反帝反封建斗争起过很大的作用，也要看到唯心论哲学中有从封建传统中承袭下来和受西方传来的资产阶级的反动哲学思想影响的情况。他们中有人像石峻说的那样，有人陷入封建网罗，提倡尊孔读经，有的倒向帝国主义，崇洋媚外。他指出：“为了实现有中国特色的社会主义现代化，在现阶段，我们一方面必须努力学习外国的各种先进科学技术，同时又要坚决反对崇洋媚外，防止外来资本主义思想的腐蚀，克服奴化思想。另一方面必须注意发扬祖国优秀的思想文化遗产，不忘自己民族国家的地位，要强调学习历史，用马克思主义哲学批判地总结中国几千年的认识史，坚决反对一切变相的封建复古主义思想。运用近现代哲学思想史上的经验教训，在思想文化领域内进行两条战线的斗争，有着重大的现实意义。”① 中国近代思想史是中国思想史上发展的重要阶段，接连古代，传通现代，总结其经验教训，可使人们少犯或不犯历史上犯过的错误，端正认识，务实创新，投身到现代化建设的伟大事业之中。

石峻说：“深入地、系统地研究中国近代思想，有助于扫清思想障碍，统一认识，加强前进的步伐。不继续前进，必将从革命走向反革命而为人民所抛弃的历史教训值得特别借鉴。必须跟上历史，而不能停留在那里，更不能脱离群众、搞特殊化。”② 通过研究中国近代

---

① 石峻：“开展中国近代哲学思想史研究的重要意义——中国近现代哲学史研究（笔谈）之一”，《石峻文存》，第 195 页，华夏出版社，2006 年。

② 石峻：“有关中国思想史的几个问题（提纲）”，《石峻文存》，第 194 页，华夏出版社，2006 年。

思想，石峻让人们在思想认识上达到统一，并提高人们的思想水平，尤其要汲取近代思想史上有人从革命走向反革命的历史教训，不断进取，不能放松对自己的改造。他说的跟上历史，也就是跟上时代。不跟上时代前进的步伐，与时代脱节，脱离人民，思想认识上就会出问题。可见“与时俱进”的重要性。

“研究近现代中国哲学史，内容牵扯到古今中外，只懂得中国不够，还要懂得外国；只懂得中国的今天不够，还要懂得中国的昨天和前天。但是，研究这一段丰富多彩、复杂多变的哲学思想史，对于提高我们的思维能力，推动深入学习和研究马克思主义哲学和毛泽东哲学思想有重要的意义，特别是对某些不懂得先驱者为寻找改造中国社会的真理奋斗牺牲的历史而又怀疑马克思主义的青年来说，则是一部绝好的教材。”① 研究中国近代哲学史，需要有一个较为完善的知识结构，对中国哲学、外国哲学都需要有一定的了解乃至研究，懂得中国的昨天、前天，懂得中国的今天，是为了建设中国的明天。石峻没有割断历史的内在联系，不是消解历史的深度，只注重今天的存在，而无视前天、昨天，毕竟历史的进程有其客观存在过的进程。尤其是今天深入学习和研究马克思主义哲学、毛泽东哲学思想，需要对近代哲学思想有深入的研究，才能明白马克思主义哲学、毛泽东哲学思想的历史地位和理论价值。要改变青年人中有人无视历史，没有民族自信心和自豪感，不了解中国近代哲学走过的道路，不了解近代中国思想先驱追求真理、坚持真理的思想变化的轨迹的状况。马克思主义哲学一旦跟中国革命的实践相结合，就能产生推动中国以至世界发展的伟大力量，真理的光芒照耀着不断奋斗的中国人。任何怀疑、质疑马克思主义哲学的观点，都是没有能够全面、辩证地看问题的观点。

二、对中国近代思想史、哲学史的总体研究（下）

1. 中国近代哲学思想史的特点

“有关中国思想史的几个问题（提纲）”指出，从1840年—1919年只有80年。这一时期时间短，社会变化发展快，有亡国灭种的危

---

① 石峻：“开展中国近代哲学思想史研究的重要意义——中国近现代哲学史研究（笔谈）之一”，《石峻文存》，第196页，华夏出版社，2006年。

机。现取现用，来不及做系统的理论准备工作，因此杂而不精（以谭嗣同为例）。变化快，有跟得上的，有跟不上的，因此形成了早年、中年、晚年的不同（如康有为、严复、章太炎；又如孙中山、鲁迅、吴玉章等）。“有关中国近代哲学史研究的几个问题”以中国人民大学校长吴玉章同志为例，说明一个人从青年、中年到晚年的几度转变、不断追求进步的事迹。吴玉章少年时期在前清旧式书院求学，读的全是《四书》、《五经》一类的儒家经典，接受的基本上都是旧学，转而相信资产阶级改良派，即以康（有为）、梁（启超）为代表的那套。经过“百日维新”失败的惨痛教训，中年时期又进而追随孙中山，积极从事推翻清王朝封建专制政体的资产阶级革命活动。此后，在第一次国内革命战争时期，通过社会实践和个人思想上的飞跃，又变成了无产阶级的先锋战士，并成为全国著名的马克思主义教育家。也有另一种情况，即从青年时代作为社会改革运动的积极分子，甚至一度成了有影响的先进的中国人，但后来却逐步变成了落后、保守的顽固派，乃至名副其实的反革命，这种逆历史潮流而动者也确有人在。石峻以这两种情况，讲明要正确评价历史人物的思想，不能走简单化、公式化的道路，而看不到情况之复杂多变。既不要只就历史人物某一时期的只言片语孤立地作判断，也不要攻其一点，不及其余。评价人物是要符合历史辩证法的。“机械唯物主义自然观与发扬主观能动性的矛盾，唯物主义自然观与唯心主义社会历史观的矛盾（‘五四’后杨度就是突出的例子）。”① 石峻的眼光犀利，注意到了中国近代思想史的特殊性是大动荡、大变革的时代使然。故而在中国近代思想史研究的方法上，石峻主张：“不能照抄西方哲学的评传，如严复，如鲁迅，要具体分析。相同的思想在不同的社会历史条件下可起不同的作用。要以特殊体现一般，不能以一般代替特殊。”② 石峻彻底反对唯心主义形而上学的做法。这种做法的特点是，要么就一贯正确，要么就一贯错误，没有过程，这种做法是缺乏科学根据的，也是不能让人信服的。石峻举例说，如对陈独秀，有人从不区分他关于封建主

---

① 石峻：“有关中国思想史的几个问题（提纲）”，《石峻文存》，第 193 页，华夏出版社，2006 年。

② 同上。

义和关于法国革命的看法，不看重十月革命后他在传播马克思主义时的功劳，甚至对其早期和晚期的思想也不加区分。孙中山、鲁迅的思想有发展过程，毛主席的思想也有发展过程。不要以早期之错否认后期之对，不能不摆在历史过程中去看。石峻强调历史过程，尊重历史的实际和思想的实际，这是具有辩证唯物主义和历史唯物主义观点的学者才能得到这样的结论。

2. 中国近代哲学思想史的基本线索

从1840年鸦片战争失败起，不同阶级的代表人物提出了他们的方案和办法。石峻在“有关中国近代哲学史研究的几个问题”一文中说：“先是地主阶级改革派的理想没有实现。其次是空前规模的农民革命战争爆发，但是它的绝对平均主义和农业社会主义的空想却无法推行，也陷入失败。后来资产阶级的改良主义政治运动乃至资产阶级和小资产阶级革命派的不断斗争，都在不同程度上起到过促进民族觉醒的作用，最后通过辛亥革命推翻了两千多年来的封建专制政体，建立了‘中华民国’，但归根结底，也都失败了，始终没有实现改变近代中国半殖民地半封建社会那种被侵略、被压迫、被侮辱的社会地位。”① 这是就是否改变社会性质总的意义上讲的。限于近代社会的历史条件，真正的胜利是无法实现的，中国由旧民主主义革命时期到新民主主义革命时期，进入现代时期才使社会性质得以改变，自从有了中国共产党，经过艰苦卓绝的浴血奋战，中国发生了翻天覆地的历史大变化，书写了中国现代哲学史不断发展的篇章。

“从这个时期的哲学思想来讲，可以很明显地看出，是为了改革现实政治服务的，这是它的特点之一。”② 中国的哲学直接服务于政治，与政治发生了密切的关系。剥削阶级的思想、农民阶级的思想都有其阶级的局限性，都不能与无产阶级思想的优势相比较，无法担当历史的重任，完成伟大的使命。石峻觉得，一批激进的民主主义者向无产阶级思想方面转变，其间显然存在着某种逻辑的必然性。“近代一切先进的中国人，为了挽救祖国的危亡，前仆后继，不断失败的经验教训，是他们

---

① 石峻：“有关中国近代哲学史研究的几个问题”，《石峻文存》，第199页，华夏出版社，2006年。

② 同上，第200页。

留给我们的一份珍贵的遗产。如果没有这些经验和教训，无产阶级领导的新民主主义革命要想取得完全的胜利，即彻底推倒压在中国人民头上的三座大山，也是不可能的。”① 这里失败是成功之母，不能完全以成败论英雄。近代先进的中国人的可贵探索为后来者提供了经验教训，使后来者能够吸取教训，增长见识，变得更加聪明和坚强。

“其次，中国近现代一切反动阶级思想的发展规律，看来也是很明显的，就是走向没落的封建正统思想与帝国主义资产阶级的腐朽思想日益密切结合，乃至融为一体的过程。根据我国近代先后不同时期思想斗争的特点，自然这种结合的程度也是由浅入深，由粗入精，由小至大，由隐至显，最后才达到完全适合半殖民地半封建社会统治者需要的思想，即实际上变成了蒋家王朝的御用哲学。当然这类御用哲学的面貌也各有特点，不可一概而论。”② 对于这些哲学思想也要进行具体分析和批判，对其体系和内容做既全面又系统的研究。同样要做到重点突出，不能因为政治原因，对反动阶级的思想一概排斥，毕竟了解近代的思想斗争，对于反动阶级的思想的发展，也要能够有个正确的了解。

“再则……我们要科学地总结近现代哲学史发展的客观规律，必须充分注意到中国当时的经济、政治和思想战线上的特点。要从有关历史人物的真实思想和新涉及的具体社会问题出发，进行科学的考察。不能简单地照搬一切外国人的现行结论，不经过独立思考就盲目地加以宣扬，从而使理论完全脱离实际，无的放矢，成为一种空谈。当然，一切外国有价值的研究成果，我们也应该加以参考或吸收。”③ 不能完全以外国人的结论代替我们自己的思考，这里有国情的不同，有民族的不同，研究者的政治倾向、文化背景等等的不同，使外国人的结论并不都是正确的，还要以我为主进行研究。传入中国的外国思想要在中国发生广泛的影响，也需要历史条件的成熟，对于外国思想与中国传统思想等的结合，都要扎扎实实进行研究。

---

① 石峻：“有关中国近代哲学史研究的几个问题”，《石峻文存》，第 200 页，华夏出版社，2006 年。

② 同上。

③ 同上，第 201 页。

石峻指出了上述基本线索，有感而发，至今对人们仍有启发。他密切联系了中国近现代社会的性质来确立其哲学思想发展的基本线索。他呼吁今后必须在上述基本线索的指引下，有步骤地大力开展中国近代哲学思想史的科学研究，在立场、观点和方法上，要充分体现社会主义新中国的特点。必须力求做到思想性和科学性的高度统一。这是他的一贯主张。线索理清了，研究者就不会茫然无措，一团乱麻。

石峻指出过中国近代思想史的阶段性，可与基本线索比照着看：

> 旧民主主义的失败，马克思主义的历史背景。
>
> ①地主阶级改良派。②革命（农民）派。③资产阶级改良派。④资产阶级革命派。⑤五四新文化运动与马克思主义在中国的传播。⑥马克思主义的普遍真理与中国革命实践的结合。一切过去的革命或改良都失败了。为马克思主义的传播和无产阶级领导做好历史的准备。没有无产阶级革命的要求，即使传播了马克思主义也不会起作用。①

他划分了地主、农民、资产阶级、无产阶级等派别，对于同一阶级派别的不同也作了区分，如资产阶级改良派、革命派，主要以派别的思想为主线谈的阶段性，兼及文化运动、革命实践等内容。

3. 中国近代思想史、哲学史的史料（资料）

石峻强调在研究中国近代哲学思想史中，必须以马克思主义基本原理为指导，详细地占有资料，史论结合，从事创造性的研究，得出合乎历史规律的结论来。占有资料是从事研究问题所不可缺少的条件，是进行科学研究必须做好的准备工作。与《中国近代思想史讲授提纲》密切配合的《中国近代思想史参考资料简编》，“选择材料的标准，力求重点突出，以近代中国影响较大的社会政治思想和哲学思想为主，一些带有专门学术性质的论文则一概不选。我们着眼在中国近代思潮发展总的趋势，因此对于一个思想家，更多注意的是他比较起进步作用的东西，到他堕落成为反动人物以后，如康有为等人晚期的作品，暂行一律摈弃。至于不断进步的思想家，虽则比较全面地注

---

① 石峻：“有关中国思想史研究的几个问题（提纲）”，《石峻文存》，第193页，华夏出版社，2006年。

意他各个时期的特点，但是因为限于‘中国近代’的时间范围，所以五四运动时期以后，虽属十分重要的作品，一般是少选甚至不选。我国伟大的革命民主主义者孙中山在接受十月社会主义革命胜利影响以后一些具有历史意义的文献，世界现实主义文学大师鲁迅晚年革命思想的著作，就都没有选入。在资料的取舍方面，为便利读者，也注意到对一般不常见的作品，虽然并非最重要的，还是比较多选。另外一些非常重要的人物，因为他们的作品流传很广，目前比较容易见到，在本书有限的篇幅中，我们不得不作适当的精简"①。那么，是否占有了资料，就一定能够做好这方面的研究呢？石峻也作出了明确的回答："只掌握丰富的历史资料，而指导思想和研究方法错了，也有可能事与愿违，走上一条歧路，不但不能达到为我国实现四个社会主义现代化服务的目的，同时也与哲学史研究的科学化背道而驰。"②《中国近代思想史参考资料简编》排印时，有的尽可能根据早期的底本，有的尽可能采取近人整理的成绩。"为保存原始资料的真实性，我们对于原文一律不加删改。因此在内容上，难免有公开宣传一种大汉族思想和对其他少数民族历史的歪曲，没有能从阶级观点来理解以满族贵族为首的封建专制主义的本质，以及把外国侵略的资产阶级政府和外国广大爱好和平的人民区别开来等等，这些都充分表现了他们历史的和阶级的思想局限性。"③ 即使这些进步的思想，也并不都是正确的，对其存在的局限性也应该正确分析。只有对这些进步思想做了认真的研究，才能真正明白马克思列宁主义作为中国革命的指导思想的历史选择之必然性。没有别的进步思想可以替代它对中国革命的实际的指导，对革命人民思想的武装。

"中国近代的历史是人民大众（各革命阶级）反帝反封建的历史，充满了群众性的革命事迹，中国近代进步思想在不同时期的表现也往往成为一种思潮，多少带有群众性的文化运动，因此近代著名的各种期刊和报纸就成了重要的思想史料，所以在每一个阶段，虽然也可以

---

① 石峻："中国近代思想史参考资料简编·编者的话"，《石峻文存》，第 191 页，华夏出版社，2006 年。

② 石峻："有关中国近代哲学史研究的几个问题"，《石峻文存》，第 201 页，华夏出版社，2006 年。

③ 石峻："中国近代思想史参考资料简编·编者的话"，《石峻文存》，第 192 页。

选出一些人物作为重点来加以研究，但事实上绝不是这样几个人物就可以完全代表的，跟中国古代哲学及社会政治思想的研究比较，情况颇有不同。”① 中国近代思想史不仅仅是几个代表人物思想的历史，就思想史料的价值而言，期刊和报纸也发挥了不同的历史作用。对于思潮的变化，也不应忽视这些期刊和报纸的价值。人民大众的革命事迹和文化运动都是空前的，也使近代思想超过了以往中国古代思想所发生的一切变化。

三、对近代思想史、哲学史人物的研究

1. 对洪秀全、洪仁玕思想的研究

石峻在“洪秀全的最重要的著作”一文中对太平天国农民革命运动的发动者洪秀全《原道救世歌》、《原道醒世训》、《原道觉世训》三部重要的著作进行了研究。他分析说，洪秀全利用了基督教的上帝来打击当时封建社会的最高统治者——地上皇帝——的威权。其次，洪秀全更进一步把基督教教义中的平等思想和中国古代的“大同”思想结合起来，指出了农民革命理想的远景，希望实现一个国与国之间和平相处的平等世界。利用基督教的信仰，宣传只有“上帝”是真神，其他一切为人所崇拜的偶像都是妖魔。把农民自己反抗封建统治的力量都集中表现为“皇上帝”，用“皇上帝”对抗“阎罗妖”。石峻的研究表明，洪秀全通过宗教的外壳，通过宗教的斗争形式宣扬革命思想，实为政治斗争的特殊手段，打碎了封建统治阶级对农民禁锢的思想枷锁，破除了迷信，使以清朝皇帝为首的封建统治者和一切站在地主阶级方面压制农民的封建权威，包括各种偶像的崇拜，在革命思想面前遭到了沉重的打击。而《天朝田亩制度》根据经济方面平等的原则，提出了一系列政治和社会方面的改革方案。石峻认为，“‘天朝田亩制度’的思想在主观上是企图在小生产的基础上，采用平均一切社会财富使各人消费和生活状况都平均化的手段，来实行一种社会主义的空想，这是完全不可能的。但另一方面，这种思想也启发了中国广大的农民，推翻旧的封建统治者，并不是为了给新的统治者以地盘，形成单纯的改朝换代，而是要实现一个无贫穷、无压迫的新的社

① 石峻：“中国近代思想史参考资料简编·编者的话”，《石峻文存》，第 191 页。

会制度"①。太平天国农民运动思想家的思想远远超过了历代农民起义的思想水平。他们所倾心描绘的无贫穷、无压迫的新的社会制度，鼓舞着后人继续他们未竟的事业。旧的统治者换成新的统治者，没有制度的根本变化，无非是换汤不换药。制度变更的实现则是最关键的，是考量政治事变最重要的标准。

洪仁玕为太平天国后期重要的思想家，他的《资政新篇》提出了革新政治的要求和关于资本主义建设的纲领。"通过洪仁玕《资政新篇》的研究，除了可以说明太平天国后期资本主义思想的传播……也可以论证洪秀全的坚定的革命立场"②。石峻研究洪秀全、洪仁玕的思想，注意到了他们思想之间的联系与区别，他不是孤立地研究洪秀全、洪仁玕的思想。

石峻认为："对于太平天国的革命文献，人们要做进一步的研究，首先值得特别注意的是，必须随时留心要透过宗教的外壳来掌握革命思想的实际，不然，就难免会把它看做是荒唐的神话，觉得毫无什么价值可言了。再则是不同时期的著作可能有不同的论点，乃至同一种书，后期的印本往往在文字上有少许的修改，这都是部分地反映了太平天国革命思想前后的变迁，人们在做深入的研究时，也应该予以适当的重视。"③ 石峻主张在研究太平天国革命运动思想家的思想时，一定要掌握革命思想的实际，这点极其深刻。千万不要被宗教的外壳所迷惑而看不到革命思想的本质，一看是宗教的外壳，就以为思想没有价值的偏见，因为即使就是宗教思想，也不是没有其学术价值的。不同时期的著作论点不同，同一种书的少许修改，正是思想变化的记录。

2. 对郑观应、章太炎思想的研究

郑观应是初步具有资产阶级观点的改良主义思想家，其思想对"戊戌变法"的政治改良运动起过前导作用。通过分析郑观应《盛世危言》一书，石峻指出该书"比较深刻的地方是，作者认识到外国资

---

① 石峻："洪秀全的最重要的著作"，《石峻文存》，第 208 页，华夏出版社，2006 年。

② 同上，第 208 – 209 页。

③ 石峻："洪秀全的最重要的著作"，《石峻文存》，第 209 页，华夏出版社，2006 年。

本主义国家侵略中国的目的主要在夺取中国的经济利益。他觉得，西方资本主义国家内部经济的不断发展，必然要‘以亚洲各国为取材之牟利之场’（《商务》）。他认为，这种经济侵略甚至比军事侵略更为可怕。因此，他认为中国要真正富强，可抵抗外国的侵略，必须和外国资本主义列强进行‘商战’。他反对洋务派宣称的买军火、练洋操就可以使中国富强的看法……主张设‘商会’、立‘商部’来保护新兴资产阶级的利益……极力主张‘欲扩充商务，当力矫其弊，不由官办，专用商办’的发展民族资本主义的政策”①。郑观应理想的政治制度只是想模仿像当时英国那样一种建立在封建地主阶级和新兴资产阶级相互妥协之上的君主立宪制度，主张“君民共主”，给地方绅商以一定的政治地位。石峻阐明了改良主义思想家思想的进步性及历史和阶级的局限性。石峻看到郑观应所谓的“民主”不是直接为一般广大的劳动人民争取任何的权利，承认郑观应不满封建官僚的腐败政治，要改革封建专制主义的政体的主张是进步的。“要想发展民族资本，使中国真正能够独立富强，首先必须改革封建的专制政体，这是改良主义思想的一个重要发展，我们必须予以充分的注意。但是他们这种改良主义的政治主张，在半封建半殖民地的统治秩序下，由于帝国主义和封建主义两座大山压在头上，企图依靠反动政权的庇护，走资本主义工业化的道路，使中国独立富强，那完全是一种根本不可能实现的幻想。这个问题，中国近代史已做出了结论”②。所论恰当、中肯。

章太炎作为近代著名的学者，反对改良派宣传的“君主立宪”的政治主张，宣扬革命，主张推翻清王朝的封建统治，革命的前途只能是真正的“民主共和”。石峻讲到章太炎当时所提出的民族主义革命思想，“不仅是国内被压迫民族资产阶级和小资产阶级所领导的革命势力反对当时统治民族中执政贵族的斗争的反映，同时也表现了在帝国主义时代，东方一切殖民地半殖民地国家在争取民族独立解放运动

① 石峻：“郑观应的《盛世危言》”，《石峻文存》，第 210 – 211 页，华夏出版社，2006 年。

② 石峻：“郑观应的《盛世危言》”，《石峻文存》，第 212 页，华夏出版社，2006 年。

中的共同愿望”[①]，对我国资产阶级的革命运动起过巨大的推动作用。但也指出，他这种民族主义思想或所谓的“种族革命论”，也不可避免地包含着反动的一面。“那就是他在‘中华民国解’、‘原人’和‘原种性’等重要论文中，难免过分夸大了历史上所谓‘华’、‘夷’、‘种族’、‘血统’的区别，强调中华民族与其他民族文化的绝对界限，从而宣传了大汉族主义，带来了对国内少数民族的歧视和自私自大的落后的民族偏见，不可避免地，在团结全国各民族乃至国际革命力量进行革命的斗争中，它将日益显示出他在思想上的弱点。同时这种阶级局限性事实上也妨碍了后来章太炎革命思想的进一步发展。”[②]对于章太炎思想中积极的一面和消极的一面，石峻都揭示出来了。章太炎这位人物思想的复杂性是客观存在的事实，要鞭辟入里地进行研究，不要以偏概全，以偏概全不能反映出他真实的思想变化历程。

3. 对孙中山思想的研究

“中山先生的思想（提纲）”一文中，石峻指出了孙中山思想在中国历史上的地位。孙中山为独立富强、为建立多民族平等统一的强国而奋斗了一生。作为伟大的革命先行者，对洋务派大官僚、对帝国主义、对地方军阀所寄予的幻想的破灭，使孙中山在奋斗中寻找救国救民之路，其思想的发展，带给人们的启发是有世界意义的。他的思想在中国乃至世界都产生了影响。其思想“不只是为了解释世界，而是为了改革世界。指导革命实践，有的放矢，为用而学，学了就用。有时来不及消化，因此西方进步思想的影响固然是主要的，但是也有西学中不正确的东西，如生元论。这不能完全由孙先生负责。我们要掌握他的思想实际。”[③]“知难行易的学说是针对知易行难的放弃革命的思想而提出的，不能纯粹做抽象的形而上学的研究和批判。”[④]孙中山的思想是与革命斗争相关的，不能理解偏失，他的思想是革命家的思想，也是建设者的思想。孙中山没有把自己的思想体系看做是封闭了的、一成不变的体系，跟同时代的革命家相比，他的思想是不断

① 石峻：“纪念爱国知识分子章太炎逝世二十周年”，《石峻文存》，第 214 页，华夏出版社，2006 年。

② 同上。

③ 石峻：“中山先生的思想（提纲）”，《石峻文存》，第 215 页，华夏出版社，2006 年。

④ 同上。

前进、愈战愈勇的思想。石峻内心钦佩孙中山不断追求革命，追求进步的思想，他说："从改良到革命（辛亥），到三大政策（联俄、联共、扶助农工），向往社会主义，批评西方资本主义，在世界上独一无二。称列宁为革命圣人。他可以接受共产党的帮助。"（"总理遗嘱"，"苏联遗书"）越到晚年，革命思想越彻底，越成熟。在过去，有人30岁以后不再求进步，这种人不可以与孙先生同日而语。"① 石峻写道，孙中山的思想特点有三点：

> （1）思想西方，包括自然科学和社会政治学说。不是崇拜西方，不完全满意西方资本主义社会，而要"超驾"乎西方，反对庸俗进化论。提出不断前进的理想和蓝图。
>
> （2）对革命群众的态度。过去进步的思想家推行改革都是为了防止群众造反，孙先生则主张"唤起民众"。
>
> （3）学习西方的同时，珍视中国文化遗产，不赞成全盘西化，反对民族文化虚无主义，也有别于复古派。②

虽然石峻写的是研究孙中山思想的提纲，但提纲挈领，抓住了要点，使我们对孙中山思想的认识有一个基本的把握，令人印象很深。

总之，石峻对中国近代思想史、哲学史的研究，是以马克思主义哲学、毛泽东哲学思想为指导，开风气之先。通过石峻等老一代中国哲学史学者的努力以及新中国培养的一批批中国哲学史学者的努力，早已改变了被人们忽视的中国近代思想史、哲学史研究的状况，在学术上取得了不凡成就。对石峻在中国近代思想史、哲学史上成就的研究，有助于我们更好地评估石峻在这一领域的学术地位，有助于我们进一步深化对中国近代思想史、哲学史的研究，高举学术之薪火，为构建社会主义和谐社会继续开拓学术研究的新天地。

杜寒风

（作者单位：中国传媒大学文学院）

---

① 石峻："中山先生的思想（提纲）"，《石峻文存》，第215页，华夏出版社，2006年。

② 石峻："中山先生的思想（提纲）"，《石峻文存》，第215–216页，华夏出版社，2006年。

12. 读石峻先生主编的《中国近代思想史参考资料简编》[①]

石峻先生（1916 年—1999 年），生于湖南零陵（今永州市），小时候在父亲的教育、熏陶下，接触了许多宣传新思想的进步书籍。中学时代，先生理科成绩很好，特别是数学和物理，深得当时长沙广益中学校长的赏识。因对学校开设的“国学概论”课程十分感兴趣，先生便自学了梁启超的《清代学术概论》和胡适的《中国哲学大纲》，第一次接触到中国哲学。后来，又在数学教员杨炎和的推荐下，先生细读了冯友兰先生的《中国哲学史》（当时只有上卷），于是立志去北京念哲学。1934 年，先生终以优异成绩考进北大哲学系，与后来成为著名学者的胡绳、任继愈先生同班。在大学期间，先生几乎选听遍了北大所有文科著名教授的课，同时还保持了自己对自然科学的浓厚兴趣。1938 年，先生留校任教，为其导师汤用彤先生做助手。抗战期间随校迁入云南昆明，在西南联大任助教。1948 年，先生受聘于武汉大学哲学系，任副教授，并兼任武汉大学图书馆主任。1952 年，先生到北大，与冯友兰、张岱年等先生一起在国内首开“中国哲学史”课程，并负责中国近代哲学这一段。为了使同学们学习方便，他有了编辑中国近代思想史资料的想法。1957 年由生活·读书·新知三联书店出版的《中国近代思想史参考资料简编》则把这一想法付诸实践。

先生编辑此书有它的时代背景。从大环境讲，1949 年中华人民共和国成立以后，百废待兴。思想界也如此。此时开始以马克思主义为指导研究中国的传统思想，为了做好这方面的研究，第一步就需要用辩证唯物主义观点来整理中国的传统思想史料，他也迫切地感到，研究中国思想史问题必须详细地占有资料，才有可能进行全面的分析，做出合乎科学的论断。因此，编辑中国思想史史料成为当务之急。就小环境而言，先生当时在北大开设“中国近代思想史”一门课，由于

① 本文参考石先生主编的《中国近代思想史参考资料简编》写成，属纪念文章，恕不再注。

学生没有参考书，尤其是原著不好找，且散遗在作者的论著或文集中，因此，许多原文都要在课上念。据听过先生课的学生回忆，他上课时常拿着卡片一字一句地念原文，这样给师生的教与学都带来诸多不便。尽管先生和任继愈、朱伯崑先生主编的《中国近代思想史讲授提纲》已于1955年由人民出版社出版，但编辑《中国近代思想史参考资料简编》仍是当时教学的需要，也使同学们在不多的备课时间内有直接阅读原始材料的机会。先生希望这本资料简编与《中国近代思想史讲授提纲》一书相配合，为师生的教与学提供便利。

关于编此书的指导思想，先生在“编者的话”中有系统的说明，也即以唯物史观为指导。先生认为，历史科学的研究必须以马克思列宁主义的立场观点和方法为指导，才有可能做出合乎事实的结论，但是理解到这个总的原则，并不等于已经解决了所有的问题，因为每一个具体问题都有其特殊存在的形式，这些都需要深入钻研，作具体分析，才有可能得出正确的答案。这就说明了历史唯物主义不能代替各种人类社会历史的研究。本着这一指导原则，中国近代思想史的研究与编辑应注意以下几点。

第一，近代中国社会的复杂性，表现在由一个统一的大帝国逐步陷入半殖民地、半封建社会的过程。从鸦片战争以后，中国虽然开始产生了民族资本主义经济，出现了资产阶级和无产阶级，但是封建主义和帝国主义在全国范围内仍然占统治地位。这样，一方面就使它既不同于一个资本主义社会，也不完全相同于一个典型的封建社会。另一方面，由于各国帝国主义的侵略和压迫，使它又不同于单独属于某一个帝国主义国家的殖民地，加之在国内又存在着统治民族和其他被统治各民族之间的矛盾。由于帝国主义的压迫和封建制度的束缚，中国民族资本主义的发展一直是很缓慢的，其中大资产阶级不是从封建官僚转化而来的，而是与帝国主义保持着千丝万缕的联系，带有浓厚的买办色彩。而在国内各阶级和阶层之间的斗争中，帝国主义侵略者实行武装进攻时也不同于他们采用政治、经济、文化等比较温和的形式进行压迫的时候，这样就使得近代中国社会的主要矛盾和非主要矛盾的关系呈现出复杂的局面。

第二，近代中国的社会历史比过去任何时期都要变化得快，并且明显地表现出一种过渡时期的特点。一种新思想不久就会变成旧思想，为更新的思想所代替，因此作为软弱的中国近代资产阶级的代言人，几乎没有时间来得及建立起自己完整的哲学体系，他们往往从古今中外各方面任意采取个别的或一时有用的观点杂凑起来作为思想武器，仓促应战。在这种情况下，一个早年是进步的思想家，很可能晚年走向反面，使我们对近代人物和思想的全面评价，不能不特别留心他们发表作品的年代、思想先后不同的历史意义。此外，在分析他们思想的来源和组成部分时，根据他们引用的个别论点，就简单地把他归结为某家某派，显然也是不很妥当的。

第三，近代中国资产阶级的出现，是在西方资本主义社会已经开始走下坡路，工人运动兴起，科学的社会主义出现以后的时期。资产阶级思想家采用各种方式来对抗马克思主义的传播，所以通过近代中国资产阶级思想家从西方搬来的货色，主要已经不限于当年的唯物主义，而是更多地夹杂了一些流行的唯心主义思想体系。但是，由于近代中国民族资产阶级尚有进步的一面，要求摆脱帝国主义的奴役和封建制度的束缚，建立一个独立富强的新中国，因此在某些问题上，既要说明他们思想的来源，又要在政治上区别与他们西方老师之间一定的界线，特别是要注意把其中采用的个别观点与近代中国现实社会的阶级斗争结合起来进行考察，才有可能得出大致正确的结论。

第四，中华民族有悠久的历史，创造了灿烂的古代文化，产生过许多伟大的思想家、科学家、政治家、文学家和艺术家，中国人民又有抵抗外来侵略和反对专制压迫的优良传统，因此，我们要是简单地把近代中国的一切进步的思想都看做是从西方搬来的，就抹杀了我国进步思想的继承性，等于割断自己的历史，这种民族文化虚无主义的观点显然是非常错误的。但是近代中国的思想绝不是孤立发展的，随时要受到外来思想的影响，特别是先进的中国人为了摸索救国救民的真理，不断向西方学习，因此要是忽略了国际的环境，简单地只看做是本国思想家的继承和发展，这样也是不能说明中国近代思想发生和发展的规律的。

第五，中国近代的历史是人民大众反帝反封建的历史，充满了群众性的革命事迹，中国近代进步思想在不同时期的表现，也往往成为一种思潮，多少带有群众性的文化运动。因此，近代各种著名的期刊和报纸就成了重要的思想史料，所以，在每一个阶段，虽然也可以选出一些人物作为重点来加以研究，但事实上绝不是这样几个人物可以完全代表的，与中国古代哲学及社会政治思想的研究比较，情况颇有不同。

以上述几点为依据，此书把选文共分为五辑，涵盖 1840 年至 1919 年前后约 80 年间的作品，内容涉及哲学、伦理、经济、政治等方面的思想，具体内容如下：

第一，早期改革思想和人民革命思想的兴起。主要收入龚自珍（1792 年—1841 年）、林则徐（1785 年—1850 年）、魏源（1794 年—1857 年）的著作。计有龚自珍的《平均篇》、《乙丙之际著议第七》、《乙丙之际著议第九》、《农宗》、《尊隐》、《送钦差大臣侯官林公序》，反映了他企图挽救社会危机，要求改革现状的思想。林则徐的《拟谕英吉利国王檄》、《覆奏曾望颜条陈封关禁海事宜折》、《密陈夷务不能歇手片》，可以代表他抵抗外国资本主义势力侵略的思想。魏源的《海国图志叙》、《筹海篇一》、《筹海篇二》、《筹海篇三》、《筹海篇四》、《圣武记叙》、《皇朝经世文编叙》、《广东乡民与英夷告示》、《全粤义士民公檄》、《道光二十六年揭贴》，比较全面地介绍了西方社会、政治、经济、哲学等方面的思想，旨在为中国社会的变革提供借鉴。

第二，太平天国的思想。主要收入洪秀全（1814 年—1864 年）、杨秀清（？—1856 年）、萧朝贵（？—1852 年）、洪仁玕的著作。计有洪秀全的《原道救世歌》、《原道醒世训》、《原道觉世训》，这些文章阐释了农民反封建的朴素的自由平等观念和宣扬了原始基督教的某些平等思想。杨秀清、萧朝贵的《奉天讨胡檄布四方谕》则是太平天国运动的实践檄文，《天朝田亩制度》系统地阐释了太平天国所奉行的土地制度。洪仁玕的《英杰归真》、《资政新篇》，批判了封建传统，提出了革新内政和建设资本主义的构想。

第三，洋务运动和维新变法时期的改良主义思想。主要收入冯桂芬（1809 年—1874 年），容闳（1828 年—1912 年）、王韬（1827 年—1897 年）、薛福成（1838 年—1894 年）、马建忠（1845 年—1900 年）、何启（生卒年不详）、胡礼垣（1847 年—1916 年）、郑观应（1841 年—？）、康有为（1858 年—1927 年）、梁启超（1873 年—1929 年）、严复（1853 年—1921 年）、谭嗣同（1865 年—1898 年）等人的著作。洋务运动时期改良思想家的著作，计有冯桂芬的《采西学议》、《制洋器议》，介绍西方社会政治思想；容闳的《太平军之访察》、《子之教育计划》，代表以美国资本主义改造中国的主张；王韬的《变法上》、《兴利》，倡导变法维新；薛福成的《商政》、《振百工说》，主张振兴商业；马建忠的《论洋货入内地免厘》，力主办理洋务革新；何启、胡礼垣的《曾论书后》（节录）、《新政论议》（节录），强调政治改革；陈虬的《救时要议》（选录）；倡导改良主义；陈炽的《税则》、《议院》，主张改革关税管理制度；郑观应的《盛世危言初刊自序》、《西学》、《议院上》、《商务三》，主张发展中国的资本主义。维新变法时期改良思想的著作，计有康有为等的《上清帝第二书》，康有为的《上清帝第六书》、《进呈俄罗斯大彼得变政记序》、《进呈日本明治变政考序》、《新学伪经考序录》、《孔子改制考序录》、《礼运注叙》（选录）、《大同书》（选录），主张托古改制，变法维新，建构理想的乌托邦；梁启超的《变法通议》（选录）、《论君政民政相嬗之理》、《湖南时务学堂课艺批》、《上陈宝箴书论湖南应办之事》、《少年中国说》、《呵旁观者文》、《论新民为今日中国第一急务》、《论国家思想》、《论自由》，发扬康有为等提出的改良维新，比较全面地介绍西方社会政治思想；严复的《原强》、《救亡决论》、《论世变之及》、《辟韩》、《论八股存亡之关系》、《译天演论自序》、《社会通诠序》、《主客平议》，宣传改良与西方自然科学尤其是达尔文的进化论、社会政治学说；谭嗣同的《仁学》（选录）、《以太说》、《报贝元征书》、《思纬氤氲台短书——报贝元征》，宣传变法维新、无神论与唯物主义的世界观。

第四，资产阶级革命派与资产阶级改良主义论战时期的思想。主要收入章炳麟（1867 年—1936 年）、邹容（1885 年—1905 年）、陈天华（1865 年—1905 年）、吴樾（1876 年—1905 年）、徐锡麟（1872 年—1907 年）、秋瑾（1875 年—1907 年）、孙中山（1866 年—1925 年）、《民报》、朱执信（1884 年—1920 年）的著作。计有章炳麟的《原人》、《序种姓上下》、《驳康有为论革命书》、《代议然否论》，反对改良主义，宣传革命；邹容的《革命军》；陈天华的《警世钟》、《猛回头》、《论中国宜改创民主政体》、《中国革命史论》、《绝命书》（附跋），面对帝国主义侵略、民族危亡的关键时刻，强调革命的迫切性，宣传推翻清朝；吴樾的《敬告我同志》、《暗杀时代自序》、《意见书》，徐锡麟的《光复军告示》，秋瑾的《自拟檄文》（其一、其二）、《中国女报发刊辞》，反映出革命的激进主义；孙中山的《上李鸿章书》、《兴中会宣言》、《中国问题的真解决》、《驳保皇报》、《敬告同乡书》、《军政府宣言》、《民报发刊词》、《三民主义与中国前途》，对改良派流于保皇派予以批判，系统地阐释推翻清朝建立民国的必要性，宣扬以三民主义构建中国的未来。《民报》作为中国同盟会的机关杂志，所选的文章，如“论支那立宪必先以革命”、“驳新民丛报最近之非革命论”、“驳革命可以召瓜分说”、“驳革命可以生内乱说”、“告非难民生主义者”、“悲佃篇”以及《民报》主笔之一朱执信的《论社会革命当与政治革命并行》，代表资产阶级革命派，与改良派的《新民丛报》进行论战，全面阐释了自己反满革命、创建共和的思想。

第五，五四运动时期的资产阶级思想和马克思主义在中国的传播。主要收入蔡元培（1868 年—1940 年）、钱玄同（1887 年—1939 年）、吴虞（1871 年—1949 年）、胡适（1891 年—1962 年）、陈独秀（1880 年—1942 年）、鲁迅（1881 年—1936 年）、李大钊（1888 年—1927 年）的著作。五四时期资产阶级思想的论著，计有蔡元培的“致公言报并答林琴南君函”、“洪水与猛兽”、“劳工神圣”、“北京大学月刊发刊词”，宣传自由主义思想；钱玄同的“中国今后之文字问题”，主张激进的语文改革；吴虞的“家族制度为专制主义之根据论”、“吃人与礼教”、“儒家主张阶级制度之害”，反对旧政治体制、旧道德；胡适的“文学改良刍议”、“问题与主义”、“四论问题与主义”，宣扬文学改良、社会改良；陈独秀的“敬告青年”、“吾人最后之觉悟”、“孔子之道与现代生活”、“文学革命论”、“偶像破坏论”、“新青年罪案之答辩书”、“谈政治”、“国庆纪念的价值”，倡导科学与民主。鲁迅的“科学史教篇”、“文化偏执论”、“我之节烈观”、“我们现在怎样做父亲”、“随感录”、“狂人日记”，批判旧礼教、旧文学，宣传文学革命。马克思主义传播以李大钊为主，收入了“青春”、“今”、“法俄革命之比较观”、“庶民的胜利”、“布尔什维克的胜利”、“十月革命与中国人民”、“物质变动与道德变动”、“由经济上解释中国近代思想变动的原因”、“唯物史观在现代史学上的价值”、“青年与农村”、“再论问题与主义”，从中可以看出早期马克思主义在中国传播的历史。

以上收录的文章虽然时代不同，观点也各异，但体现了先生主编这部书的选材标准。

第一，力求重点突出，以近代中国影响较大的社会政治思想和哲学思想为主，紧扣时代主旋律，一些带有专门学术性质的论文则一概不选，如龚自珍和魏源又是今文经学家，这方面的著作不代表时代，或者说不具有时代性，因此就没有选。康有为也属于今文经学家，对春秋公羊学颇有研究，这方面的著作也没有选入。

第二，着眼于中国近代思想发展总的趋势，因此对于一个思想家，更多地注意他比较起进步作用的东西，到他退步或落伍于时代以后的作品不选。如康有为、梁启超、章炳麟等人的作品都属于早期，而对其晚期的作品，暂行一律摈弃。

第三，至于不断进步的思想家，虽则比较全面地注意他各个时期的特点，但是因为限于“中国近代”的时间范围，所以五四运动以后，虽属十分重要的作品，一般也少选，甚至不选，例如孙中山在接受十月革命后的一些重要的文献、鲁迅晚年的著作就都没有选入。

第四，资料的取舍方面，为便利读者，也注意到一般不常见的作品，虽然并非最重要的，还是相对多选，如陈炽、吴樾等人的作品。另外，一些非常重要的人物，因为他们的作品流传很广，目前比较容易见到，在本书有限的篇幅中，我们不得不作适当的精简，如何启、胡礼垣的《曾论书后》和《新政论议》、陈虬的《救时要议》、康有为的《礼运注叙》和《大同书》、梁启超的《变法通议》、谭嗣同的《仁学》，或节录或选录。这样全书和内容在各部分的比例上难免有不很恰当的地方，如陈天华等人所占的篇幅稍多些。

在版本方面，此书力图严谨。在排印时尽可能根据早期的底本，例如鸦片战争时期有关中国人民抵抗外国侵略和反对卖国投降的思想，采取了北京大学王重民等私人抄录的原稿。章太炎有几篇不是采用后来经过修改的《章氏丛书》中的“检论”，而是根据早期出版的《訄书》之类，这样有助于读者了解作者当时的思想。但是有的重要资料，为了准确可读，则又尽可能采用近人整理的成绩，如太平天国思想史料就参照了罗尔纲先生新近出版的《太平天国文选》。有些则参考了容肇祖先生 1950 年为“中国新哲学研究会”所整理的一部分资料。该资料在编辑过程也得到北大哲学系中国哲学史教研室和中国社会科学院历史研究所第三所的协助。

此外，为了初学者的方便，该资料同时提供进一步研究的线索，对选文的作者或报刊，在全书的结尾附有简要的注释。为保存原始资料的真实性，对于原文一律不加删改；后附录注释，对所选文章的作者做了简要的介绍，以便更好地了解选文的内容及写作背景。

先生主持的这部资料书完成于 20 世纪 50 年代，至今已经过去了 50

多年，不可避免地带有那个时代的印迹，即所谓哲学上的党性原则和阶级分析方法。现在看起来虽然有可商榷之处，但就所选文章的内容来看，确实代表晚清时期思想发展的主流，这一点不会随着时间的推移而过时，也就是说作为研究这一段思想史史料而言，本书仍具有重要的史料价值。从这个意义上说，先生领衔所编辑的这部资料书又具有超时代的特色。另外，恕我孤陋，这部资料书应该是建国以后第一部详细编辑中国近代思想史史料方面的著作，其所具有的开拓性是不言而喻的。因此，先生作为中国近代思想史研究的开拓者是当之无愧的。

我之所以写这篇文章怀念先生，是因为我的父母是先生的学生，我父亲和先生又都是湖南人。父亲 1951 年进入武汉大学哲学系学习，先生是系里的老师。1952 年全国高等院校院系调整，先生和我父亲又一同来到北大哲学系，他们还是师生，我母亲原本就是北大哲学系的学生，这样也成了先生的学生，他们师生相识近 50 年。父亲知道先生的事比较多且记忆又好，遗憾的是他于 2009 年去世，母亲的记忆也受影响，与先生交往的好多事已经不记得了，不过母亲还是有一些零散的回忆。1953 年先生在哲学系开“中国近代思想史”这门课，我父母都是听课的学生。他讲课操一口湖南话，十分认真，一字一句念原文，一丝不苟。他那时还是单身，住在北大，生活十分简朴，家里书很多，但分类摆放，十分整齐。他为人忠厚，对学生非常好，一点也没有老师的架子，父母经常去看他，向他请教，借阅资料。不久前我又去父母的同班同学余敦康叔叔家，向他了解一些先生的事，他对我说，先生课余时经常和学生去颐和园游玩并在湖里游泳，也经常请学生吃饭，聊起天来滔滔不绝。

1955 年，我父母毕业去了中国科学院哲学所，不久先生去中国人民大学，见面的机会并不多。1961 年至 1979 年这段时期，我父母在东北工作，没有机会见到先生。1980 年，父母调入武汉大学哲学系后，与先生见面的机会多了起来。父母来北京，有机会就去看望先生，先生去武大开会，父母也去他的住处拜访。先生爱逛旧书店，父母也爱逛书店，有一次他们在琉璃厂的中国书店偶遇，十分高兴，就这样一直站着聊了起来，甚至忘记了劳累。

正是因为有这样的渊源，我也有机会见到先生。1986 年，先生去武汉开会，他到父母家作客，谈笑之余说起我在北京读书。那时的北京还是供给制，买油凭票，父母怕我不够吃，就托先生带一桶油给我。借此机会，我敲开了先生位于中国人民大学林园的家门，他高兴地把我让进门，并把带来的油交给我。我环视四周，先生住的房间并不大，里面的书架放满了书，显得非常狭窄。先生那年刚过70，头发已经花白，但身体非常好，又十分健谈，与我这小辈聊起天来十分兴奋，我听得也津津有味，其间还谈到我的专业、家庭等等。结束拜访时，先生亲自把我送下楼，并顺便去校园散步。那时我在北大念研究生，读的不是中国哲学史专业，所以这次请教没有涉及这方面的内容。1992年我开始转专业，研究中国思想史，1995年去中国社科院历史所工作。由于刚到一个新单位，工作比较忙，历史所的学风又不同于治中国哲学史，重点在学术史至多是思想史，因此，当时的方向与兴趣并不在中国哲学史上，所以本来已经认识先生的家门，先生又待我非常好，但我没有再去拜访他，多聆听他的教诲。抚今追昔，十分后悔。今年正值先生诞辰九十五周年，先生的高足向世陵教授约我写一篇有关纪念先生的文章，我当然不会错过，仅想借此机会表达我对先生的怀念与敬意之情。

汪学群

（作者单位：中国社会科学院历史研究所）

13. 略论石峻先生研究佛教的“科学方法”

石峻（1916年－1999年），著名的中国哲学史家、佛学家、教育家。任继愈先生称之为“石公”（下文仿此），对其一生的为学、为人推许有加，说他“博览群书”、“治学广博、眼界也高”①。石公的佛学研究，一如其师汤用彤先生，始终把佛教置于具体的历史环境和社会发展的脉络中加以考察，借以深入探究不同文明之间对话、交流的内在机制，而且“洋为中用，古为今用”，中国的现代化关怀始终

① 任继愈：《石峻文存·序》，华夏出版社，2006年10月版。（下引该书，只标注页码）

贯穿在他们的研究之中。① 这种现代化的关怀，在石公研究佛教的立场与方法上，也有着集中的体现。他认为："信仰者的方法，思想性受到限制。西方化的方法，如铃木大拙，以西方思想诠释禅学，适合西方人的心理。重历史的方法，如胡适，重考证历史史实，轻阐发思想。罗列材料的方法，没有独立的见解。这些均非科学方法。"② 那么，石公主张的现代佛教研究的"科学方法"——实际上也是方法论，究竟是什么呢？下面尝试做一个简单的概括。

一、现代佛教研究，一定要实事求是，紧紧把握时代脉搏，把握思想史发展的规律

（一）实事求是是现代佛教研究的根本立场

现代学术研究不仅注重证据，拿充足的材料说话，而且也注意探寻学术研究的现实意义和思想价值。石公认为，现代佛教研究也不能例外，必须特别注意研究佛教的立场与态度。

实事求是，就是要拿材料说话，有一说一，有二说二。对于佛教研究中的不良现象，石公非常清醒地指出："研究什么就吹捧什么，这是一个毛病，不客观、全面。"③ "现在讲宗教都讲宗教是追求永恒、超越，这实际是美化宗教，为宗教辩护。"④ "现在的宗教研究，忽略了宗教的庸俗的一面，例如宗密容藏犯人。"⑤ 因此，石公特别强调研究佛教"要有批判的和同情的态度。没有同情的态度，不知道真贡献；没有批判的态度，不能超过他"。⑥ "同情"和"批判"的态度，都要建立在实事求是的基础上。

---

① 石公学术研究的现代性关怀，可以透过他对熊十力的评价来把握一二。他在《熊十力先生的学术道路》中指出："可以肯定，熊先生是一位不断要求进步的爱国学者。对于新旧社会的对比，他的感受也是很深刻的。我看不少国内外学人有关这方面的千言万语，还远不如熊先生的两句话来得中肯。像他在《体用论》一书中说：'如昔者贫民以服侍剥削者为当然，在今日则公认为无是理。'真可谓一语即道出新旧社会的本质区别。"（《石峻文存》，第 244 页）

② 《石峻文存》，第 493 页。

③ 《石峻文存》，第 491 页。

④ 《石峻文存》，第 493 页。

⑤ 同上。

⑥ 同上。

因此，在佛教研究中，一定要立足史料，独立思考，不能人云亦云。比如在讲到印度佛教创立的时候，石公就反复强调："佛教思想绝不是哪一个人可以凭空想出来的，它是古代印度社会各种现实矛盾的反映。"① 因为在古代印度，占统治地位、拥有无限权力的是僧侣婆罗门阶层，他们欺骗群众，大搞迷信活动来榨取群众的钱财，他们道德败坏，引起群众的不满，因而形成了反对婆罗门的新兴沙门思潮，原始佛教就是这样产生的。明白了佛教产生的实际背景，才能够进一步搞清楚原始佛教的思想实质。石公认为，原始佛教"提倡用思想的锻炼和生活修养的方法来求得个人烦恼和痛苦的解脱。像后来所谓的业报轮回这一类的信仰在当时还不占重要地位。所以，原始佛教是一种唯心主义的世界观，但也多少反映了广大群众对婆罗门僧侣上层的抗议，尽管它充满了各种不切实际的幻想，是一种不可能实现的主张。从历史唯物主义的观点来看，不能说它是完全反动的"。② 考虑到石公生活的时代环境，他对佛教的作用做出这样的评价，正说明他并不是随波逐流的人云亦云，而是富有独立思考的学术判断。他认为，根据佛教的发展史来看，可以知道，原来它并不是古代印度的正统思想。今天有人把佛教说成是古代印度思想文化的全貌，或者说成是所谓印度文化的基本精神，显然不一定符合历史事实。如果单用佛教来代表印度文化，难免会发生许多误解，使我们不能真正地了解印度。比如，我们如果说印度历来提倡禁欲主义，或者说印度文化是一种老年人的文化，并用这样一个标准来区别印度文化与中国文化不同的传统，这就带有很大的主观片面的猜测。石公的看法当然是有所指的，因此他主张："我们一定力求比较全面地看问题。印度佛教原是古代东方社会历史的产物，不是如有的人简单地认为的是释迦牟尼一个人坐在菩提树下空想出来的。所以，佛教即使在印度，也有先后不同时代和不同地域的特点，而且充满了各种内外的矛盾。这种先后也有思想自身发展的原因，我们不能割断历史发展，不能说佛教是一个一成不变的信仰。"③

大乘佛教的产生也是这样，离不开当时当地的具体背景。为了与

① 《石峻文存》，第 24 页。

② 《石峻文存》，第 24－25 页。

③ 《石峻文存》，第 26 页。

佛教以外的各种思想信仰展开斗争（包括正统的婆罗门教和非正统的外道信仰），佛教徒竭力宣扬释迦牟尼的权威，将释迦牟尼进一步神化，把人变成神，佛教也就逐步变为神教，与原始佛教已不完全相同了。“往后佛教传播的地区更加广泛，终于超出国界，已不是属于哪一个国家的宗教了。可是，不同的国家有不同的传统和信仰，佛教要在新的地区存在和发展，就要迎合和适应其他宗教信仰的需要。这样就要求佛教徒采取更加积极的态度，不能满足于只是追求个人的解脱。为了适应这种情况，必须在理论上有所发展，针对一些复杂的现实生活，便需要有更大的思想上的灵活性，不再把问题局限于信仰者个人，这样就逐步产生了大乘佛教。”① 石公对于大乘佛教产生的分析也是建立在实事求是基础上的独立思考的判断。

实事求是的研究态度，要求在面对佛教经典中一些“神通”等材料的时候，一定要进行实事求是的转化、解释，比如关于禅宗与惠能的不识字问题，石公就进行了精辟的分析。他说：“在困难的状况下自己想办法解决，这就是禅，没有一个固定的教条。”② “禅宗认为是不可说的，而我们要讲出来。不过讲了要有其道理。”③ “说惠能完全是文盲，不可信，可以说其文化程度不高。但说惠能是文盲，也有其用意，表示佛教的最高智慧不在于文字。道明将军拿不动袈裟，只表明你道明当不了传法人，不是真的拿不动。因此，必须将这类说法改造，转化。”④ 这种解释中的“改造、转化”，正是现代学术研究中实事求是的一个体现。

同时，实事求是的研究态度，不仅仅体现在对佛教思想精华的分析上，也体现在石公对佛教“糟粕”的认识上。他明确地指出：“许多古籍经典中，包含了糟粕，作者说些不明不白的话，讲些不明不白的道理。要防止看不到糟粕的研究方法。”⑤ 因此，在佛教研究中，一定要学会从相反的方面、对立的角度发现资料、发现问题，以便进一步提升自己的理论思维水平。他说：“一个研究哲学的人，特别是

---

① 《石峻文存》，第 25 页。
② 《石峻文存》，第 491 页。
③ 《石峻文存》，第 495 页。
④ 《石峻文存》，第 495 页。
⑤ 《石峻文存》，第 492 页。

研究唯物主义的人，不研究唯心主义和形而上学，他的理论思维是不容易提高的，因为唯物主义和辩证法是为了反对唯心主义和形而上学的。所以，客观地说，没有高水平的唯心主义，也不可能产生高水平的唯物主义，这个道理本来是很明显的。毛泽东同志过去也谈到过这方面的问题。因此，佛教唯心主义这个反面教员的作用，对我们研究中国哲学史和宗教史的人来说是决不可以轻视的。"① 换句话说，不研究反面的东西，研究就会缺乏战斗力。"目前外国有一些佛教思想的专门研究者，往往不注意读反佛教的书，一些中国无神论的专门研究者，又往往不注意读佛教、道教等方面的书，其结果是他们虽然都很用功，很多成就却不够理想，一部分原因也在于此。"② 理论思维能力的提高与实事求是的研究态度是密切相关的。石公对用朴素唯物主义自然观反驳宗教等的尝试进行了十分精彩的分析："凡是用朴素的唯物主义自然观来反驳带有复杂社会性的宗教信仰与人生哲学，必然会使自己走向反面，陷于一种形而上学的历史唯心主义，这已是在哲学思想史研究中常见的一条难以避免的客观规律。"③ 因为这种简单的反驳虽然富有激情，但缺失足够的材料支撑，违背了实事求是的基本原则，所以石公将之上升为"客观规律"的高度。

（二）把握时代脉搏，体现学术研究的现代关怀，是现代佛教研究的灵魂

石公指出："马列主义的研究和为学术而学术的研究不同，后者是为研究而研究，没有目的性，前者有一个现实的意义。要注意历史的情况、现实的影响和意义，古今不能划为两段。"④ 学术的研究当然是为了真理，但追求真理应该是为人民服务的。因此，生活在当下的人理所应当地应该成为现代佛教研究的核心和灵魂。生活在当代中国的知识分子，在研究佛教的时候，就应该紧紧把握时代的脉搏，体现出对于当代中国人的现代关怀。即使是对于古代的思想研究，也要始终放眼于古代人民生活的历史条件，始终放眼于造福于当代人民。

---

① 《石峻文存》，第 35 页。
② 《石峻文存》，第 263 页。
③ 《石峻文存》，第 148 页。
④ 《石峻文存》，第 491 页。

石公明确指出佛教的研究方法是："一是小中见大，反映整个时代的矛盾，二是站得高。"① "反映时代的矛盾"，就是要深刻把握整个时代的困境，为那个时代的人民的幸福着想；"站得高"就是要求现代学术研究一定要立足于当代人类发展的主旋律，为当下的人民及其未来着想。他说："考虑这些思想中，哪些具有重大的理论意义和历史意义，有些问题，讲清楚了也没有意义。"② 缺少重大理论意义和历史意义的"学术研究""讲清楚了也没有意义"，集中体现出石公对佛教研究的现代关怀。

（三）探寻佛教思想发展的规律，是现代佛教研究的重要使命

石公把铃木大拙、胡适等人研究佛教的方法称之为"非科学方法"，主要原因之一就在于他们的研究缺乏对于思想规律性的认识。他说："铃木否认历史的研究，认为没有哲学史，只有哲学。雅斯伯斯就是这种观点，这比黑格尔还落后。"③ "要从思想方面把理论和历史统一起来。避免简单的客观介绍式的写作方法，看不出任何规律，看不出思想如何解决社会问题。"④ 他对于思想发展的规律非常重视，比如他说："研究禅宗，把外来的思想，经过斗争、融合体现出来的规律揭示出来，如何改造印度佛教，变成中国式的佛教？不是孤立地讲一个人或一本书。"⑤ 孤立地讲一个人或一本书，是没有办法发现思想发展规律的。

关于思想发展的规律，石公认为思想产生与发展的社会环境是第一位的决定性因素。他指出："印度佛教，出家人不劳动，连父母也不拜，中国的习惯就不行了，就起变化。惠能孝父母，礼貌尊长者。资本主义国家的佛教则模仿基督教。"⑥ 一种思想在不同的地域、不同的民族、不同的时代，就必然会有不同的表现形态。因此，"同是一棵树，这一段锯下，做了菩萨，另一段则做了马桶"⑦。具体的文

---

① 《石峻文存》，第 492 页。
② 《石峻文存》，第 496 页。
③ 《石峻文存》，第 492 页。
④ 同上。
⑤ 《石峻文存》，第 496 页。
⑥ 同上。
⑦ 同上。

化环境发挥着关键的作用。

石公对于思想发展规律的讨论还集中体现在他对中国佛教发展分期的认识上。他认为，中国佛教的发展大致可以区分为：汉代佛道、魏晋南北朝佛玄、隋唐宗派、宋元明清融合、近代与新思潮结合等五个时期。其中每一个时期都有鲜明的时代特点，其产生与发展也有明显的规律可循。

汉代佛道时期，人们把佛教看成与中国道术一样的一种信仰。因此，佛教信仰和中国传统文化没有什么根本不同。“统治阶级所以信奉佛教，不过是以为求它可以延年益寿，可以多子多孙，或者想借助佛或神的力量来维护国家的安宁，长治久安，这是主要的情况”①。

魏晋南北朝佛玄时期，佛教“受到了当时玄学的影响，是玄学先影响了佛教，推动了佛教的发展……这种玄学研究体用、有无、本末这样一些比较抽象的理论，它广泛地影响了当时佛教的发展”②。

隋唐宗派时期，立足于“判教”而形成的统一佛教的努力，其特点是“系统性、宗派性”③。石公不仅分析了这个阶段佛教各个宗派的具体情况，而且着重以宗密为例分析了思想融合与判教的必然性。他说：宗密“对儒道的批评和总结，曲折地表现了他对社会问题，特别是社会苦难的分析。宗密的融合，是要在佛教处在最高峰而要走向衰落的时候，提出的一种保持佛教发展的措施，佛教内部要统一起来，不分散力量，才能存在下去，这也是佛教的现实状况的反映”④。如果佛教内部要进行有机的统一，就要进行各种流派的思想分析，按不同的层次进行排列，这就是判教问题。在此基础上，石公进一步分析了这个时期“心性”如何成为核心问题的必然性。他指出：“唐以后之佛学以‘心性’问题为主要思潮（包括禅宗、华严宗、天台宗等）……柳宗元作《六祖碑》谓‘始于性善，终于性善’。唐玄宗时禅宗大师神会和尚时即有‘无情有性’之论，可知此说起源甚早，不必始于华严澄观也。故唐时中国学术之变迁其主要问题为心性，如韩

---

① 《石峻文存》，第 30 页。

② 《石峻文存》，第 30－31 页。

③ 《石峻文存》，第 31 页。在“略论中国佛教哲学思想的发展——《原人论》导读”中，石公有时候又增加两个特点：“统一性”与“国际性”。（《石峻文存》，第 139 页）

④ 《石峻文存》，第 499 页。

愈作《原道》《原性》，梁肃（天台）作《止观义例》，李习之作《复性书》、《金刚碑》等亦讲心性问题。当时内外学者既皆以心性问题为主要潮流，中国经典中之《中庸》为最合适的著作，故智圆、契嵩等皆讲《中庸》也。佛性即印度心性的学说。”① 言简意赅的一段话将唐代佛教心性论的特质揭示了出来。石公的这种分析对于理解佛教与宋明理学的关系提供了新的视角和丰富的资料，对于后人进一步研究宋明理学的产生与发展具有重要的意义。

宋元明清时期的佛教由盛转衰（主要在汉族地区），佛教的一些信仰者主要是证明其理论与正统的儒家思想不违背，提倡儒、释、道三教融合为一体，公然在表面上以儒家思想为主，也掺杂了佛教思想的内容。与隋唐时期的宗派佛学相比，这个时期有其新的历史特点："它结合了后期中国封建社会的政治、伦理特点，使之更加中国化了"②。探究其背后的原因，石公认为，这个时期“中国佛教的研究已由于宋明理学的兴起和民族矛盾的尖锐，转而强调用中华民族的所谓道统来代替外来佛教的所谓法统，同时由于寺院经济的日益衰落，世俗地主经济日益占统治地位，于是佛教亦逐步变为儒家理学的附庸”③，同时理学已采用阳儒阴释的手法，改造其思想内容而加以利用，于是三教合流，以儒为主的思想占了上风，于是佛教因处于中国传统思想的附庸地位而得以广泛流行。就这样，宋代佛教从一方面说，它的社会地位是相对地下降了，但从另一方面说，它又比过去更加广泛和深入了，构成了中国传统思想的一个组成部分，“几乎浸透到各种文化生活的领域中”④。

这个时期的中国佛教中禅宗独盛。原因何在？石公认为，禅宗理论中上就是空宗或三论宗，鸠摩罗什、僧肇、道生等都是空宗理论的代表人物。不过，“三论宗但有理论，而乏方法之实现。禅宗能以空宗理论而以中国流行之方法实现之，故禅宗成为中国的佛教”⑤。禅宗采用的是什么方法呢？石公说：“后来‘作用见性’，即达摩‘行

① 《石峻文存》，第 91 页。
② 《石峻文存》，第 31 页。
③ 《石峻文存》，第 140 页。
④ 《石峻文存》，第 145 页。
⑤ 《石峻文存》，第 134 页。

入’之发挥也。坐禅的范围缩小，而表现目的（见性）之方法更广，引入到‘作用见性’，是中国的，且下接宋元明儒学也，时时‘收放心’、‘活泼泼的’……如此更接近中国之学术，与自政治社会上出世之思想自远矣，多在日常行事上作工夫矣。”① 还是中国固有的思维方法与生活态度。这说明佛教的发展还是受制于地域、民族等特定的文化环境。

近代的佛教因为普遍受到了西方外来思想的冲击，“佛教思想也在无形中受到外国资产阶级哲学的影响，从一个方面来说，佛教部分理论甚至成为沟通中国传统思想和西方外来思想的一个中间环节……但其发挥的佛学理论已有西方资产阶级哲学的影响，并且和新的思潮结合在一起了。他们不仅用佛学结合了近代资产阶级哲学，同时也把佛学思想明显地和他们的政治运动——无论是改良运动，还是革命运动——结合在一起，这样也就形成了我国佛学新的历史时期”②。

石公对于中国佛教发展史轮廓和不同时期主要特点的说明，反映了他对中国佛教发展规律性的认识：“佛教这种外来文化可以说都是在结合了中国社会历史文化的特点，移植而逐步发展起来的。”③ 因此，在研究佛教的时候，必须要关注影响佛教发展的各种因素，包括哲学、政治、经济等诸多方面。他反复强调：“非历史唯物主义的方法，从思想中讲思想的变化。历史唯物主义的方法，从社会历史根源讲思想变化。”④ “哲学史家要研究哲学史的发展规律，思想规律不单纯是个概念性的问题，有经济、政治、社会的原因。”⑤

总之，在对佛教研究的说明中，石公主张“要全面、历史、辩证地看问题，实事求是”⑥。这是他的研究立场与态度，也是方法。

二、现代佛教研究要重视经典的学习，重视重点人物的研究

石公的佛教学术研究开始于僧肇与《肇论》，后来也对中国佛教

① 《石峻文存》，第 135 页。
② 《石峻文存》，第 31 页。
③ 《石峻文存》，第 31－32 页。
④ 《石峻文存》，第 491 页。
⑤ 同上。
⑥ 同上。

史上的许多重要人物及其著作进行过深入的研究，比如范缜与《神灭论》、玄奘、宗密、熊十力等。因此，对于经典的学习和重点人物的研究，是他佛教研究方法中的重要内容。深入经典，由点到线，不仅贯彻着他一贯的实事求是的研究态度，而且能够借助于点与点之间的连接，疏通中国佛教发展的历史脉络，进而从整体上把握中国佛教的精神风貌。本节依据石公对于宗密的研究为例，进行简单的说明。

石公认为，宗密是一个在中国佛教发展到高峰时出来总结的人物，他不只是佛学思想家，还是个学者，很重要。他说："中国佛教，中国化色彩最浓厚的是华严和禅宗，其次是天台等，而宗密则加以融合，以此可以看出其地位，其《原人论》的影响之大，不亚于《坛经》。"① 中外思想的交流与影响、融合与创新，宗密是一个重要的代表性人物。那么，体现在宗密身上有什么规律？为什么只有在唐中叶才出现宗密这样的和尚？

石公认为，宗密早年学儒道，又归佛教，先学禅，后华严，本人也具有条件，是和尚，又是学者，是社会活动家，与裴秀等大官僚都有往来。宗密的思想来源，经典为《华严经》、《圆觉经》、《大乘起信论》。宗密是隋唐佛教发展到高峰以后的人，这时各宗都建立了。宗密死后不久就灭佛，他是佛教高峰时期的最后一位大师，他有这个条件加以总结。自身的条件与时代的背景相结合，成就了宗密的佛教总结。石公指出："宗密的时代，想发扬、保持佛教的地位，同时想使宗派内部的矛盾减少，把宗派统一，巩固佛教的地位，甚至包含儒道，'孔老释迦，皆是至圣'。他是华严宗和神会的嫡传，故统一两个传统，成就华严禅，再由华严禅对其他宗教和儒道来个统一的看法。他搜集了禅宗各家语录，成《禅源诸诠集》会合各宗教。"② 石公还说："与过去的判教不同，其他人都没有把儒道放入，宗密把中国和印度思想都放进去了，他是第一人。"③ 在综合研究的过程中，宗密创作了《原人论》，系统地发挥了他的思想。

《原人论》如此重要，所以石公后来特别重视，甚至专门为学生开课，并指导自己的博士研究生董群专门研究宗密的佛教哲学，《融

---

① 《石峻文存》，第 499 页。
② 《石峻文存》，第 496 页。
③ 《石峻文存》，第 497 页。

合的佛教》就是这一研究成果的体现。在研读经典的基础上，石公指出，宗密融合华严和禅宗的理论基础具有一致的特征。他说："华严和禅综合起来的共同点是，人人都有佛性，即本觉真心，即佛性。禅宗性善，人人成佛，唯识宗却讲有人不能成佛。华严宗讲理事，影响到理学。"① 因而，宗密的思想统一要结合唐朝的三教鼎立状况、佛教内部各派林立的状况来研究。各派的综合是唐朝后期的客观要求，统治阶级也有这种需要。"宗密的总结比韩愈好，韩愈感情上强烈，但理论上粗糙，不解决问题，韩对佛道也缺乏研究，没有条件总结。"② 宗密则不然，他把佛教中国化，"中国哲学讲原人、原性、原道，宗密也讲原人，不讲天，不讲地狱，而专讲人。印度佛教讲天、地狱，而少讲人。这就中国化了"③。

宗密的哪些思想启发、影响了宋明理学呢？石公认为："主要是他的'本觉真心'说。可以说，宋明理学的两个主要理论——理气论和人性论——都可以从这里找到源头。冯友兰先生说，宗密的《原人论》'以为宋明道学立先声矣'（冯友兰《中国哲学史》下卷，第798页）。"④ 而且，陆王将良知作为本体，与宗密的路数也有关系。不过，他们的理和良知与封建道德更有关系。"但将理和良知提到本体的地位，思路与宗密相同。所以，宗密的地位为继往开来"。⑤

就宗密思想的研究而言，石公的研究方法很有代表性。立足于经典等原始资料，在时代背景和思想交错的网络中把握宗密的思想要点与特色，从而使宗密的思想家的形象丰满而鲜活。这种研究不仅丰富了宗密本人的思想内涵，而且进一步丰富了唐代佛教的内容，对于揭示唐代佛教思想向宋代思想的转向也具有重要的学术价值。石公后来重视宗密及其《原人论》的研究与他早年重视僧肇及其《肇论》的研究一样，都具有揭示中外文明融合、创新的重要意义。结合石公的现代化关怀，似乎不难体会到他的学术研究的良苦用心。

① 《石峻文存》，第498页。
② 同上。
③ 《石峻文存》，第499页。
④ 《石峻文存》，第144页。
⑤ 《石峻文存》，第498页。

三、现代佛教研究，应该具有开阔的学术视野

石公指出："宗教斗争背后常常是寺院经济继承权的斗争。宗门的不同，不只是指理论的不同，也包含了势力范围的不同。宗门兴衰的原因也有统治阶级利用的问题。"① 石公的这段话实际上也体现了他的佛教研究方法论，那就是在研究相关佛教问题的时候，一定要充分考虑影响佛教思想产生与发展的各种因素，考虑到佛教思想的变化。换句话说，现代的佛教研究应该具有更为开阔的学术视野。本节拟从佛教与人性论的关系、佛教与中国文化的关系两个方面，分析石公这一佛教研究方法论的特征。

（一）中国佛教中的人性论的研究

佛教在中国的发展离不开中国传统思想的沃土。我国传统思想的精华在于人本的性格，或者叫做内在超越。"无论任何一家，最后皆求切乎人事"②。儒道两家思想"皆是未尝离乎'人生'，那么，'人生'最根本方面的探讨——人性问题——必然各有所见"③。行至魏晋，"这个时代学术思想的根本精神是由具体事物到抽象原理，从注意外物的'杂多'归到看重神理的'单纯'，可谓汉学一种合理的演化"④。根据玄学的建立者王弼"所讲'体用不二'的道理，推论到'人性问题'，必然是一种'性情不二'的学说。因为玄学上知识方面的'体用之辨'应用或体验到人生上便是'性情之论'"⑤。"这样，人的'性'与'情'的问题，在玄学中知识上便成为'本'、'末'之争，或者所谓'空'（无）、'有'之辨。要用佛学的名词，即是'真'、'俗'二谛之论，或宇宙'性'与'相'的关系。人性问题扩大了"⑥。印度传来的佛教，尤其是般若宗的理论，原本是专

① 《石峻文存》，第 493 页。
② 《石峻文存》，第 358 页。
③ 同上。
④ 《石峻文存》，第 366 页。
⑤ 《石峻文存》，第 367 页。
⑥ 《石峻文存》，第 368 页。

门讨论宇宙“性”、“相”问题的，跟我国玄学的根本问题非常接近，因此大见风行。此后南北朝涅槃佛性各家的学说，可以说是从因果关系推论人性问题，“结果告诉我们，把‘人性’看做是固定的或者不变的‘质料’，只要思想犯有这个嫌疑，论理都要陷于矛盾”①。

石公认为，佛教的中国化正是在这个中国固有的人性论认识的基础上真正展开的。他说：“隋唐一代思想的变迁恰巧也是从注意知识或宇宙现象转到人生或心性问题，因此，后来关于‘性’、‘情’的学说成就一致的中心思想，根本问题一经接近，各宗逐渐见合流的趋势。有如体用一源，显微无间，妄尽还原，亦即本觉真心（或性），乃至‘顿悟成佛’（华严、天台并属顿教），可算各宗一致的主张。而‘无情有性’之说，禅宗大师神会、华严四祖澄观、天台九祖湛然并有此说，这些与宋明理学的思想皆有直接的关系。”② 所以柳宗元说禅宗六祖惠能“其教人，始以性善，终以性善”。李翱在这个大混合的形势下，难免不受时代的影响。因此，《复性书》人性论的贡献，石公认为：“一方面在分别‘性’与‘情’……一方面又以‘性’与‘情’不可相无。”③ 因此，“‘性’与‘情’的差别不能说是‘内’、‘外’，不能说是‘善’、‘恶’，也不能说是相对的‘静’、‘动’，实际只是一个‘明’与‘不明’（昏）的问题，好比禅宗所谓‘迷’与‘悟’的不同，并非是绝缘的两种东西，与隋唐各宗佛教的思想也没有根本上的不同。不过，李翱在说明他的思想体系时受上面所说儒家融汇佛家理论一派的影响。将《礼记·乐记》篇的‘人生而静，天之性也’，《易传》中的‘寂然不动，感而遂通天下之故’，以及孟子所说的性‘善’等并为一谈，而以《中庸》所说‘诚明一体’的意思，如谓‘诚则明矣，明则诚矣’（《中庸》）的思想贯通起来。李翱又曾受知于梁肃（见所作《感知己赋》，此点陈寅恪先生说）融通天台止观的学说，如云‘物之所以不能复者，昏与动使之然也。照昏者谓之明，驻动者谓之静……’（梁肃《止观通例》），而讲明‘复性’如何

① 《石峻文存》，第369页。

② 《石峻文存》，第370－371页。

③ 《石峻文存》，第372页。

‘静动皆离（《复性书》中），以修养成功圣人’”①。因此，对于隋唐一代人性学说研究的贡献，石公认为“性”“情”的分别不是构成质料的不同，只是一个“明”与“不明”的问题。在此基础上，孟子性善论的意义也就凸现出来。

有了唐代人性论问题的深入思考，宋代理学的产生及其理论特色也能够得到较好的说明。石公认为：“宋元明理学的根本精神，概括地说来，是在把政治建筑在心性之学的基础上，同时拿个人作本位，以求理想社会的实现，因此与隋唐思想面目不同，在中国哲学史上可以划一新的时代。”② 胡瑗、范仲淹、欧阳修、王安石，甚至周敦颐、邵雍等在人性论方面，基本上都没有明显的突破，但均受三教融合的时代影响，“这样，我们以为后来张子（载）、程子（颐）的分别‘天地之性’与‘气质之性’，即在试行调和汉代思想中的宇宙构成论与唐末以后三教合流的人性学说，如周濂溪、邵康节等人思想体系的两方面，使之成为一个新的结构”。③

在这个新的结构中，程颐“性即是理”的主张，一方面把先秦到两汉一切比较注重伦理意义的人性学说，如或善或恶，乃至善恶对立等，在伦理上可以多一种解释，同时给传统儒家思想一个新的面目，“个人以为这是理学史上一大贡献。所以朱子尝说：‘气质之说，起于张程，极有功于圣门，有补于后学，前人未经说到，故张程之说立，则诸子之说泯矣’（《张子全书正蒙注》）”④。石公认为，“这个‘理’性，一则有丰富的‘伦理’意味，可以象征一种‘外在的秩序’，再则又能恍惚行为者纯真的动机——那种大公无私的心境。同时这种‘理性’又不受个人的限制，人人本于一性，‘圣人可学而至’也有理论的根据。因此可以说，政治的规则源出于心，一而非二，理学的系统实际就算完成了”⑤。

就这样，人性论的问题成了沟通佛教与儒家思想的重要环节。石

---

① 《石峻文存》，第 373 页。
② 同上。
③ 《石峻文存》，第 375 页。
④ 《石峻文存》，第 377 页。
⑤ 《石峻文存》，第 378 页。

公开阔的学术视野为他解释佛教中国化提供了一个绝好的切入点。的确，印度佛教的法性一转而为佛性，在中国南北朝其实再转而为心性，终于揭举出如来藏清净心的“良知良能”的觉性。如此一来，不仅较好地诠释了天台、华严、禅宗、净土的心性论特征，进而也能够说明佛教与宋明理学的密切关系。

（二）佛教与中国文化关系的研究

佛教与中国的关系不仅仅是玄学、理学的问题，还有更为广泛的文化领域。石公认为，外来的文化怎样影响了中国古代文化，这是问题的一个方面；也许还有更重要的一个方面，即中国传统思想和文化如何影响了外来的宗教信仰、它的面目和发展。佛教思想是如何影响了中国过去的文化思想的呢？

首先是佛教的发展更好地维持了封建社会的道德与社会的稳定，比如因果报应之说。《周易·文言》中讲到“为善之家必有余庆，为恶之家必有余殃”，但司马迁在《史记·伯夷列传》的最后就表示怀疑，伯夷这样的好人其结果并不好。东晋的慧远写了《三报论》，利用佛教经典中的“现报”（现世受报）、“生报”（来生受报）、“后报”（两代、三代乃至许多代之后再受到报应）进行了解释。“这样，他把善恶报应的事实故意说成多样化，又把报应的时间拉得特别长，那么，你做了好事究竟在哪一代才能得到报应呢？这很难说。这样，因果报应的欺骗性就更大了。”① 因而能够更好地维持社会的稳定。再比如佛教的出家，离开其父母和爱人，这与我国当时社会的传统相抵触。但是，后来佛教发展的事实证明，它确实有帮助维护封建道德的作用。比如，在封建社会，一个妇女的丈夫死了或者遭到其他意外，那么，作为一个妇女就要守节，不能再嫁人。这自然是一种以男子为社会中心的封建道德，在过去，这个问题一直不能很好地加以处理。“但是，一旦寺院经济发达，那么这些年轻的寡妇就可以出家，出家既可以同样过富裕的生活，同时也严格地维护了封建道德，从而可以大大地缓和封建社会统治阶级上层家庭内部的矛盾。比如，唐太宗死了，武则天为什么要出家

① 《石峻文存》，第33页。

呢？就是这个道理。”①

又比如，我们中国过去祭祀祖先，提倡孝道，这对于巩固封建社会秩序是大有好处的，佛教的传入又把这种宣传孝道的方法更加丰富起来。比如，我们七月半可以做盂兰会，或者在父母、先辈死了之后就可以大做佛事，请和尚念经，这样来追念亡灵。石公认为，“这样一些宗教仪式就使中国封建社会道德的内容更加丰富了，起到了巩固封建社会秩序的作用”②。

不仅如此，从生产关系方面来说，佛教的传播使中国封建社会更加容易停滞不前或者使中国封建社会发展缓慢。因为如发达的寺院经济的土地一般是不允许买卖的，因为它不是哪一个人的，不存在分散土地如地主分家那一类的问题。同时，佛教表面上对政治是一种超然的态度，所以它受到改朝换代的影响也比较小。所以石公认为：“寺院经济可以更长期地维持，作为变相的大地主的封建剥削关系，从而延缓了中国封建社会的发展，形成一种比一般的地主阶级更加保守的顽固势力。”③

其次，佛教也极大地丰富了中国文化的内容。石公认为，由于寺院经济的发达，对于保存我国古代历史文物也产生了某些有利的条件，可以说这是一个意外的贡献。在封建社会，某些著名寺院往往成为当时传播历史文化知识的据点，是供人们学习的重要场所。过去，不少文人学者借用寺院的有利条件著书立说，这甚至影响了后来宋明书院制度的发展。“寺院经济的发达当然有不利的方面，但是它也给一部分在旧社会绝望的人开辟了一条生路，没有办法，只有出家，这对缓和社会的矛盾肯定是有一定的作用的。有些人政治斗争失败了，为了表示他已经投降了，只有出家，对方也就不计较了。”④

石公还认为，宝塔这种建筑最能具体说明中外两种文化交流的事实。宝塔的建造受到外来佛教的影响，中国过去本来没有什么宝塔，但造宝塔不是简单的模仿，可以肯定，中国古代绝大多数的宝塔或佛

① 《石峻文存》，第 34 页。

② 同上。

③ 《石峻文存》，第 34 页。

④ 同上。

塔是在中国过去修造高大楼房所用的方法的基础上进一步提高建造起来的。宝塔可以说是外来的，也可以说是中国的，人们只要把中国的宝塔与印度的或其他国家的宝塔作一比较，就可以看得很清楚了。"佛教宝塔这种建筑艺术在中国过去不仅有它艺术上的创造，而且在应用方面也结合了中国的各种实际需要。"① 比如西安大雁塔的藏书防火功能、开封琉璃铁塔的军事瞭望功能、杭州六和塔的导航功能、北京大学未明宝塔的自来水塔功能，都体现着这种特点。

在这些研究中不难发现，石公诸多的真知灼见与他开阔的学术视野有着密切的关系。

在近、现代中国的佛教研究中，汤用彤先生占据着相当重要的制高点。石公作为汤先生的得意门生和助手，与"同年、同学、同事数十年"② 的任继愈先生一起，对于当代中国哲学、佛教的学术研究和人才培养都作出了极为重要的贡献。从点石成金的角度看，石公佛教研究的方法论思考及其运用无疑具有更为重要的价值。笔者有幸忝列石公学脉，秉承业师宋志明教授美意，草撰此文，追寻其研究佛教的"科学方法"，借以略表后学"虽不能至，心向往之"之意。③ 不当之

---

① 《石峻文存》，第 38 页。

② 任继愈：《石峻文存·序》。

③ 笔者虽然无缘面聆石公教诲，但对石公之奖掖始终铭记于心。笔者 1983 年—1990 年间在兰州大学哲学系读书期间，在导师刘文英教授的指导下完成了硕士学位论文"僧肇及其实相哲学"的写作，其中关于《涅槃无名论》的作者，笔者不太认同汤用彤先生《魏晋南北朝佛教史》中的看法，于是冒昧撰文"《涅槃无名论》的著作权应归僧肇"，并于 1989 年投寄山东《文史哲》杂志。《文史哲》编辑部为慎重起见，寄请石公审阅。石公在"就《涅槃无名论》作者问题致《文史哲》编辑部"的信中，对笔者的浅见并没有挥笔立决。相反，石公宽厚、求真、奖掖后学的诸多美德充溢文中！石公的审稿意见与拙作一起，被《文史哲》冠名为"关于《涅槃无名论》作者问题的讨论"署名"刘成有 石峻"发表在《文史哲》1990 年第 4 期上。名刊名家的不弃，令笔者始终感念不已！此后因笔者偏寓兰州，无缘请益。直到 1998 年报考中国人民大学中国哲学专业博士研究生，得以忝列宋志明教授门下。宋老师是石公的博士生（笔者因而也十分荣幸地接续上了石公的学脉）。入学以后，同级同专业的 5 位博士生，笔者和刘宝村、朱康有、王杰、解启扬很想前去拜访，但被告知石公身体欠安，不便打扰。1999 年 4 月 14 日晚上，笔者与刘宝村被安排守候在北医三院石公的病房外，一夜无事。孰料第二天石公撒手人寰，留下了永远的遗憾！

处，敬请方家指正。

刘成有

（作者单位：中央民族大学宗教学系）

14. 魏晋玄学中的圣人观念
——由《石峻文存》论“圣人”说起

汉魏之际是中国历史上重要的文化转型时期，以天人感应为特征的儒家经学相对衰落，以礼乐教化为内容的儒家名教思想也失去了维系人心的价值和意义，因而“什么样的人能够称之为圣人”、“圣人应该具备哪些方面的独特品质”等问题再次被提出来，如何挽救由于经学衰落所造成的精神信仰危机和社会危机成为时代的主题。在玄学理论的产生与发展过程中，几乎所有重要的玄学家都把“圣人问题”作为其讨论的重要内容之一，常常赋予圣人人格以新的内容，甚至把圣人老庄化，或者把儒家与道家的“圣人”人格糅合在一起。因此，石峻先生认为：“魏晋南北朝之中心思想为‘圣人’问题。”①

圣人问题包括“何谓圣人”和“如何成圣”两个方面。何谓圣人，就是指“理想的圣人之人格究竟应该怎样”②。如何成圣，是指凡人有没有成为圣人的可能以及如何达至圣人目标。诚如汤用彤先生所言：“玄学很少讲工夫。”③ 也就是说，魏晋玄学家很少讨论如何成圣的问题。有鉴于此，我们在此将讨论的重点放在圣人的理想人格方面。

一、儒家圣人观念的流变

中国人的圣人观念由来已久。“圣”字最早出现在《尚书·洪范》中的“睿作圣”，其原初含义是与聪明、智慧的意思密切相关

① 石峻：“魏晋玄学之问题与思想”，《石峻文存》，北京，华夏出版社，2006年版，第49页。

② 汤用彤：“魏晋思想的发展”，《魏晋玄学论稿》，北京，生活·读书·新知三联书店，2009年版，第125页。

③ 同上，第209页。

的。许慎《说文解字》认为“圣”（聖）“通也。从耳，呈声”。可见，“圣”的本义与耳朵的听觉能力有关。《礼记·乐记》说：“君子以好喜，小人以听（聽）过。”唐代陆德明《经典释文》指出“以聽过，本或作以聖过”，也就是认为聖字与聽字相通。这种听觉能力具有能够“闻其末而达其本”（《韩诗外传》卷五）的特殊功能，应劭《风俗通》也说：“圣者，声也，言闻声知情，故曰圣。”因此，我们似乎可以将“圣人”定义为能够通达事理而智慧绝伦的人。但是，拥有智慧的人不一定就是圣人，他也有可能是智者，因而，为了突出“圣人”无与伦比的崇高性，随着儒学思想的发展，它被后代儒家学者赋予了更多、更优秀的品质。“子贡曰：‘学而不厌，智也。教不倦，仁也。仁且智，夫子既圣矣。’”（《孟子·公孙丑上》）在孟子眼中，孔子就是圣人，因为他是“智”与“德”的完美结合。孟子的“造圣”行为显然并不符合孔子的“圣人”观，在《论语》中孔子明确指出尧、舜、禹、汤、文、武六人才是圣人，因为他们具有“博施于民而能济众”的文治武功。子贡问于孔子曰：“如有博施于民而能济众，何如？可谓仁乎？”子曰：“何事于仁，必也圣乎！尧舜其犹病诸！”（《论语·雍也》）这是从积极有为的方面来诠释圣人。《礼记·中庸》也记载孔子的话说：“舜其大孝也与！德为圣人，尊为天子，富有四海之内。宗庙飨之，子孙保之。故大德必得其位，必得其禄，必得其名，必得其寿。”显然，在孔子那里，圣人之所以能够做到博施济众是因为圣人之“德”。那么，“圣人”之“德”的内容是什么，凡人能不能也拥有这种“德”？郭店竹简《五行》篇曰：“闻君子道，聪也。闻而知之，圣也。圣人知天道也。知而行之，义也。行之而时，德也。见贤人，明也。见而知之，智也。知而安之，仁也。安而敬之，礼也。圣，知礼乐之所由生也，五［行之所和］也。”① 圣人之“智”在于“知天道”，圣人之“德”在于“行之而时”，即与天道运行之否泰共为消息。所以，庞朴先生说，思孟学派的“五行”观念是仁、义、礼、智、圣，但是“全部五行之中，圣又异于其他四行，独以

① 李零：《郭店楚简校读记》（增订本），北京大学出版社，2003 年版，第 79 页。

天道为对象"①。随着先秦儒学思想的产生、发展与传播，"圣人"作为一个理想人格的形态，被描述成既具有卓越的智慧和崇高的品德，又能够创造灿烂的文明，还能建立合理的社会秩序，因而成为人们崇拜与追求的对象。

儒家的圣人观念在两汉时代发生了重大变化，其主要表现就是圣人形象的神异化，将圣人描述成无所不知、无所不能的神人。号为群儒之首的董仲舒在阴阳家思想的影响下率先开始了这一圣人神异化的"造圣"运动，在他的天人感应神学目的论的思想体系中，以孔子为代表的圣人形象具有天所赋予的神圣性，从而拥有管理人世间一切事务的合法性，"天生之，地载之，圣人教之，君者，民之心也，民者，君之体也"②，"天令谓之命，命非圣人不行，质朴之谓性，性非教化不行，人欲之谓情，情非制度不节"③。董仲舒将"君主"与"圣人"合二为一，使得圣人由理想形象获得了现实载体，这虽然有助于突出圣人的崇高地位和安世化民的作用，但却成为统治阶级加强君主专制统治的工具。随着天人感应思想的发展，兴起了一股以诡言隐语预测吉凶祸福的神学迷信思潮——谶纬之学。由于受到官方的大力支持，谶纬之学到东汉时达到极盛，"士之赴趣时宜者，皆驰骋穿凿，争谈之也"④。谶纬之学的重要内容之一就是大肆神化圣人。《春秋演孔图》将孔子说成是其母颜征与黑帝梦交所生，并且被封为仰推天命、俯测时变、却观未来、预解无穷的"玄圣"。《白虎通·圣人》篇不仅鼓吹"非圣不能受命"，又认为"圣人皆有异表"，并且还能"无所不照，闻声知情，与天地合德，日月合明，四时合序，鬼神合吉凶"。对于此类虚妄之说，彻底"经验派"的学者王充给予了无情的揭露："儒者论圣人，以为前知千岁，后知万世，有独见之明，独听之聪，事来则名，不学自知，不问自晓，故称圣则神矣。"⑤ 又说："使圣人达视远见，洞听潜闻，

① 庞朴："思孟五行新考"，《帛书〈五行篇〉研究》，齐鲁书社，1980年版，第87页。

② 《春秋繁露》卷十一"为人者天第四十一"。

③ 《汉书》卷五十六"董仲舒传"。

④ 《后汉书·方术列传》。

⑤ 《论衡·实知》。

与天地谈，与鬼神言，知天上地下之事，乃可谓神而先知，与人卓异。”[①] 东汉末年，自然灾害频发，天人感应的神学目的论受到猛烈抨击，具有神性的圣人观念也遭到怀疑，仲长统就曾发出这样的哀叹：“嗟夫！不知来世圣人救此之道，将何用也？又不知天若穷此之数，欲何至邪？”[②] 如何摆脱现实生活中的苦难从而重新建立一个合理的封建秩序成为当时富有远见卓识的知识分子的共同追求，他们不再将目光仅仅停留在儒家的名教思想中，而是纷纷将目光转向那个曾经给汉初社会带来安定繁荣的黄老之学身上，他们想更进一步地用道家的自然主义代替过去“今学”家的阴阳二元论以及天人感应说。[③]

二、何晏：“自然论”中的圣人观

《世说新语·文学》刘孝标注引“文章叙录”说：“自儒者论以老子非圣人，绝礼弃学。晏说与圣人同，著论行于世也。”由此可见，何晏与长期以来儒家学者认为“老子非圣人”的观点有所不同，其著书立论的重点是将老子与孔子弥合起来。

汉初黄老道家学说在汉魏之际复兴，学者大多主张天道自然无为之说，何晏在《无名论》中指出：“夏侯玄曰：‘天地以自然运，圣人以自然用。’自然者，道也。道本无名，故老氏强为之名曰，仲尼称尧荡荡无能名焉。”夏侯玄认为，天地的运行变化遵循自然而然的规律（道），圣人为人伦之至，所以具有则天之德，能够效法天地的自然变化而推行教化。何晏进一步申述夏侯玄的观点，他认为孔、老都是崇尚自然，老子将这种在孔子那里无法名状的状态而强为之名“道”，所以这种自然之道就是孔、老之所同的关键所在。其论证思路是，“夫惟无名，故可得遍以天下之名名之，然岂其名也哉？”有名有分别即“有”，无名无分别即“无”[④]，所以只有“无名”才具有最大的适应性，能够包容普天之下所有的名而不会与之相冲突。他又

---

① 《论衡·实知》。

② 《后汉书·仲长统传》。

③ 石峻：“略论中国人性学说之演变”，《石峻文存》，第 364 页。

④ 石峻：“严君平《道德经指归》”，《石峻文存》，第 44 页。

说："夫道者，唯无所有者也。自天地以来皆有所有矣，然犹谓之道者，以其能复用无所有也。"天地万物的存在的确是"有所有"，但之所以能够将其归结为"无所有"的道，关键在于"有之为有，恃无以生；事而为事，由无以成"①，这里的"无"就是道，道与天地万物的关系就不是先后的生成关系，而是相互依赖的本体和现象之间的关系。在此，何晏就率先提出了"以无为本"的玄学本体论命题，他说："天地万物皆以无为本。无也者，开物成务，无往而不存者也。阴阳恃以化生，万物恃以成形，贤者恃以成德，不肖者恃以免身。故无之为用，无爵而贵矣。"②

何晏又将其独特的"以无为本"的本体论思想运用到关于圣人问题的讨论中。他说："为民所誉，则有名者也；无誉，无名者也。若夫圣人，名无名，誉无誉，谓无名为道，无誉为大。则夫无名者，可以言有名矣，无誉者，可以言有誉矣。然与夫可誉可名者岂同用哉？此比于无所有，故皆有所有矣。而于有所有之中，当与无所有相从，而与夫有所有者不同。同类无远而相应，异类无近而不相违。譬如阴中之阳，阳中之阴，各以物类自相求从。夏日为阳，而夕夜远与冬日共为阴；冬日为阴，而朝昼远与夏日同为阳。皆异于近而同于远也。详此异同，而后无名之论可知矣。"③ 以尧舜为代表的儒家圣人正是由于其"博施济众"的文治武功所以有名有誉，然而就圣人自身而言，由于其与道同体，善于发挥这个"无所有"的本体的内在功能，因而能够做到以无名为名，以无誉为誉。据此，我们也就不难理解何晏所主张的"圣人无情"说。何劭《王弼传》曰："何晏以为圣人无喜怒哀乐，其论甚精，钟会等述之。"④ 汤用彤先生推测说："圣人无情乃汉魏间流行学说应有之结论，而为当时名士之通说（故王弼之说实为立异），圣人无情之说，盖出于圣德法天。"⑤ 我们可以在何晏所编纂的《论语集解》中为汤先生的推测找到佐证，何晏注"知我者，

---

① 张湛：《列子注》卷 1 "天瑞篇" 注引何晏 "道论"，见杨伯峻：《列子集释》，第 10 页。

② 《晋书》卷 43 "王衍传"。

③ 《列子·仲尼篇》张湛注引何晏 "无名论"。

④ 《三国志》卷 28 "魏书·钟会传" 注引。

⑤ 汤用彤："王弼圣人有情义释"，《魏晋玄学论稿》，第 74 页。

其天乎”说：“圣人与天地合其德，故曰唯天知己。”（《论语集解·宪问》）注“君子有三畏，畏天命，畏大人，畏圣人之言”也说：“顺吉逆凶，天之命也。大人即圣人，与天地合其德。深远不可易知测，圣人之言也。”（《论语集解·季氏》）何晏站在本体论的高度，提出“圣人与天地合其德”，表明“圣人有与天地同其性质者”。[①] 天地的运行变化毫无目的可言，四时行、百物生，因循自然，圣人法天，任道而无为，自然行化，不会对外物有任何的情感反应。类似的观点也出现在《论语集解·子罕》“子绝四：毋意，毋必，毋固，毋我”一章中，何晏注解说：“以道为度，故不任意。用之则行，舍之则藏，故无专必。无可无不可，故无固行。述古而不自作，处群萃而不自异，唯道是从，故不有其身。”何晏认为孔子之所以有如此不同于常人的行为表现，在于其“唯道是从”，而不在有其身。既然已经“无身”，就毫无主观情感可言。

我们再回过头来对何晏以自然弥合孔、老的做法进行简单小结，何晏根据本于道、依于无的本体论立场从而做出了孔、老相同的判断，然而，就其现象层面而言，老子“绝礼弃学”的行为表现确实与孔子截然不同，何晏并没有注意到如何协调融通二者在这些方面的差异，割裂了本体与现象之间的相互联系，所以汤用彤先生评价说：“何晏对于体用之关系未能如王弼所体会之亲切，何氏似犹未脱汉代之宇宙论，末有本无分为二截，故动静亦随对立。”[②]

三、王弼：“贵无论”中的圣人观

何晏已经率先提出了“以无为本”的本体论命题，但是，由于其未能很好地将这一原理深入贯彻到现象层面，所以并没有建立起一套完备的本体论学说，其思想地位反在王弼之下。《三国志·魏书》卷二十八“钟会传”注引何劭“王弼传”说：

> 弼幼而察惠，年十余，好老氏，通辩能言。父业，为尚书郎。时裴徽为吏部郎，弼未弱冠，往造焉。徽一见而异

① 石峻：“魏晋玄学之问题与思想”，《石峻文存》，第49页。
② 汤用彤：“王弼圣人有情义释”，《魏晋玄学论稿》，第83页。

之，问弼曰："夫无者诚万物之所资也，然圣人莫肯致言，而老子申之无已者何？"弼曰："圣人体无，无又不可以训，故不说也；老子是有者也，故恒言无所不足。"

裴徽向王弼提出了一个非常敏感的理论问题：既然"无"是万物存在的依据，可是圣人（指孔子）并没有讲到它，而老子却常常说"无"，这是为什么呢？在王弼看来，孔、老之间的人格差别在于圣人体无，而老子是有，尚没有体到无。对于王弼的解释，我们有几个疑问需要进一步予以分析。第一，王弼所说的"圣人体无"中的"无"到底是什么意思？第二，王弼又是根据什么标准来判断孔子达到了以无为体的境界而老子却并未达到呢？

王弼对于"无"的阐述主要见于他的《老子》注中。王弼在《老子指略》中开宗明义地指出："《老子》之书，其几乎可一言而蔽之。噫！崇本息末而已矣。观其所由，寻其所归，言不远宗，事不失主。"由此可见，王弼针对何晏所遇到的困难，进一步发展和具体应用"以无为本"的原理，采用"崇本息末"的方式将本体与现象二者统合起来。"无"在《老子》一书中存在从"本原"的生成论层面加以论述的情况，例如《老子》第四十章说："天下万物生于有，有生于无。"对此，王弼作了如下的解释，他说："天下之物，皆以有为生。有之所始，以无为本。将欲全有，必反于无也。"这一段话充分展现了王弼对于"无"的看法，它包含有三层意思。第一层意思是，王弼默认了《老子》中将"无"视为"本原"的生成论意义。这样的看法还出现在《老子》第一章"无名天地之始，有名万物之母"中，王弼注曰："凡有皆始于无，故未形无名之时，则为万物之始。"这固然说明了王弼本体论的非纯粹性，但是，这并非王弼的理论重点。第二层意思是，王弼将生成论转化为本体论，认为"有之所始，以无为本"。这就是王弼整个贵无论玄学理论的基本命题，其中"有"指有形有象的现象，"无"是指无形无象的本体，这句话阐明了无形无象的本体乃是有形有象的现象得以产生的根由、存在的根据以及最后的归宿。第三层意思是，将"以无为本"的本体论原理转化为方法论，使之成为解决各种具体问题的指导方针。一切事物的变化发展都依赖于这个无形无象、无法名状的本体，天道的变化即人事吉凶的根据，人事的吉凶即天道变化的表现。道者大全，用无不该，故明乎天道，即可以晓吉凶也。[①] 在王弼心目中，真正能够体会到这一层意思的只有圣人，“圣人”有以见天地之赜，即明乎天地之理耳[②]，这就是“圣人体无”的内在意蕴。这也就是我们开始所提出的第二个问题：王弼又是根据什么标准来判断孔子达到了以无为体的境界而老子却并未达到的呢？在王弼看来，孔子之所以高于老子的地方不在于是不是能够发掘出这个无形无象的本体，而是因为孔子能够通过万事万物的现象将本体的作用呈现出来，这样，王弼就弥补了何晏贵无论玄学体系中所缺失的重要环节——“以用显体”。王弼在《老子》第三十八章注中集中阐述了这个观点：

> 何以得德？由乎道也。何以尽德？以无为用。以无为用，则莫不载也。故物，无焉，则无物不轻；有焉，则不足以免其生。
>
> 万物虽贵，以无为用，不能舍无以为体也。舍无以为体，则失其为大矣，所谓失道而后德也。以无为用，则得其母，故能己不劳焉而物无不理。

玄学上知识方面的“体用之辨”，应用或体验到人生上便是“性情之论”。[③] 于是，王弼还运用其“崇本息末”的本体论思想来反驳何晏的“圣人无情”说，从而提出“圣人有情”的新说。据何劭《王弼传》记载说：

> 何晏以为圣人无喜怒哀乐，其论甚精，钟会等述之，弼与不同，以为：“圣人茂于人者神明也，同于人者五情也。神明茂，故能体冲和以通无；五情同故不能无哀乐以应物。然则圣人之情，应物而无累于物者也。今以其无累，便谓不复应物，失之多矣。”

何晏以圣人静而不能再动，故曰“无情”。王弼与何晏之说不同，

---

① 石峻：“王弼《周易注》之性质及理论”，《石峻文存》，第47页。
② 同上。
③ 石峻：“略论中国人性学术之演变”，《石峻文存》，第367页。

他要解决的问题是如何静而能动，晦而可明。[1] 在分析王弼“圣人有情”说之前，我们有必要先了解一下王弼关于“情”的相关论述。汤用彤先生认为，“五情者喜怒哀乐怨”[2]，也就是说，这里的“情”就是我们现在所讲的情感。王弼在《论语释疑·泰伯》中说：“夫喜、惧、哀、乐，民之自然。”另外，在《老子》第二十九章，王弼注曰：“万物以自然为性，故可因而不可为也，可同而不可执也。”根据这两段注语，我们可以得出如下结论：就情的本质属性而言，情是人生而具有的自然状态。因此，圣人与常人一样具有情感，二者的区别在于圣人能够做到“应物而无累于物”，而常人却无法做到。《老子》第二十九章注曰：“圣人达自然之性，畅万物之情，故因而不为，顺而不施。”

王弼举孔子为例来具体说明“圣人有情”的观点，他说：“夫明足以寻极幽微，而不能去自然之性。颜子之量，孔父之所预在，然遇之不能无乐，丧之不能无哀。又常狎斯人，以为未能以情从理者也，而今乃知自然之不可革……故知尼父之于颜子，可以无大过矣。”[3] 孔子遇到颜渊不能无乐，而颜渊死去又不能无哀，喜怒哀乐乃“自然之性”，孔子也不能去掉，可是孔子能够做到“以情从理”，故“可以无大过矣”。此处的“以情从理”与王弼的“性其情”的观点是相同的。《周易·乾卦·文言》曰：“利贞者性情也。”王弼注曰：“不为乾元，何能通物之始？不性其情，何能久行其正？是故始而宗者，必乾元也；利而正者，必性情也。”另外，《论语释疑·阳货》中也有这样的表述：

> 不性其情，焉能久行其正。此是情之正也。若心好流荡失真，此是情之邪也。若以情近性，故云“性其情”。情近性者，何妨是有欲？若逐欲迁，故云“远”也；若欲而不迁，故曰“近”。但近性者正，而即性非正；虽即性非正，而能使之正。譬如近火者热，而即火非热；虽即火非热，而能使之热。能使之热者何？气也，热也。能使之正者何？仪

[1] 石峻：“魏晋玄学之问题与思想”，《石峻文存》，第 50 页。
[2] 汤用彤：“王弼圣人有情义释”，《魏晋玄学论稿》，第 77 页。
[3] 何劭《王弼传》载荀融与王弼驳辩《易》“大衍”义，王弼答荀融语。

也，静也。又知其有浓薄者。孔子曰“性相近也”。若全同也，相近之辞不生；若全异也，相近之辞亦不得立。今云“近”者，有同有异，取其共是。无善无恶则同也，有浓有薄则异也，虽异而未相远，故曰“近也”。①

关于以上这段疏文哪些部分为王弼所著历来存在争议。以楼宇烈先生为代表的传统观点认为以上所引均为皇侃援引王弼《论语释疑》的内容。对此，王葆玹先生提出不同看法，认为王弼本人的文字仅有“不性其情，焉能久行其正”一句，其依据为：“然而察皇疏于‘王弼曰’三字上引《易》云：‘利贞者，性情也’引自《周易·乾卦文言传》；于三字下云：不性其情，焉能久行其正，是引自《文言》王注：‘不为乾元，何能通物之始？不性其情，何能久行其正？是故始而亨者，必乾元也；利而正者，必性情也。’皇疏：‘久行其正’下文与王弼《文言传注》不合，乃皇侃自己的认识，不是王弼的文字。不过，皇侃既行王弼《周易注》，他所依归的‘一家旧释’应与王弼相合，甚至可能就是王弼《论语释疑》的解释。”②

王晓毅先生同意王葆玹的看法，并且认为上述引文均为皇侃依据某家“旧释”思想原则而发表的己见。他还作出如下补充说：“其一，文中所引‘《老子》曰’、‘《易》曰’和‘王弼曰’，均是为皇侃本人的观点作注脚。例如皇侃引完‘《老子》曰……’后说：‘此皆据事而谈’，引‘王弼曰……’后亦说‘此皆是情之正’，两次用‘此皆……’句型，可见系皇侃为本人观点提供佐证用语无疑。其二，‘王弼曰’之后的文字中，有‘若以情近性，故云性其情’一句。王弼不可能在同一段文字中自己解释自己刚说过的话，显然是皇侃在解释王弼的思想。”③

王葆玹和王晓毅两位先生对于传统观点所作出的分析是有理有据的，其结论也令人信服。另外，我还想补充两点意见，第一，“情有邪正”是皇侃所独有的观点而非王弼所有，“性无善恶，而有浓薄；情是有欲之心，而有邪正”。（《论语义疏·阳货》）第二，王弼以

① 楼宇烈：《王弼集校释》（下册），中华书局，1980 年版，第 631－632 页。
② 王葆玹：“正始玄学”，齐鲁书社，1988 年版，第 387 页。
③ 王晓毅：“王弼《论语释疑》研究”，《齐鲁学刊》1993 年第 5 期，第 98 页。

“自然”释“性”，那么“性其情”的意思就是要求情感的表达应该是一种自然的状态，论理应该是说“情”不能离“性”，“性”不可无“情”。若果以“性”属“内”而“情”发于“外”，即是“合内外之道”。① 真正能够做到这一点的只有圣人，“又按《易·乾卦》本言大人之德（君德），亦即圣人之德也（圣人乃君人，本王弼义），‘故利而正者必性（其）情’一语本指圣人。圣人以还，均不性其情也”。② 普通人之人格为何不能说是“性其情”？因为他的“性”在某些方面是“一”，相对于别的方面又是“多”了。如某人有时希望“名”，有时希望“利”，有时“名”、“利”冲突，不得其可，便是多了。就他表现在“一”（性）与“多”（情）两方面皆是“多”，故说是“失其性”，换言之，即为欲望所扰乱而失其线索，散钱无串，是非不定也。③ 然而，圣人却能做到以“性”为体，以“情”为用，换句话说，能够以更高一层的境界（以无为体）作根处，方即是能不执著一隅，方可以使情表现得恰到好处，若是执著一方面，必将有所蔽而不能自由，为感情的奴隶，为情所束缚而不能达到“道德的目的”④。由此可见，“性其情”、“以情从理”与“应物而不累于物”都是王弼用来表达圣人之情与常人有异的论点。

既然圣人与常人拥有相同的情感，圣人却能够做出不同于常人的情感表现，其内在的依据是什么呢？这就是王弼对于圣人独特品质的诠释。王弼曰：“圣人茂于人者神明也。”又曰：“神明茂故能体冲和以通无。”王弼将圣人的独特品格概括为“神明”。茂者，盛也，茂者必其本有（得天独厚）。《老子注》第二章“智慧自备，为则伪也”。神明出乎自然，圣人之本体即神明，即自备之智慧，非可以传者也，换言之，即非学所能得。王氏谓普通之明为“察察之明”，即普通之知识（knowledge）和智慧（wisdom），换言之，常人之知不能离乎一切观念或分别而有知，即是“有名之明”。圣人之“明”内含，显而易见如常人推理之知，以不自分别之“名”而得也。圣人之明曰“神明”，无为

---

① 石峻：“略论中国人性学说之演变”，《石峻文存》，第 367 页。

② 汤用彤：“王弼圣人有情义释”，《魏晋玄学论稿》，第 79 页。

③ 石峻：“伦理学讲义”，《石峻文存》，第 415－416 页。

④ 同上，第 413 页。

无造，圣人之明不明。[①]《周易·乾卦·文言》王弼注曰："夫识物之动，则其所以然之理皆可知也。"圣人拥有独特之"神明"，故能洞晓事物变化之几微，"随感而应"，从而做到"应物而不累于物"。

四、郭象："独化论"中的圣人观

在何晏、王弼的贵无论玄学思想中，圣人往往成为老子般无为而治，从而冲击了儒家的礼乐教化思想，引起裴頠的激烈反对。裴頠著《崇有论》的目的就是为了"疾世俗尚虚无之理"、"矫虚诞之弊"的。然而，他并没有为儒家的"名教"思想找到一个合理的存在依据，这个理论任务就落到了被时人称为"王弼之亚"的郭象身上。《晋书·郭象传》称郭象"少有才理，好老庄，能清言"。郭象是通过注解《庄子》来阐述他自己的玄学思想的。《大慧普觉禅师语录》卷二十二中说："曾见郭象注《庄子》，识者云：却是庄子注郭象。"我们在研究郭象的《庄子注》时，首先会遇到一个问题，这就是郭象如何看待庄周本人。庄周是否是"圣人"？庄周的人格和思想境界能否和尧、舜、周、孔等"圣人"相比？[②]

郭象的《庄子序》可以看做是他整个玄学思想体系的一个总纲，他在第一段中就开宗明义地指出了对于庄周本人的看法：

> 夫庄子者，可谓知本矣，故未始藏其狂言，言虽无会而独应者也。夫应而非会，则虽当无用；言非物事，则虽高不行；与夫寂然不动，不得已而后起者，固有间矣，斯可谓知无心者也。夫心无为，则随感而应，应随其时，言唯谨尔。故与化为体，流万代而冥物，岂曾设对独遘而游谈乎方外哉！此其所以不经而为百家之冠也。

郭象一方面肯定庄子还算得上是"知本"，认为他能够认识到事物所蕴含的根本道理；但是，另一方面又认为庄子并没有真正做到与道融会为一，只能做到与道相应。如果不是真正做到与道融会为一而只是与道相应，即使是适当也没有用；言论如果不是有关实际的事物，即

---

① 石峻："王弼《周易注》之性质及理论"，《石峻文存》，第49页。

② 汤一介：《郭象与魏晋玄学》，北京大学出版社，2009年版，第224页。

令高明也是不行的。因此，庄子虽然能够做到超然绝世，“游谈乎方外”，但是与“寂然不动，不得已而后起”者仍存在相当大的距离，所以只能称得上是“百家之冠”。那么，什么样的人才是郭象心目中的理想圣人呢？郭象将庄子与体道的圣人孔子进行对比，庄子只是知道以无为心，还没有使自己的心能够做到无为。这里的“心”指思维活动，但这个心又同具体的心相关，那与科学不发达相关，但心在身体中的地位也是显而易见的。① 孔子的心能够做到寂然不动，随感而应，言论也很谨慎，并不假设对象独自去作脱离世俗的方外之谈。所以，庄子够不上圣人的标准，只有孔子才称得上是圣人。但是，郭象这里所推崇的孔子并不是春秋末年的真实存在的孔子，而是在他的玄学思想体系中所塑造的理想的圣人。

郭象在《庄子注》和《论语体略》中经常将孔子说成是圣人，例如，《庄子·徐无鬼》中说：“（仲尼）曰：丘也闻不言之言矣，未之尝言。”郭象注曰：“圣人无言，其所言者，百姓之言耳。”又《论语·卫灵公》中有言：“吾尝终日不食，终夜不寝，以思，无益，不如学也。”郭象注说：“圣人无诡教，而云不寝不食以思者何？夫思而后通，习而后能者，百姓皆然也。圣人无事而不与百姓同事。事同则形同，是以见形以为己异，故谓圣人亦必勤思而力学，此百姓之情也，故用其情以教之。则圣人之教，因彼以教彼，安容诡哉！”再如《论语·阳货》中说：“孔子曰：‘诺，吾将仕矣。’”郭象注曰：“圣人无心，仕与不仕随世耳。阳虎劝仕，理无不诺，不能用我，则无自用。此直道而应者也，然免逊之理亦在其中也。”郭象在这些地方都直接把孔子称为“圣人”。不仅如此，郭象还有意改变庄子眼中的孔子形象，在《寓言》中，庄子对惠施批评孔子说：“孔子行年六十而六十化，始时所是，卒而非之，未知今之所谓是之非五十九非也。”在庄子看来，孔子不能“休乎天均”，不能齐是非，所以没有一定的是非标准，总是变来变去。郭象却认为正是由于孔子能够做到“时变则俗情亦变，乘物以游心”，故“惠子不及圣人之韵远矣”，从而将孔子塑造成一位高于惠施的“圣人”。

---

① 石峻：“关于中国哲学研究的谈话”（1991.12～1993.2），《石峻文存》，第492页。

那么，郭象在《庄子注》中所塑造的“圣人”到底有什么样的内在特质呢？在《大宗师》中记载了这样一个故事。孔子听说子桑户死后还没有下葬，就让子贡前去助理丧事，子贡到那里一看，子桑户的两个朋友孟子反、子琴张毫无悲戚之情，一个在编曲，一个在弹琴，二人合唱道：“哎呀桑户啊！哎呀桑户啊！你已经还归本真了，而我们还寄迹人间啊！”子贡感到十分诧异，就上前问说：“请问对着尸体歌唱，合礼吗？”两人相视而笑说：“你知道什么叫礼吗？”子贡回去以后，将所看到的一切告诉孔子并问道：“他们是什么人啊？不用礼仪来修饰德行，而把形骸置之度外，对着尸体歌唱，脸色不变，无以名之，他们究竟是什么人啊？”孔子回答说：“彼，游方之外者也；而丘，游方之内者也。外内不相及，而丘使汝往吊之，丘则陋矣。”庄子在这里借孔子之口将“游外”的孟子反和子琴张与“游内”的孔子分成两种不同类型的人。庄子显然是以“游外”者为心中的理想人格，而且认为他们做到了“内外不相及”。对此，郭象有一段很长的注解，他说：

> 夫理有至极，外内相冥，未有极游外之致而不冥于内者也，未有能冥于内而不游于外者也。故圣人常游外以弘内，无心以顺有，故虽终日挥形而神气无变，俯仰万机而淡然自若。夫见形而不及神者，天下之常累也。是故睹其与群物并行，则莫能谓之遗物而离人矣；睹其体化而应务，则莫能谓之坐忘而自得矣。岂直谓圣人不然哉？乃必谓至理之无此。是故庄子将明流统之所宗以释天下之可悟，若直就称仲尼之如此，或者将据所见以排之，故超圣人内迹，而寄方外于数子。宜忘其所寄以寻述作之大意，则夫游外弘内之道坦然自明，而庄子之书，故是涉俗盖世之谈矣。《庄子注·大宗师》

郭象认为，在各种具体的道理中存在一个最高、最根本的道理（至理），这个“至理”就是“游内”与“游外”的完全冥合，因为没有游于外而不冥于内者，也没有冥于内而不游于外者。凡人看到圣人“终日挥形”、“俯仰日机”，积极于外在事务，便认为“圣人”不能“遗物而离心”，不能“坐忘而自得”，这是因为他们“见形而不及神”，根本不了解“内外相冥”的“至理”。在郭象眼中，只有孔子一样的圣人才能真正做到“游外以弘内”。郭象之所以下如此的结论，是因为他认为圣人能够达到“无心以顺有”。“无心”和“顺有”是一个问题的两个方面：“无心”是就圣人的主观境界说的；“顺有”是就圣人对事物的态度说的。只有“无心”才能“顺有”，只要“顺有”就是“无心”。① “无心以顺有”就是“无措于心”而“顺物自然之性”。圣人并不是有意去创造外在事功，那样必然会为外物所累，就不能实现“逍遥游牧”。如果“无心”，就可以“虽终日挥形而神气无变”，“俯仰万机而淡然自若”。郭象在《逍遥游》注中对此描述说：“夫圣人，虽在庙堂之上，然其心无异于山林之中，世岂识之哉？徒见其戴黄屋，佩玉玺，便谓足以缨绂其心矣；见其历山川，同民事，便谓足以憔悴其神矣；岂知至至者之不亏哉？”无心而应者始可以治天下，许由等之不能治天下，以有心也。② 郭象在这里着重从内在的精神层面去塑造他心目中的理想人格，他在《庄子注·外物》中说：“神人即圣人也，圣言其外，神言其内也。”《逍遥游》注也说：“夫神人即今所谓圣人也。”由此可知，郭象所谓的“圣人”实指“外王”，而“神人”则指“内圣”，二者是一体的，这样他就将庄子心目中那个追求绝对的精神自由的“神人”形象灌注到“圣人”之中，从而实现他创立玄学体系的目的——“明内圣外王之道”。郭象的圣人形象之重塑乃将道家“神人”与儒家“圣王”融铸成一体，亦即郭象玄学所建构的新理想人格。这一儒道兼综的新圣人，由外在的行迹观之是处庙堂之上日理万机的儒家式圣王；由其内在的精神心境观之则是玄同彼我，以无执之心顺万物之性，任万物之自然，与物冥合而臻逍遥自得的庄子式的神人。这种兼备道家式内圣及儒家式外王的人生理想之至境，郭象以无心顺有、迹冥圆融的“圣人”来表述之。③

郭象所塑造的儒道合一的理想圣人是他为了调和名教与自然之间关系的产物，也是处理现实与超越之间关系的产物。阮籍、嵇康着眼于超越，提出了“越名教而任自然”的主张；裴頠则立足于现实，提

① 汤一介：《郭象与魏晋玄学》，北京大学出版社，2009 年版，第 230 页。

② 石峻：“魏晋玄学之问题与思想”，《石峻文存》，第 51 页。

③ 曾春海：《两汉魏晋哲学史》，台湾五南图书出版公司印行，2005 年版，第 236 页。

出了维护名教的观点。郭象力图综合他们两方面的意见，一方面从超越的观点重新解释名教，另一方面又从名教的观点出发重新解释了超越，最后提出了“神器独化于玄冥之境”的玄学新命题。“神器”这个词源于《老子》第二十九章“天下神器不可为也”，指的是国家政治，也就是名教。在《庄子注》中，郭象对“玄冥”的解释是：“玄冥者，所以名无而非无也。”（《大宗师》）“玄冥”是对无的一种称谓，但它本身并不是空无，那么，“玄冥之境”指的就是有与无相冥合的自然状态。郭象通过“独化”将“名教”与“自然”融为一体。“独化”是郭象整个玄学思想体系的重要范畴，用来解释事物的存在和变化。汤一介先生曾指出：“所谓‘独化’，是说事物都是独立自主的生生化化，而此事物之如此地独立自主的生生化化，彼事物之如彼地独立自主的生生化化，都是由它们的‘自性’决定的，不是由什么外在的造物主或‘本体之无’等等所决定的。”① 郭象的“独化”论一方面有效地解决了王弼贵无论中残留的“有生于无”的生成论弊端，另一方面又继承了裴頠崇有论中“自生”说的合理内核，将事物存在和变化的原因归结为其内在具有的本质规定性。事物所具有的“自性”是天生如此的，“不知其然而然，非性如何”（《则阳》注）。并且，这种“自性”也是不能改变的，所以郭象说：“天性所受，各有本分，不可逃，亦不可加。”（《养生主》注）“性各有分，故知者守知以待终，而愚者抱愚以至死，岂有能中易其性者也。”（《齐物论》注）“性之所能，不得不为也；性所不能，不得强为，故圣人唯莫之制则同焉皆得，而不知所以得也。”（《外物》注）既然每个事物都具有不可改变的本质规定性，因而就不可能消除彼此之间的界限而冥合。为了解决这一问题，郭象又提出了“相因”说，他说：“夫相因之功，莫若独化之至也。故人之所因者天也，天之所生者独化也。人皆以天为父，故昼夜之变、寒暑之节，犹不敢恶，随天安之，况乎卓尔独化，至于玄冥之境，又安得而不任之哉?”（《大宗师》注）“相因”本来是指事物之间相互依赖、相互对待的关系，然而郭象又说：“彼我相因，形景俱生，虽复玄合，而非待也。”（《齐物论》注）如此的“相因”，显然并不是相互的依赖，作为暗合，各自只是俱生

① 汤一介：《郭象与魏晋玄学》，第288页。

而凑合在一起的关系，其间一物并不能影响另一物。① 因此，“玄冥之境”并不在独化之外，而就在独化之中。郭象将这种“独化于玄冥之境”的理论用来解释儒家的名教思想，为圣人的存在作论证。由于每个人的性分不同，所以社会也必然存在尊卑贵贱、君臣上下的等级差异，郭象说：“夫时之所贤者为君，才不应者为臣。若天之自高，地之自厚，首自在上，足自居下，岂有递哉？虽无错于当而必自当也。”（《齐物论》注）“若夫任自然而居当，则贤愚袭情，而贵贱履位，君臣上下，莫匪尔极，而天下无患矣。”（《在宥》注）然而，人们往往会丧失自己的自然本性，纷纷追求性分以外的东西，因此，圣人有必要建立名教制度，对人们的行为加以规范，使得不同等级的人都能“自安其业”、“自足其性”，在自己无可改变的性分中自满自足。郭象在《论语体略》中说：“百姓百品，万国殊风，以不治治之，乃得其极。若欲修己以治之，虽尧舜必病，况君子乎？今尧舜非修之。万物自无为而治，若天之自高，地之自厚，日月之明，云行雨施而已，故能夷畅条达，曲成不遗而无病也。”（《宪问》）

郭象心目中的理想圣人将现实与超越、“方内”与“方外”沟通在一起，其所作所为都符合“天理自然”，因此圣人能够应是而变，出入无间，郭象在《天地》注中说：

> 圣人未尝独异于世，必与时消息，故在皇为皇，在王为王，岂有背俗而用我哉！

五、结语

汉武帝采纳董仲舒“罢黜百家、独尊儒术”的政治建议以后，不仅实现了思想领域的大一统，而且使儒家的思想学说终于形成了理路贯通，兼备形上形下，可以实用于社会的国家意识形态，完成了从理想主义到现实主义的过渡。② 以孔子为代表的圣人地位也被人为地提高，被认为是素王，受有天命，为汉制法。然而，东汉末年，儒家的

---

① 向世陵：《中国学术通史》（魏晋南北朝卷），人民出版社，2004 年版，第 136 页。

② 葛兆光：《中国思想史》（第一卷），复旦大学出版社，2004 年版，第 265－266 页。

名教思想却在实际的政治生活中被异化为一种无理性的暴力工具，一批昏君庸主、外戚宦官假名教之名而行反名教之实，孔子的圣人地位也因此而受到质疑。究竟儒家的名教思想是用于调整人际关系的社会秩序规范，还是统治者用来镇压异己的暴力工具？什么样的圣人才能挽救动荡的社会政局，建立一个合理的封建统治秩序？这些问题都深深地烙印在魏晋玄学家的思想中。魏晋玄学原本是与现实的政治密切相关的一种理论，其产生与发展演变，根据王朝的更替，即司马氏的篡权与曹魏的灭亡，先后统治集团的转换变迁，从而形成了政治不同倾向的学派，如王（弼）何（晏）的“贵无”，到向（秀）郭（象）的“崇有”，乃至嵇（康）阮（籍）的崇尚“自然”而轻视“名教”等，都包含有具体不同的政治动向，不可简单地视为一种纯学术的争论。① 正始玄学的代表何晏、王弼，继承并发展了黄老道家天道自然的思想，认为整个宇宙的运行变化遵循一个自然而然的规律，这就是“道”或“无”，圣人因为生而具有的聪明才智，能够根据“道”的自然变化来制定人世间的社会秩序，治理和教化百姓，所以儒家的名教思想拥有其存在的现实合理性，体道的圣人也自然成为万民的主宰。然而，现实政治的发展却使儒家的名教思想异化得令人无法接受，阴险伪善的司马氏集团并没有真正实践王弼“崇本举末”的主张，而是将名教思想用来“诛夷名族，宠树同己”，作为巩固权力的一种暴力工具。以阮籍、嵇康为代表的竹林玄学不再寄希望于拥有卓越品质和无上权力的圣人，对名教进行猛烈的抨击，从而将玄学的政治理想推进到了无君论的高度。这种无君的社会理想固然令人向往，然而在现实生活中却根本无法实现，富有远见卓识的思想家还是需要回到现实中寻求解脱之道。裴頠企图就名教本身来论证名教的合理性，虽然承认了现实，却失落了超越的理想，自然不能挽救名教的危机。郭象汲取了阮籍、嵇康、裴頠等人的教训，通过理想的圣人人格将儒家所强调的社会本性和道家所强调的自然本性融会贯通，使自然与名教相冥合，从而达到一个“独化于玄冥之境”的理想境界。

姜智

（作者为中国人民大学哲学院在读博士研究生）

---

① 石峻：“魏晋玄学与佛教”，《石峻文存》，第 54 页。

15. 石峻先生对宋明理学的研究

自上世纪八十年代至今，宋明理学的研究取得了长足的进展。从一开始运用马克思主义关于唯物和唯心及阶级斗争的观点进行分析，到后来独立思考理学自身形成、发展的规律，学术界经历了指导思想与研究视角的双重转变。人们重新用学术而非政治的眼光看待宋明理学，石峻先生就是这其中的一位。他接受了马克思主义的研究方法，却又不拘泥于该方法本身。他敏锐地看到了当时理学研究中出现的问题并及时指出，同时从宏观和微观两个方面对宋明理学的研究提出了指导性意见，对后学从事理学研究具有重大的启发。

一、理学与马克思主义

近代以来，中国学者在中国哲学的研究方法上进行了不断的探索。从胡适先生的逻辑和实证分析法，张岱年先生的范畴研究法，20世纪50－80年代学术界普遍接受并运用的马克思主义，一直到今天张立文先生的中国哲学逻辑结构论与和合学，学者们一直在寻找一个更能表达和体现中国哲学特色的范式。石峻先生亦是其中的一位，他在中国哲学的指导方法上经历了不同阶段的探索：一开始从思想史的角度研究佛学和中国的人性论，建国后接受马克思主义并以之为指导思想，80年代以后重新审视中国哲学与马克思主义的关系，要求用社会历史的方法分析思想。石先生的这种探索可以说是整个学术界的一个历史缩影。石先生直至去世也没有放弃马克思主义，但他对马克思主义的理解比先前更加深刻、体悟更深了。

马克思是注重实践的："哲学家们只是用不同的方式解释世界，问题在于改变世界。"① 石先生曾比较"马列主义的研究"与"为学术而学术的研究"之间的不同：后者是"为研究而研究，没有目的性"，前者则具有"一个现实的意义"。这可以说是他几十年哲学研究的心得体会。

---

① 《马克思恩格斯选集》（第一卷），人民出版社，1995年，第57页。

石先生刚步入学坛时以研究佛学为主，主要是考证和思想分析的方法，学术的味道浓厚些。新中国成立后，石峻先生接受并认真学习了马克思主义，并将马克思主义关于唯物和唯心的划分以及阶级斗争的理论应用到中国哲学的研究中。就宋明理学而言，分程朱、陆王两派。程朱以“天理”为最高本体，属客观唯心主义；陆王以“心”为万物主宰，属主观唯心主义。他们是理学内部不同学派的争论，但都属于儒学的正统派。与唯心理学并行的还有唯物一派，张载—王廷相—王夫之吸收了传统“气”的理论，以“气”作为宇宙的本原，他们是和唯心体系对立的。此外，还存在反理学的阵营，理学与反理学一直互相交织着、斗争着。南宋的陈亮、叶适，明清的李贽、王夫之、颜元、戴震，都对程朱、陆王的唯心主义进行过批判。将宋明思想划分为唯物和唯心，目的性很明确：看清理学维护统治阶级利益的本质，坚持唯物主义路线。如此人为地、机械地划分理学思想，在今天看来当然十分可笑，但同时也引发我们思考：纯学术研究本身到底有无意义，比如对某一具体而微的历史事件或现象进行的大量考证、分析（就像陈寅恪、王国维等大师们做的工作）？是不是一定要和“现实”联系起来才是有意义、有价值的？

很明显，既然是对思想史的研究，对思想史本身而言，它就是有意义的，只不过不能给人带来实际的、可见的经济效益、社会效益罢了。马克思说的“改造世界”既包括改造客观世界，也包括改造主观世界。提高人类自身的认识能力，在分析一个个思想体系的过程中发现某思潮的发展规律，这本身就具有重大的意义。对中国哲学的研究也是如此。把理学家们的思想作为纯学术加以研究并没有问题，并不一定非要划分出两个阵营才具有现实意义。所以，如果不能真正理解马克思主义，而只是把唯物和唯心当成公式来套用，不仅会影响思想的解读，而且在实际操作中会带来不良的学术后果：因为没法给某些思想家以唯物或唯心的定位，所以在研究中故意将其忽略；对所谓的唯心主义的流派没有给予应有的重视，而只是简单地对它们进行批判摒弃。任继愈先生率先看到了这些问题，石峻先生对此深以为然。[①]

---

① 石峻：“论有关‘中国哲学史’的对象和范围的讨论及其目前存在的一些问题”，《石峻文存》，华夏出版社，2006 年，第 269 页。以下引用该书，只注篇名。

但是任何事物都不是孤立存在的，要研究哲学史的发展规律，当然不能单纯地研究思想本身，还必须考察思想产生的“经济、政治、社会的原因”，从社会历史根源的角度（即历史唯物主义）讲思想变化，这样才更客观、全面。所以，20 世纪 80 年代后，石峻先生在谈到哲学史的研究方法时，他仍然坚持马克思主义，但看法更理性了。他指出，西方人如马恩列斯等并没有仔细地研究过东方各国的哲学，对中国哲学史的一系列问题也很少作过什么理论上的分析和科学的评价，就是毛泽东论述得也非常有限。所以，“要想只根据那些革命导师的现成结论，来拼凑成一部系统的科学的‘中国哲学史’，那是根本不可能的”①。我们所要认真学习的是他们的立场、观点和方法，对于具体的问题，那只能从当前的现实出发。那种用西方哲学思想的模式来选取中国的资料的做法，“等于取消了中国哲学的民族形式”；而用西方哲学的框框生搬硬套中国哲学，则夸大了西方哲学的普遍性，无形中取消了中国哲学。②

可见，马克思主义并非一无是处，它的社会历史的方法、辩证的观点仍有助于我们去研究中国哲学。既要坚持马克思主义的普遍性，又要保持中国哲学史的固有特点，这本身就是一个研究不尽的课题。

二、理学的产生及研究原则

用马克思主义的唯物唯心观点划分理学各派固然有问题，但运用马克思的历史唯物主义的观点分析理学的起源，将理学置于社会历史的宏大背景下，考察它与经济、政治、佛老等的关系，却有助于我们更好地把握理学研究的问题，进而理解其学术和现实意义。

宋明理学是如何产生的？石峻先生认为，学习一个时代的哲学著作，首先要了解它由以产生的社会历史背景。理学作为一种新的社会思潮，其产生不是凭空的，而是与社会现实紧密联系在一起的。隋唐文化到了宋代为什么发展不下去了？其原因有三：一、儒家走向了复古主义路线。在思想上下工夫的人很少，考取进士的一大批人则重在作诗文。诗文只是点缀，对思想的统治作用不大。朝廷经学多事训

---

① “有关中国哲学史研究方法论的几个问题”，第 281 页。

② 同上书，第 285 页。

诂，少可称述。二、佛教从隋唐开始由盛转衰，也走向了烦琐，这种烦琐的哲学是不可能作为上层建筑的。禅宗虽有一定的意义，但不是一种统治思想。三、隋唐时期流行科举，门阀势力并未完全退出历史舞台，因此宋以前是贵族地主立朝；宋以后，下层与上层社会之间的相互流动加快，属一般封建地主立朝，贵族的特权减少，需要加强思想上的统治。事实上，虽然中唐的韩愈激烈排佛，并作《原道》、《原性》等试图塑造儒学道统，但他的人性三品说与之前的董仲舒、王充相比，并无多大创见，反而是他的学生李翱所著的《复性书》调和了先前各家人性学说，借用佛教的思维方式，从“明”与“不明”而不是内外、动静、善恶的角度来论述性情关系，从而为复性反本开辟了道路。李翱的复性论可谓上承佛学、下开理学。宋明理学正是沿着他开辟的思路，发挥孔子罕言的性与天道，建构了一个形而上的理论体系。“宋元明理学的根本精神，是在把政治建筑在心性之学的基础上，同时拿个人作本位，以求理想社会的实现，因此与隋唐思想不同，在中国哲学史上可以划一新的时代。”①

既然宋学的兴起与理想政治有关，那么从学术史的角度，自然要从宋初胡瑗倡明“圣人体用，以为政教之本”算起。胡瑗教授湖州，分经义和治事两斋，天下取法。不过，他与孙复、石介等人能有志于圣人之道，离不开范仲淹的知遇之恩。此外，江西的李觏、陕西的张载都受范仲淹的鼓励而或教授或进学。还有欧阳修，因朋党之争而坐贬，亦以奖励后进为务。范、欧阳对北宋学风的转移起到了重要作用。以上诸人的思想皆偏重政治，对人性问题少有论述。稍后的王安石仍然坚持治道与学术不可分，他的《三经新义》把儒家思想与现实政治结合起来，改变了唐朝的学风，“属于开风气的人”。虽然他的思想以政治为主，但他的“性本情用”、“性不可以善恶言”的人性论思想却具有承前启后的意义。所以，虽然他未被视为理学的正宗，但他的影响不能一概抹杀。

正统理学自然是从周敦颐、邵雍诸人算起。考察周、邵二人的思想体系，他们的宇宙论没有脱离汉代“构成论”的色彩，受道教影响颇重——周子的《太极图》从传承授受上原本就与道教有关，邵子的

① 石峻：“略论中国人性学说之演变”，第373页。

“象数”学也是导源于方外。不过他们的修养论以及理论根据却是继承了隋唐传统，与宇宙论形成两不相干的系统。周子主静、主一，邵子则从不同的观物角度论性情，为后来的张载、二程分天地之性和气质之性，试图调和宇宙论和人性论并使之成为一新结构提供了思路。

在研究具体的理学家的思想之前，还需厘清一些基本命题，坚持一定的研究原则。

要把官方宣传的理学与理学本身区分开。也许是历史上对理学有太多的批判，受其影响，在现代人的眼中，理学简直就是道貌岸然、伪君子的同义词。大家在分析、批判封建社会的黑暗时，将其产生的原因一并归罪到理学身上，并在泼脏水时一并把盆里的孩子也泼掉了。其实理学与官方化了的理学是两回事。理学首先是一种学术，是思想家们从不同角度挖掘、发挥先秦儒家经典的义理并建构的一个个形而上的思想体系。官方化了的理学则是一种意识形态，是统治者用来控制人民思想的工具。历史上，程朱理学一度遭到官方禁锢，并酿成党案。直到元明以后程朱理学才被奉为权威，朱熹的《四书集注》成为科举考试的标准教材。程朱学说日益官学化，也日益僵化。人们不再追求经典中的义理，只是生吞活剥现成的注释，甚至曲解程朱的原意。二程言“饿死事小，失节事大”是有其特殊语境的，并非反对寡妇再嫁，但到了明清则成为统治阶级借以维护统治的“软刀子”。明代以后的《四书集注》也不是完整的版本，明太祖朱元璋删掉了《孟子》中的民本思想，《四书》沦为统治者的工具。在官方的主导下，理学“致君泽民”的精神消失了，传统儒学内圣外王的理念没有了，被抽干了本质内容的儒学只剩下一堆毫无意义的文字符号。所以，石峻先生指出：“官方宣扬理学，对理学有利于官方的一面加以提倡。皇帝讲的理学与朱熹讲的不一样，官方哲学和朱熹哲学不能画等号。”①

历史上李贽、戴震等人都对理学进行过批判，我们要分清他们所针对的是程朱道学本身还是官方所宣扬的那个理学。事实上，二人所批判的是伪道学。伪道学不是道学，但其产生却有历史根源。从汉代开始，统治者就注重纲常名教，以民间举孝廉选官，于是出现了大量

---

① 参见石峻：“关于中国哲学研究的谈话”，第501页。

沽名钓誉的事情。南宋时党争不断，陈贾、刘德秀等人攻击朱熹之学为“伪学”、朱熹为“伪师”，这自然是污蔑之词。但元明以后朱学成为官学后，的确出现了一些无才无学、无为无识却又热衷功名利禄的人，他们口谈仁义道德以装潢门面。“世之好名者必讲道学，以道学之能起名也；无用者必讲道学，以道学之足以济用也；欺天罔人者必讲道学，以道学之足以售其欺罔之谋也。”①他们“阳为道学，阴为富贵；被服儒雅，行若狗彘”②，欺世盗名，虚假伪诈，却因此连累了真正的道学。后人不假细辨，将程朱道学与伪道学混为一谈。至于戴震所抨击的“饿死事小，失节事大”是“以理杀人”，他所针对的其实也是被官方化后的理学。③ 所以，把程朱理学与官方所倡导的理学区分开，能起到正本清源的作用。

不要过分夸大理学家之间的不同。对不同的理学家，既要看到其差别性，又要看到其一致性。封建时代的门户之见使理学各派故意夸大彼此的差别（如道学和心学），实际上他们在许多地方都是相同的，都想解决封建社会的矛盾，用心是一致的。黄宗羲《宋元学案》就说朱熹和陆九渊“同植纲常，同扶名教，同尊孔孟”，实乃百虑殊途。这一点体现在二程身上，石峻先生与之前的那些学者不同，他不同意二程开两派——理学和心学之说。他认为二程本身有差别，但这种差别大同小异，“学术界夸大了两者的区别”④。其实我们从伊川所作的《明道先生行状》就可看出，他对兄长为人学问的推尊，以之为接续孔孟之学的第一人，其实也是在推崇自己，因为“天理”乃是他们共同“拈”出来的。朱熹自然是继承了二程的思想，至于心学，石峻先生认为，是陆九渊继承了思孟学派并与禅宗结合的产物。这一观点为理学的研究开辟了新的思路。众所周知，黄宗羲等人的《宋元学案》主要是以师承的方式将宋元时期的思想家串联起来，对每一学派都追溯源流，有时候不免牵强。就陆九渊的学术而言，《学案》说：“程门

---

① （明）李贽：《道学》，《初潭集》卷二十，中华书局，2009 年，第 345 页。

② （明）李贽：《三教归儒说》，《续焚书》卷二，岳麓书社，1990 年，第 356 页。

③ 石峻：“南宋以后理学和反理学的斗争”，第 179 页。

④ 同上，“关于中国哲学研究的谈话”，第 501 页。

自谢上蔡以后，王信伯、林竹轩、张无垢至于林艾轩，皆其前茅，及象山而大成。”① 这直接左右了人们对心学渊源的看法，而忽略了陆九渊说的自家的学说“乃读《孟子》而自得之”。当事人当然比我们这些局外人更了解自己。也许我们可以不拘泥于《宋元学案》的论断，视野再宏观一些。唐代以后孟子的地位不断提升，并于宋神宗元丰七年（1084 年）得以配享孔庙，其地位终于得到官方的认可。《孟子》一书日益得到人们的重视。理学家们借先秦儒家典籍发挥自己的思想，二程推崇《大学》，主张为学须按《大学》的顺序进行；张载、邵雍、周敦颐等人推崇《周易》，并结合道、阴阳等各家思想加以发挥，将传统的《孟子》心性思想与流行的禅宗结合起来，突出“心”的本体地位而形成心学思想，这样做一点都不足为怪。只不过率先做到这一点的不是陆九渊，而是两宋之际的张九成（1092 年 - 1159 年）。张九成尊孟子，著《孟子传》，又习禅参禅，深谙佛理，可以说，他的思想就是孟子的心性论与禅宗相结合的产物。他率先将心提升到本体的高度，心学体系已经很完整，从这个意义上说心学的创始当自张九成，陆王与之一脉相承。突破二程传道学和心学两派的窠臼，有助于研究者更能清楚地抓住心学的实质。

理学不是宗教，虽然二者都是唯心的，但有本质的区别。理学是一种学术思想，靠的是理性思辨。理学虽然吸收了佛道的思想，但从未改变其儒学的性质。即便心学曾被朱熹等人猛烈抨击为禅学，但也属于儒家内部的学术纷争，心学与禅学有着根本的不同。元明以后程朱道学被奉为权威，朱熹也不断获得加封，大有把朱熹与孔子放在一起神秘化、教主化的趋势，但无论怎样都不能掩盖理学作为义理之学的实质，何况官方宣传的理学和理学本身是两回事。

此外，针对学术界研究什么就盲目抬高什么的不良学术倾向，石先生指出，研究理学要防止两种倾向：一是把理学看做中国思想的最高峰。这是一种片面的看法。说理学研究细密，理论分析水平比过去高，吸收了佛道的思想，范畴之间的基本关系研究得比较好（比如《本溪字义》）是可以的，但这不代表理学的理论分析是正确的。另一

---

① （清）黄宗羲等著：《宋元儒学案序录》，《宋元学案》卷首，北京，中华书局，1986 年，第 11 页。

个极端是把理学说得一无是处，把它的理论思维贡献也抹杀了。理学的影响和意义，从积极的方面看，对理论思维有贡献，与过去相比，理论方面有所提高；另一方面，它无法摆脱时代的局限，比如对封建道德的鼓吹。对封建道德，我们也不能全盘否定，而应辩证地分析，保留其合理的成分。

三、理学的融佛与反佛

通常认为，宋明理学是儒释道三教融合的产物。理学家们几乎都有出入佛老然后返回六经的经历。但是，他们在建构思想体系时，却几乎都对佛老持抨击的态度，两宋之际胡寅所作的《崇正辩》可谓集佛老批判之大成。作为研究者，我们自然要站在中立的角度客观地看待历史上的儒佛之争。对此，石峻先生要求辩证地考察理学与佛道之间的关系，并提出质疑：既然理学是儒释道融合的产物，为什么那些理学家尤其是程朱视佛道为洪水猛兽？理学坚决反对佛道，反对得是否中肯？佛道是否就如同他们所说的那样？

理学吸收了佛道大量的思想，这是不争的事实。除了上文提到的周敦颐、邵雍受道教影响外，石峻先生还高度推崇唐代禅僧宗密的思想。他认为宋明理学的两个主要理论——理气论和人性论——都可以从宗密的“本觉真心”说那里找到源头。宗密主张禅教合一，即将华严宗与禅结合起来。二者结合的共同点即本觉真心，即佛性。华严宗强调理事无碍，直接影响了程朱的理气说；陆王心学以良知为本体，又与宗密以本觉真心作为本体思路相同。可见，“宗密的地位为继往开来”①。石先生这一看法可谓孤明先发，真知灼见。事实上，比陆九渊更早一些的张九成受宗密的影响更明显，如宗密根据推本穷源的方法得出结论：人所禀之元气乃源自于心，心才是最后的根本。张九成也根据追本溯源的方法得出“心即理，理即心”的结论。宗密以本觉真心为本体，“真心”在张九成的著作中随处可见。宗密提出“知即是心”、以知为心的本质属性；张九成提出“觉即是心”，知犹觉也，直接就是宗密思想的翻版。宗密有“知之一字，众妙之门”，张

---

① “关于中国哲学研究的谈话”，第498页。

九成则“觉之一字，众妙之门”，等等。也正因为他与宗密有太多的相似性，所以他的书被朱熹视为“禅者之书”。从张九成回过头来看宗密，宗密的启发、影响作用不言而喻。石峻先生要求研究者重视宗密的《原人论》，研究理学者一定要读《原人论》，启发之功甚巨。

自佛教传入中国以来，儒佛之争就从未间断过。儒家之批判佛老，主要是其以正统自居，为了维护所谓的儒家道统，所以，他们对佛教的批判大多是从儒家正统、伦理、夷夏之辩等角度，乃至胡寅的《崇正辩》也未脱此窠臼。儒家所抨击的究竟是印度佛教还是中国化了的佛教？石峻先生明确指出：“宋代正统儒家所接触到的其实还是那个时代社会上比较流行的中国佛教，特别是禅宗和华严，更多限于中国学者的理解与发挥，很少是认真系统地研究过印度佛教的本来面目，所以，他们的反佛理论自然是针对一些更多带有中国思想特色的佛教信仰，而不一定严格地符合印度佛教的本义，这也是我们在剖析宋代正统儒家反佛理论时应加特别注意的事实。”① 石先生的这一看法对于学者深入理解理学各派的反佛理论，从而进一步研究其本体、人性论真有拨云见天之效。

中国人要想真正了解佛教，当然要阅读佛经，但是，以“格义”的方式（主要采用道家的术语）翻译的佛经，其实就是佛教中国化的开始。起初，因为我们对印度的风俗习惯不了解，所以经常站在自家的立场说自家话，难免郢书燕说，比如印度的佛教，出家人不劳动，连父母也不拜。进入中国后，立刻与中国人勤劳作息、孝敬父母的风俗相冲突，于是备受诟病。站在对方的立场，这种诟病是没道理的。当然争论的结果是令中国人满意的，禅宗从百丈怀海开始“一日不做，一日不食”，自力更生解决吃饭问题，并提出“担水砍柴，无非妙道”的口号，“实现了跟过去中国变相的僧侣贵族的不同信仰，也是对印度佛教一种带根本性的变革”②。于是那些攻击出家人养尊处优、不耕而食必将导致贫弱的论点就没什么依据了。同时不时有大德禅师撰文，倡导儒佛一致，将佛教的五戒与儒家的五常相比附（如宗密、契嵩），甚至提出“菩提心即忠义心”（宗杲），主动降低身价附庸儒家。

---

① “宋代正统儒家反佛理论的评析”，第146页。

② 同上。

儒佛相争的一个结果，就是逼迫着印度佛教日益中国化，乃至变成中国的佛教，与其本来面目大相径庭。表现之一是，印度佛教讲天、地狱，少讲人，而中国儒家从孔子开始就有“不语怪力乱神”的传统，连最高意义的“天”都是人格化了的、与人有着紧密关系的东西。所以，中国哲学讲原人、原性、原道，宗密著《原人论》，不讲天，不讲地狱，专讲人。中国化了的佛教自然充满了中国式的思维。我国民间信仰观世音（按正译应作“观自在”）菩萨，原来是男身，到中国则变成了女性，一位“送子”的神灵，那分明是儒家“不孝有三，无后为大”的思想在作怪，“岂可说是印度佛教的产物?”① 可见，儒学对佛教的批判多是“针对一些更多带有中国思想特色的佛教信仰”，站在民族的立场，本着华夷不两立的态势，不分青红皂白地一味挞伐，其实板板都未打中对方实处。这一点，南宋的叶适意识到了：“按佛在西南数万里外，未尝以其学求胜于中国，其俗无君臣父子，安得以人伦义理责之……其言天地之表，六合之外，无际无极，皆其身所亲历，足所亲履，目习见而耳习闻也。以为世外瑰特广博之论，置之可矣。今儒者乃援引《大传》‘天地絪缊’、‘通昼夜之道而知’、‘不疾而速，不行而至’，子思‘诚之不可揜’，孟子‘大而化’‘圣而不可知’，而曰‘吾所有之道，盖若是也’。誉之者以自同，毁之者以自异。嘻，末矣!”②叶适可谓一针见血，击中了以往儒家反佛立论的要害，因为以一种主观的理论反驳另一种主观的理论，以一种风俗反对另一种风俗，本身就缺乏说服力，药不对症，关键还是要从“本”上下工夫，为儒家的伦理纲常寻找一个实在的而不是虚幻的形而上本体，“没有这个更高的本体论基础，就不叫理学”③。

大多宋儒因有多年出入佛老的经历，所以反佛的理论水平比先前高了很多。“他们往往能从当时儒佛共同关心的哲学问题，如心、性、理、欲等范畴的真实含义以及相互之间的逻辑结构，展开不同立场与

① “有关中国哲学史研究方法论的几个问题”，第290页。

② （宋）叶适：《习学记言序目》卷四十九，北京，中华书局，1977年，第740－741页。

③ “关于中国哲学研究的谈话”，第502页。

观点的争论。"[①] 但这种争论往往也因为他们没有真正系统地研究过印度佛教的本来面目，所以针尖常常对不上麦芒。拿张载的“气一元论”来说，张载以气来说明宇宙间的一切变化，认为虚空其实并不虚，而是充满了气，是为了反驳佛教“一切皆空”的学说的。但张载对“空”的理解并不符合佛教“一切皆空”之“空”的含义，后者并不是指什么都没有的“顽空”，而只是说明一切皆虚幻，不真实，“如梦幻泡影，如露亦如电”，一切都是暂时的，是“无常”的。所以尽管张载的反佛态度很坚决，但他对佛教的抨击并没有击中对方的要害。张载还从“大”（天地）和“小”（心）的关系的角度抨击佛教以心法起灭天地的观点，显然没有理解“以心法起灭天地”的真实内涵，从而显得非常粗疏。其他各派，程朱以“天理”、陆王以“本心”，把天理、本心看做具有实实在在内容的道德实体而非佛教的虚幻，从天理人欲、公私义利的角度力图与佛教划清界限，似乎从某种程度上抓住了要害，但是佛教作为宗教，自有它的理论根据和修行方式，岂可将儒家争论的范畴（天理人欲、公私义利）强加到佛教身上？归根结底，理学追求理性，佛教追求信仰，信仰从来都不会因理性的批判而颠覆，何况理学对佛教的批判只是隔靴搔痒。

而朱熹为了反佛，认为佛教经典除了最早译出的《四十二章经》之外，都是中国文人伪造的。对此，石峻先生严正指出：“若果限于当时特别流行的各种禅宗语录，那是大体还可以这样说的，若果泛指以往整个中国的佛教，那就未免说话太不严肃了。以朱熹这样渊博的学者，为了维护儒家的‘道统’，反对外来佛教的所谓‘异端’，竟然也发出这种完全不顾历史事实的谎言，这就使我们对于中国思想史的研究，特别是关于宗教思想史的科学研究，不能不更加注意如何贯彻‘实事求是’的精神了。"[②] 我想，这一点对于我们这些从事儒学研究的人来说，如何克服并摆脱儒家的本位观念，站在第三者的立场客观地研究和评价中国思想史尤为重要。

---

① “宋代正统儒家反佛理论的评析”，第 146 页。

② “宋代正统儒家反佛理论的评析”，第 148 页。

四、程朱道学与陆王心学

理学中最耀眼的就属程朱道学与陆王心学了。石峻先生认为，二者皆属儒家的正统派。这又是石先生的一个独到见解。历史上，因为朱熹一直抨击心学为禅学，朱学后又被官方奉为正统，所以后人在总结理学思潮时，总是将心学当做别流支派，排除在正统外。南宋黄震的《日抄》、清代孙奇逢的《理学宗传》即是如此。现代新儒家“接着”理学讲，牟宗三先生宗奉心学，所以以陆王为正宗，以程朱为别宗。牟先生属原创型的思想家，他力图用康德等西方哲学思想改造陆王心学，构建“道德的形上学”，所以他以心学为儒家之正宗，可以理解。若站在纯学术研究而不是创新的立场，平心看待道学和心学，它们其实就是理学内部的两个不同派别而已。他们都继承了先秦儒家的传统，只不过尊奉的经典略有不同：道学主《大学》，主张循序渐进；心学主《孟子》，提倡发明本心。他们都自认为接孔孟不传之绪，在当时各不相让，成鼎足之势。将两派均视作正统，其实是将程朱道学还原为学术思想，而不是把它当做意识形态。

除了道学和心学外，濂学和关学也是儒家正统，朱熹在《伊洛渊源录》中就承认了他们的地位。周敦颐的学说在当时影响并不大，二程并没有把他看做老师。周子被奉为理学初祖，朱熹起到了关键的作用。朱熹为何推崇周敦颐？关键在于其思想。周氏强调主静，静则一，后来程朱的“主敬”——“主一之谓敬”、“无适之谓一”就吸收了“主静”的思想。张载以气作为本体，被二程视作形而下。二程以“天理”作为“实体”以对抗佛教的“空论”。朱熹继之，并认为正统儒家与外来佛教的区别，就在于将这个“理”或“性”（性即理）看做是实有或者是空无。他还举了一个形象的例子来说明：比如一桶清净的水，彻底透明，看来若无所有，但是用手一摸，感觉到它是冷是温，即可证明它的存在了，而“理”正是如此。石峻先生指出，在这里，朱熹借助对具体事物的感觉等同于高度抽象的精神性本体(“理”)，显然是不妥当的，但是可以帮助我们更加明了他的理论。

石先生认为，伊川的“性即理”是理学史上的一大贡献，因为它将本体论与人性论结合了起来，将人性分天命之性和气质之性，从“变化气质”的角度而不是或善或恶乃至善恶对立的伦理角度论人性，从而将人性论推向了一个新的高度，同时促使之后的朱熹去思考如何处理理与气之间的关系，理论由此得以深化。心学则主张“心即理”，反对将人性二分。王阳明不仅主张“天理人欲不并立”，而且提出“无善无恶是心之体”，这“心之体”就是“天命之性”，但并没有什么气质之性与之相对应，因为“气即是性，性即是气，原无性气之可分也”。作为绝对本体的“心”是不能以善恶论定的，不分善恶，就无所谓气质之性。① 坚持“性即理”还是“心即理”，就成为道学和心学的本质区别。

阳明提出“致良知”，提倡知行合一。知行合一强调思想的动机包含了行为的效果，以知代行，知先行后。这一点遭到了清初王夫之的批判。王夫之认为“行可兼知，但知不可兼行”，在理论上具有很大的理论价值和实践意义。阳明主张良知乃人先天本有，不假外求，说明良知具有平等性。但阳明“忽略了良知也是社会历史的产物，不同的人有不同的良知”，这样的良知可以发展出与官方不一样的思想。如后来的泰州学派大力提倡人性解放，其门徒就有反道学的叛逆李贽和那大唱“至情论”的戏剧家汤显祖——这肯定是统治者所不喜欢的。所以，为什么是程朱道学而不是陆王心学成为官学？石先生认为，“程朱强调天理的不变，即维护封建秩序的不变，而良知不保险”，所以官方不敢用作正统。②

隋唐以后佛教完全中国化，其对宋明理学的影响可谓深入骨髓。无论从理学的内容还是思维方式，处处可见佛教的影子。但是大多数理学家又对佛教采取势不两立的批判态度，这对研究理学的人来说，稍不留意就会陷入其中，被理学家们带着走。石峻先生学贯中、西、印，哲学和佛学造诣极深，因此能从宏观上洞悉理学家们排佛言论的得失，从而清晰判断其思想的利害。他关于宋明理学的思想来源、理

① “略论中国人性学说之演变”，第 380 页。对石先生的这篇研究中国人性学说的文章，向世陵先生专门写了“石峻先生‘略论中国人性学说之演变’研究”（载《中国哲学史》2007 年第一期，第 99－105 页）一文加以介绍。

② “关于中国哲学研究的谈话”，第 501－502 页。

学与佛教的关系、理学与官方理学、道学与伪道学的关系等等的论述无不体现了他深刻细致的洞察力，一直到今天都可作为理学研究的指导思想。

刘玉敏
（作者单位：浙江工业大学之江学院）

16. 石峻先生与近现代中国哲学史研究

石峻先生是近现代中国哲学研究领域的开拓者和奠基人。他不仅在新中国成立后第一次讲授近现代哲学史，主编、撰写了一系列相关的著作和论文，而且亲自发起组织成立现代中国哲学研究会，有力地推动了近现代中国哲学史研究的开展。

一、开展近现代哲学史研究的重要意义

石峻先生认为近现代哲学史是中国哲学史的重要组成部分，不能人为地割断历史，只有包括近现代在内的中国哲学史才是完整的哲学史，所以应高度关注近现代哲学史的学习和研究。为此，他陆续发表了“开展中国近现代哲学思想史研究的重要意义”、“论中国现代哲学史研究的意义”等文，系统地阐述了在当代中国开展和推进近现代哲学史研究的理论意义和时代价值。

第一，近现代哲学史是中国哲学史的重要组成部分。石峻先生认为，中国近代哲学史是整个中国哲学史的重要组成部分，因而不能孤立地研究近代哲学史，必须回顾这一断代史的前提——中国古代哲学史。反过来说，研究中国近代哲学史也可以促进对于中国古代哲学史的研究，正如研究人的生理构造可以深入了解猿的生理构造一样。研究中国近代哲学史，既要有回顾，也要有前瞻，因为它是中国哲学的转型期，是西学传入中国之后新的发展阶段。如果把古代哲学比作“前天”，那么，近代哲学史就像是“昨天”。对于我们来说，研究“昨天”显然比研究“前天”更为重要。不了解这段历史，就不能把握中国哲学的未来走向。

在 1952 年的全国高校院系调整中，包括石峻先生在内的部分高

校哲学骨干都集中到北京大学哲学系，北京大学哲学系成为全国唯一的哲学系。北大哲学系最早开设的中国哲学史方面的课程并不是中国哲学通史，而是中国近代思想史。这门课程的教学任务由石峻、任继愈、朱伯崑三位年轻教师承担。他们共同备课，一起编写教学参考书《中国近代思想史讲授提纲》，由石先生主讲。他还主编了 80 多万字的《中国近代思想史参考资料简编》。石峻先生也是现代哲学史研究领域的拓荒者。1982 年，他发表“有关中国近现代哲学史研究的几个问题”，呼吁把研究重点转移到“五四”以后，改变目前中国哲学史研究“从孔夫子到孙中山”的局面。1987 年，他筹备成立中国现代哲学研究会，并担任第一任会长。石先生以他深厚的理论素养和独到的哲学眼光为中国近现代哲学史学科的建设奠定了坚实的基础。

第二，研究近现代哲学史对进行社会主义现代化建设具有重要的意义。石峻先生指出，认真开展中国近现代哲学史的研究，对于建设社会主义的精神文明，把我国建设成为现代化的社会主义强国，具有不可忽略的重要意义。“中国的新社会是从旧社会发展来的，我们从事建设的现实基础是从近现代的历史中演变过来的。脱离了这个基础，割断历史，不从实际出发，不考虑中国的国情，不注意克服旧的影响，其结果就会误入迷途或陷入空想。在这些方面，若能认真研究近代思想史，会从中得到很多有益的启示。”① 中国的旧社会是半殖民地半封建社会，当时的先进人物为寻求救国救民的真理，向西方学习，吸取了西方近代哲学和自然科学的成就，继承了中国古代哲学的积极的思维成果，形成了近代中国资产阶级的唯物论哲学，这对人们解放思想，进行反帝反封建的斗争，起过很大的历史作用。但是，由于中国资产阶级的妥协性和软弱性，他们不仅没有能够从政治上、哲学上完成反帝反封建的任务，其中有的人后来反而陷入封建网罗，提倡尊孔读经，有的倒向帝国主义，崇洋媚外。经验教训是深刻的。但是，为了实现有中国特色的社会主义现代化，我们现在一方面必须努力学习外国各种先进的科学技术，同时又要坚决反对崇洋媚外；另一方面必须注意发扬祖国优秀的思想文化遗产，不忘自己民族国家的地位，要强调学习历史，用马克思主义哲学批判地总结中国几千年的认

---

① 《石峻文存》，第 195 页，华夏出版社，2006 年。下引该书只注页码。

识史，坚决反对一切变相的封建复古主义思想，这些无疑具有重大的现实意义。

第三，学习近现代哲学史有助于提高哲学思维能力。他认为，中国近现代是大动荡、大变革的时代，各阶级都作了充分的表演，不同的阶级以至同一阶级的不同派别其表现也前后有异。他们在寻找思想武器时，对外国和古代哲学都是各取所需，重点不同。这种情况表现为中西文化、哲学的相互交融和斗争，形成了庞杂的哲学思想和各种哲学思潮兴起交替、急速变化的局面。各阶级的代表人物在哲学上有的泥古守旧，有的坚持变革，有的从保守走向革命，有的从变革转向保守甚至反动。最终，马克思主义哲学传入中国，战胜了各种反动的和错误的哲学思潮。研究近现代中国哲学史，内容牵涉到古今中外，只懂中国不够，还要懂得外国，只懂得中国的今天不够，还要懂得中国的昨天和前天。研究这一段丰富多彩、复杂多变的哲学思想史，需要我们本着实事求是的精神，结合具体的社会历史条件，进行深刻的反思，不囿于成见，从发展中看问题，对于提高我们的思维能力，推动深入学习和研究马克思主义哲学和毛泽东哲学思想具有重要的意义，特别是对某些不懂得先驱者为寻找改造中国社会的真理奋斗牺牲的历史而又怀疑马克思主义的青年来说，则是一部绝好的教材。

二、近现代哲学史研究应当遵循的基本原则

石峻先生指出，研究中国哲学史，应当特别重视两个重要的时期。一个是先秦时期，即中国社会从奴隶制社会向封建社会转变并建立多民族的统一大帝国时期；另一个就是近现代时期，即中国从封建社会的没落、被外国帝国主义势力的侵入而逐步沦为半殖民地半封建社会，再由半殖民地半封建社会，经过长期的革命斗争，最后在中国共产党的领导下，建立了社会主义新中国的时期。

相比较而言，后一个转变比起前一个转变更重要。这段历史虽然才一百多年，但情况非常复杂，思想内容十分丰富，研究起来相当不容易。令人遗憾的是，中国哲学史学界对于这段历史的研究长期以来重视不够，以至于使这方面的研究成为薄弱环节。石峻先生指出，研究中国近现代哲学，就是研究从鸦片战争到 1949 年社会主义新中国

成立这段历史时期的哲学发展历程。具体而言就是中国社会如何在近现代一步步沦落为半殖民地半封建社会，在救国救民的道路上屡遭踬踣，而又不断探索，最终走向胜利的理论概括。他强调，研究近现代哲学史应当注意把握以下几个原则。

第一，坚持以历史唯物主义为指导，按照马克思主义的立场、观点和方法深入把握近现代哲学思想的发展规律和基本特点，辩证地分析哲学思潮、哲学人物和哲学观点。他说："研究任何历史科学，只有根据马克思列宁主义的立场观点和方法，才有可能做出合乎事实的结论，这个一般的原则在新中国的科学界是很少有人怀疑的，但是理解到这个总的原则并不等于已经解决了所有的问题，因为每一方面的具体矛盾虽是体现了客观事物普遍发展的规律，但皆有其特殊存在的形式，这些都需要深入钻研，作具体分析，才有可能得出正确的答案，这就说明了为什么不能简单地以历史唯物主义——社会发展史的基本原理来代替各种人类社会历史的研究。"① 他反对在马克思主义经典作家的著作中寻章摘句的做法，反对以引证代替论证，反对用现成的结论代替深入细致的研究。他对这种教条主义的学风深恶痛绝，谆谆告诫学生，千万不要人云亦云。他指出，作研究必须从实际出发，不能从抽象的原则出发。要尽可能充分地占有第一手资料，入乎其内，出乎其外，贯彻"论从史出"的原则。掌握第一手资料，不能仅限于文本资料，还应当了解当时的社会实际状况。只有结合当时的实际状况读文本，才能读得懂、读得通，才能得出正确的结论。

石峻先生指出，五四新文化运动以后，各种非马克思主义哲学思潮也很活跃，这也是值得认真研究的文化现象。过去在"左"的思潮的影响下，通常对非马克思主义哲学思潮一概加以否定，统统视为马克思主义哲学的敌人，看不到其中的合理内核，这是不符合辩证法的。他主张对各种学术思想问题都应当作全面、具体的分析，再也不能走以政治批判代替学术研究的老路了。一个有学识的中国现代哲学史的研究者，必须注意到哲学家思想体系的复杂性。"当然要看到它的政治影响，但这是不够的，还必须深入探讨它在理论思维上的成就，有无合理的内核可供进一步提高认识水平的借鉴。为此，即使同

① 第189页。

是含有封建主义旧思想的作品，也要区分不同的类型，再进行深入的解剖，认真做到‘有的放矢’。在这里，徒然标榜什么‘一贯正确’，那就只能成为一种不切实际的空话。毫无疑问，这种作法是一种地地道道的形而上学，不自觉地违背了马克思主义哲学的基本原理，肯定会妨碍社会的进步和理论水平的提高，甚至还有可能带来意想不到的后果。”① 对于唯心主义的哲学体系，不能仅仅宣布其为错误就算完事了，还应当同情地了解、科学地分析、批判地超越。

石峻先生强调，研究中国现代哲学史必须面向现代化，面向世界，面向未来，根本目的还在于进一步推进马克思主义哲学理论的发展，解决中国社会发展中遇到的实际问题。“中国现代哲学史的研究既是历史，又与现实密切相关，进行系统地科学总结，不仅有重大的现实意义，且有深刻的理论意义，它是正在大力建设具有中国特色的社会主义新思想新文化的一项重要内容。因此，这一非常重要而在目前又比较薄弱的学术领域，它已经并将会越来越受到重视。这反映了我们时代的要求，是当前全国上下实行改革、开放、搞活这一时代精神的充分体现。”② 他经常鼓励自己的学生不但要立志做一个有学问的哲学史家，而且还要立志做一个有创新思想的哲学家。

在近现代哲学史中是否包括一般的社会政治思想、伦理学和美学的问题上，石先生认为不能一概而论。他以近代思想史上的“道”与“器”之争为例，指出这涉及到怎样向西方学习的问题和反帝反封建斗争的现实意义，不能混淆哲学史和政治思想史的对象。“我们反对把任何社会政治思想、伦理学和美学的内容都无原则地一概搬进哲学史的范围，但是也反对把任何有关社会政治思想、伦理学和美学的内容都必须从哲学史中清除干净的做法。总之，我们要求理论必须结合实际，得通过具体的情况来说明抽象的法则，反对把兴趣只放在脱离实际的空洞的‘理论’上。”③ 石先生还设想，应当注意研究我国古代哲学家的思想在近现代的反映，它们是如何被改造来加以应用的，这对于进一步阐明我国哲学思想中的发展规律肯定会大有帮助。

---

① 第 204 页。
② 第 201－202 页。
③ 第 275 页。

第二，贯彻理论联系实际的原则，充分认识中国近现代社会的特殊性和复杂性，不断提高近现代哲学史研究的科学化水平。中国近代社会不同于比较稳定的中国古代社会，也有别于西方的近代社会，它不是一个典型的社会形态。中国近代社会作为半殖民地半封建的社会，实则处于传统社会与现代社会之间，这是其特殊性之所在。“中国这个历史时期的突出特点，就是逐步陷入了半殖民地半封建社会；它既不同于我国过去单纯的封建社会，也不同于外国发达的资本主义社会。既不同于侵略成性的帝国主义，也不同于单纯的殖民地。”①因此研究中国近代哲学思想史，不能照搬中国古代哲学的研究模式，也不能照搬西方哲学的研究模式，必须从实际出发，找到适合中国近代社会特点的研究方法。中国近代可利用的思想资源不再限于儒、释、道三教。中国哲学走向了世界，西方学术也走进了中国，中西学术交汇成为中国近代区别于古代的一大特点。这对研究者提出了更高的要求，牵扯的知识面比较广。研究者既要有中国哲学的素养，又要有西方哲学的素养，并且熟练地掌握具体问题具体分析的方法。石峻先生提出的建议是：“必须力求做到思想性和科学性的高度统一。既要重点深入，同时也要避免以偏概全，因小失大。真正做到既见树木又见森林。要做好这方面的工作，我们以为，只掌握丰富的历史资料，而指导思想和研究方法错了，也有可能事与愿违，走上一条歧路，不但不能达到为我国实现四个现代化服务的目的，同时也与哲学史研究的科学化背道而驰。所以，我们必须以马克思主义基本原理为指导，详细地占有史料，史论结合，从事创造性的研究，得出合乎历史规律的结论来。同时注意它的直接应用方面，在目前，可以说是既有重要的理论意义又有重大的现实意义。”② 他指出，研究中国近代哲学思想史，应当充分认识到它的复杂性，抓住中学与西学或旧学与新学的矛盾这条线索，揭示中国人民思想启蒙的历史进程，从而科学地概括出中国近代哲学思想史的发展规律。

如何提高近现代哲学史研究的科学化水平呢？石峻先生认为，一要解放思想，实事求是，用社会实践作为检验真理的标准，彻底摆脱

---

① 第198页。

② 第201页。

一切盲从和迷信。不仅要从封建的、资产阶级的各种教条中解放出来，就是对无产阶级革命领袖的言论，也敢于持科学分析的态度，力求做到一切以客观真理为依归。二要做到革命性和科学性的内在统一，以最先进的思想来武装头脑，并作为我们行动的指南。三要放眼世界，务实开放，善于取长补短，参考一切国外哲学史研究的最新成果。四要注意研究中国哲学史的固有特点和相对独立性，加强中国哲学史和东方各国哲学史、西方哲学史的比较研究。五要有的放矢，关注现实问题，在努力学习外国一切先进事物的同时，绝不可以丧失爱国主义的立场；在注意发扬祖国古代优秀哲学遗产的同时，绝不可提倡复古主义；在开展国内各民族哲学史的综合研究时，要克服任何大汉族主义的偏见。

第三，着眼于近现代思潮发展的总趋势，动态地把握中国近现代思想家的思想状态的多变性，进一步推进马克思主义的中国化。近代中国社会各种矛盾迅速激化，社会事物发展的速度非常快。面对民族危亡的严峻形势，面对中国向何处去的尖锐问题，思想家没有从容思考的条件，必须迅速做出反应，这就造成了他们的思想状态的多变性。“一个人从青年、中年到晚年，往往经过几度转变，前后有很大的不同，像孙中山和鲁迅这样伟大的先行者，他们一生行为的前后变化，大家都很清楚，无须赘言。就以中国人民大学校长吴玉章同志为例，他少年时期在前清旧式书院求学，读的全是《四书》、《五经》一类儒家经典，接受的基本上都是旧学，后来转而相信资产阶级改良派，即以康（有为）、梁（启超）为代表的那套。经过‘百日维新’失败的惨痛教训，中年时期则又进而追随孙中山，积极从事推翻清王朝封建专制政体的资产阶级革命。此后，在第一次国内革命战争时期，通过社会实践和个人思想上的飞跃，又变成了无产阶级的先锋战士，并成为全国著名的马克思主义教育家。”① 也存在着相反的情况，有些人由有影响的先进的中国人逐步变成落后、保守的顽固派。鉴于这种情况，研究近代人物不能简单地采取形而上学的观点，只就他某一时期的只言片语孤立地做判断，或攻其一点，不及其余，必须具有动态的眼光，必须善于作辩证的评判。在他看来，科学的哲学史不仅

---

①　第 198－199 页。

要描述思想的发展过程，而且要揭示其内在规律，从时代到个人思想，从早期到晚期，都要有发展的眼光。所以，他提倡对于近现代哲学家的著作要做学术编年，即按照年代先后顺序来编辑。“要从中国近代思潮发展史的总规律出发，再结合各人的特点，具体分析它的前因后果，才有可能把问题搞清楚。不宜实行一刀切的办法，而强求形式上的划一，走上简单化、公式化的道路。”①

石峻先生认为，学界多比较注意历史人物从不进步走向进步的思想历程，而对于由革命退到不革命乃至走上反革命的途径，则少有典型的解剖。所以，将来的近现代中国哲学史研究应当扩大视野，面向未来，“更多地从事正反两方面的考察，力求作出比较全面而且富有现实意义的科学结论，从而使这门学科的革命性和科学性的结合提升到一个更高的水平”②。他指出，由于马克思主义哲学传入中国改变了近代以来中学与西学对峙的局面，形成了西方哲学、中国哲学、马克思主义哲学竞长争高的新格局。中国的马克思主义者以马克思主义为指导，结合中国的革命实践，吸收中国哲学和西方哲学的合理内核，推进了马克思主义中国化的进程，使之逐渐成为中国现代哲学史的主流，极大地改变了中国人的思想面貌。在中国化的马克思主义的指导下，中国共产党领导全国人民推翻了压在头上的三座大山，赢得了新民主主义的伟大胜利，建立了中华人民共和国。但是也应看到，由于当时处在武装革命时期，对敌斗争是压倒一切的主要任务，学术思想方面的工作也只能暂时地服从于武装斗争这个主要任务，不可能有充分的时间和条件开展学术研究，来不及系统而深入地研究基本理论，也来不及对各种思潮及时地做出回应。“一些初步掌握了马列主义基本理论的同志们，当时限于主客观条件，还无暇从事大量搜集整理和研究这些方面的思想资料，进行由此及彼、由表及里的深入的剖析工作。然而，只有做到这一点，才能克服教条主义的影响，避免生搬硬套一些外国学者的现行结论，才能很好地结合中国社会的历史实际，从而在这一研

① 第199页。
② 第205页。

究领域内防止产生简单化与庸俗化的倾向。”① 当时中国的马克思主义哲学理论工作者由于受到主客观条件的限制，无暇从事大量搜集材料、系统的整理、深入的分析等工作。现在，我们已经具备了前人所不具备的条件，有责任完成前人当时无法完成的工作，进一步推进中国化的马克思主义哲学理论的研究。

三、近现代哲学史研究的重点领域和重要人物

石峻先生在对中国近现代哲学史进行宏观考察的基础上，也重视对有代表性的哲学家的个案研究，并就一些重点领域和重要人物进行了深入的探讨。

第一，洪秀全与太平天国革命思想。石峻先生指出，1851 年爆发的伟大的太平天国农民革命运动正式揭开了中国近代民主主义革命的序幕。洪秀全创立“拜上帝会”，利用原始基督教中某些自由平等的观念，宣传革命思想，陆续撰写《原道救世歌》、《原道醒世训》和《原道觉世训》，提出了民主主义的平等思想，激发了农民群众的反抗热情，从而奠定了太平天国初期革命的理论基础。一是宣传天下人不论贫富贵贱，在上帝面前是平等的，都有同等的权利拜上帝，从而打击了皇帝的威权。二是把基督教教义中的平等思想和中国古代“大同”思想结合起来，提出了农民革命的奋斗目标。三是号召农民组织起来反抗以“阎罗妖”为代表的封建统治势力。在定都南京后，太平天国进一步提出了中国历史上第一个农民革命的土地纲领——《天朝田亩制度》，主张土地国有，财产归公，按人口平均分配生活资料，以消除私有财产制度的形式表现了中国农民空想的农业社会主义的思想。太平天国后期，值得注意的是洪仁玕写的《资政新篇》，它提出了革新政治的要求和关于资本主义建设的纲领。

石先生提醒我们，对于太平天国的革命文献，要善于通过宗教的外壳来掌握革命思想的实际，否则会视之为无价值的、荒唐的神话。另外，不同时期的著作可能有不同的论点，乃至同一种书，后期的印本往往在文字上有修改，这应当是部分地反映了太平天国革命思想前

① 第 245 页。

后的变迁，是需要我们格外留意、加以重视的。

第二，郑观应与改良主义。石峻先生认为，从19世纪下半叶起，中国开始产生了一批向资产阶级转化的官僚、地主和商人，为抵抗帝国主义的侵略，摆脱封建势力对工商业发展的控制，要求一定的政治地位来保护他们的经济利益。这就构成了资产阶级改良主义思想流行的时代背景，而郑观应就是其中重要的代表人物之一。郑氏在《盛世危言》中坚持提倡“西学”的基本立场，反对“不愿意学”的畏难情绪和“不值得学”的保守思想。他认识到外国资本主义国家侵略中国的目的主要是夺取在华的经济利益，这种经济侵略甚至比军事侵略更为可怕，故而认为中国实现富强的根本途径在于和外国资本主义列强进行“商战”。

郑观应比洋务派更进一步，他认识到西方资本主义国家之所以富强并不在于先进的技术设备，而在于有保障资产阶级利益的政治制度，不能“遗其体而求其用”。其改良主义的思路是，如果没有政治的改革，就不可能实现经济要求的理想，而欲发展民族资本，实现独立富强，必须首先改革封建专制政体，即建立一种封建地主阶级和新兴资产阶级相互妥协的英国式的君主立宪制度。正如石先生指出的，以郑观应为代表的改良主义具有进步性的同时，也带有很大的历史和阶级的局限性。

第三，章太炎、孙中山与资产阶级革命思想。章太炎作为近代著名的爱国知识分子，石峻先生认为他的身上集中体现了中国历史上反抗外来侵略、热爱祖国的优良传统。章太炎把民族主义的观点和反封建的民主革命要求相结合，针对改良派的“君主立宪”主张，提出了民族主义革命思想，既反映了国内被压迫的民族资产阶级和小资产阶级的革命要求，也体现了东方一切殖民地半殖民地国家在帝国主义时代争取民族独立解放运动中的共同愿望。石先生指出，章太炎的民族主义思想对当时资产阶级的革命运动起到了巨大的推动作用，沉重打击了君主立宪派的改良主义论调。但同时，他又过分夸大了华夷之辨，强调汉族与其他民族文化的绝对界限，带有一定程度上的大汉族主义的民族偏见，也妨碍了其革命思想的进一步发展。

石峻先生认为，孙中山是具有世界影响的伟大的革命先行者，为民族的独立富强，为建立多民族平等统一的强国而终身奋斗，孜孜以求。他从改良到革命，到联俄、联共、扶助农工的三大政策，向往社会主义，批评西方资本主义，越到晚年，革命思想越彻底，越成熟，这些都表明孙中山的思想体系是开放的而非封闭的，是与时俱进的而非一成不变的。石先生概括孙中山的思想特点是：一是不崇拜西方，不完全满意西方资本主义社会，反对庸俗进化论，提出不断前进的理想和蓝图；二是过去进步的思想家推行改革是为了防止群众造反，孙先生则主张"唤起民众"；三是在学习西方的同时，珍视中国的文化遗产，不赞成全盘西化，反对民族文化虚无主义，又和复古派拉开了距离。[①] 在纪念辛亥革命100周年之际，我们再次学习他对孙中山的研究，深感石先生的评价是符合实际、客观公允、经得起历史检验的。

第四，胡适与实用主义。石峻先生还深入分析了近现代哲学中的实用主义。他指出，实用主义哲学产生于西方自由资本主义向帝国主义过渡的时期，对于反对社会黑暗势力和旧的封建教条来说是有历史的进步意义的。鸦片战争后，中国逐渐沦为半殖民地半封建社会，资本主义经济开始出现，不断壮大中的资产阶级需要一种新的宇宙观和人生观，而实用主义注重积极进取，不尚空谈理论，只管实际行动的特点，可以暂时满足五四前后资产阶级的思想需要。

石峻承认胡适是一位实用主义者，但反对把他仅仅说成是美国实用主义的贩卖者。他指出，胡适的实用主义哲学有别于美国的实用主义哲学，乃是中国现代史的产物，有其出现的历史合理性。从大的时代背景看，实用主义"在中国五四时期其所以能得到比较广泛的传播，实在是与第一次世界大战期间，由于帝国主义国家正忙于瓜分殖民地的战争，不免暂时放松了对中国的侵略，使中国的资本主义特别是轻工业方面取得较大的发展，兼及资产阶级上层知识分子带来的幻想，肯定是有一种内在联系的"[②]。实用主义者注意物质文明，突出科学技术，但他们只承认实用科学的成就和具体方法的运用，在世界观上不承认有科学反映客观事物的真理，轻视哲学根本问题研究的理论价值。通俗地说，一切学说的真实与否完全看其实用上的效果而

---

① 第215－216页。

② 第229－230页。

定，只要事实上方便，就是好的。石峻先生指出，从马克思主义哲学的观点看，胡适的实用主义哲学无疑是错误的。胡适与李大钊等马克思主义者确实存在着根本的分歧，但这只是问题的一个方面，还应看到问题的另一个方面。胡适的实用主义对中国马克思主义者也有一些积极的影响，“在客观上也起到揭发当时一些人空谈进步、实行政治投机的作用，所以李大钊同志在‘再论问题与主义’一文中也说自己的看法其中有的或可与胡适的主张‘互相发明’”①。

石峻先生也将胡适的《中国哲学史大纲》贯穿的指导思想归之为唯心论的实用主义，但认为该书“在当时我国贫乏的学术界，却是起过一定的积极作用的。胡适这册《中国哲学史大纲》在五四新文化运动时期的历史意义，诚如我国著名的民主主义教育家蔡元培为该书所作序言中说的，其中最重要的一点，就是所谓‘平等的眼光’”②。不过，他也不完全同意蔡元培在‘序言’中的看法，认为蔡先生出于奖掖后学的用意，不免作了一些过分的赞许。石峻的看法是：“胡适在两千多年来一向尊儒家为正统、奉孔丘为‘至圣’、离经等于叛道、非圣即是违法的年代，敢于用这种‘平等的眼光’来对待它，应该承认是难能可贵的。”③ 他认为胡适对于现代意义上的中国哲学史学科的建设有开创之功，应当在中国哲学史学史上占有重要地位。

第五，熊十力与现代新儒学。石峻先生指出，在各种外来思想的冲击下，标榜继承我国古代儒家传统而又融合西方资产阶级哲学的现代新儒学，这种思想的影响一直不见中断，这个现象很值得我们深思，有助于我们全面了解五四以来现代哲学思想的发展规律。基于此种认识，他指导了大陆地区第一篇关于现代新儒学的博士学位论文，开拓了现代哲学史研究的新领域。

他还从总结近代中国理论战线的思维教训的角度，亲自撰写了“熊十力的学术道路”一文，就现代新儒学的代表性学者作了专门研究。石先生认为，熊十力身上体现了现代新儒家之所谓“新”的时代特征和思想特色，即不是在一切理论问题上都尊奉过去的儒家学说，

---

① 第231－232页。

② 第225－226页。

③ 第226页。

“无论对于佛家还是对于儒家，都可说是既有继承，又有批判；既有所肯定，又有所否定”①。

石先生注意到熊十力的新儒学体系是与“中体西用论”、“国粹论”、“全盘西化论”截然不同的、独辟蹊径的理论形态。熊十力提倡西学是学习哲学的阶梯，又主张精研大乘佛学思想，回归先秦儒学，融会道家思想，博采众家所长，重新全面地构造出一种具有中国特色的新哲学思想体系。作为熊十力的学生，石先生对老师的学术思想的评价客观平实，切中肯綮，对成就既不过誉，对局限也不偏袒。他从五个方面总结了熊十力的思想和人格特点：一是极具抱负，气魄宏大，没有丝毫的奴颜媚骨，反映了半殖民地半封建社会思想家的一种非常宝贵的品格；二是治学态度严肃认真，亲力亲为，字斟句酌，一丝不苟，世所罕见；三是学无常师，又涉猎甚广，主张读书贵在“得意”、“明心”，精读有恒，提倡用现代白话文讲中国古代哲学；四是取精用弘，观其会通，没有褊狭的学术成见，而且特别注意着眼于古代哲学的独到之处和优良传统，始终不忘中华民族在世界历史中的地位；五是在思想渊源上与华严宗、禅宗等大乘佛学思想、与陆王学派之心学思想、与王夫之哲学思想等有着密切的关联，尤其是用周易思想改造印度佛教思想的本体论成了熊先生的思想体系的核心。

近现代哲学史研究是石峻先生的中国哲学研究的重要组成部分，成果丰硕，视野开阔，见解深刻，本文限于文献资料和学识素养，仅是初步的梳理和概括，对其作深入、系统的研究尚需有待于将来，而石峻先生近现代哲学史相关论述的理论意蕴和时代价值必将进一步得到彰显。

许宁

（作者单位：陕西师范大学哲学系）

---

① 第239页。

四　追思感念

1. 哲学史家、佛学家石峻教授逝世

1999 年 4 月 15 日，石峻教授在北京走完了自己的人生历程，安详地告别了他深爱着的世界，享年 84 岁。

石峻教授生于 1916 年 10 月 25 日，湖南零陵县（今永州市）人，中国共产党党员、中国人民大学哲学系教授。生前曾任中国人民大学校务委员会委员、中国哲学史学会第一、二、三届理事会常务理事和副会长、《中国哲学史研究》主编、中国哲学史学会顾问等职。曾被国务院学位委员会聘为首批博士生导师，被聘为国务院古籍整理出版规划小组成员。他从 1938 年起从事中国哲学史教学和研究，是著名的哲学史家、佛学家和教育家。

1934 年，他以优异的成绩考取北京大学哲学系，从此广泛涉猎中外哲学史上各家学说，打下了深厚的学术功底，在课外，他搜寻中外马克思列宁著作及有关读物，多年浸润其中。1938 年毕业后在北京大学哲学系、西南联合大学哲学系任教，担任过系主任汤用彤教授的助手、研究助教、讲师等职务。1948 年由北京大学调到武汉大学哲学系任副教授，曾兼任图书馆主任。1952 年回北京大学哲学系任副教授、研究生导师。1955 年调中国人民大学，参加筹建哲学系工作。他长期主持哲学史、中国哲学史教研室工作，在他的领导下，中国人民大学哲学系中国哲学教研室已形成中国学术界一流的专业研究队伍。

石峻教授堂庑甚广，学识渊博，然而博而不杂，善于由博返约，抓住重点，形成独特的学术风格。他治学侧重以下方面并取得显著成就：

1. 十分重视中国近现代哲学研究，是这一领域最早的开拓者。他

多次在学术会议或文章中强调，中国近现代哲学是中国哲学发展史中一个十分重要的环节，不深入研究中国近现代哲学，便不能把握中国哲学的走向。

早在20世纪50年代，他就主持编写了《中国近代思想史讲授提纲》，主编80多万字的《中国近代思想史参考资料简编》，为中国近代哲学史和思想史的研究奠定了基础。1987年，他主持召开中国现代哲学研究会成立大会暨第一届年会，担任了中国现代哲学研究会会长。

2. 重视中国佛教哲学思想史的研究，是这一领域的知名学者。他认为研究佛学并非倡导宗教信仰，而是科学地揭示造成这一文化现象的奥秘，从佛教典籍中提炼出有价值的理论思维成果。

3. 重视中、西、印哲学的交流和会通，在这方面做了大量的工作，经常用外文介绍中国哲学。

他参与编纂了多卷本《中国佛教思想资料选编》，主编《汉英对照中国哲学名著选读》，主编大型丛书《现代中国思想论著选粹》等。他参与编写的四卷本《中国哲学史》（任继愈主编）曾获国家教委教材特等奖，参与编写并担任顾问的多卷本《中国哲学通史》获中国人民大学教材一等奖，这些成果在学术界产生了广泛的影响。

石峻教授挚爱学术事业，直到患重病后仍关心学术界的最新成果，真正做到了学而不厌、诲人不倦；他厚积薄发，深入浅出；和蔼可亲，宽厚待人，淡于名利，襟怀坦诚，博得学界同行和晚辈的敬重、爱戴。我们为失去可亲可敬的石峻教授而深感悲痛。

石峻教授走了，但我们将永远追怀他的高尚风范。敬爱的石峻教授永垂不朽！

中国哲学史学会
——原载《中国哲学史》1999年第2期

2. 著名哲学史家、佛学家石峻教授逝世

中国哲学史界前辈石峻先生于1999年4月15日在北京逝世，享年84岁。

石峻先生字柏宓，又名易元、凤岗，生于1916年10月25日，湖南零陵县（今永州市）人，中国人民大学哲学系教授。生前曾任中国人民大学校务委员会委员、中国哲学史会第一、二、三届理事会常务理事和副会长、《中国哲学史研究》主编、中国哲学史学会顾问等职。曾被国务院学务委员会聘为首批博士生导师，被聘为国务院古籍整理出版规划小组成员。1991年起享受政府特殊津贴。从1938年起从事中国哲学史教学和研究，是著名的哲学史家、佛学家和教育家。

1934年，他以优异成绩考取北京大学哲学系，从此广泛涉猎中外哲学史上各家学说，打下了深厚的学术功底。1938年，石先生在北京大学哲学系、西南联大哲学系任教，担任过著名学者汤用彤先生的助手、研究助教、讲师等职务。1948年由北京大学调至武汉大学哲学系任副教授，曾兼任图书馆主任。1952年回北京大学哲学系任副教授、研究生导师。1955年调中国人民大学，参加筹建哲学系工作。他长期主持哲学史、中国哲学史教研室工作，在他的领导下，中国人民大学哲学系中国哲学史教研室已成为中国学术界一流的专业研究队伍。

石峻先生在中国哲学研究领域卓然成家，颇有建树，形成了自己独特的学术风格。他十分重视中国近现代哲学研究，是这一研究领域最早的开拓者。他多次在学术会议或文章中强调，中国近现代哲学是中国哲学发展史中一个十分重要的环节，不深入研究中国近现代哲学，便不能把握中国哲学的走向。他很重视中国佛学哲学思想史的研究，是这一领域的知名学者。他认为研究佛学并非倡导宗教信仰，而是科学地揭示造成这一文化现象的奥秘，从佛教典籍中提炼出有价值的理论思维成果。他很重视中、西、印三种哲学的交流和会通，在这方面做了大量工作。

早在20世纪50年代，石峻先生就主持编写了《中国近代思想史讲授提纲》，主编了80多万字的《中国近代思想史参考资料简编》，为中国近代哲学史和思想史的研究奠定了基础。他还参与编纂了多卷本《中国佛教思想资料选编》，主编了《汉英对照中国哲学名著选读》和大型丛书《现代中国思想论著选粹》等，撰写了大量高质量的学术论文。他参与编写的四卷本《中国哲学史》（任继愈主编）曾获国家教委教材特等奖，参与编写并担任顾问的多卷本《中国哲学通史》荣获中国人民大学教材一等奖。所有这些成果，在学术界都产生了广泛的影响。

石峻先生也非常关心易学研究。1987年，他以古稀之龄冒着严寒参加了在济南召开的“首届国际周易学术研讨会”，并在会上发表了极为感人的讲演；其后，他对本刊的创办和发展也极为关注，并提出了许多很有价值的建议，对推动易学的发展做出了巨大贡献。

石峻教授挚爱学术事业，他学而不厌，诲人不倦，淡泊名利，襟怀坦诚，和蔼可亲，博得学界同行和晚辈的敬重、爱戴。我们为失去可亲可敬的石峻教授而深感悲痛。

石峻教授走了，但我们将永远追怀他的高尚风范。敬爱的石峻教授永垂不朽！

——原载《周易研究》1999年第3期

3. 学界纪念石峻诞辰90周年

今年是我国著名中国哲学史家石峻诞辰90周年。日前，中国人民大学哲学院在京举行学术研讨会，研讨石峻的学术思想，纪念石峻诞辰90周年。

冯俊教授说，石峻先生博学多思，“述而不作”，但又不是“不作”，而是要出精品、上品，并坚持以马克思主义作为研究中国哲学的指导。石先生一生淡泊名利，治学为人堪为表率，学术界尊称他为“石公”。

方克立教授说，石先生是中国哲学界学识渊博的前辈学者，也是中国哲学史界教书育人最有成就的教授之一。不论是在中国哲学史学科的建设上，还是在中国哲学史队伍的建设上，他都作出了重要贡献。而且，如果中国哲学史的人民大学学派这个概念成立的话，那么石先生就是这一学派的开创者，是中国近现代哲学史研究和我国马克思主义中国哲学研究的奠基人之一。

楼宇烈教授说，石公具有魏晋风度，为人高洁，淡泊名利。石公引导他走入佛学研究的大门。石公常讲，中国哲学受佛教影响甚大，不了解佛教就不可能理解中国哲学。由石公领衔编纂的多卷本《中国佛教思想资料选编》对推动中国当代佛教的研究起到了重要的作用。

孔繁教授认为，石公注重中西哲学的比较研究，并且把西方哲学与佛学联系起来加以分析。石公待人和善，毫无保留地把自己的学问传授给别人。

周立升教授谈到了石公在如何确定中国哲学的对象、范围和方法等问题上的见解，希望继承石公遗言，完成由“哲学中国化”到“中国哲学”的过渡。

85 岁高龄的杨宪邦教授回忆了他随石公一起调来人大的经历。他说，石公主张对人负责，对中国文化、对祖国负责，是大家学习的表率。

方立天教授把石公的成就概括为六个方面：一是中国哲学和哲学史，特别是魏晋隋唐哲学；二是近代思想史；三是中国佛学；四是伦理学；五是培养了大批中国哲学的骨干学者；六是对后人的教诲。他介绍了石公要求讲课做到“少、精、明、活”的四字方法。

张立文教授则深情回忆了石公对其学术成长的影响。石公不仅经常与他们一起讨论交流，指导学问，而且对他的许多著作认真批阅，提出意见，令人感动。张教授提出石公的学问是开放性的，注重中西比较，主张把中国哲学推向世界。

宋志明教授是石公指导的首位博士生，他把石公比做一本读不完的书。

王春林

（作者时为中国人民大学哲学院博士研究生）

——原载《光明日报》2006 年 12 月 18 日

4. “纪念石峻教授诞辰 90 周年学术研讨会”综述

2006 年 10 月 14 日，由中国人民大学哲学院举办的“纪念石峻教授诞辰 90 周年学术研讨会”在中国人民大学召开。楼宇烈、朱德生、孔繁、蒙登进、方克立、陈瑛、李振霞、许全兴、傅云龙、蔡德贵、曾春海等来自高校、科研机构和学术团体的代表，周立升、陈庆坤、王兴国、伍雄武、温克勤等人民大学哲学院（系）五十年代第一二批毕业生代表，杨宪邦、乔长路、方立天、张立文、钟宇人、李毓章等人民大学哲学学科的代表，我国自实行学位制度以来石峻教授指导的历届博士、硕士生及其弟子后学，石峻先生的哲嗣石山以及人民大学哲学院领导，共80余人参加了研讨会。与会学者，对石峻先生的学术思想、教育活动进行了热烈探讨，深切缅怀他潜心学术、教书育人、提携后学、淡泊名利的一生。

作为著名的中国哲学史家、佛学家、教育家，石峻先生的学术贡献有不少是开拓性的。方克立教授谈到，石峻先生非常重视探讨中国哲学史研究中的方法论问题，他学贯中、西、印，重视中西哲学的会通和比较研究，强调以马克思主义为指导是研究中国哲学史的正确方法。杨宪邦教授、朱德生教授等与会学者，也对石峻先生的这一立场和观点给予了高度肯定。方克立教授基于此，提出石峻先生创立了中国哲学史研究的“人大学派”。石峻先生在人民大学哲学系任教40年，形成了自己独具特色的学术观点和学派风格，在他的带领下，中国人民大学哲学系（院）中国哲学史教研室已成为独具风格的全国一流的专业队伍。张立文教授对此深表认同，并表示要努力使人大学派光大起来并传承下去。

石峻先生还开拓了中国近现代哲学研究的新领域。李振霞教授认为，石峻先生作为新中国学术界讲授近现代中国哲学史的第一人和“中国现代哲学研究会”第一任会长，他为中国近现代哲学史和思想史研究奠定了基础，并以“中国现代哲学史研究会”为平台，有力地推动了中国近现代哲学的研究。王兴国教授对石峻先生近代哲学的研究成就，给予了评述。

石峻先生一生十分重视对佛学的研究。楼宇烈教授指出，石先生常讲中国哲学受佛教的影响很深很大，要通中国哲学，必须懂佛学。石先生领衔编纂的多卷本《中国佛教思想资料选编》，在20多年前查找佛教思想资料还十分困难的情况下，对中国当代佛教研究的开展起了重要的推动作用，受到了国内外学术界和宗教界的欢迎，产生了非常积极的影响。楼宇烈教授还特别感念石先生对后学的尽力提携，认为自己所从事的中国哲学和佛学研究，都与石先生的引导和关照分不开。孔繁教授特别指出，石峻先生把西方哲学与佛学研究相联系，尤其把西方近现代哲学引入到佛学研究之中，为佛学研究开辟了新途。

石峻先生的一生，嗜书，爱书，读书，教书。与会学者从石先生与书与人的角度，赞扬石先生本身就是一本“书”，是一本“精神字典”。石峻先生是中国哲学史界“讲课最多的教师”。他自1938年毕业并受聘西南联大任教以来，活跃于讲坛60载，诲人不倦，提携后学，为中国哲学教学、科研培养了大批骨干。方立天教授用四个“人”来概括石先生，那就是“高节为人，平易近人，宽厚助人，奖掖后人”。张立文教授还具体回忆了石峻先生对他和年轻同事们的关怀和提携。无论是方立天教授还是张立文教授，都说石峻先生在世时对他们发表的不少论著，都予以亲阅与指正。与会的许多石峻先生的弟子、后学和年轻同事，当谈到先生对他们的教导和帮助时，都深有严师、慈父之感。

总之，与会学者都以真诚的感受高度评价了石峻先生的学术成就和教书育人之贡献，认为作为石峻先生的学生后辈，我们应该学习继承他的无私、淡泊、认真的品格，这是学术绵绵长存的精神之源。

贺更粹

（作者时为中国人民大学哲学院博士研究生）

——原载《中国人民大学学报》2006年第6期

后　记

2006年8月，在石峻先生诞辰90周年之际，《石峻文存》出版。同年10月，由中国人民大学哲学院组织，在中国人民大学逸夫会议厅隆重召开了纪念石峻先生诞辰90周年的学术研讨会。会上，不少与会的前辈学者提出，除了继续搜寻石峻先生的文稿出版外，还应当对石峻先生的学术进行研究并编辑出版论文集，以期继承和阐扬石峻先生的学术贡献及其对当今中国哲学研究的影响。

这一提议得到中国人民大学哲学院领导的积极支持和中国哲学教研室诸位同仁的热烈响应，并由教研室向世陵、罗安宪作为联系人，以哲学院的名义于2006年年末向多位学界前辈、石峻先生的各位生前友好、弟子及后学郑重发出了约稿邀请。

五年来，在学界同仁的支持下，我们陆续征集到了记述石峻先生学行事迹和研究石峻先生学术的论文，并获赠《石峻文存》未载的先生当年的一些信函和文稿复印件，这是非常值得欣慰的事。

为落实《石峻文脉》的征稿和编纂工作，由向世陵牵头，宋志明、向世陵、董群、杨庆中多次交流协商，共同讨论，经过五年来的努力，时值石峻先生诞辰95周年之际，终于提供给了读者这部《石峻文脉》，算是没有辜负前辈学者的嘱托，亦可告慰石峻先生的在天之灵。

《石峻文脉》包括"石峻文存补编"和"石峻学术研究"上、下两编。上编是新搜集的石峻先生上世纪后半叶的论著、书信、序文和言说等，但先生早年和中年的不少论著、书信和诗词等，因各种原因仍无法求获，留下的仍是遗憾；下编除贺麟先生的答书与任继愈先生的访谈录外，主要包括两个部分：一是追忆石峻先生学行事迹的纪念文章；二是研究石峻先生学术的有关论文。当然，两部分之间也不是截然分割的，事实上它们是相互发明的，两者共同揭示了石峻先生的崇高品格、豁达人生和值得承接弘扬的学术。其中，除《中国哲学史·纪念著名学者石峻先生诞辰90周年》专栏文章等个别已发表的外，大都是学者专为纪念石峻先生诞辰90、95周年新提供的论文和材料。

在文字编辑上，对于“石峻文存补编”的文字整理，尽量保持石先生自己的行文和用字习惯，其中个别用字按今日通行的语言文字规范作了必要的调整，不另行指明；一时不能辨认的字，仍以□号标出。

中国人民大学哲学院博士和硕士研究生吴亚楠、李勇强、杨泽、李记芬、王伟、王珅珅、汪楠、邓庆平、姜智、辛晓霞、廖娟参加了资料收集、文稿整理、文字录入和校对等编辑工作。

《石峻文脉》全书的统稿工作由向世陵负责。

《石峻文脉》的出版，得到了哲学院领导的真情提携并受到中国人民大学985工程的支持，谨此表示诚挚的谢意！

华夏出版社陈小兰同志为出版《石峻文脉》给予了大力支持，在此一并给予感谢！

编者
2011年6月30日